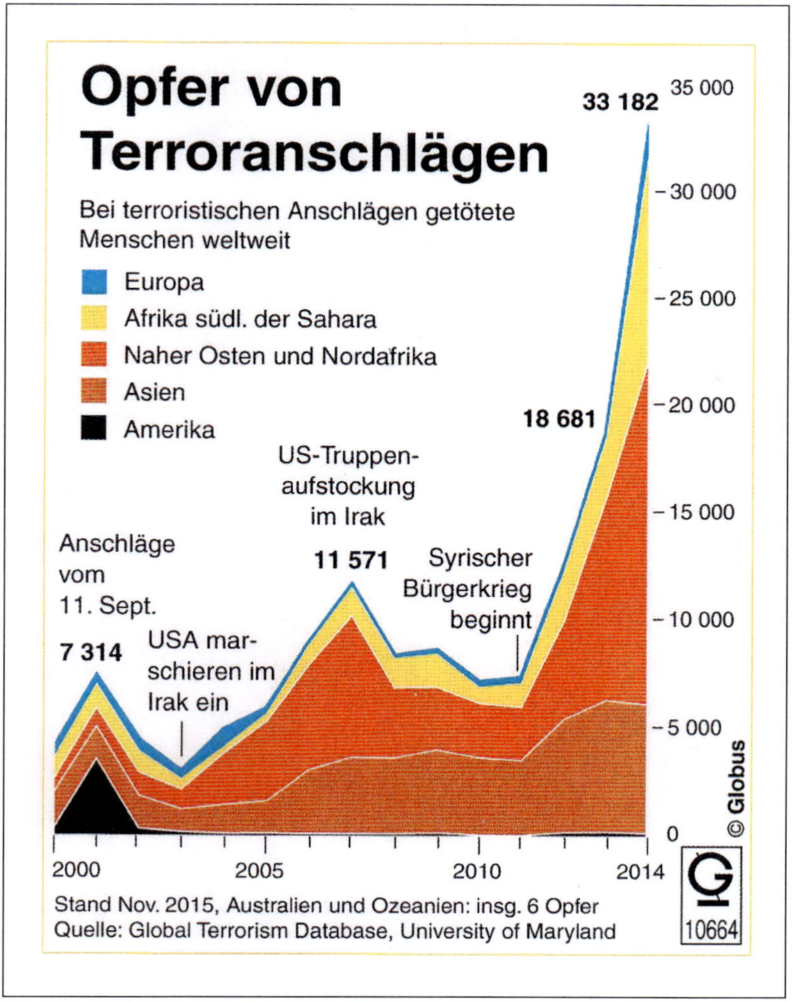
Opfer von Terroranschlägen
Bei terroristischen Anschlägen getötete Menschen weltweit
Europa
Afrika südl. der Sahara
Naher Osten und Nordafrika
Asien
Amerika
Anschläge vom 11. Sept.
7 314
USA marschieren im Irak ein
US-Truppenaufstockung im Irak
11 571
Syrischer Bürgerkrieg beginnt
18 681
33 182
35 000
30 000
25 000
20 000
15 000
10 000
5 000
0
2000
2005
2010
2014
© Globus
Stand Nov. 2015, Australien und Ozeanien: insg. 6 Opfer
Quelle: Global Terrorism Database, University of Maryland
10664

Peter Barth

Unter Mitwirkung von
Teresa Erbach

Internationaler Terrorismus

und das Phänomen des

Islamischen Staates (IS)

Studiengesellschaft für Friedensforschung e.V.

München 2017

Autor:

Dr. Peter Barth, Dipl. sc. Pol., Dipl.-Ing. (FH), geb. 1947 in Ruderting
www.peterbarth.de

Vertretungsprofessur „European Studies" an der Hochschule für angewandte Wissenschaften München, Fakultät 13 Studium Generale und Interdisziplinäre Studien (9/2009-3/2013), emeritiert, aber weiterhin Lehrbeauftragter in der Fakultät

Mitglied des Vorstands der Studiengesellschaft für Friedensforschung e.V.

Veröffentlichungen u.a.:

Fundamentalismus und Islam. Eine Bedrohung für den Westen? Feldafing 1992; Brennpunkt Balkan. Zukünftige Krisen und Kriegsgebiete, Starnberg 1993; Krieg um Wasser? Wasserkonflikte im Nahen und Mittleren Osten, Starnberg 1993; 2. überarbeitete Auflage als Neuausgabe, Starnberg 1994; Shaping Factors, Shaping Actors. Russia by the Year 2000 and Beyond, Starnberg 1996; Russland auf dem Weg ins Jahr 2000. Die wichtigsten Akteure und Faktoren im heutigen Russland, Starnberg 1996; Der Kaspische Raum zwischen Machtpolitik und Ölinteressen, München 1998; Globalisierung: Chancen und Risiken, München 1999; Der Zerfall Jugoslawiens und die Folgen für Europa, München 2000; 2. überarbeitete Auflage als Neuausgabe, München 2001; Internationaler Terrorismus im Zeitalter der Globalisierung, München 2002; 2. Auflage, München 2003; Im Zeichen des Terrors. Erleben wir einen Kampf der Kulturen? München 2002; Islam und Islamismus. Eine Herausforderung für Deutschland, München 2003; George W. Bush's Krieg gegen den Irak und die Auswirkungen auf die arabische Welt, München 2004; Die Türkei auf dem Weg in die Europäische Union, München 2006; Wasser – ein globales politisches Problem, München 2008; Der Iran – die große Herausforderung, München 2011; Israel heute, zwischen Demokratie und Theokratie, München 2014; China, die neue Weltmacht, München 2014; Migration – Flucht – Asyl: Eine deutsch-europäische Betrachtung, München 2015; Flüchtlingskrise und „Wir schaffen das", München 2016

Barth, Peter: Internationaler Terrorismus und das Phänomen des Islamischen Staates (IS)Studiengesellschaft für Friedensforschung e.V.
www.studiengesellschaft-friedensforschung.de
München 2017
© by Verlag Studiengesellschaft für Friedensforschung München
ISBN:3-9806333-7-

Danke

Schon seit längerem beobachtet die ***Studiengesellschaft für Friedensforschung***, die älteste Einrichtung der Friedensforschung in Deutschland (gegründet 1958 in München, wo sie auch heute noch ihren Sitz hat) und in deren Vorstand ich seit Jahren tätig bin – die Internationale Politik, vor allem im Nahen Osten, und hat dazu zahlreiche Studien veröffentlicht. Dabei interessieren derzeit vor allem die Auswirkungen der Umbrüche in den arabischen Staaten auf Europa, und damit auf Deutschland.

Nach den Terrorattacken vom 11. September 2001 glaubten viele Menschen, in einer global vernetzten Welt hätten sich endgültig die Werte des Westens durchgesetzt, doch die westlichen Vorstellungen von Gerechtigkeit, Gewalt, Frieden und Freiheit werden von neuen, vor allem religiösen Fanatismen bedroht, die ihre Wurzeln und ihren Nährboden unter anderem im wachsenden Gefälle zwischen den reichen und den armen Völker haben. Dazu kommt der präzise geplante Aufstieg der Dschihadisten. Sie agieren vor allem grenzüberschreitend und besitzen damit ein Höchstmaß an Dynamik und Anpassungsfähigkeit, sie zeigen verschiedene Gesichter und erfinden sich immer wieder neu: Momentan ist es der sogenannte „Islamische Staat" (IS), der sich häufig mit Erfolg bemüht, Menschen in unterschiedlichen Kulturen anzusprechen, um Anhänger und Terrororganisationen auf der ganzen Welt für sich zu gewinnen. Auch wenn wir in diesen Tagen erleben, dass der IS sein Herrschaftsgebiet in Syrien und dem Irak nicht weiter ausdehnen kann und zurückgedrängt wird, ist dies keine Entwarnung. Dem IS ist es gelungen, weltweit Chaos zu stiften und Hass zu säen. In Deutschland zeigten das allein im Jahr 2016 mehrere Festnahmen von Terrorverdächtigen sowie zahlreiche tatsächlich durchgeführte und durchkreuzte Anschläge. Wir haben aufgrund der Aktualität die bestehenden Informationen zusammengefügt und stellen sie hiermit als Diskussionsgrundlage zur Verfügung.

Zahlreiche Praktikantinnen und Praktikanten der Studiengesellschaft sowie weitere externe Mitarbeiter haben an diesem Projekt mitgewirkt und Beiträge geleistet. Besonders erwähnen möchte ich an dieser Stelle:

Teresa Erbach, Sarah Schmoll, Patricia Höllriegl, Paula Böttger

Alle haben mit viel Engagement und auch Herzblut an dieser Studie mitgewirkt und durch zahlreiche inhaltliche Beiträge entscheidend zum Gelingen beigetragen. Nicht zu vergessen die Unterstützung in Form von inhaltlichen Anregungen, Verbesserungsvorschlägen und Korrekturhinweise durch

- *Gisela Burkhardt*
- *Silvia Demisch*
- *Carolin Demisch*
- *Franziska Mathäus*
- *Gudrun Eicke-Metzger*
- *Helga Henning*

- *Stefan Rappenglück*
- *Hans Rehm*
- *Claudia Reichmann*
- *Ursula Silber*
- *Brigitte Tschigg*
- *Erwin Schelbert*

Herrsching am Ammersee, September 2017

Inhalt

Vorbemerkung 1

Einführung 4

    Kasten: Arabellion 7

Historischer Rückblick 8

    Kasten: Der Offene Brief an al-Baghdadi 10

    Kasten: Das Kalifat des IS zerfällt 19

    Kasten: Drohneneinsatz im Kampf gegen den Terror 28

    Kasten: Wer von „Krieg" spricht, hilft dem Terror 34

Der Kampf gegen den Terror (war on terrorism) 36

    Kasten: Wer sind die Top-Gefährder? 38

Terrorismus im Zeitalter der Globalisierung 43

Definition Terrorismus 43

    Kasten: Formen des Terrorimus 50

Begriffliche Auseinandersetzung mit dem Phänomen des modernen Terrorismus 52

Der moderne Terrorismus: Ein historischer Überblick 55

Die erste Welle 58

Die zweite Welle 58

Die dritte Welle 60

Die vierte Welle 61

    Kasten: Salafismus 65

Die neue Welle 79

Kasten: Botschaft vom Terrorchef al-Zarqawi: 82

    Kasten: Pazifismus hilft nicht gegen Terror 90

Kasten: Metamorphosen der al-Qaida 92

Die innere Struktur des IS 94

Der Kalif 95

    Kasten: Bekanntmachung 006 des IS 98

Die Verwaltungsstrukturen in den besetzten Gebieten 103

Die Kämpfer 104

Ausländische Kämpfer im IS 105

    Kasten: Personalbogen des IS 110

    Kasten: Motivation der dschihadistischen Ausländischen Kämpfer 112

    Kasten: Bildungskriterien islamistischer Terroristen 117

Der Kopf des IS: Abu Bakr al-Baghdadi und seine engsten Vertrauten 122

Mediennutzung des IS **125**
   Horror in Zahlen 126
      Kasten „Propaganda der Tat" 137
   Medienorganisation und Propaganda 138
   Das „Cyber-Kalifat"/ Terror im Internet 141
   Schriftliche Veröffentlichungen des IS 141
   Das Handbuch des Dschihad: „The Management of Savagery" 143
      Kasten: „Die Von *Abu Bakr Naji* bestimmten Hauptziele der Mudschaheddin" 145
   Zeitschriften 146
      Kasten: Das Wunder von Dabiq 147
      Rumiyah: Issue 1-3 149
      E-book 151
      Kasten: Wovor wir Angst haben 154
Finanzierung des IS **157**
   Die wichtigsten Einnahmequellen des IS 162
      Steuern, Öl und Konfiszierungen von Eigentum/Raub 162
   Weitere Einnahmequellen 165
      Kasten Sexsklavinnen 168
   Rückgang der Einnahmen 173
   Finanzierung der Anschläge in Europa 175
      Kasten: Die Raubkunst-Behörde der Terroristen 178
Frauen im IS - Salafismus und Radikalisierung von Frauen **180**
   Radikalisierung von Frauen 180
   Ausreise westlicher Frauen in den IS 181
   IS Propaganda/ Das Frauenbild des IS 183
   Allgemeine Gründe für die Ausreise zum IS 188
   Unterstützung im Dschihad 190
   Studie: Becoming Mulan? 191
   Hauptsächliche Gründe der Ausreise 192
   Einblick in das Leben der Frauen im IS 194
   Das Leben der Frauen im IS 195
   Welche Gefahr geht von den Frauen des IS aus? 200
   Das Leben im IS am Beispiel Elif Ö. 202
   Die al-Khansaa Brigade 203
Alltag im IS **205**

Das Freitagsgebet 205

Das Rauchverbot 206

Die Almosenabgabe (zakat) 206

Die Verhüllung der Frau 207

Reueversammlungen und Bürokratie 207

Das alltägliche Leben im IS 209

Bericht aus dem IS 210

Die Regeln des IS (Auszug): 211

Radikalisierung - Aktuelle Zahlen und Fakten zu den Reisebewegungen 212

Wer reist nach Syrien aus und welche Merkmale weisen Dschihadisten auf? 213

Bedeutung der Ausreise in den Dschihad 214

Radikalisierung 215

Typen der europäischen Kämpfer 216

Die zunehmende Bedeutung von Religion in der Jugendkultur 217

Ursachen der Radikalisierung 219

Radikalisierung von jungen Menschen durch den Salafismus 221

Wie wird ein Jugendlicher in einer salafistischen Gruppe radikal? 223

Radikalisierung von Jugendlichen durch das Internet 224

Endstufe der Radikalisierung: Gewalt 226

Die Rolle und Merkmale radikaler Konvertiten 228

Junge Salafisten in Deutschland wissen wenig vom Islam 229

Prävention und Deradikalisierung 231

Prävention 232

Prozess der Prävention 232

Prävention als Aufgabe der Gesellschaft 233

Spezifische Prävention 233

Primäre Prävention als Persönlichkeitsentwicklung: 233

Sekundäre Prävention: 235

Tertiäre Prävention: 235

De-Radikalisierung 235

Arbeit auf zwei Ebenen 236

Arbeit mit dschihadistischen Straftätern 237

Rückkehrer 238

Programme zur De-Radikalisierung 243

Gesamtkonzept: Vorgehen gegen den Terrorismus 246

Inhalt Schaubilder IS

- Freedom-House Klassifizierung und Arabischer Frühling 2011/2012 7
- Bild: Aiman az-Zawahiri, Nr. 1 der Al-Qaida 8
- Landkarte: Naher Osten, Wiener Zeitung 9
- Schaubild: Kooperation am Golf 14
- Schaubild: Sunniten und Schiiten im Nahen Osten 14
- Schaubild: Wer bekämpft wen in Syrien? NZZ, 10.04.2017 17
- Landkarte: Situation in Syrien, Stand 01.07.2017 24
- Schaubild: Märthyer-Operationen 25
- Bild: Aufgerüsteter PKW für Selbstmordattentate des IS 26
- Schaubild: Konfliktparteien in Syrien – wer kämpft mit wem? 37
- Schaubild: Kriege 2016 42
- Terrorist Attacks Arount the World 1970-2015 55
- Bild: Hassan al Banna 68
- Schaubild: Kriegshinterlassenschaft des ersten „Bruchlinienkrieges" 72
- Schaubild: Wellenbewegung des modernen Terrorismus 91
- Schaubild: Weltweite Verbreitung von al-Qaida und IS 93
- Schaubild: Das Emirat 94
- Bild: Kalif Abu Bakr al-Baghdadi .... .95
- Schaubild: Entwurf Geheimdienststruktur IS 103
- Schaubild: Ausländische Kämpfer beim IS 109
- Bild: Personalbogen IS 111
- Bild: Erschießung von Geiseln durch IS-Kämpfer 124
- Schaubild: ISIS-Jahresbericht 2014 126
- Bild: Gefangenen irakische Soldaten 130
- Bild: Minarett der Nuri-Moschee in Mossul 133
- Bild: Der erhobene Zeigefinger 135
- Bild: Gefangenen Geiseln in orangen Guantanama-Overal 137
- Bild: Kindersoldaten des IS- 142
- Titelbild Dabiq Issue 15 146
- Titelbild Rumiyah Issue 1 50
- Titelbild Rumiyah Issues 2 und 3 151
- Titelbild EBook 1 153
- Bild: Gefangene Jesidische Frauen im Käfig 169
- Schaubild: Einnahmen des „Islamischen Staates" von 2014-2016 172
- Bild: Lehrmaterialien des IS 173

- Bild: Mathematisches Lehrbuch des IS 174
- Schaubild: Finanzierung des Dschihad in Europa 176
- Tabelle: Genderaspekte/Mann-Frau 182
- Bild: Frauen der Al-Khansaa-Brigade 204
- Bild: Rauchverbot beim IS 206
- Bild: Bekanntmachung des IS, dass die Schmähung des Propheten mit dem Tode bestraft wird 208 (3)
- Bild: Bescheinigung für die Teilnahme an einer „Reueversammlung", in der frühere Handlungen bereut werden (1) 208 (1)
- Bild: Bescheinigung, dass der Abgebildete kein „Ungläubiger" ist (2) 208 (2)
- Bild: Pässe des IS 209
- Grafik: Entwicklung der Ausreisezahlen 212
- In der Parallelwelt 233
- UN-Blauhelmsoldaten 264
- Deutsche Sicherheitsbehörden 272

Vorbemerkung

Die islamistische Gewalt in Form des sogenannten „Islamischen Staates" (IS) bedroht nicht nur einzelne Menschen, sondern das westliche Gesellschaftsmodell als Ganzes. Dieses Modell sieht Europa als einen Kontinent, in dessen Demokratien Menschen unterschiedlicher ethnischer und religiöser Herkunft friedlich miteinander leben können. Nun bedrohen Dschihadisten auch Europa, die Wurzel der neuen Terrorismuswelle ist die Krieg in Syrien und im Irak. Wir leben im Zeitalter der Globalisierung. Was im Nahen und Mittleren Osten passiert, hat unmittelbare Konsequenzen für die Sicherheit in Europa. Auch wenn die Mehrheit der dschihadistischen Bewegung im Nahen Osten aktiv ist, waren die Anschläge von Paris, Kopenhagen, Brüssel, Berlin oder anderswo ein dramatischer Hinweis darauf, was sich in Zukunft auf den Straßen Europas abspielen könnte.

In den vergangenen drei, vier Jahren gab es eine ungewöhnliche starke Mobilisierung von Dschihadisten. Es gibt Unterstützer des „Islamischen Staates", die hier leben und für die der sogenannte „Islamische Staat" als Inspiration und Real-Utopie dient. Um dies klarzustellen: Es geht nicht um „die Muslime" oder „den Islam". Es geht um eine Minderheit, die den Islam für ihre mörderischen Taten in Anspruch nimmt. Das hat mit dem Islam, wie er von 99 Prozent der Muslime praktiziert wird, wenig zu tun.

Wer Demokratie und das friedliche Zusammenleben von Menschen unterschiedlicher Herkunft in Europa bewahren will, braucht einen Präventionsansatz, der den Zusammenhang zwischen allen Formen der Radikalisierung in den Blick nimmt. Schulen, Ordnungsämter, Psychiatrischer Dienst, Sozialämter, Moschee-Vereine, Polizei und Geheimdienste – diese Behörden und Institutionen haben verschiedene Aufgaben, Methoden und Traditionen – aber in der Terrorismusprävention sind sie alle gemeinsam gefragt. Der erste Schritt einer neuen Präventionsstrategie wäre, dass sich die europäische Öffentlichkeit von der irrigen Idee verabschiedet, Terror habe vorrangig etwas mit Religion zu tun.

Die Ursachen des islamischen Terrorismus sind schon überall gesucht worden. Manche finden sie im Islam selbst, als einer vermeintlich aggressiven Religion. Wieder andere bestreiten, dass es religiöse Konservative sind, die zum Terror finden, und sehen den Terrorismus gerade im Kampf mit traditionellen

Auffassungen des Islam. Wie aus *Saddam Husseins* Offizieren die scheinheiligen Krieger des IS werden konnten, erklärt jedenfalls keine Koranlektüre. Darum erkennen viele in den Krisen des arabischen Raumes, an denen sich der Westen beteiligt hat, die Ursachen für den Terror. Oder es ist die prekäre Lage von Migranten, die herangezogen wird. Mal soll Armut eine Ursache dafür sein, dass gewalttätige religiöse Ideologien Anhänger finden, mal aber auch Reichtum, der ihre Verbreitung finanziert. Oder der Kolonialismus, oder der Kapitalismus, oder die Despotie im Orient.

Im Hinblick auf die Situation in Europa vertritt der französische Islamexperte und Politikwissenschaftler *Olivier Roy* die Auffassung, das Problem sei die Islamisierung der Extremisten, nicht die Radikalisierung des Islam.[1] Er hat als Erklärungsmodell das Konzept einer „islamisierten Radikalität" entwickelt: Der Dschihad ist darin Ausdruck einer Gewaltkultur, die bereits seit Jahrzehnten existiert und narzisstische Ausprägungen hat. *Roy* vergleicht die Anziehungskraft des sogenannten „heiligen Krieges" mit der Faszination der Roten Brigaden in ihrer Anfangsphase oder auch mit der RAF.

Auch Kleinkriminelle und Kiffer, so *Roy*, wollten ihre Allmachtsfantasien ausleben und das eigene Versagen verbrämen. Und deshalb „islamisierten" sie die Gewalt, die sie ausüben, um ihre Sache zu erhöhen, und sie religiös und ideologisch zu rechtfertigen. Denn in Europa sind die jungen Männer, die den Weg des Terrors gehen, schon radikal bevor sie sich für den Islamismus entscheiden. *Roy* rechnet vor: Sechzig Prozent der gewalttätigen Dschihadisten in Europa sind Muslime der zweiten Generation, die sich weder in ihrem Herkunftsland heimisch fühlen noch in den westlichen Gesellschaften, in denen sie leben. Der Anteil der dritten Generation liegt mit fünfzehn Prozent viel niedriger. Und fünfundzwanzig Prozent sind Konvertiten, die für ihren Extremismus ein Vehikel suchen. Das sind also gefährdete und gefährliche junge Männer, um die sich die Gesellschaft kümmern muss. Wenn schon nicht aus Fürsorge, dann eben im eigenen Interesse.[2]

---

[1] Vgl. Roy, Olivier: Der islamische Weg nach Westen – Globalisierung, Entwurzelung und Radikalisierung, München 2006; ders.: Der falsche Krieg – Islamisten, Terroristen und die Irrtümer des Westens, München 2008. Neben Olivier Roy ist der Soziologe Gilles Kepel der zweite prominente Islamexperte in Frankreich. Er dagegen glaubt, dass die terroristische Bedrohung sehr wohl religiös motiviert ist durch den Islam, er spricht von einer „Radikalisierung des Islam". Vgl. Kepel, Gilles: Terror in Frankreich. Der neue Dschihad in Europa, München 2016

[2] Noch nie hielten die drei Formen des politisch etikettierten, gewaltbereiten Extremismus – Rechtsextremisten, Linksextremisten, Islamisten – die Menschen in Deutschland in einem so engen Zeitraum derart in Atem wie gegenwärtig. Die jeweilige Anhängerschaft ist nach Einschätzung von Verfassungsschützern ähnlich groß: danach soll es 23.000 Rechtsextremisten, 28.000 Linksextremisten und 24.000 Islamisten geben. Ungefähr ein

Die Situation ist gefährlich. Dabei steht Prävention gegen Terror vor einem ständigen Dilemma: Ihr Erfolg bemisst sich nicht in erster Linie daran, ob Anschläge verhindert wurden. Kommt es jedoch zu einem Anschlag, stünde zugleich das gesamte Präventionssystem am öffentlichen Pranger.

Die Erfahrung lehrt, dass es nicht nur einen Zusammenhang zwischen gesellschaftlichem Nährboden und der Rekrutierung von Terrorzellen gibt, sondern eben auch einen zwischen starker gemeinschaftlicher Identität und Präventionspolitik. Die Glaubwürdigkeit und letztlich auch die Wirkung von Maßnahmen gegen den Terrorismus werden letzten Endes nicht nur von ihrer Durchsetzung bestimmt, sondern ebenso stark vom politischen Willen der Staaten, ihren Absichtserklärungen zum international gemeinschaftlicher Vorgehen entsprechende Taten folgen zu lassen und von der Akzeptanz der Bürger in diesen Staaten, dass diese Maßnahmen ihrer Freiheit in Sicherheit dienlich sind. Wir müssen vernünftig und besonnen reagieren. Denn das europäische Gesellschaftsmodell steht auf dem Spiel.

Viertel der Linksextremisten und jeweils die Hälfte der Rechtsextremisten und der Islamisten gelten als gewaltbereit. In allen drei Fällen steigt die Zahl derjenigen, die bereit sind, Gewalt anzuwenden. Bei aller Schwierigkeit der Präzisierung lässt sich also sagen, dass in Deutschland derzeit rund 30.000 Personen gewillt sind, unter dem Deckmantel einer vermeintlichen politischen Mission entweder gezielt zu töten, wie Islamisten oder die NSU-Mörder, oder so brutal gegen andere vorzugehen,, dass sie deren Tod in Kauf nehmen. Letzteres gilt für diejenigen, die Asylbewerberunterkünfte in Brand setzen, ebenso wie für diejenigen, die Betonplatten und Brandsätze auf Polizisten werfen. Extremistische Ideologien geben ihnen zwar Deckung, weil es leichter ist, im Namen einer angeblich großen Sache in einen Kampf oder gar einen „Krieg" zu ziehen, wie es vor allem Islamisten für sich beanspruchen. Der eigentliche Antrieb jener Menschen ist aber wohl die Sehnsucht nach Gewalt bis hin zur Mordlust.

Einführung

Der sogenannte *„Islamische Staat"* (IS, arabisch *ad-daula al-islāmīya*, ebenfalls gebräuchliche Bezeichnung *Daesh*[3]) ist eine seit 2003 aktive terroristisch agierende sunnitisch-islamistische Miliz mit zehntausenden Mitgliedern, die derzeit Teile des Irak und Syriens kontrolliert. Dort unterhält sie seit Juni 2014 ein als „Kalifat" deklariertes dschihadistisches „Staatsbildungsprojekt".[4] Die Organisation ist auch in anderen Staaten aktiv und wirbt um Mitglieder, beteiligt sich an Bürgerkriegen und führt Terroranschläge durch. Sie wird des Völkermordes, der Zerstörung von kulturellem Erbe der Menschheit wie auch anderer Kriegsverbrechen beschuldigt. Der indische Autor *Pankaj Mishra* führt dazu aus:

„Er ist der geschickteste und bestausgestattete Händler in der florierenden internationalen Unzufriedenheitsökonomie. Die Attraktivität der Demagogen liegt in ihrer Fähigkeit, allgemeine Unzufriedenheit, das Gefühl, dass die Dinge entgleiten, Ressentiments, Enttäuschung und wirtschaftliche Unsicherheit aufzugreifen und in einen Plan umzuwandeln, etwas zu tun."[5]

Ein systematischer Denker ist *Pankaj Mishra* nicht unbedingt. Aber er hat ein Thema, das nicht nur ihm, sonder uns allen auf den Nägeln brennt: die wachsende bis aggressive Unzufriedenheit bei vielen, die keineswegs in bitterer Armut und entwürdigendem Elend leben, denen es aber nicht so gutgeht, wie sie meinen, dass es ihnen gehen sollte. Anders formuliert: wie lässt sich erklären, warum Menschen unter anderem aus Westeuropa in den Nahen Osten gehen und

---

[3] In den meisten Ländern der arabischen Welt, aber auch im französischen Sprachbereich wird statt IS das Kürzel „Daesh" benutzt. Im Grunde ist Daesh nur eine akronyme Verwendung für IS beziehungsweise ISIS. Daesh hat eine stark abwertende Bedeutung, ist die Abkürzung der arabischen Entsprechung von „Der Islamische Staat im Irak und der Levante" - gesprochen „Al-Daula al-Islamyya fil-Iraq wa al-Scham". Aus den ersten Buchstaben ergibt sich das Wort Daesh oder, weil es im Arabischen keinen Unterschied zwischen „e" und „i" gibt, Daish. „Levante" bezeichnet das historische Syrien, das in etwa dem heutigen Staatsgebiet Syriens sowie dem Libanon, Israel und den Palästinensergebieten und Jordanien entspricht. Der IS lehnt die Bezeichnung Daesh ab, weil das eine sprachliche Nähe zu einem anderen arabischen Wort ist, welches fast identisch klingt: Dais. Das Wort bezeichnet jemanden, der andere erdrückt oder zertritt.

[4] Dschihadismus ist die gewalttätige Spielart des Salafismus. Der Begriff Dschihad bedeutet zwar „Anstrengung", wird aber heute als göttlich legitimierter Krieg gegen vermeintlich Ungläubige interpretiert. Er umfasst jede Art von Gewalt – vom militärischen Angriff auf eine feindliche Armee bis zum Mord an Cafehausbesuchern oder Schulkindern. Nicht alle Salafisten sind Dschihadisten, doch alle Dschihadisten sind Salafisten. Salafismus und Dschihadismus sind Ideologien, die sich gegen „den Westen" richten, der als moralisch verkommen und aggressiv bezeichnet wird. Sie sind darüber hinaus explizit antisemitisch, was sich sowohl in den Worten salafistischer Ideologen als auch in tatsächlicher Gewalt gegen Juden zeigt. Sowohl Hassan al-Banna, der Gründer der Muslimbruderschaft, als auch Sayyid Qutb, einer der wichtigsten Ideologen des Salafismus, zeichneten sich als Feinde des Islam. Qutb verfasste 1960 eine Schrift mit dem Titel „Unser Kampf gegen die Juden", in der er die Gegnerschaft zwischen Muslimen und Juden bis auf die Anfänge des Islam zurückführt.

[5] Vgl. Mishra, Pankaj: Das Zeitalter des Zorns. Eine Geschichte der Gegenwart, Frankfurt am Main 2017

sich dort dem „Islamischen Staat" anschließen oder warum gerade diejenigen aus dem Nahen Osten, die durch Ausbildung und Berufsperspektive in den westlichen Gesellschaften „angekommen" sein sollten, zu Organisatoren von Terroranschlägen werden. Und gleichzeitig frägt er, warum viele Menschen in Europa ausgeprägt fremdenfeindlich sind oder in den Vereinigten Staaten zu fanatischen Anhängern *Donald Trumps* werden.

Mishra beantwortet diese Fragen mit der These, dass beide, die Anhänger des Dschihad wie die eines völkischen Nationalismus, keineswegs von unterschiedlichen, gar entgegengesetzten Motiven angetrieben werden, wie man beim Blick auf die politische Arena meinen könnte, sondern dass sie Produkte ein und derselben Konstellation sind: einer Epoche, in der Unzufriedenheit nicht mehr in einen verstärkten Leistungswillen umgesetzt werden kann, wie das bei funktionierenden soziopolitischen Ordnungen der Fall ist, sondern zu Wut und Zorn wird, die in die Bereitschaft zu gewaltsamen Zerstörungen der bestehenden Ordnungen münden.

Die sozialen und kulturellen Integrationspotentiale der globalisierten Welt sind nach *Mishra* aufgebraucht. Alltägliche Traditionen, religiöse Bindungen und nationalstaatliche Identifikationen als „haltende Mächte" sind im Prozess der wirtschaftlichen Globalisierung, zuvor aber bereits in der Aufklärung und der von ihr bewirkten Universalisierung von Werten und Normen aufgezehrt worden. Infolgedessen sehen sich die Unzufriedenen unmittelbar mit einer Welt konfrontiert, die konstruktiv zu verändern sie keine Möglichkeit sehen.

Wer nun auch noch wissen will, warum junge Männer im Namen des IS Trucks in einen Weihnachtsmarkt steuern oder beliebige Passanten abstechen, dem antwortet der *Pankaj Mishra* in der gleichen Studie wie folgt:

„Vielen fällt es leicht, ihren Zorn gegen die angeblich kosmopolitische und entwurzelte kulturelle Elite zu richten. Mehr als jemals zuvor braucht man in Krisenzeiten Hassobjekte, und reiche Transnationale verkörpern in geeigneter Weise die Laster einer verzweifelt erstrebten, aber aufreizend unerreichbaren Moderne: Anbetung des Geldes, Mangel an edlen Tugenden wie Patriotismus. So fördert die Globalisierung zwar die Integration geschäftstüchtiger Eliten, ansonsten aber politisches und kulturelles Sektierertum."

Pankaj Mishra, der Intellektuelle der Globalisierung, geht davon aus, dass man die heutigen politischen Verwerfungen nicht mehr entlang der Unterscheidung zwischen rechts und links erklären kann. Vielmehr sollte man zwischen einer „Klasse" von Menschen unterscheiden, die von der Globalisierung profitiert haben, die weltweit vernetzt und gut ausgebildet sind. Die in den prosperierenden Städten leben. Und einer Mehrheit der Menschen, die sich von dieser „Klasse" abgehängt und betrogen fühlen. Die sich als Opfer sehen, die aus den ländlichen Gebieten kommen. Überall auf der Welt. Nach *Mishra's* Überlegungen gibt es zwei Wege in die Moderne. Der eine steht für den kulturellen Nationalismus. Der andere ist anarchistisch, militant, glaubt an die Kraft der Gewalt und Zerstörung. *Mishra* sieht den heutigen Terrorismus daher als ein Symptom der Moderne.[6]

Auch für den Terrorismusexperten *Paul Rogers* ist der Dschihadismus vor allem ein Symptom der globalen Ungleichheit: eine Revolte der Ausgegrenzten, die vom weltweit wachsenden Reichtum nichts abbekommen haben. Zudem hätten die Verbesserungen im Bildungswesen und bei den Massenmedien dazu beigetragen, dass diese Leute das Ausmaß ihrer Benachteiligung und Marginalisierung deutlicher erkennen können.[7]

In der ideellen Auseinandersetzung um die Frage, wie wir leben wollen und sollen, muss das „überalterte" Europa den Spitzenplatz verteidigen, der seiner Altersweisheit gebührt: Es gibt keine menschenwürdige Perspektiv in der Globalisierung außerhalb der Triade Freiheit, Gleichheit, Brüderlichkeit oder, etwas weniger pathetisch ausgedrückt, Freiheit, Gerechtigkeit, Solidarität. Der Terrorismus darf nicht als die Speerspitze einer globalen Revanche gegenüber dem Aufstieg des Westens auftreten. Die Anziehungskraft des Islamismus darf sich nicht aus dem Widerstand gegen die Unterdrückung der Dritten Welt erklären. Er darf nicht als Reaktion der Armen auf die Reichen, der Expropriierten auf die Expropriateure entschuldigt werden. Die universalistische Mission Europas erfüllt sich im praktischen Nachweis, dass die liberale Gesellschaft mit ihrem autonomen Individuum als Mittelpunkt die bester aller Welten ist.

---

[6] Ähnlich dazu: Badiou, Alain: Wider den globalen Kapitalismus. Für ein neues Denken in der Politik nach den Morden von Paris, München 2016; Beradi, Franco Bifo: Helden. Über Massenmord und Suizid, Berlin 2016; Khosrokhavar, Farhad: Radikalisierung, Hamburg 2016
[7] Vgl. Rogers, Paul: Irregular War . ISIS and the new Threat from the Margins, London 2016

Kasten: Arabellion

Folgende Faktoren spielten offensichtlich eine entscheidende Rolle für den Aufstand in der arabischen Welt:

- Die **materielle Not** (unter anderem hohe Arbeitslosigkeit, Unterbeschäftigung, niedrige Löhne, hohe Mieten, schlechte medizinische Versorgung, Mangel an Frischwasser, hohe Teuerungsraten, Armut).
- **Politische/psychologische/soziale Frustration** (unter anderem politische Bevormundung, Repressionen, Bespitzelung, Willkür der Sicherheitsdienste, Nepotismus, Korruption, mangelnde Freiheit, keine Rechenschaft durch die Politiker, Missachtung der Menschenwürde).
- **Neue Medien** als Hilfsmittel, nicht als Träger der Jugend- und Frauenbewegung (unter anderem Facebook, You Tube, Twitter, WhatsApp).
- Schnelle **Zunahme der Alphabetisierung**, vor allem von Frauen (die kritische Schwelle für einen revolutionären Prozess liegt nach historischen Erfahrungen bei rund 40 bis 60 Prozent).
- Deutlicher **Rückgang der Endogamie**, also der Heirat zwischen Cousin und Cousine ersten Grades (derartige Ehen bedeuten ein Leben unter der Aufsicht des Vaters/Schwiegervaters, unter dem gleichen Dach; hemmt damit gesellschaftlichen Fortschritt, ist eine Art Entrechtung der Frau; Liebesheirat löste in Europa des 19. Jahrhunderts Standeshierarchien – vor allem in Bezug auf den Adel – auf).
- **Abnehmende Geburtenrate** (in nur einer Generation hat sie sich in der arabischen Welt halbiert: von 7,5 Kinder pro Frau im Jahr 1975 auf 3,5 Kinder im Jahr 2005).

Quelle: Barth, Peter: Der Iran, die große Herausforderung. München 2011, S. 5f.

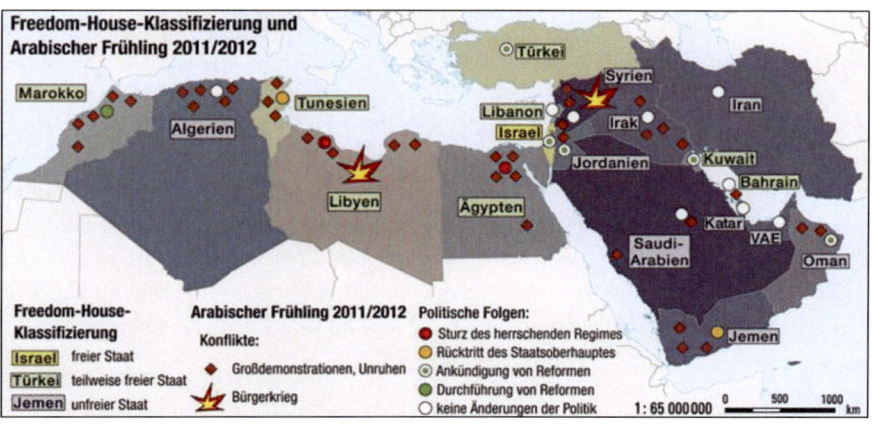

Historischer Rückblick

Organisatorische Anfänge des „Islamischen Staates" gehen auf den irakischen Widerstand anlässlich der amerikanischen Intervention 2003 zurück. 2004 war die Organisation unter *al-Qaida im Irak (AQI)*, ab 2007 unter *Islamischer Staat im Irak (ISI)* und von 2011 bis Juni 2014 unter *Islamischer Staat im Irak und in Syrien (ISIS)* bzw. unter dem Namen *„Islamischer Staat im Irak und der Levante" (ISIL)* sowie auch unter dem transkribierten arabischen Akronym *Daesch* bekannt.

Nach der militärischen Eroberung eines zusammenhängenden Gebietes im Nordwesten des Irak und im Osten Syriens verkündete die Terrormiliz am 29. Juni 2014 die Gründung eines Kalifats mit *Abu Bakr al-Baghdadi* als *„Kalif Ibrahim – Befehlshaber der Gläubigen"*. Damit ist der Anspruch auf die Nachfolge des Propheten *Mohammed* als politisches und religiöses Oberhaupt aller Muslime verbunden.

Anfangs bekannte sich der IS zu al-Qaida, von deren Führung er sich etwa Mitte 2013 löste und im Januar 2014 durch *Aiman az-Zawahiri*, dem Nachfolger von *Bin Laden*, ausgeschlossen wurde.

Die Führungsspitze des IS wird von einer Gruppe von ehemaligen Geheimdienstoffizieren der irakischen Streitkräfte aus der *Saddam-Hussein*-Ära gebildet, die Medienberichten zufolge von *Hadschi Bakr* angeführt wurde. Der IS kämpft im syrischen Bürgerkrieg[8] gegen das Regime von Präsident *Baschar al-Assad*, aber zugleich auch gegen die *„Freie Syrische Armee"* sowie gegen die kurdische Minderheit im Norden des Landes.

---

[8] Vgl. Agamben, Giorgio: Stasis. Der Bürgerkrieg als politisches Paradigma, Frankfurt am Main 2016

Seit August 2014 sind IS-Truppen Ziele von Luftangriffen der *„Globalen Koalition gegen den IS"*, an der sich seit September 2014 mehrere westliche und arabische Staaten beteiligen. Weiterhin kämpft der IS im zweiten libyschen Bürgerkrieg ab 2014 sowohl gegen die international anerkannte Regierung von Ministerpräsident *Abdullah Thenni* als auch gegen die Streitkräfte der Gegenregierung um *Chalifa al-Ghwei*l und rief in Libyen ebenfalls ein „Emirat" aus.

Vom Sicherheitsrat der Vereinten Nationen sowie unter anderem von der Regierung Deutschlands wird der IS als terroristische Vereinigung eingestuft. Der Großmufti Saudi-Arabiens, *Abd al-ʿAzīz Āl asch-Schaich*, nannte IS und al-Qaida *„Feinde Nummer Eins des Islam"*.

Am 19. September 2014 veröffentlichten 122 islamische Gelehrte ein der Öffentlichkeit frei zugängliches Schriftstück mit einem Umfang von 17 Seiten und dem Titel *„Offener Brief an al-Baghdadi"* an *Abu Bakr al-Baghdadi*, an die Kämpfer und Anhänger des IS.[9] Der Brief missbilligt in Form einer islamischen Meinung die Verbrechen des IS. Zudem stellt die islamische Rechtsauffassung der Gelehrten die fundamentale Legitimation von *al-Baghdadi* als *„selbst ernannter Kalif"* und seines begründeten Kalifats deutlich infrage, da für die Behauptung ein Konsens mit *„allen Muslimen"* vorhanden sein muss.

---

[9] Offener Brief an al-Baghdadi vom 19.09.2014: http://lettertobaghdadi.com

Kasten: Der Offene Brief an al-Baghdadi

Die wohl gewichtigste und bedeutsamste Auseinandersetzung mit den Gräueltaten des IS erfolgte in einem „Offenen Brief" vom 9. September 2014, der direkt an den Anführer des IS, *al-Baghdadi*, gerichtet wurde. Zu den Unterzeichnern gehören unter anderem der ägyptische Großmufti, hohe Vertreter der Azhar-Universität in Kairo, der jordanische Prinz *Ghazi bin Muhammad* sowie der frühere Großmufti von Bosnien-Herzegowina, *Mustaf Ceric* und ein weiteres Dutzend europäischer Vertreter, aber auch viele Geistliche aus Nordafrika, Asien und den USA – insgesamt mehr als 120 islamische Gelehrte.

Der - im Original arabische – „Offene Brief" an *al-Baghdadi* hat in der englischen Version 17 Seiten und beinhaltet neben einer Zusammenfassung eine gründliche islamisch-theologische Zurückweisung des IS-Dschihads. Er geht Punkt für Punkt die als relevant erachteten religionsgesetzlichen Aspekte durch und sucht die IS-Ideologie mit einer Fülle von Zitaten aus Koran und Sunna zu widerlegen. Schon die Überschrift macht indes klar, dass es sich um eine Ermahnung zur Wahrheit unter Glaubensbrüdern handelt, wie das erste Zitat Sure 103,1-3 belegt.[10]

Denn dies ist neben der ausführlichen Darlegung der recht verstandenen Regeln des Dschihad ein zentraler Aspekt des Briefes. Ohne spezifische Gründe, die zu etablieren hohe Ansprüche stellt, könne einem Muslim (der sich selbst als solcher bezeichnet) das Muslimsein nicht abgesprochen werden. Den IS-Kämpfern wird daher jegliche Legitimation etwa zur Ermordung von Muslimen bestritten, ihre Muslimsein jedoch – in Einklang mit der sunnitischen Mainstreamtheologie – zu keinem Zeitpunkte infrage gestellt. In ähnlicher Weise werden auch das Töten von Unschuldigen, von Emissären (was auf Journalisten angewandt wird) und von Jesiden (die aufgrund von Sure 22,17 zu den Dhimmis [Schutzbefohlene] gerechnet werden), die Versklavung und unrechtmäßige Demütigung von Frauen, die falsche Anwendung der („fraglos verpflichtenden") Hudud-Strafen[11] (Todesstrafe für Apostasie und Ehebruch u.a.), Folter und Verstümmelung sowie weitere andere Verbrechen verurteilt.

---

[10] Im Namen Allahs, des Allerbarmers, des Barmherzigen: Beim Zeitalter! (1) Der Mensch befindet sich wahrlich in Verlust. (2); außer denjenigen, die glauben und rechtschaffene Werke tun und einander die Wahrheit eindringlich empfehlen und einander die Standhaftigkeit empfehlen (3).
[11] Vgl. Barth, Peter: Islam und Islamismus – Eine Herausforderung für Deutschland, München2003, S. 285ff

Das Kalifat – das als grundsätzliche Verpflichtung für die Muslime betrachtet wird – könne nicht von einer einzelnen Gruppe ohne Autorität ausgerufen werden Der IS habe eine „verdrehte Theologie" fasste einer der Mitunterzeichner zusammen, die den Islam missverstehe und falsch interpretiere. Denn der Prophet sei *„als Barmherzigkeit für die Welt"* gekommen (Sure 21,107), so auch der Islam insgesamt. Am Ende werden die IS-Kämpfer aufgefordert, Buße zu tun und zur Religion der Barmherzigkeit zurückzukehren.

Der Brief ist keine offizielle Verlautbarung – die es in der Form, wie sie christlicherseits von kirchenleitenden Gremien bekannt ist, gar nicht gibt. Im Grund wird hier eine – wohlbegründete und fachkundig vorgetragene – Meinung formuliert. Der gesamte Duktus zeigt, dass diese Meinung im Prinzip die Augenhöhe mit dem Gegner sucht und auch so geäußert wird. Es wird kaum etwas *grundsätzlich* infrage gestellt, sondern die eigene, orthodox verstandene Auslegung der Auslegung in den Reihen des IS entgegen gestellt. Der gemeinsame Rahmen traditioneller Schariaregelungen wird indessen nicht tangiert, sondern durchgehend bekräftigt. Das Denkmuster ist hier wie dort dasselbe.

Der Brief bestätigt mit hoher islamischer Autorität: Der durchgehende Tenor praktisch aller distanzierenden Äußerungen, der IS-Terror habe mit *„dem Islam"* nicht zu tun, ist haltlos. Hier die *„friedliche Religion des Islam"*, dort die *„Extremisten"* kann deshalb auch hierzulande kaum ein erfolgsversprechender Ansatz zur Verhinderung von weiterer Radikalisierungsbiografien sein, weil die dringend notwendige innerislamische Auseinandersetzung über den Geltungsbereich und die Geltungsweise des traditionellen Schariarahmens damit geradezu unterbunden wird.

Die Reaktionen und Distanzierungen vieler Muslime sind zu begrüßen und enorm wichtige Signale. Sie müssen auch von der Gesellschaft ernsthafter wahrgenommen werden. Wirklich hoffnungsvoll stimmt die weithin verfolgte Strategie jedoch nicht, solange Tötungen von Ungläubigen eben nur auf die richtige Weise geschehen und den Frauen „ihre Rechte" mit den bekannten Einschränkungen der islamischen Tradition „nicht vorenthalten" werden sollen.

Der IS gilt derzeit als die schlagkräftigste und gefährlichste Terror-Organisation der Welt. Obwohl der *„war on terrorism"*, den US-Präsident *George W. Bush* nach 9/11 im Jahr 2001 ausrief, bereits im 16ten Jahr ist, weiß so langsam niemand mehr, wer da eigentlich gegen wen kämpft. Seit Juni 2017 haben Saudi-Arabien und mehrere arabische Staaten, die allesamt der *„Globalen Koalition gegen den IS"*[12] angehören, den Belagerungszustand über den kleinen Golfstaat Katar verhängt, ebenfalls Mitglied dieser Koalition. Offizieller Grund: Das Emirat unterstütze den Terrorismus. Der wahre Grund jedoch ist wohl die Nähe des Emirs zum Iran, dem Erzfeind der Saudis.

Alle Akteure in diesem Drama rechtfertigen ihre Politik mit dem *„Krieg gegen den Terror"*, und immer sind die anderen die Schlimmen: für die Saudis steckt Teheran hinter allen Aufständen gegen sunnitische Herrschaft in der Region. Für das iranische Regime wiederum ist der wahhabitische[13] Islam saudischer Prägung die Quelle allen Extremismus.

Es ist an der Zeit, sich endlich von der Doktrin des *„Krieges gegen den Terror"* zu verabschieden. Denn dieser Krieg reproduziert nur die extremistische Gewalt, die er zu bekämpften vorgibt. Und er verschleiert die tiefen Gründe der Krise des Mittleren Ostens, die mehr mit dem saudisch-iranischen Machtkampf zu tun haben als mit dem „Islamischen Staat", gegen den angeblich alle Seiten kämpfen. Zudem erzeugt der Anti-Terrorkrieg aktuell eine Dynamik, die sogar einen großen Krieg am Golf denkbar macht. Denn im Weißen Haus sitzt mit *Donald Trump* ein Präsident, der in diesem Konflikt nicht etwa zu mäßigen versucht, sondern ihn mit seiner einseitigen Parteinahme für die Saudis und gegen den Iran weiter anheizt.

Nie zuvor hat ein amerikanischer Präsident das Königreich Saudi-Arabien zu seiner ersten Auslandsreise erkoren, wie *Donald Trump* im Mai 2017. Dass dort

---

[12] Die USA hatten am 10. September 2014 zur Gründung einer „globalen Koalition" aufgerufen, deren Ziel es ist, „die Bedrohung durch IS zu beseitigen". Dem Zusammenschluss gehörten bis Mitte 2017 insgesamt 69 Mitglieder von Australien über Saudi-Arabien bis Deutschland an. Obwohl sich auch alle 28 Nato-Staaten dem Anti-IS-Bündnis angeschlossen haben, gehörte die Organisation als Ganzes selbst nicht dazu. Als Grund wurden Vorbehalte arabischer Länder in der Koalition gegen das westliche Militärbündnis genannt. Erst Ende Mai 2017 wurde die NATO das 70. Mitglied der Koalition. Bisher gibt es nur drei andere internationale Organisationen: die Arabischen Liga, Interpol und die EU. Die Beiträge der Mitglieder zum Kampf gegen die Dschihadisten sind unterschiedlich. Deutschland beteiligt sich mit Tornado-Aufklärungsflügen sowie der Bewaffnung der Kurden im Nordirak nicht direkt an Kampfhandlungen. Dagegen bombardieren Kampfjets der USA, Großbritanniens oder auch Jordaniens und Saudi-Arabiens IS-Stellungen. Die EU leistet als nicht-militärischer Partner nur humanitäre Hilfe. Vgl. Hähnlein, Rayk: Die deutsche Militärbeteiligung am Kampf gegen den „Islamischen Staat" (IS), SWP-Aktuell, November 2016

[13] Der saudische Wahhabismus, benannt nach seinem Begründer Mohammed ibn Abd al-Wahhab (1703-1792), ist eine besonders harsche Spielart des Salafismus. Den Wahhabiten geht es nicht allein um eine Rückbesinnung auf den Islam der „frommen Vorfahren", sondern um die Feindschaft gegenüber jeder Form des Unglaubens.

Rüstungsgeschäfte lockten, reicht als Erklärung nicht aus. *Trump* ging es um die Erneuerung der strategischen Partnerschaft mit den Saudis, die unter seinem Vorgänger *Obama* tiefe Risse erhalten hatte. Dass Präsident *Obama* den Atomstreit mit dem saudischen Erzfeind Iran beilegte und während des arabischen Frühlings (Arabellion) mit den revolutionären Volksbewegungen sympathisierte, sorgte unter den Monarchen am Golf für Alarm und Zweifel an der Zuverlässigkeit der USA. Dies alles scheint nun vergessen: *Trump* machte in Raid deutlich, dass er den arabischen Herrschern keine Lektionen über Demokratie halten wird und im Konflikt mit dem Iran auf ihrer Seite steht.

Das Kalkül hinter der Kursänderung ist nachvollziehbar: *Obamas* Hoffnung auf eine kooperative Haltung des Irans hat sich zerschlagen; seit dem Atomabkommen ist vielmehr das Gegenteil eingetreten. Der Iran vertiefte seine Allianz mit Moskau, griff mit seinen Schiitenmilizen im Syrien-Krieg immer unverblümter aufseiten des *Assad*-Regimes ein und rüstete den israelfeindlichen Hizbullah auf. Da ist das saudische Königreich – auch wenn es ein noch fundamentalistischeres Islam-Verständnis pflegt als der Iran - der weniger schwierigere Partner. Im Gegenzug erwartet Washington von den Saudis, das sie härter gegen gewaltbereite Extremisten vorgehen. *„Verjagt sie von eurem Heiligen Land, verjagt sie von dieser Erde"*, schärfte *Trump* in seiner Grundsatzrede in Riad seinen Gastgebern ein.[14] Er erklärt, jedes muslimische Land müsse den Terrorismus bekämpfen, er sagt aber auch: *„Ich bin nicht hier, um Lektionen zu erteilen"*. *Trump* spricht von einem Kampf zwischen Gut und Böse, dann sagt er, es komme darauf an, den „islamischen Extremismus" zu bekämpfen.[15] Er betonte den „Krieg gegen den Terror" und warb um Vertrauen. Das Problem ist, dass sich für jeden Satz von *Trump*, dem Präsidenten, eine Gegenaussage von *Trump*, dem Kandidaten, finden lässt. *„Der Islam hasst Amerika"*, sagte er 2016. In Riad klingt das so: *„Der Islam ist eine der großartigsten Religionen der Welt"*.

Nötig aber wäre auch, dass die Saudis den Export ihrer kruden wahhabitischen Ideologie aufgeben. Immerhin soll künftig ein multinationales Zentrum in Riad helfen, Geldquellen von Terrorgruppen aufzudecken und trockenzulegen.[16]

---

[14] Vgl. NZZ vom 27. Mai 2017: „America first" nimmt Konturen an.
[15] Auf die Formulierung „islamischer Terrorismus", die seine Hardliner wollten, verzichtet er. Denn dieser Ausdruck ärgert viele Muslime, weil er eine direkte Verbindung von ihrer Religion zum Terror zieht.
[16] In einer am 6. Juli 2017 in London veröffentlichten Studie der Henry Jackson Society, einer unabhängigen Denkfabrik, die Kritikern als neokonservativ gilt, heißt es, Saudi-Arabien sei der größte Förderer des islamistischen Extremismus. Das Land habe in den vergangenen 50 Jahren über Stiftungen umgerechnet 75 Milliarden Euro ausgegeben, um den Wahhabismus in die muslimische Welt und in muslimische

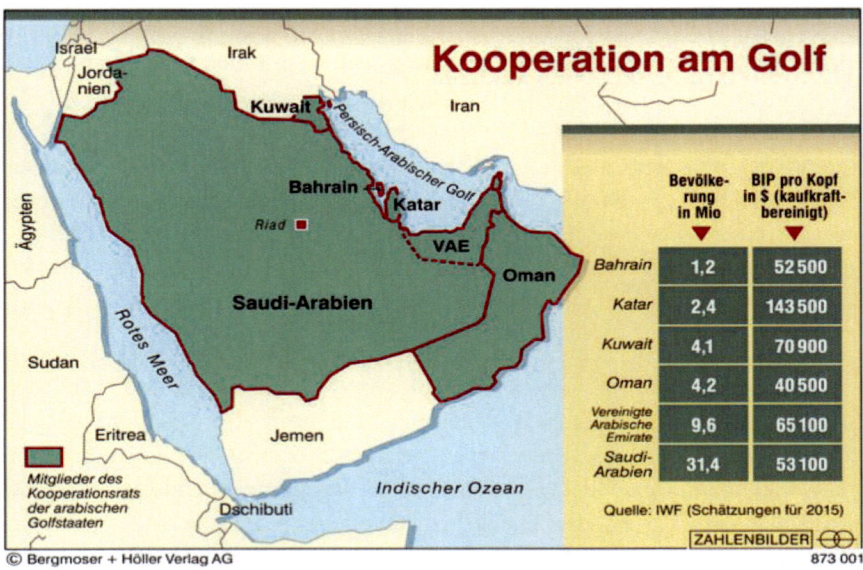

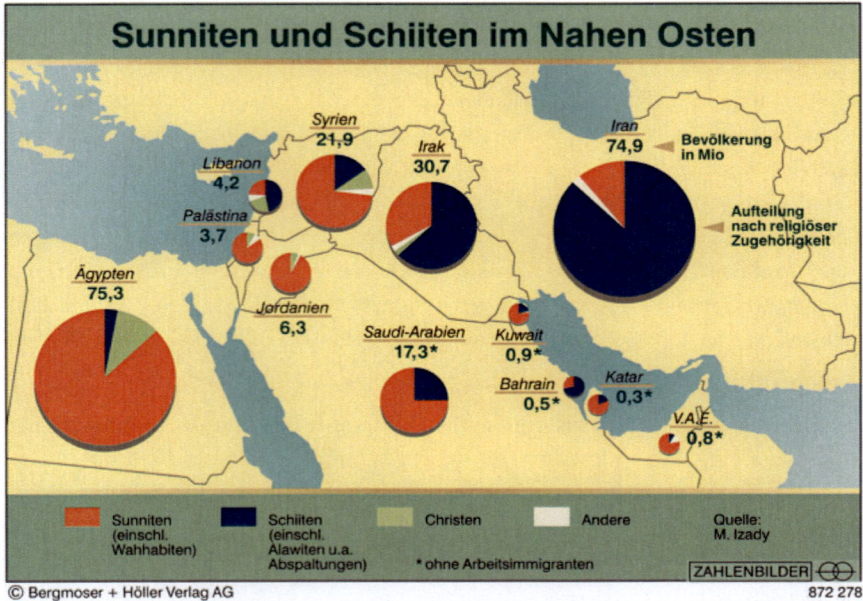

Gemeinschaften im Westen zu exportieren. Waren es 2007 rund zwei Milliarden US-Dollar jährlich, hat sich dieser Betrag bis zum Jahr 2015 verdoppelt. Vgl. www.henryjacksociety.org

Präsident *Trump* demonstriert damit dem amerikanischen Heimpublikum, dass er Terrorgruppen wie den IS und die Al-Qaida konsequenter denn je ins Visier nimmt. Das ist sicher nicht unpopulär angesichts der akuten terroristischen Gefahr.

Die Vorgeschichte dieser Entwicklung beginnt nicht erst am 11. September 2001 mit den Anschlägen auf das *World Trade Center* in New York und das Pentagon in Washington. Sie reicht bis in die frühen achtziger Jahre zurück[17], als nach der iranischen Revolution 1979 die neue schiitische Theokratie in Teheran und das wahhabitische Königshaus in Riad erstmals auf Kollisionskurs gerieten, während gleichzeitig ein amerikanisch-saudisches Bündnis islamistischer Kämpfer gegen die Sowjetarmee in Afghanistan hochrüstete.[18] Die Kämpfer dieses Bündnisses, die „Freiheitskämpfer" (Mudschaheddin) bildeten später die Al-Qaida und die rekrutierte schließlich jene Attentäter, die am 11. September 2001 die Anschläge in New York und Washington verübten. Die Folgen sind bekannt: Die USA taten *Bin Ladin* den größtmöglichen Gefallen, sein epochales Verbrechen zu einer kriegerischen Handlung und sein Terrornetzwerk zur Kriegspartei aufzuwerten.[19]

Der damals ausgerufene *war on terror* war zeitlich und räumlich entgrenzt. Solche Kriege kann man qua definitionem nicht gewinnen. Ihre Entgrenzung verselbstständigt sich – auch weil sich jede Menge Gelegenheiten bieten, sie für

---

[17] Am Morgen des 20. November 1979 begann eine terroristische Aktion, bei der rund 500 militante Islamisten aus verschiedenen arabischen Ländern, die Große Moschee in Mekka in ihre Gewalt brachten und tausende versammelte Gläubig als Geiseln nahmen. Sie riefen zur Übernahme islamischer Rechtsordnungen in allen muslimischen Ländern, zum Sturz des saudischen Königshauses und zum Bruch der diplomatischen Beziehungen mit westlichen Ländern auf und verlangten, dass kein Erdöl mehr in die USA geliefert werde. König Khalid ließ die Landesgrenzen schließen. Am Nachmittag des 20. November 1979 wurde die Moschee umstellt und die Stromzufuhr unterbrochen. Ein großer Teil der Geiseln wurde nach und nach freigelassen. Die saudische Regierung erwirkte eine Fatwa der obersten Theologen, die die Anwendung von Gewalt in der heiligen Stadt erlaubte. Erst nach langwierigen Kämpfen gelang es nach mehr als zweiwöchiger Besetzung, unter Mitwirkung der Anti-Terroreinheit der französischen Gendarmerie GIGN, die überlebenden Aufständischen zur Aufgabe zu zwingen. Dass der saudische König „Ungläubige" in die heilige Stadt Mekka rief, war für das Empfinden vieler Muslime eine nicht wieder gut zu machende Schande, auch wenn im Nachhinein behauptet wurde, die französischen Gendarmen seien vor ihrem Einsatz noch schnell zum Islam konvertiert. Die Besetzung forderte nach offiziellen Zahlen 330 Todesopfer unter den Geiselnehmern, den Geiseln und den Sicherheitskräften, andere Schätzungen sprechen sogar von tausend Opfern. 63 Aufständische, darunter al-Utaibi, wurden am 8. Januar 1980 in einer Massenexekution in acht verschiedenen Städten Saudi-Arabiens enthauptet. Die Besetzung gilt als ein wichtiges Ereignis für die Entwicklung des islamistischen Terrorismus. Der iranische Revolutionsführer Ayatollah Khomeini verbreitete in einer Radiobotschaft, dass US-Amerikaner für die Besetzung verantwortlich seien. Daraufhin wurde schon am 21. November in Islamabad die amerikanische Botschaft von einem Mob niedergebrannt. Weitere antiamerikanische Proteste gab es auf den Philippinen, in der Türkei, Bangladesch, Saudi-Arabien, den Vereinigten Arabischen Emiraten und in Libyen. Für die Fatwa sollen die saudi-arabischen Religionsgelehrten Milliarden gefordert haben, um damit die wahhabitische Missionierung im Ausland zu intensivieren. Diese Bemühungen werden später Grundlage für die Radikalisierung der Muslime in einigen Nachbarländern.
[18] Vgl. Penter, Tanja/Meier, Esther (Hrsg.): Sovietnam. Die UdSSR in Afghanistan 1979-1989, Paderborn 2017
[19] Vgl. Barth, Peter: Internationaler Terrorismus im Zeitalter der Globalisierung, 2. Auflage, München 2003

ganz andere Interessen zu nutzen. In die Fahne des *war on terror* haben sich seither viele gehüllt, die intervenierten, expandierten, okkupierten oder schlicht mit allen Mitteln ihre Macht sichern wollen.

Zunächst und mit den wohl dramatischsten Folgen für die Region taten dies die USA, die ihren Einmarsch in den Irak 2003 unter anderem mit angeblichen Verbindungen des irakischen Diktators *Saddam Hussein* zu Al-Qaida begründeten.[20] Die Invasion, vor allem aber die desaströse Besatzung des Irak, ließen aus der Lüge eine sich selbst erfüllende Prophezeiung werden. Die Ausgrenzung der im Irak zuvor dominierenden Sunniten[21], die ungehinderte politische Expansion des Irans in das mehrheitlich schiitische Nachbarland Irak und die Rachekampagnen schiitischer Milizen schufen tatsächlich ein neues Aktionsfeld für Al-Qaida. Die von der Macht verdrängten Anhänger *Saddam Husseins* bildeten später den personellen Kern des „Islamischen Staates". Entscheidend war, dass die Dschihadisten im Irak eine neue Rolle fanden: als vermeintliche Beschützer der Sunniten gegen die expandierenden Schiiten.

Der *war on terror* ist seither in den religiös-politischen Machtkampf zwischen Saudi-Arabien und dem Iran eingewoben. Es hat sich eine irrsinnige Logik wechselseitiger Befeuerung herausgebildet. Wäre das alles nicht so brandgefährlich, man müsste von einer historischen Ironie sprechen: Die westlich geführte Koalition gegen den IS stützt sich nämlich überwiegend auf iranisch finanzierte Milizen als Bodentruppen im Irak. Die Iraner nutzen so den *war on terror*, um ihre militärische Expansion und die Ausgrenzung der Sunniten voranzutreiben. Dies wiederum ist der Anlass für zahlreiche sunnitische Fraktionen in der Region – und für deren Schutzmacht Saudi-Arabien -, ihrerseits aufzurüsten.

---

[20] Vgl. Barth, Peter: George W. Bush's Krieg gegen den Irak und die Auswirkungen auf die arabische Welt, München 2004

21 Lewis Paul Bremer III (* 30. September 1941 in Hartford, Connecticut) ist ein US-amerikanischer Diplomat und Regierungsbeamter. Er wurde am 6. Mai 2003 von Präsident George W. Bush zum Zivilverwalter für den Irak ernannt und behielt die Stellung bis zur Übergabe der Souveränität an eine irakische Übergangsregierung am 28. Juni 2004. Am 19. September 2003 erließ Paul Bremer in seiner Funktion als Verwalter eine Reihe von Verordnungen, welche die irakische Wirtschaftspolitik gründlich veränderten: Er privatisierte praktisch alle staatlichen Betriebe innerhalb kürzester Zeit, zum Teil zu sehr niedrigen Preisen, erlaubte volle Besitzrechte ausländischer Firmen an irakischen Betrieben und völlige Repatriierung von Profiten; auch irakische Banken wurden für die Übernahme durch ausländisches Kapital geöffnet, Zölle wurden vollständig abgeschafft. Allerdings war die Ölindustrie von diesen Vorgaben vorerst ausgenommen. Weitere wesentliche Entscheidungen Bremers waren das Verbot der sunnitischen Baath-Partei mit 50.000 Mitgliedern und die Auflösung der Irakischen Armee mit 450.000 Angehörigen. Privatisierung, Parteiverbot und Armee-Auflösung bewirkten soziale Deklassierung für Millionen sunnitischer Iraker und gelten als Grund für den bis heute fehlenden Ausgleich zwischen den politischen Gruppen bzw. den Religionsgemeinschaften des Irak. Vgl. Bierling, Stefan: Geschichte des Irakkrieg – Der Sturz Saddams und Amerikas Albtraum im Mittleren Osten, München 2010

Und dabei kommen dann Al-Qaida, der IS und andere dschihadistische Gruppierungen wieder ins Spiel, als Rächer unterdrückter Sunniten. Ein perfekter Zirkel der Radikalisierung.

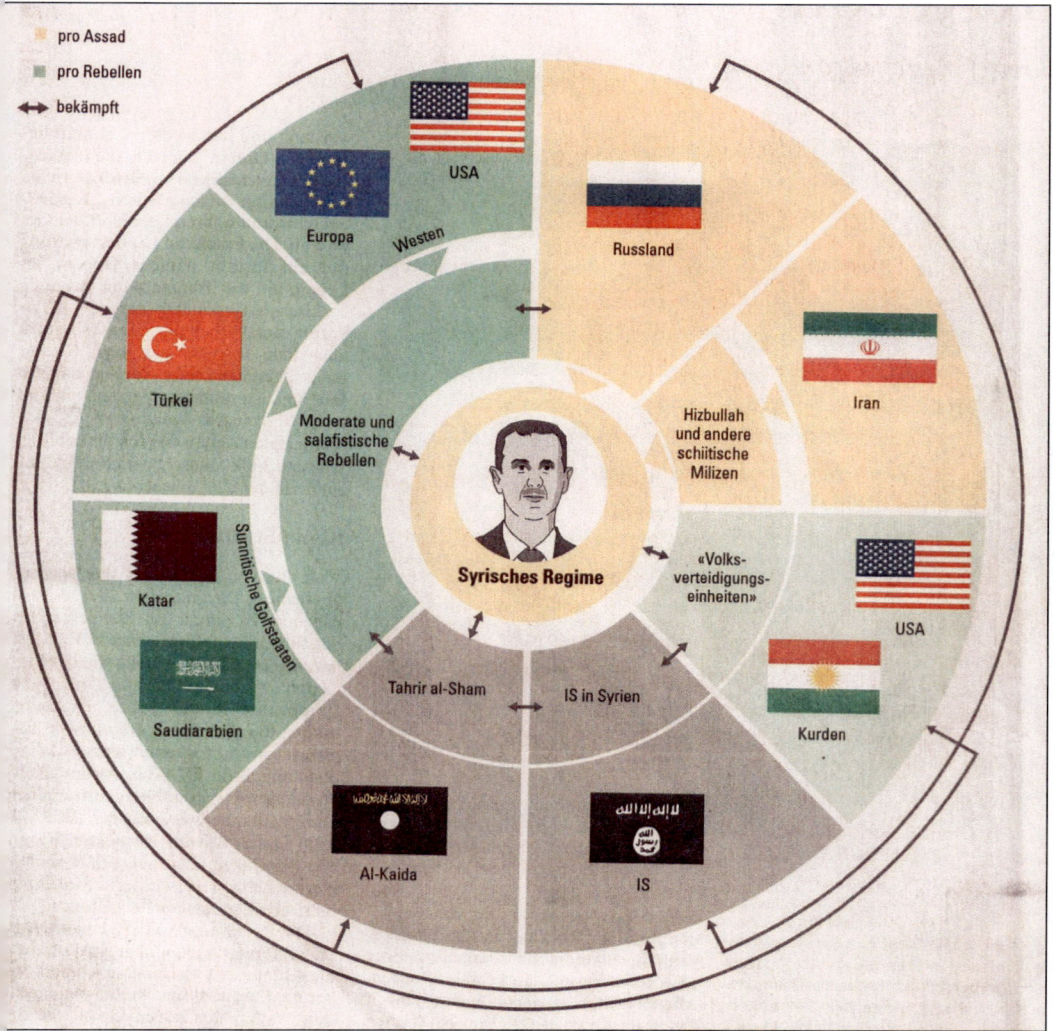

Wer bekämpft wen in Syrien? NZZ, 10.04.2017, S. 3

Den autoritären Regimen im Nahen und Mittleren Osten kam die Doktrin des *war on terror* sehr gelegen. In den ersten Jahren nach den Anschlägen vom 11. September 2001 erfuhren sie von Seiten der USA und zahlreichen europäischen Ländern nicht nur militärische und finanzielle, sondern auch indirekte ideelle Unterstützung.[22]

Die Folter, die Autokraten seit Jahrzehnten einsetzen, um die Opposition in Schach zu halten, war nun eine amerikanisch sanktionierte Waffe im Anti-Terrorkrieg – in Guantanamo, in den geheimen Gefängnissen der CIA in Asien und Europa und auch in syrisch, ägyptischen oder marokkanischen Gefängnissen, wo im amerikanischen Auftrag gequält wurde.

Das alles muss man sich vor Augen halten, wenn vermutlich bald die Befreiung von Raqqa und Mossul gefeiert werden wird, wo der IS derzeit aus seinen Machtzentren vertrieben wird. So verständlich die Genugtuung darüber sein wird – den Siegesmeldungen im Anti-Terrorkrieg ist zu misstrauen: Denn tatsächlich floriert Al-Qaida, einst das dschihadistische Mutterunternehmen und jetzt Konkurrent des IS, sowohl in Syrien als auch im Jemen und in mehreren afrikanischen Ländern. Und der IS ist nach gut 30 Monaten und über 20.000 Luftangriffen zwar sein „Kalifat" los, aber mitnichten geschlagen. Er hat lediglich seine Strategie gewechselt – von der Territorialmacht zurück zur Guerillataktik mit breit gestreuten Anschlägen, neuen Rekruten und neuer Reichweite, wie zuletzt die Attacken auf das iranische Parlament und das *Khomeini*-Mausoleum in Teheran am 7. Juni 2017 mit 16 Toten und über 50 Verletzten gezeigt haben.[23] So paradox es klingen mag: Der Krieg gegen den Terror reproduziert exakt den Terrorismus, den er eigentlich bekämpfen will.

---

[22] Vgl. Bickel, Markus: Die Profiteure des Terrors. Wie Deutschland an Kriegen verdient und arabische Diktaturen stärkt, Frankfurt 2017; Risen, James. Krieg um jeden Preis. Gier, Machtmissbrauch und das Milliardengeschäft mit dem Kampf gegen den Terror, Frankfurt am Main 2015
[23] Dass eines der symbolträchtigsten Ziele der IS-Terroristen ausgerechnet das Imam Khomeini-Mausoleum war, ist kein Wunder. Schließlich symbolisiert Khomeini wie kein anderer den streng schiitischen Charakter der 1979 neu geschaffenen Islamischen Republik Iran. Und so war es auch Khomeini, der durchsetzte, dass in Artikel 12 der 1979 verabschiedeten Verfassung des Iran festgeschrieben wurde, dass die schiitische Konfession den Status der einzig gültigen Staatsreligion erhielt. Zwar wahrte die Verfassung formell die politischen und sozialen Rechte der Sunniten in den von ihnen bewohnten Regionen, doch blieb dies eine Wunschformel ohne praktische Bedeutung. Wie wenig tolerant und brüderlich sich Irans schiitische Machthaber gegenüber ihren sunnitischen Glaubensbrüder verhalten, lässt sich gut am Stadtbild der Hauptstadt Teheran ablesen. Denn während die zwölf Millionen Einwohner zählende Metropole zahlreiche christliche Kirchen, jüdische Synagogen, zoroastrische Feuertempel und sogar mehrere hinduistische Tempel aufweist, sucht der Besucher vergebens eine einzige sunnitische Moschee. Den Bau verweigert die Regierung bis heute hartnäckig. Vgl. NZZ vom 09.06.2017: Erster Anschlag des IS in Iran

Kasten: Das Kalifat des IS zerfällt

Am 4. Juli 2014 ist *Abu Bakr al-Baghdadi*, der irakische Chef des „Islamischen Staates", in der Nuri-Moschee von Mossul aufgetreten. Mit langem, grauem Rauschebart, in schwarzer Robe und mit Turban[24], eine teure Uhr am rechten Handgelenk, rief *Baghdadi* die Muslime zum Dschihad auf und phantasierte von der dschihadistischen Weltherrschaft. Es war sein erster Auftritt als Kalif, also Oberhaupt und Anführer der Muslime in der ganzen Welt. Fünf Tage zuvor hatte der syrische Sprecher der Terrormiliz, *Abu Mohammed al-Adnani*, die Welt wissen lassen, die eroberten Gebiete im Irak und in Syrien seien im Verständnis des IS nun ein Kalifat, ein Islamischer Staat. *„Mit der Ausdehnung des Herrschaftsgebietes des Kalifen und der Ankunft seiner Truppen wird die Legalität aller Emirate, Staaten, Gruppen und Organisationen hinfällig".*[25]

Adnani wurde im August 2016 durch einen Luftangriff der Amerikaner getötet. *Baghdadi* meldete sich letztmals Anfang November 2016, kurz nach Beginn der Offensive auf Mossul, zu Wort. In einer vom IS-Radio ausgestrahlten Rede rief er seine Anhänger auf, bis zum bitteren Ende um die irakische Hauptstadt der Terrormiliz zu kämpfen. Zugleich forderte er sein Gefolge auf, standhaft zu bleiben im Krieg gegen die Schiiten und das syrische Regime und den Krieg nach Saudi-Arabien, in die Türkei und in andere Länder zu tragen.

Der Kalif macht sich extrem rar – angesichts eines Kopfgelds von 25 Millionen US-Dollar ist das Teil einer Überlebensstrategie, von der nicht klar ist, wie erfolgreich sie war. Auch 2015 gab es nur zwei Audio-Botschaften von ihm, eine im Dezember, die andere im Mai. Der IS weiß genau, dass die USA mit Satelliten, fast omnipräsenten Drohnen, Flugzeugen, Spezialeinheiten und allerlei hochauflösenden Sensoren nach ihren Kadern sucht und diese tötet, wenn sich die Gelegenheit bietet, in geringerem Maße auch Russen, Briten und Franzosen. Sie werten Datenträger und andere Hinterlassenschaften des IS aus und versuchen in Kommandoaktionen IS-Mitglieder zu ergreifen. Zudem ist es dem Irak und wohl auch Russland gelungen, Agenten in den IS einzuschleusen.

---

[24] Einen schwarzen Umhang und schwarzen Turban soll auch Mohammed bei der Rückeroberung Mekkas im Jahr 630 getragen haben. Deshalb auch die schwarze Fahne des „Islamischen Staates" und die häufig schwarze Kleidung seiner Kämpfer, die ebenfalls auf diese Rückeroberung anspielen. Mehr noch, schwarze Uniformen und Flaggen gehörten zur höfischen Etikette der Abbasiden im achten Jahrhundert und erinnern so an das goldene Zeitalter des Islam. Vgl. Lüders, Michael: Wer den Wind sät. Was westliche Politik im Orient anrichtet, München 2015, S. 92
[25] Vgl. Napoleoni, Loretta: Die Rückkehr des Kalifats. Der Islamische Staat und die Neuordnung des Nahen Ostens, Zürich 2015, S. 14

Ob der meistgesuchte Terrorist der Welt noch lebt, ist derzeit (Juli 2017) unklar. Am 11. Juli 2017 meldete die *Syrische Beobachtungsstelle für Menschenrechte* in London, *Baghdadi* sei definitiv tot. *Rami Abdulrahman*, Chef der Beobachtungsstelle, berief sich auf Informationen hochrangiger IS-Kader aus der Region Deir al Sour in Syrien, einer der verbliebenen Hochburgen des IS. Zuvor hatten bereits irakische Medien berichtet, der IS habe in Tel Afar, einer noch von den Dschihadisten gehaltenen Stadt 65 Kilometer westlich von Mossul, per Lautsprecher den Tod ihres Kalifen bekannt gegeben. Schon am 16. Juni hatte das russische Verteidigungsministerium in einer längeren Mitteilung wissen lassen, es prüfe Berichte, *Baghdadi* sei bereits am 18. Mai bei einem Luftangriff südlich von Raqqa getötet worden. Auch der Iran verkündete, er sei „definitiv" gestorben. Wirkliche Belege für seinen Tod gibt es aber keine. Die Amerikaner, die ihn früher auch schon für tot erklärt hatten, gehen hingegen davon aus, dass er im irakisch-syrischen Grenzgebiet untergetaucht ist.

Ob tot oder lebendig, mit seinem Kalifat ist *Baghdadi* gescheitert. Aber auch der Tod *Baghdadis* würde nicht das Ende des IS als Terrororganisation bedeuten, wäre aber eine weiterer symbolisch bedeutender Schlag gegen die Gruppe, ihre Moral und ihre propagandistische Strahlkraft. *Baghdadi* war nie der Schöpfer des IS, sondern eher dessen Schöpfung. Die Führungsgruppe bestand ab 2010, dem Jahr von *Baghdadis* Ausrufung, fast ausschließlich aus ehemaligen Offizieren von *Saddam Husseins* Geheimdiensten und Elitetruppen. Die kürten den Prediger *Baghdadi* 2014 sogar zum „Kalifen", weil er etwas besaß, was sie nicht hatten – eine präsentable Biografie als Islamist – er war „der Posterboy" des IS. Die Pläne, wie man fremde Staaten infiltriert und erobert, der Aufbau des schlagkräftigen Apparats, die wechselnden geheimen Bündnisse: All das war das Werk von anderen. Doch auch von ihnen sind nun etwas 90 Prozent tot. *Baghdadi* war stets ein Symbol. Als solches funktioniert er lebendig wie als Märtyrer – sofern er von fremder Hand starb.

In den letzten drei Jahren hat die Terrormiliz knapp zwei Drittel ihres „Staates" im Irak und in Syrien verloren. Ihre syrische Hauptstadt Raqqa ist inzwischen komplett von den IS-Gegnern umstellt und Ende Juni 2017 nahmen irakische Eliteeinheiten das Quartier um die Nuri-Moschee in Mossul ein. Daraufhin erklärte der irakische Regierungschef *Haider al-Abadi* den IS für besiegt. So wichtig die Einnahme von Mossul ist, so wenig ist damit das Schicksal des IS besiegelt. Die Extremisten kontrollieren im Irak nach wie vor wichtige Gebiete: westlich von Mossul die Region um Tell Afar, im Zentralirak den Distrikt Hawija nahe der Erdölstadt Kirkuk und im Westirak die Gegend um Kaim an der irakisch-syrischen Grenze. Dazu kommen in Syrien neben Raqqa die Grenzgebiete um Deir al-Zur und Madayin sowie Gegenden in den Nähe des historischen Palmyra. Es wird noch Monate dauern, den Rest des Kalifats zu zerschlagen.[26]

Und auch dann wird der Kampf gegen den IS noch lange nicht beendet sein. Im Gegensatz zu seiner Vorgängerorganisation, der al-Qaida im Irak, ist der IS heute eine international operierende Terrororganisation.

Der Untergang des Kalifats als Protostaat bedeutet nicht, dass diese Strategie nun nicht mehr funktioniert. Sie wird sogar noch befeuert, wenn schiitische Milizen und sogar irakische Regierungstruppen willkürlich Menschen foltern

---

[26] Weiterhin kommen jeden Tag Menschen in Syrien ums Leben, durch Gefechte oder als Folge der vielerorts katastrophalen humanitären Lage. Die Zahl der Toten ist seit dem Ausbruch des Konflikts auf rund 500.000 gestiegen - und ein Ende ist auch im siebten Jahr des Bürgerkriegs nicht in Sicht. Die Weltbank hat 2017 den Versuch unternommen, auch die Schäden an Infrastruktur und Wirtschaft zu beziffern. Die Summe, die sie errechnet haben, beläuft sich auf 226 Milliarden Dollar, umgerechnet 198 Milliarden Euro. Zum Vergleich: Im Jahr 2011 - dem letzten Jahr mit halbwegs verlässlichen Daten - betrug Syriens Wirtschaftsleistung insgesamt gerade einmal 65 Milliarden Dollar. „Der Krieg in Syrien zerreißt die soziale und wirtschaftliche Struktur des Landes", so Hafez Ghanem, Vizepräsident der Weltbank und zuständig für die Regionen Naher Osten und Nordafrika. Der Verlust von Menschenleben sei verheerend, doch der Krieg zerstöre auch die „Institutionen und Systeme", ohne die eine Gesellschaft nicht funktionieren könne. Mehr als ein Viertel der Häuser in Syrien seien zerstört worden, etwa die Hälfte der Bildungseinrichtungen sowie der medizinischen Infrastruktur. Auch die Wasserversorgung – sie war in Teilen des Landes schon vor Beginn des Kriegs 2011 schlecht – ist miserabel. 30 Prozent der Wassertürme- und -tanks, 63 Prozent der Wiederaufbereitungsanlagen und 14 Prozent der Brunnen sind beschädigt oder zerstört. Die Energiegewinnung fiel um weit mehr als die Hälfte: von 43.164 Gigawattstunden im Jahr 2010 auf 16.208 Gigawattstunden 2015, ein Verlust von 62,5 Prozent. So wie die Infrastruktur ist die Wirtschaft Opfer des Krieges: Die Exporte fielen zwischen 2011 und 2015 um 92 Prozent. Das Bruttoinlandprodukt, das zwischen 2000 und 2010 noch um jährlich 4,3 Prozentpunkte gestiegen war, liegt heute 63 Prozent unter dem damals für 2016 berechneten Wert. Laut den Schätzungen der Weltbank starben im syrischen Bürgerkrieg mehr Menschen aufgrund der mangelhaften Gesundheitsversorgung als durch direkte Kampfhandlungen. Der Studie zufolge gingen in Syrien zwischen 2010 und 2015 schätzungsweise jedes Jahr 538.000 Arbeitsplätze verloren. Neun Millionen Menschen und damit mehr als drei Viertel der Syrer im arbeitsfähigen Alter haben demnach weder einen Job noch absolvieren sie derzeit eine Schul- oder Berufsausbildung. „Die langfristigen Folgen dieser Untätigkeit wird ein kollektiver Verlust des Humankapitals sein, der zu einem Mangel an Qualifikation in Syrien führen wird", hieß es in dem Weltbank-Bericht. Die Untersuchung beruht auf der Auswertung von Satellitenaufnahmen und Berechnungen auf Grundlage eines wissenschaftlichen Modells. Die Wirtschaft des Landes wird sich nach Einschätzung der Weltbank auch nach dem Ende des Bürgerkriegs nur langsam erholen. Sollte der Konflikt noch in diesem Jahr beendet werden, könnte die Wirtschaftsleistung in Syrien nach Einschätzung der Weltbank binnen vier Jahren 41 Prozent des Vorkriegsniveaus erreichen. Mit fortschreitender Kriegsdauer verschlechtere sich die Prognose jedoch. Angesichts dieser Zahlen stellt sich die Frage, ob Syrien mit internationaler Finanzhilf dennoch vergleichsweise zügig wiederaufgebaut werden kann. Die Weltbank geht von Kosten in Höhe von 180 Milliarden US-Dollar für den Wiederaufbau aus. Zwei Studien der US-Amerikanischen Brown University untersuchten die Wiederaufbaukosten für den Irak und für Afghanistan: Im Irak hat der Wiederaufbau die USA bis heute 213 Milliarden US-Dollar gekostet, in Afghanistan 114 Milliarden US-Dollar. Der Wiederaufbau Syriens ist also nichts, was nicht machbar wäre, doch ob Syrien wieder aufgebaut werden kann hängt davon ab, wie lange das dauert. Die Frage ist: Wann kann es angesichts des fortdauernden Konflikts losgehen? Viele Gebiete blieben unsicher, teilweise von Gruppen kontrolliert, die völlig verfeindet sind. Ein Problem ist mit Geld allein aber nicht lösbar: Mehr als die Hälfte der Syrer leben nicht mehr dort, wo sie vor dem Krieg zu Hause waren, sind im eigenen Land als Vertriebene unterwegs oder ins Ausland geflüchtet. Es geht dabei nicht nur um den Braindrain, den Wissensverlust, der durch Auswanderung qualifizierter Menschen entsteht. Eine halbe Generation junger Syrer ist überhaupt nicht mehr richtig zur Schule gegangen.

und ermorden. Und wenn in Syrien von Iran ausgebildete und bezahlte Söldner ganze Landstriche verheeren im Glauben, die Niederlage von *Imam Ali* in der Schlacht von Kerbela aus dem Jahr 680 zu rächen. Wenn es nicht gelingt, den Irak und Syrien zu befrieden, wird der IS, der noch mehr als 15.000 Kämpfer zählt, in den Wüsten der beiden Länder überleben. Schon einmal galt al-Qaida im Irak, die Vorläufer-Organisation, als militärisch besiegt. Sie war groß geworden durch die mit Lügen begründete US-Invasion 2003 und die atemberaubende Inkompetenz des amerikanischen Besatzungsregimes. Nach dem Abzug der USA malträtierte dann die schiitisch dominierte Regierung von *Nuri Maliki* die Sunniten, die im Irak bis zum Sturz des Diktators *Saddam Hussein* dominierend gewesen waren. Sie wurden in einen Aufstand getrieben, den der IS nutzte, um große Teile des Iraks und Syriens zu überrennen.

Der „Islamische Staat" hat sich auf die absehbare Niederlage in seinem Kalifat vorbereitet, ideologisch wie organisatorisch. Seit geraumer Zeit kommen kaum noch Kämpfer in die Kerngebiete des IS in Syrien und im Irak; die Verluste sind enorm. Und so hat er seine Anhänger aufgefordert, von der *Hijra,* der religiös motivierten Auswanderung in die IS-Gebiete abzusehen – und stattdessen Anschläge in westlichen Ländern zu verüben. Er sucht neue Gebiete, um seine Strategie umzusetzen und findet sie auf den Philippinen, vielleicht bald wieder in Libyen, in den instabilen Regionen des Sahel, am Horn von Afrika, in Zentralasien. Und er versucht es im Westen, in Europa, den USA. Es sind überwiegend nicht mehr heimgekehrte Kämpfer, militärisch ausgebildet und verroht, die nun die Anschläge dort verüben. Viele von ihnen sind tot oder werden dieser Tage getötet. Vielmehr beobachten die Geheimdienste seit Monaten verstärkte Versuche des IS, Attentäter direkt im Westen anzuwerben, auch in Deutschland.

Dabei spricht er labile Menschen an, die nicht im Fokus der Sicherheitsbehörden stehen, auch Frauen und Minderjährige. Noch immer entfaltet das virtuelle Kalifat mit seinen einfachen Antworten große Anziehungskraft. Nur fordert der IS seine Adepten nicht mehr auf, in den Kampf ums Kalifat zu ziehen. Wertvoller sei es, die „Kreuzfahrer" in deren Heimat zu attackieren. Dafür braucht es keine Kampferfahrung, keine Trainer oder lange Radikalisierungsprozesse, sondern nur einen Mietwagen, ein Messer, einen gestohlenen Lastwagen. Wenn dann ein Dschihadist vor eine Moschee in die Menschen rast, wähnt sich der IS der apokalyptischen Schlacht zwischen Gläubigen und Ungläubigen näher, mit der er das Ende der Tage heraufbeschwören will – auch wenn das Terror-Kalifat bald Geschichte ist.

Außer in Europa haben der IS oder mit ihm verbündete Gruppierungen im Jahr 2017 bereits Anschläge in der Türkei, in Ägypten, Afghanistan, Pakistan, Indien, Bangladesch und den Philippinen verübt. Trotz ihrer Verluste auf dem Schlachtfeld habe die Extremistengruppe eine neue Schlagkraft erreicht, sagte *Manuel Navarrette*, Chef des *European Counter Terrorism Centre*[27], kürzlich. Der IS sei in der Lage, beliebig, jederzeit und fast jedes Ziel, das er wolle, anzugreifen. All dies kann aber nicht darüber hinweg täuschen, dass das Kalifat auf syrischem und irakischem Boden, das als Keimzelle der Expansion fungieren sollte, am Ende ist – militärisch, politisch, religiös, geografisch. Ein auf Expansion ausgelegtes Staatsbildungsprojekt kann dieser IS nicht mehr sein. Ohne nennenswerte Städte, die seine dezimierten Kräfte noch halten können, ohne nennenswertes Territorium jenseits öder Wüstengebiete, ohne eine funktionierende Verwaltung und ohne Zugang zu den Ölfeldern wird der IS wieder schrumpfen auf „Normalmaß". Er wird wieder eine ordinäre Terrorgruppe sein.

Dabei besteht die Gefahr, dass die Extremisten sowohl im Irak als auch in Syrien noch lange ihr Unwesen treiben werden. Ohne eigenen Staat werden sie so weitermachen, wie sie vor vierzehn Jahren begonnen haben: mit klassischem Terror. Laut einer jüngst veröffentlichten Studie der amerikanischen Militärakademie Westpoint hat der IS in sechzehn „befreiten" irakischen und syrischen Städten fast 1.500 Attacken und Anschläge verübt. Der militärische Sieg über den IS sei ein erster wichtiger Schritt, aber reiche nicht aus, schrieben die Autoren. Um zu verhindern, dass der IS oder eine andere Terrororganisation erneut erstarke, müsse in den zurückeroberten Gebieten für Sicherheit gesorgt und der Wiederaufbau vorangetrieben werden; auch brauche es eine funktionierende Verwaltung. Genau daran hapert es aber. Zudem zeichnen sich bereist neue Konflikt ab. Hunderte von Familien, aus deren Reihen Männer aufseiten des IS gekämpft haben, werden von IS-Gegnern bedroht. Sie erhalten nachts Briefe, in denen sie aufgefordert werden, das Quartier zu verlassen. Das Verlangen nach Bestrafung der Täter ist verständlich. Aber derlei Kollektivstrafen schüren den Hass, der zu neuer Gewalt führt. Schon einmal war die Vorgänger-Organisation des IS, die al-Qaida im Irak, für besiegt erklärt worden und dann, ein paar Jahre später, wie aus dem Nichts heraus auf der Bildfläche zu erscheinen. Es zeugt von großer Ignoranz, wenn Politiker und Militärs heute wieder versprechen, den IS ein für alle Mal vernichten zu wollen. Denn natürlich war es von Anfang an möglich, den „Islamischen Staat" wie jede

---

[27] Vgl. ECTC, www.europol.europa.eu

territoriale Organisation militärisch zu schlagen; genau diese Entwicklung sagten dem IS die meisten Beobachter auch voraus. Von viel längerer Überlebensdauer aber dürfte dessen Wesen als Terrororganisation sein. Die Ideologie der Extremisten ist nicht aus der Welt, ebenso wenig die Gründe ihrer Anziehungskraft. Mit Selbstmordanschlägen und anderen blutigen Aktionen werden wir noch auf unbestimmte Zeit rechnen müssen

Zwar wird der IS militärisch zurückgedrängt, zwar gibt es weniger Propagandavideos als früher, aber das könnte auch bedeuten, dass die Bewegung nur in den Untergrund geht. Bevor der Sprecher der Terrormiliz, *Abu Mohammad al-Adnani,* 2016 durch eine Drohne getötet wurde, beauftragte er in einer Videobotschaft seine Anhänger, in ihren Heimatländern zu bleiben, um dort mit jedem nur erdenklichen Mittel so viele Menschen wie möglich zu töten. Wie erklärte doch der IS, nachdem er die syrische Stadt Manbidsch räumen musste: *„Wir haben eine Schlacht verloren, aber eine Generation gewonnen, die ihren Feind kennt"*.

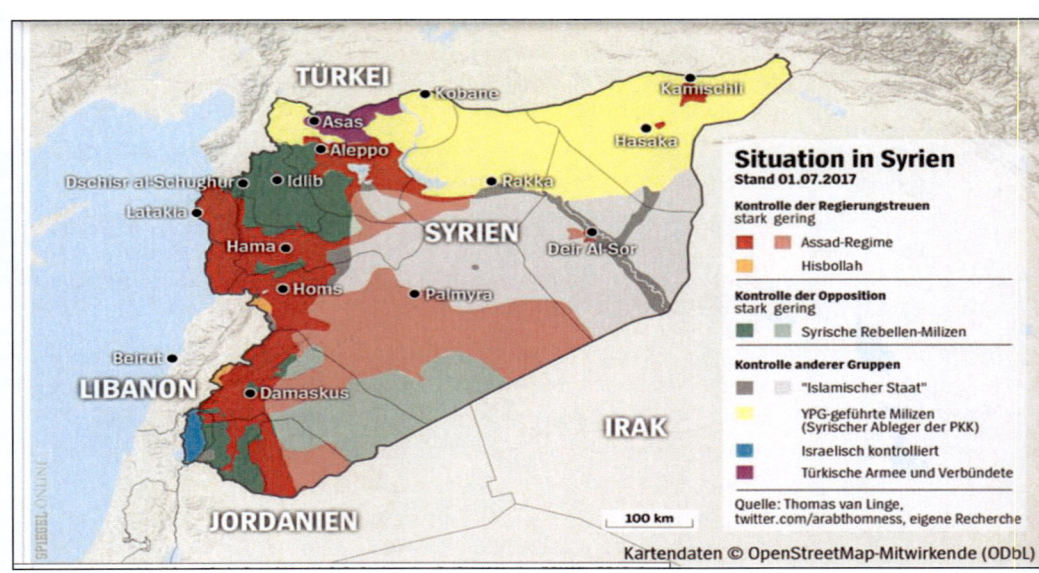

MÄRTYRER OPERATIONEN

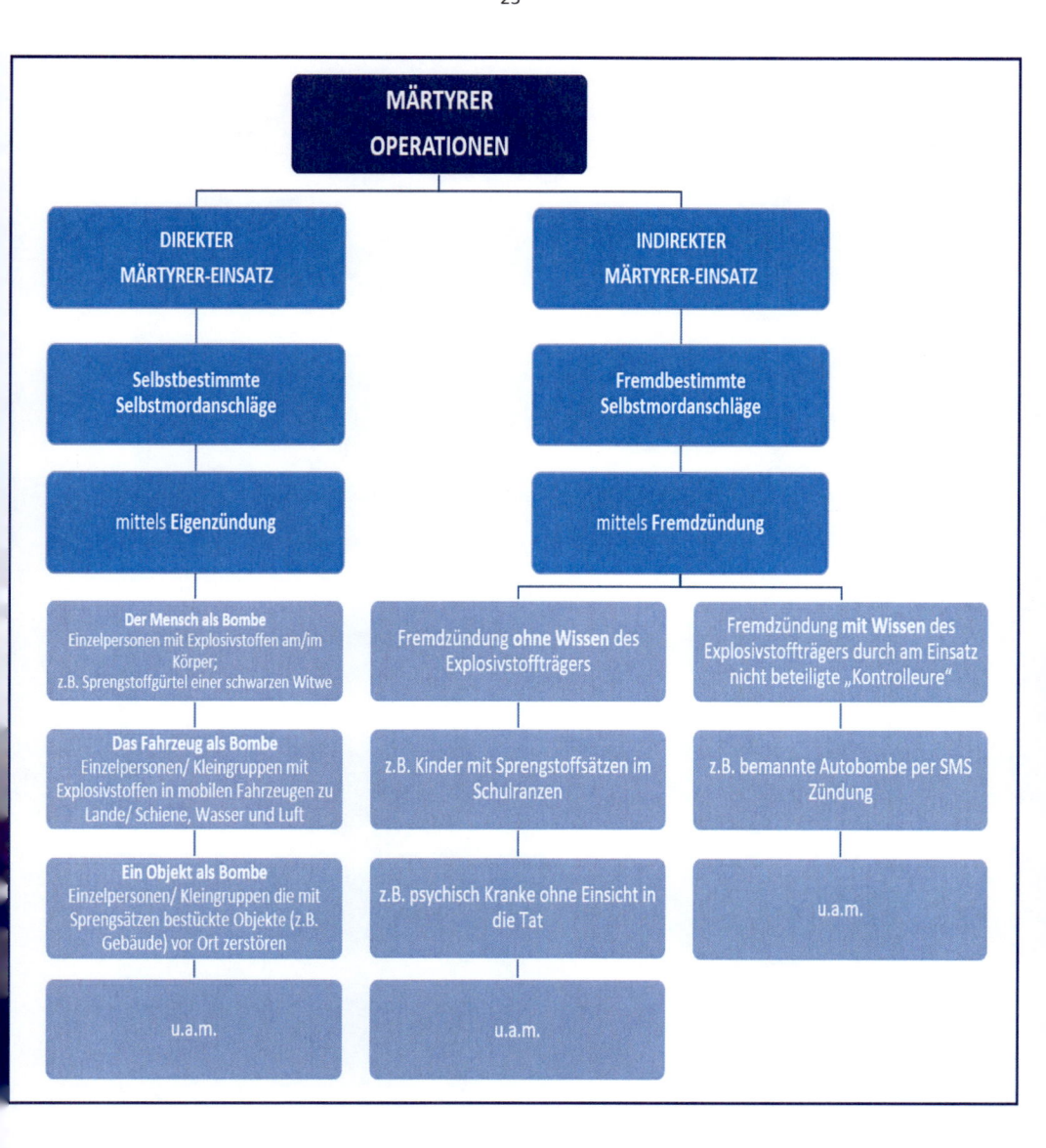

DIREKTER MÄRTYRER-EINSATZ
- **Selbstbestimmte Selbstmordanschläge**
  - mittels **Eigenzündung**
    - **Der Mensch als Bombe**: Einzelpersonen mit Explosivstoffen am/im Körper; z.B. Sprengstoffgürtel einer schwarzen Witwe
    - **Das Fahrzeug als Bombe**: Einzelpersonen/ Kleingruppen mit Explosivstoffen in mobilen Fahrzeugen zu Lande/ Schiene, Wasser und Luft
    - **Ein Objekt als Bombe**: Einzelpersonen/ Kleingruppen die mit Sprengsätzen bestückte Objekte (z.B. Gebäude) vor Ort zerstören
    - u.a.m.

INDIREKTER MÄRTYRER-EINSATZ
- **Fremdbestimmte Selbstmordanschläge**
  - mittels **Fremdzündung**
    - **Fremdzündung ohne Wissen des Explosivstoffträgers**
      - z.B. Kinder mit Sprengstoffsätzen im Schulranzen
      - z.B. psychisch Kranke ohne Einsicht in die Tat
      - u.a.m.
    - **Fremdzündung mit Wissen des Explosivstoffträgers durch am Einsatz nicht beteiligte „Kontrolleure"**
      - z.B. bemannte Autobombe per SMS Zündung
      - u.a.m.

Hauptziel von Selbstmordattentätern ist es in der Regel, Menschen in möglichst großer Zahl und auf möglichst spektakuläre Weise umzubringen. Der Selbstmordattentäter will nicht sich selber töten. Vielmehr nimmt er seinen eigenen Tod in Kauf, um andere in den Tod schicken zu können. Das aber ist nicht die Beschreibung eines Selbstmörders, sondern eines Mörders oder gar eines Massenmörders. Das eigene Leben ist vielleicht nicht seine einzige, wohl aber seine stärkste Waffe. Vgl. Willemsen, Roger: Der Selbstmord. Briefe, Manifeste, Literarische Texte, Frankfurt am Main 2007; Graitl, Lorenz: Sterben als Spektakel. Zur kommunikativen Dimension des politisch motivierten Suizids, Wiesbaden 2012

Aufgerüsteter Pkw für Selbstmordattentate des IS

Nichts an dieser Entwicklung war zwangsläufig – auch nicht der gegenwärtige globale Ausnahmezustand. Die Alternativen wurden 2001 durchaus diskutiert: Es wurde erwogen, die Anschläge in New York und Washington nicht als Kriegshandlung, sondern als Verbrechen einzustufen, Täter und Hintermänner im Rahmen einer weltweiten Polizeiaktion zu verfolgen anstatt als Gegner in einem Krieg; die offensichtlichen Schwachstellen der Sicherheitsbehörden zu beheben und internationale Verrechtlichung und Kooperation zu stärken.

Kurioserweise haben in den vergangenen Jahren vor allem Militärs, nicht Politiker, auf die entscheidenden Zusammenhänge hingewiesen. Solange die Gräben zwischen Konfessionen und Ethnien nicht überbrückt würden, *„wird nichts, was wir hier tun, von Dauer sein"*, sagte der ehemalige Vorsitzende der *U.S. Joint Chiefs of Staff*, General *Martin E. Dempsey*, im November 2015 über den Irak. Die nächste Generation der Dschihadisten muss derzeit eigentlich nur zweierlei tun: die Gegner für sich arbeiten lassen und ihre Anschläge fortsetzen, um so den *war on terror* am Laufen zu halten von dem sie nur profitiert.

Eine Doktrin, die seit sechzehn Jahren immer wieder das Gegenteil von dem hervorbringt, was sie erreichen soll, müsste eigentlich längst auf dem Müllhaufen der Geschichte gelandet sein. Aber den *war on terror* zu beenden, würde politischen Entscheidungsspielraum erfordern. Und der ist in den vergangenen sechzehn Jahren immer kleiner geworden. Immerhin: US-Präsident *Barack Obama* hat es versucht, als er die US-Truppen aus Afghanistan und dem Irak abzog und das Schlagwort vom *war on terror* aus seinem politischen Vokabular strich. Letztlich aber blieb auch er in dessen Logik gefangen und forcierte den Drohnenkrieg im Jemen, in Pakistan und in Somalia.[28]

---

[28] Vgl. Biermann, Kai/Wiegold, Thomas: Drohnen. Chancen und Gefahren einer neuen Technik, Berlin 2015; Benjamin, Medea: Drohnen-Krieg. Tod aus heiterem Himmel – Morden per Fernbedienung, Hamburg 2013; Strutynski, Peter (Hrsg.): Töten per Fernbedienung. Kampfdrohnen im weltweiten Schattenkrieg, Wien 2013

Kasten: Drohneneinsatz im Kampf gegen den Terror

Präsident *Donald Trump* hat angekündigt, die von seinem Vorgänger *Barack Obama* erlassenen und ohnehin recht flexiblen Richtlinien für den Drohneneinsatz gegen mutmaßliche Terroristen zu überarbeiten. Demnach soll das US-Militär nicht nur wie bisher in den Kriegsgebieten Afghanistan, Irak und Syrien seine große Handlungsfreiheit behalten. Es solle künftig zudem auch einen größeren Freiraum geben, wenn es um tödliche Drohnenangriffe in Nicht-Kriegsgebieten gehe. Eventuell sollen das Pentagon und der Auslandsgeheimdienst CIA solche Einsätze auch ohne ausdrückliche Zustimmung des Weißen Hauses entscheiden dürfen. Ob und inwieweit allerdings die Einsatzrichtlinien formal geändert werden sollen, ist noch unklar.[29]

In der Amtszeit von Präsident *Trump* hat das US-Militär in Pakistan bisher lediglich einen Drohnenangriff ausgeführt, nachdem dort neun Monate lang keine Drohnenangriffe mehr erfolgt waren. Über zwanzig Raketen wurden von unbemannten US-Luftfahrzeugen allerdings auf Ziele im Jemen abgefeuert und eine auf Somalia. Im Jemen richteten sich die Angriffe gegen mutmaßliche Mitglieder der Terrorgruppe „al-Qaida auf der arabischen Halbinsel", in Somalia gegen die islamistischen Terrorgruppe al-Shaabab. Diese bekämpft die Zentralregierung in Mogadischu und sieht sich als Verbündeter von al-Qaida. Auf Bitte des US-Militärs hat Präsident *Trump* einige Regionen des Jemen und Somalias schon im März 2017 zu Kriegsgebieten erklärt, um dem Militär dort mehr Handlungsfreiheit zu geben.

Der Einsatz von bewaffneten und unbewaffneten Drohnen gehört schon länger zum Standard-Repertoire des US-Militärs. Etwa 60 US-Drohnen kreisen jeden Tag über Krisengebiete. Die US-Luftwaffe plant, die täglichen Einsätze auf bis zu 90 Missionen zu erhöhen. Es handelt sich in erster Linie um Aufklärungseinsätze, mit denen Informationen gewonnen werden sollen. Aber von US-Drohnen vom Typ „Predator" und „Reaper" können auch Raketen abgeschossen werden. Laut Angaben der US-Luftwaffe sind Drohnen im Irak und in Syrien nur mit sieben Prozent an Luftangriffen gegen die Terrororganisation „Islamischer Staat" beteiligt. In Afghanistan dagegen sind in

---

[29] Vgl. Stadlmeier, Sigmar/Troll, Andreas/Platzer, Karl: Drohen im Anflug auf militärische Rechtsgüter, Teil 1 in ÖMZ 6/2016 und Teil 2 in ÖMZ 1/2017

den ersten drei Monaten 2016 insgesamt 61 Prozent der Luftangriffe durch Drohnen durchgeführt worden.

Über diese Zahlen hinaus gibt es keine weiteren öffentlichen Informationen über die bewaffneten US-Drohnen-Operationen in offiziell anerkannten Kriegsgebieten, wie in Afghanistan, im Irak und in Syrien. Diese sind allerdings auch weniger strittig als die Einsätze in Nicht-Kriegsgebieten, sagt *Niklas Schörnig* von der Hessischen Stiftung Friedens- und Konfliktforschung:

„Wenn Drohnen in einem Gebiet eingesetzt werden, wo ein bewaffneter Konflikt stattfindet, ist das aus der Sicht des Völkerrechts unproblematisch, auch wenn sie zu gezielten Tötung von Kombattanten auf der Gegenseite eingesetzt werden. Völkerrechtlich extrem umstritten sind die Einsätze, die die USA in Pakistan, Somalia und Jemen geflogen haben und noch fliegen. Aus Sicht der meisten Völkerrechtler liegt hier kein bewaffneter Konflikt vor und deshalb sind gezielte Tötungen nicht zulässig."

Die US-Regierung sieht das anders. Schon US-Präsident *Bush* hat nach den Terrorangriffen vom 11. September 2001 eine sogenannte Kill-Liste erstellen lassen. Die dort namentlich genannten vermutlichen hochrangigen Terroristen von al-Qaida und ihren Verbündeten durften demnach vom CIA und dem US-Militär auch außerhalb von Afghanistan gezielt getötet werden. Bis 2008 führte die CIA in den angrenzenden Gebieten Pakistans deshalb etwa 50 Angriffe mit bewaffneten Drohnen durch. In den anschließenden acht Jahren der Präsidentschaft von *Barack Obama* wurden im US-Anti-Terrorkrieg die Drohneneinsätze in Nicht-Kriegsgebieten auf Jemen, Somalia und Libyen ausgeweitet. In der Amtszeit von *Obama* hat es zehn Mal mehr solcher Angriffe als unter *George W. Bush gegeben* - insgesamt 526. Dabei sind nach Angaben der US-Administration etwa 3.000 Kämpfer und 65 bis 117 Zivilisten getötet worden. Unabhängige Organisationen gehen hingegen von 200 bis 800 zivilen Opfern aus.

Insbesondere die Drohnenangriffe in Pakistan führten wegen der zivilen Opfer zu heftigen Protesten. Deshalb versuchte Präsident *Obama* ab 2013 auch, den Drohneneinsatz in Nicht-Kriegsgebieten neu zu regeln. So wurde dem Geheimdienst CIA die alleinige Durchführung von Drohneneinsätzen zu gezielten Tötungen entzogen. Stattdessen wurden solche Einsätze gemeinsam vom Militär und der CIA durchgeführt. Der Geheimdienst hatte in erster Linie

Informationen über den Aufenthaltsort des mutmaßlichen Terroristen zu beschaffen. Neue Richtlinien wurden erlassen, nach denen - in der Regel - nur gezielte Tötungsangriffe ausgeführt werden durften, wenn *„mit an Sicherheit grenzender Wahrscheinlichkeit die Zielperson vor Ort ist und mit an Sicherheit grenzender Wahrscheinlichkeit keine Zivilisten verletzt oder getötet werden"*.

Auch müsse von der Zielperson eine anhaltende Gefahr für die USA ausgehen und ihre Gefangennahme unmöglich sein. Jeder Plan zur Tötung eines vermeintlichen Terroristen musste laut *Obamas* Direktive dem Präsidenten vorher zur Kenntnis gegeben werden. Er behielt sich die letzte Entscheidung vor - vor allem bei Meinungsverschiedenheiten in der Administration.

Die Anzahl der US-Drohnenangriffe in Pakistan ist wegen der internationalen Kritik und den neuen Regelungen *Obamas* seit 2011 erheblich zurückgegangen. Im vergangenen Jahr gab es dort nur noch drei Angriffe. Doch im Jemen und in Somalia hat sie im letzten Amtsjahr von *Barack Obama* deutlich zu-genommen. Auch waren die *Obama*-Regelungen mit zahlreichen Ausnahmebestimmungen versehen und zudem unterschiedlich auslegbar. Zum Beispiel musste eine ins Visier genommene Zielperson nicht unbedingt namentlich bekannt sein. Es konnten auch Unbekannte zu Terroristen erklärt werden, wenn sie ein bestimmtes Verhalten an den Tag gelegt hatten, das sie verdächtig machte. Beispielsweise wenn sie auf dem Weg zu einer konspirativen Wohnung u.a. mehrmals das Auto gewechselt haben. Bei den gezielten Tötungen gab es auch unter Obama bis zum Ende seiner Amtszeit keine echte Transparenz.

Trotz der Unzulänglichkeiten der *Obama*-Richtlinien für den Drohneneinsatz in Nicht-Kriegsgebieten muss man befürchten, dass die mögliche Rücknahme der Beschränkungen durch Präsident *Trump* zu einer Ausweitung des Drohnenkrieges führen könnte. Extraterritoriale Tötungen durch Drohnen sind für viele Juristen ein Verstoß gegen das Völkerrecht. Für viele Experten sind sie zudem auch kein wirksames Instrument, um den Terrorismus nachhaltig zu bekämpfen. Im Gegenteil. *Conrad Schetter*, Afghanistanexperte und Direktor des Internationalen Konversionszentrum BICC in Bonn:

„Wir hören aus dem pakistanischen Grenzgebiet zu Afghanistan, wo bewaffnete Drohnen sehr stark eingesetzt wurden, immer, dass das dazu führte, dass die Menschen sich noch eher den Taliban anschlossen, weil sie sich durch die Drohnenangriffe an den permanenten Akt des Terrors ausgesetzt sahen."

Im Herbst 2014 setzte Präsident *Obama* amerikanische Kampfbomber ein um Kurden im syrischen Kobane und Jesiden im irakischen Sindschar vor dem IS zu retten. Hätte Washington das militärische Einschreiten damals unter das Primat des Schutzes der Zivilbevölkerung gestellt, wäre die Doktrin *war on terror* durchbrochen gewesen. Er tat es nicht. Darum ließ sich nun die Irrsinnslogik des Anti-Terrorkriegs in voller Blüte beobachten: Die syrische Luftwaffe konnte weiter ungehindert Krankenhäuser, Schulen und Märkte mit Fassbomben oder Giftgas attackieren – in ihrem eigenen Verständnis nach ebenfalls Anti-Terrorkrieg. Allen rhetorischen Verurteilungen des *Assad*-Regimes durch westliche Regierungen zum Trotz lautete die Botschaft: Wenn ein radikal-islamistisches Netzwerk wie der IS mehrere Tausend Menschen, darunter auch Amerikaner und Europäer, tötet, rechtfertig dies ein militärisches Einschreiten. Nicht so, wenn ein staatliches Regime mehrere Hunderttausend Menschen tötet und eine der größten Flüchtlingskatastrophen nach 1945 auslöst.

Während des Kalten Krieges musste ein Gewaltherrscher die eigene Opposition nur als „kommunistisch" oder „konterrevolutionär" denunzieren, um von der ihn alimentierenden Supermacht den Blankoscheck für Folter und Massenexekution zu erhalten. Heute reicht es, sich als Verbündeten im *war on terror* anzudienen.

Syriens Präsident *Assad* ist nur das extremste Beispiel dieser Taktik. Aber man kann auch einen Blick auf die Mitglieder der „*Globalen Koalition gegen den IS*" werfen und sich fragen, wer hier eigentlich gegen wen kämpft. Ägyptens Regierung hat im Namen des *war on terror* den Arabischen Frühling im Land erstickt und jegliche Opposition kriminalisiert. Die Türkei hat jahrelang Dschihadisten nach Syrien durchgewunken und nutzt den *war on terror* vor allem zum Kampf gegen die Kurden. Saudi-Arabien hat mit viel Geld und Waffen massiv zur Islamisierung und Radikalisierung des Widerstands in Syrien beigetragen und damit zur Verwandlung dieses anfangs gewaltfreien Protestes in einen iranisch-saudischen Stellvertreterkrieg. Gleiches gilt für Katar, das nun zum Sündenbock gemacht wird.

Das Narrativ vom *war on terror* mit seinem schlichten „Gut gegen Böse"-Schema verstellt die Sicht auf das eigentliche Problem: Der IS, al-Qaida und andere radikal-islamistische Gruppen sind Symptome, nicht die Ursachen der enormen Spannungen im Mittleren Osten. Autoritäre Regime bieten hier ihrer Bevölkerung kaum Lebenschancen und Mitsprache. Politisierte Religion und Clan-Denken verhindern Entwicklung, Beteiligung, Öffnung. Diskussionsfreiheit wäre also wichtiger denn je. Stattdessen hat die Ideologie des Anti-Terrorkrieges das Politische weiter militarisiert. Paranoia und die Unfähigkeit zum Kompromiss halten eine ganze Region im Griff.

Das ist derzeit auf schon fast tragikomische Weise auf der Arabischen Halbinsel zu beobachten, wo das Emirat Katar wegen „Unterstützung des Terrorismus" in ökonomische und politische Isolationshaft genommen wurde.[30] Der Vorwurf ist ebenso absurd wie gefährlich. Absurd, weil er aus Saudi-Arabien kommt, dessen wahhabitische Staatsreligion die ideologische Tankstelle für den IS und für die al-Qaida ist. Gefährlich, weil in Wahrheit das relativ pragmatische Verhältnis von Katar zum Iran gemeint ist, das Saudi-Arabien schon lange stört.

Katar beherbergt den größten US-Luftwaffenstützpunkt im Ausland mit 11.000 Soldaten. Bezahlt hat Katar den Bau mit einer Milliarde US-Dollar. Von Al-Udeid aus führen die USA den Luftkrieg gegen den IS; die Bomber fliegen rund um die Uhr. Wie sich in der gegenwärtigen Krise zeigt, ist die Basis die Lebensversicherung des Zwergstaates. Sonst hätte es die 13 Forderungen seiner Kontrahenten nicht so schroff zurückweisen können. Katar finanziert aber auch *Al-Dschasira-TV*, das gegen den Westen austeilt und zeigt, wie Saudi-Arabien und Ägypten die Muslimbrüder verfolgt. Doha unterstützt ferner Anti-Regime-Kräfte wie die Muslimbrüder und steht im Verdacht, Terrorgruppen wie den „Islamischen Staat", die al-Qaida und die Hizbollah zu alimentieren. Absicherung mit sehr viel Geld nach allen Seiten, doch irgendwann mussten die allzu cleveren Katarer zwischen allen Stühlen landen.

Beim ersten Eindruck verhält es sich mit der Isolierung Katars wie mit einem überstürzten Abenteuer. Je mehr man sich damit rückblickend beschäftigt, desto unverständlicher erscheint der Entschluss. Für den Westen jedoch verbergen sich hinter der Krise ganz grundsätzliche Fragen: Gibt es so etwas wie einen moderaten politischen Islam, der mit liberalen Werten vereinbar ist? Oder handelt es sich auch bei der Muslimbruderschaft, die sich für demokratische Wahlen offen zeigt, aber das Endziel eines islamischen Kalifats verfolgt, letztlich um eine extremistische Organisation? Und welchen arabischen Regimen trauen wir zu, die Demokratie in der muslimischen Welt voranzubringen?

Begleitet von einem medialen Trommelfeuer, verhängten Saudi-Arabien, die Emirate, Ägypten und Bahrein am 5. Juni 2017 harte Sanktionen gegen Katar. Ohne einen klaren Forderungskatalog und unter dem pauschalen Vorwurf der Terrorfinanzierung kappte man jegliche Verbindung zu Land, zu Wasser und in

---

[30] Vgl. ZDF-Heute: Golfstaaten stellen Forderungen an Katar vom 23.6.2017

der Luft zu Katar. Die Halbinsel wurde über Nacht zur Insel. Erst am 23. Juni, fast zwanzig Tage nach Beginn des Embargos, überreichte man Doha ihre Forderungen. Bekannt sind die 13 Punkte nur, weil sie Katar an die Presse weitergab. Sie zeigen, dass es nicht bloß um die Unterbindung von Terrorfinanzierung, sondern um die Umsetzung eines lange gehegten Machtanspruches geht: Die Degradierung des kleinen Bruders zum bloßen Befehlsempfänger. Katar soll sämtliche diplomatischen Beziehungen zum Iran abbrechen, die Muslimbruderschaft zu Terrororganisationen erklären, den arabischen Sender A-Dschasira einstellen und die türkische Militärbasis schließen. Saudi-Arabien war 1995 und 2005 vermutlich an zwei Putschversuchen gegen den Emir von Katar beteiligt. Dass es in diesem alten Konflikt nun erneut zum Kräftemessen kommt, ist deshalb wenig überraschend. Erstaunlich ist vielmehr, dass sich der amerikanische Präsident *Donald Trump* instrumentalisieren ließ und sich zunächst auf Saudi-Arabiens Seite schlug.

Dass Riad und seine Verbündeten, beflügelt durch *Donald Trumps* anti-iranische Drohgebärden, den Machtkampf mit Teheran nun mit einer Belagerung Katars für sich entscheiden wollen, zeigt den Grad der Irrationalität, die inzwischen erreicht worden ist. Solche Krisen müssen den Strategen des IS wie ein Geschenk erscheinen. Und sie wissen sie zu nutzen. Der spektakuläre Anschlag in Teheran Anfang Juni 2017 (mit 16 Toten) – der erste überhaupt auf iranischen Boden – zeugt von perfide gutem Timing. Diese Wendung ist dramatisch. Der IS ist nämlich das „Kind" der al-Qaida, die seit *Bin Laden* einen stillen Deal mit Teheran respektiert hat. Kein Terror im Iran, dem Staat der Schiiten; dafür gab's dort Zuflucht, plus ein Maß an Bewegungsfreiheit. Im typischen Machtkampf zwischen „Vater" und „Sohn" wollt der IS beweisen: *„Wir sind die besseren Gotteskämpfer, vergesst die müde gewordenen Alten der al-Qaida".*

Die Rache des Iran wird grausam sein und de facto die Anti-IS-Allianz der Amerikaner, Araber und Perser verstärken - ganz gleich, wie sie einander hassen.

Der Anschlag in Teheran bestärkte die iranischen Hardliner, die prompt Saudi-Arabien für die Attentate verantwortlich machten (obwohl die Terroristen nicht Saudis waren, sondern Einheimische). Wie bestellt kam ein Tweet von *Donald Trump*, in dem er kondolierte und dann erklärte, Teheran habe geerntet, was es gesät habe. Der Iran sei eben der Hauptsponsor des Terrorismus, so lautete die gängige Sprachregelung im Weißen Haus. Etwas Ähnliches hat man schon einmal gehört: 2003 vor dem Einmarsch der US-Truppen in den Irak.

Kasten: Wer von „Krieg" spricht, hilft dem Terror

In der Debatte über den Terrorismus verselbstständigen sich die Begriffe. Wer verharmlosend von „Kämpfern des Dschihad", von „Gotteskriegern" oder „Soldaten des Kalifats" spricht, betreibt das blutige Geschäft des sogenannten „Islamischen Staates" (IS).

Das immerhin haben die feigen Verbrecher des IS bereits geschafft: Sie werden in der öffentlichen Diskussion verbal wie Kombattanten behandeln, und damit wie Personen, die nach den Regeln der Genfer Konvention *„unabhängig von der Rechtmäßigkeit des Konflikts zu Kriegshandlungen berechtigt sind"*.

Journalisten aber auch Politiker und Experten reden und schreiben gedankenlos von „IS-*Kämpfern*" und „Gottes*kriegern*". Terrorismusexperten sprechen im Rundfunk und im Fernsehen wie selbstverständlich von „Auslands*kämpfern* des Dschihad" die gegen uns *Krieg* führen, und die Begriffe verselbstständigen sich. Millionenfach tauchen sie in den gedruckten, den elektronischen und den sozialen Medien auf, man muss sie nur in eine Suchmaschine eingeben, um das ganze Ausmaß der verbalen Verwahrlosung zu erfassen. „Krieger für Allah" listet mit einem Klick blitzschnell 23.200.000, „IS-Kämpfer" 6.730.000, „Auslandskämpfer" 335.000 Einträge auf. Und jeden Tag werden es mehr.

Die BILD-Zeitung erklärt einen Tag nach den Anschlägen in Brüssel (22. März 2016): *„Wir sind im Krieg"*. Und die Online-Ausgabe des Blattes erklärt uns, *„warum das Krieg ist"*. Die BILD übernimmt damit die Wortwahl des IS, der in einer Stellungnahme mitteilte, mehrere – so wörtlich – *„Soldaten des Kalifats"* hätten mit Sprengstoffgürteln und Sprengkörpern den *„Kreuzfahrerstaat Belgien"* angegriffen. Nicht nur Blogger, die ganz nebenbei gegen Flüchtlinge hetzen, übernehmen die kriegerische Sprache, sondern auch seriöse Medien wie die ZEIT oder die FAZ und auch die SZ. Und jeder, der so denkt, schreibt und redet, betreibt mit dieser Wortwahl – wahrscheinlich ungewollt und unbewusst – das Geschäft der Terroristen und Selbstmordattentäter.

Der IS aber ist kein Staat, sondern eine Mörderbande. Denn genau das ist es, was sie mit ihren blutigen Taten erreichen wollen: ihre Beachtung und Anerkennung als Konfliktpartei. Ein Mensch, der sich einen Sprengstoffgürtel umlegt und Hunderte unschuldige Menschen in den Tod reißt, ist kein „Kämpfer", sondern ein feiger Mörder. Ein Dschihadist, der mitten in Paris um sich schießt, ist kein *„Soldat des Kalifats"*, sondern ein gemeiner Verbrecher.

Und der sogenannte „Islamische Staat" ist kein Staat, sondern ein Gangster-Syndikat.

2001 nach dem Terror in New York (9/11) hatte der Begriff „Gotteskrieger" Hochkonjunktur. Er wurde Anfang 2002 zum „Unwort des Jahres 2001" erklärt. Die Wissenschaftler begründeten ihre Entscheidung damit, dass *„kein Glaube an einen Gott gleich welcher Religion einen Krieg oder gar Terroranschlag rechtfertigen"* könne.

„Mit Worten lässt sich trefflich streiten, mit Worten ein System bereiten…" So belehrt *Goethes* Mephisto im Faust den fahrenden Schüler. Wir sind gerade wieder einmal dabei, mit unseren Worten ein System zu schaffen und aufzuwerten, das nur Verachtung und Abscheu verdient. Es ist an der Zeit, verbal abzurüsten.

Der Kampf gegen den Terror (war on terrorism)

Manchester, Paris, London, Brüssel – Städte, in denen es in jüngster Zeit Angriffe islamistischer Terroristen gab. Sie waren Teil einer Anschlagswelle, die Europa in den vergangenen anderthalb Jahren getroffen hat – seit 2015 hat es in Europa 29 islamistische Anschläge gegeben (davon 5 in Deutschland). 350 Menschen kamen dabei ums Leben, es gab 1.300 Verletzte, knapp 40 Täter waren beteiligt. Die überwiegende Anzahl wurde nicht durch Terrorkommandos verübt, sondern von Einzeltätern, die jedoch durch die Terrormiliz „Islamischer Staat" (IS) motiviert und angeleitet wurden.

In Deutschland fanden von sechs bisher erfolgten islamistischen Anschlägen fünf im Jahr 2016 statt: Der Messerangriff auf einen Bundespolizisten in Hannover im Februar durch eine 15jährige Deutsch-Marokkanerin, der Bombenanschlag auf einen Sikh-Tempel in Essen im April, das Axt-Attentat in einem Regionalzug bei Würzburg am 18. Juli mit vier Toten durch einen 17-jährigen Flüchtling aus Afghanistan, der Selbstmordanschlag auf ein Musik-Festival in Ansbach ebenfalls im Juli durch einen 27-jährigen Flüchtling aus Syrien und der Lastwagenanschlag auf dem Weihnachtsmarkt im Dezember in Berlin durch den Tunesier *Anis Amri* mit 12 Toten.[31] Die völlige Willkürlichkeit bei der Auswahl seiner Ziele macht den Schutz vor ihm besonders schwierig. Hier ist Augenmaß gefragt: Der Staat darf kein Überwachungsstaat werden, aber er muss in der Lage sein, Gefährder[32] und Verdächtige mit modernsten

---

[31] Zuvor hatte es nur einen islamischen Anschlag in Deutschland gegeben, der mehr als sechs Jahre zurückliegt: Im März 2011 hatte der Kosovare *Arid Uka* zwei amerikanische Soldaten auf dem Flughafen Frankfurt erschossen.

[32] 2016 gab es in Deutschland 680 sogenannte „Gefährder" – so viele wie nie zuvor. Das bedeutet, dass „*bestimmte Tatsachen die Annahme rechtfertigen, dass sich die Person an politisch motivierten Straftaten von erheblicher Bedeutung beteiligen wird*". Davon hält sich gegenwärtig (Juni 2017) rund die Hälfte im Land auf, und davon sind etwa 100 in Haft. Aber wer genau ein Gefährder ist, ist gesetzlich nicht klar definiert. Sicherheitsexperten und Politiker streiten darüber, ob und wie sei am besten beobachtet werden sollen. Die Polizei agiert in jedem Bundesland anders. Um einen einzigen Gefährder zu überwachen, braucht es 30 Beamte. Wenn man also alle Gefährder in Deutschland rund um die Uhr überwachen wollte, wären rund 20.000 Polizisten nur dafür im Einsatz. So viel Personal hat die Polizei aber nicht. Also muss sie einstufen, wie gefährlich welcher Gefährder wirklich ist. Und schauen, bei wem sie die Ausspähung des Smartphones lohnt. Früher war es Beamten nur möglich, Telefonate abzuhören und SMS mitzulesen, vor Kurzem hat der Bundestag die Überwachung auch auf Messenger wie WhatsApp und Telegram ausgeweitet. Aber: Wer es ernst meint und wer nur in Chats prahlen will, ist schwer herauszufinden. Gefährder werden in drei Aktionstypen eingestuft: Führungspersonen, Akteure und Logistiker. Bundesweit koordinieren die je 16 Landesämter für Verfassungsschutz und Landeskriminalämter ihre Arbeit im GTAZ – „Gemeinsames Terrorabwehrzentrum". Das Zentrum wurde 2004 zu den Nachwehen von 9/11 gegründet. Damals tauschten sich die Teams pro Woche über ein bis zwei Gefährder aus, heute sind es fünf bis sechs Fälle am Tag.
Gefährder sind fast durchgängig salafistisch geprägt und vertreten in der Regel ein entschiedenes Gegenmodell zur freiheitlich-westlichen Gesellschaft. Dazu kommen fast vierhundert „relevante Personen", welche die Polizeibehörden als mögliche Unterstützer bei Terroranschlägen ansehen.

technischen Mitteln zu überwachen, auch in der digitalen Welt.[33] Viele der Anschläge der letzten Jahre werden der Terrormiliz „Islamischer Staat" zugesprochen. Die Anschläge dieser dschihadistischen Terrororganisation erschüttern die ganze Welt. Wobei es Teil der Strategie des IS ist, auch Anschläge, die nicht unter ihrem Namen geschehen sind, für sich zu beanspruchen.

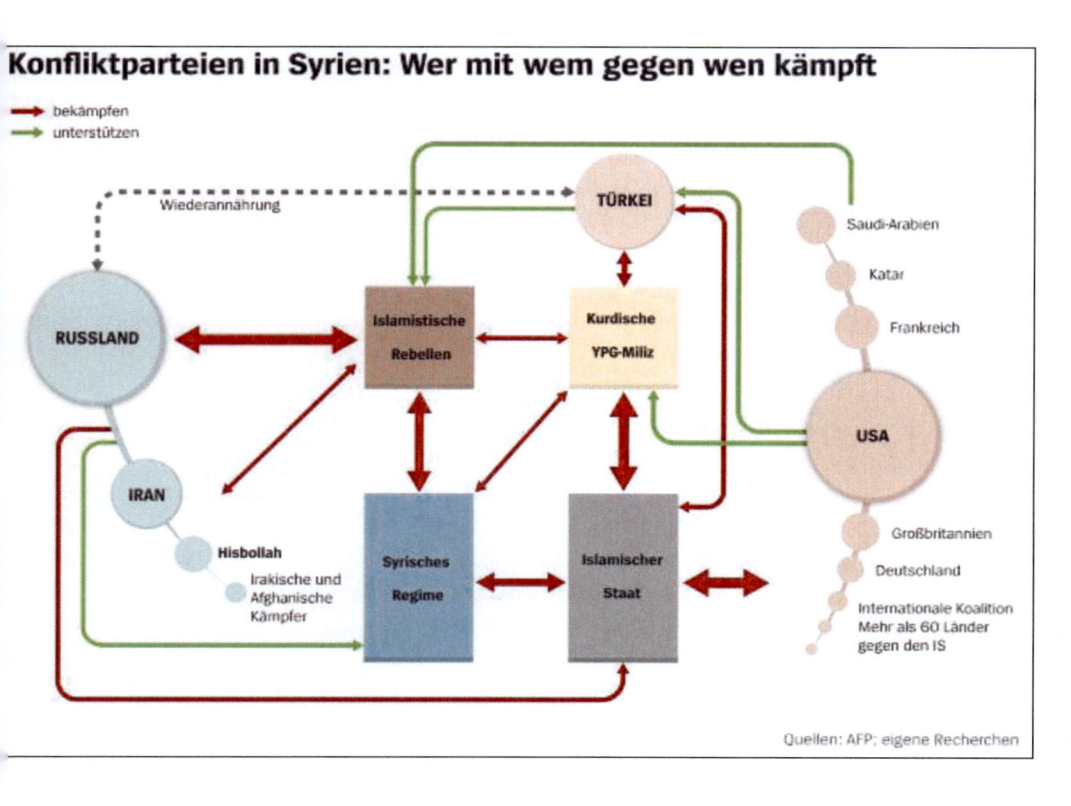

Konfliktparteien in Syrien: Wer mit wem gegen wen kämpft

→ bekämpfen
→ unterstützen

- Wiederannäherung
- RUSSLAND
- IRAN
- Hisbollah
- Irakische und Afghanische Kämpfer
- Islamistische Rebellen
- Kurdische YPG-Miliz
- TÜRKEI
- Syrisches Regime
- Islamischer Staat
- Saudi-Arabien
- Katar
- Frankreich
- USA
- Großbritannien
- Deutschland
- Internationale Koalition Mehr als 60 Länder gegen den IS

Quellen: AFP; eigene Recherchen

---

[33] Vgl. Governance Report 2017 der Hertie School of Governance, Berlin 2017. www.hertie-school.org

Kasten: Wer sind die Top-Gefährder?

Was also ist wichtig, um die Gefährlichkeit einer Person einzuschätzen? Das Bundeskriminalamt hat dazu seit 2015 ein neues Bewertungssystem entwickelt, das seit dem 1. Juli 2017 angewendet wird. Es heißt „Radar-iTE" – die letzten drei Buchstaben stehen für „islamistischer Terrorismus". Das Instrument zur Risikobewertung wurde zusammen mit der Arbeitsgruppe Forensische Psychologie der Universität Konstanz ausgearbeitet, also mit Fachleuten, die sich mit psychologischen und sozialen Ursachen von Kriminalität und mit Täterprofilen beschäftigen. Ziel ist es, die Gewaltbereitschaft einer Person zu erkennen, die Persönlichkeit von Attentäter zu entschlüsseln.

Folgende vier Typen von islamistischen Attentätern lassen sich feststellen:

- Psychisch Kranke. Es gibt ein paar Fälle, da spielt das Psychiatrische tatsächlich eine Rolle. Aber jemand, der psychisch krank ist und zurückgezogen lebt, bei dem ist es wahrscheinlicher, dass er sich seine eigene Privatideologie zurechtzimmert, wie man das oft bei Schulattentätern sieht, als dass er auf den Salafismus kommt. Außerdem funktioniert religiöser Extremismus meistens über ein soziales Milieu, in dem er kultiviert wird. Jemand, der beispielsweise an einer Schizophrenie erkrankt ist, ist meistens gar nicht in der Lage, die nötigen sozialen Kontakte zu knüpfen und zu pflegen
- Dissoziale Charaktere: Sie betrachten Kriminalität und Gewalt als legitimes Mittel, um ihren Willen zu bekommen. Das sind gewaltbereite „Hooligans", die im Salafismus eine Steilvorlage sehen und das auszuleben. Als psychisch krank würde man die aber nicht bezeichnen. Wobei sie sicher auch nicht psychisch gesund, also ausgeglichen und stabil sind. Es gibt da eine breite Grauzone. Da hilft kein Imam, der erklär, dass das falsch ist, was sie tun. Da funktioniert primär die übliche Repression: Strafandrohung und so weiter.
- Eine dritte Gruppe hat eine Persönlichkeit, die sich von autoritären System und dem Militärischen angezogen fühlt. Diese Menschen sind nicht dissozial und auch nicht psychisch krank, aber in ihrer Persönlichkeit auffällig, was etwas die Faszination für die paramilitärische Subkultur des sogenannten Dschiahad angeht. Der Inhalt der Ideologie ist für die aber eher zweitrangig. Man sieht da sogar Rechtsradikale, die zu Islamisten werden.
- Für eine vierte Gruppe von Attentätern bietet die islamistische Ideologie eine Rechtfertigung für Gewalt. Wenn jemand nicht durch seine Persönlichkeit oder wegen einer psychischen Erkrankung zur Gewalt neigt, dann braucht es einiges, bis die Person dazu bereit ist, Gewalt auszuüben. Man nennt das, was in diesen Menschen vorgeht „Legitimierungsarbeit". Junge Männer, die sich als Muslime in Europa diskriminiert fühlen oder glauben, die Muslime auf der ganzen Welt

würden vom „Westen" ungerecht behandelt, finden in ihrem Umfeld Leute, die sie in dieser Überzeugung bestärken. Sie werden radikaler in ihren Ansichten. Das kann sich immer weiter hochschaukeln. Irgendwann sehen sie dann in diesem speziellen Kontext Gewalt als legitimes Mittel an, um sich zu wehren. So stellt sich das jedenfalls in ihrer Weltsicht dar. Über die Hälfte der Islamisten, die nach Syrien oder in den Irak reisten, wurden in weniger als einem Jahr radikalisiert, was eine Studie des BKA aus dem Jahr 2016 zeigt. Viele können nicht mal richtig Arabisch und haben den Koran vermutlich nicht wirklich gelesen. Denen wird in einer Community irgendwas erzählt, und diese Fetzen an religiösem Wissen reichen ihnen dann, ihr Leben zu riskieren. Ob das wirklich eine religiöse Überzeugung ist – auch früher haben sich junge Menschen freiwillig für den Krieg gemeldet. Man braucht keine bestimmte Religion, um dieses Verhalten zu erklären.

Lange stand die Ideologie oder Religiosität im Vordergrund. Doch das Entscheidende, ob jemand gefährlich wird, ist nicht, ob er extremistisch eingestellt oder ideologisch verbohrt ist. Die meisten Extremisten, und es gibt viele in unserer Gesellschaft, überschreiten nie die Schwelle zur Gewalt. Wichtiger ist es deshalb, die Persönlichkeit einzuschätzen. Neigt sie zur Gewalt oder ist sie sogar sadistisch veranlagt? Radar-iTE versucht, die bisherigen Erkenntnisse der Forensik über Gewalttäter auf islamistisch motivierte Täter zu übertragen – im Wissen, dass die Ideologie oft nur die Verpackung, die Legitimation für Gewalt ist. Es soll dabei herausgefunden werden, warum jemand in einem friedlichen Land bereit ist, massiv Gewalt anzuwenden.

Konkret wird für Radar-iTE eine Fallchronologie erstellt, die zusammenfasst, was zu einem Gefährder an biographischen Angaben und aus polizeilichen Erkenntnissen bekannt ist. Bei der eigentlichen Risikobewertung werden 73 Fragen zur Person mit „Ja", „Nein" oder „Nicht bekannt" beantwortet. So sollen polizeilich bekannte militante Islamisten zum ersten Mal bundesweit einheitlich bewertet werden können. Viele Fragen liegen nahe. Etwa, ob die Person vorbestraft ist, Kontakt mit gewalttätigen Extremisten hatte, im Internet Material zu terroristischen Aktivitäten heruntergeladen hat oder ob sie über Erfahrungen mit Waffen und Sprengstoff verfügt.

Daneben geht es darum, das familiäre und soziale Umfeld des Betreffenden einzuordnen. Wenn seine Verwandten und Bekannten selbst gewalttätig oder gewaltaffin sind, steigt das Risiko. Auch geht es darum, ob eine Person als traumatisiert gilt oder in einer persönlichen Krise steckt. Könnte der oder die

Betreffende durch Leute beeinflusst und manipuliert werden, *„die den Einsatz von Gewalt zum Erreichen ideologischer Ziele befürworten"*? Für jede Frage wird ein Punkt vergeben, so dass am Ende eine Punktzahl herauskommt, die dem „Gefährder" ein Risiko zuordnet: Gelb steht für ein moderates, Orange für ein auffälliges und Rot für ein hohes Risiko.

Das Instrument soll erreichen, dass die Ermittler in einer gemeinsamen Sprache und nach einheitlichen Kriterien bei der Einschätzung der Gefährder arbeiten, dass sie fokussierter vorgehen. Entscheidungen werden damit transparenter, einer Kontrolle zugänglich und können auch klarer kritisiert werden. Das gilt als besser, als sich nur auf das kriminalistische Bauchgefühl der Sachbearbeiter zu verlassen. Erfahrene Ermittler gehen allerdings davon aus, dass nach der Bewertung durch Radar-iTE eine ähnliche Zahl von Top-Gefährdern herauskommen wird, wie sie heute geschätzt wird: rund 150 Personen. Überraschungen in einzelnen Fällen halten sie allerdings für wahrscheinlich. Radar-iTE hat freilich auch Grenzen und bleibt ein Hilfsmittel. Die Behörden müssen mit den Informationen auskommen, die der Polizeialltag hergibt. Gutachten, etwa psychiatrische Diagnosen, könnten zwar hilfreich sein, aber sind in der Regel nicht zugänglich. Wenn es über eine Person kaum Informationen gibt, wird das Instrument weniger hilfreich sein. Und logischerweise auch nicht, wenn ein Attentäter gar nicht bekannt war. Bei dem siebzehnjährigen afghanischen Asylbewerber, der mit der Axt auf Passanten eines Zugs losging, hatte die Polizei keinen Anhaltspunkt, der auf ihn als potentiellen Täter hingewiesen hätte.

Dabei hatte der IS ihn schon ein halbes Jahr vor seiner Tat über die sozialen Netzwerke rekrutiert und angeleitet. Jugendliche werden aber oft nicht beobachtet. Auch in zwei anderen Fällen, dem Messerattentat auf einen Polizisten durch eine Fünfzehnjährige und dem Bombenattentat auf den Sikh-Tempel in Essen, waren es jugendliche Täter, die in Deutschland aufgewachsen waren. Verfassungsschützer berichten davon, dass sich Schulleiter oder Lehrer mittlerweile oft wegen Schülern melden, die den Islam als überlegene Religion propagieren, auf Ungläubige schimpfen oder antijüdische Beschimpfungen von sich geben.

Als großes Problem sehen die Sicherheitsbehörden mögliche Gewalttäter, von denen nicht einmal die Identität bekannt ist. Derzeit geht es ihnen deshalb auch darum, herauszufinden, wer 2015 tatsächlich nach Deutschland eingereist ist. Ein Teil der aus Syrien eingereisten jungen Männer hat dort für den IS oder andere islamistische Gruppen gekämpft oder hatte Kontakte, weil der IS ein wichtiger Arbeitgeber war. Andere sind kriegstraumatisiert oder unzufrieden mit ihrer Lebenssituation. Das heißt in den meisten Fällen allerdings nicht, dass sie gewalttätig werden. „Die Lage ist jedenfalls undurchsichtiger geworden", sagen Ermittler. Man müsse versuchen, in verschiedene neue Szenen hineinzukommen, eigene Leute in die Szene einzuschleusen.

Auch die Art, wie islamistische Terroristen Gewalt ausüben, macht es den Ermittlern schwerer, Anschlagspläne im Vorfeld der Tat zu entdecken und Täter an der Ausführung zu hindern. In den vergangenen Monaten häufen sich Anschläge mit Fahrzeugen oder Messern. Der IS will offenbar durch eine erhöhte Anschlagfrequenz auf die Defensive reagieren, in die er im Irak und in Syrien geraten ist. Einen Sprengsatz zu bauen benötigt Vorbereitungen, die entdeckt werden können und zudem ist ein gewisses technisches Grundwissen nötig. Außerdem gehen Sprengstoffanschläge zum Glück oft schief. Fahrzeuge sind hingegen überall verfügbar und wer ein Auto stiehlt oder mietet, braucht kaum Zeit, um seine Tat vorzubereiten.

Das Sicherheitsgefühl der Bevölkerung wird von solchen Anschlägen stark berührt, weil der Eindruck entsteht, dass jeder überall getroffen werden kann. Diese Anschläge, so sagen Ermittler, werden hierzulande kaum zu verhindern sein. Deutschland gehöre neben Frankreich und Großbritannien weiter zu den wichtigen Zielen des IS in Europa. Eine Serie fast gleichzeitiger Anschläge mit vielen Opfern wie im November 2015 in Paris bleibt der Albtraum, den die Sicherheitsbehörden vor allem verhindern wollen. „Ich unterstelle, dass es in diesem Jahr noch einen Anschlag geben wird", sagt ein Verfassungsschützer. „Ich hoffe nur, dass die Täter keine Profis sind."

Das System Radar-iTE wurde in den Staatsschutzstellen der Landeskriminalämter getestet; die Mitarbeiter wurden geschult. Nun sollen alle Gefährder, die weiter von den Bundesländern bestimmt werden, nach Radar-iTE bewertet werden. Bisher wurde nämlich nur ein Bruchteil der Gefährder von den Behörden genauer beobachtet. *Anis Amri*, der Attentäter von Berlin, war ein solcher. Seine Daten wurden bei einem Testlauf in „Radar-iTE" eingespeist. Das Ergebnis war „Rot". Mit den „Roten", also den Gefährdern mit hohem Risiko, soll sich in einem zweiten Schritt eine feste Arbeitsgruppe im GTAZ, dem „Gemeinsamen Terrorismusabwehrzentrum", von Polizei und Verfassungsschutz in Berlin befassen. Regelmäßig sollen Gefährder neu bewertet werden. Schließlich kann ein Gefährder sich auch ändern und dann möglicherweise nicht mehr gewaltbereit sein.

Das Phänomen des Terrorismus beschäftigt sowohl Behörden und Justiz, als auch die Öffentlichkeit *„seit dem Aufkommen politisch motivierter Gewalt Ende des 19. Jahrhunderts."*[34] Zu einem Konsens bezüglich der Definition von Terrorismus ist man bis heute dennoch nicht wirklich gekommen. Die Begriffsgeschichte ist vorurteilsbesetzt, d.h. der Einsatz dieses Wortes ist verbunden mit politisch-moralischen Bewertungen. Dennoch wird der Begriff spätestens nach dem 11. September 2001 in den Medien und der Politik andauernd verwendet und jeder scheint eine ungefähre Ahnung zu haben was dieser Begriff meint: Gewalt! Aber weil dieser Begriff mit so vielen Bewertungen einhergeht ist es wichtig, ihn so transparent wie möglich zu verwenden, in dem man eine möglichst umfassende Eingrenzung seiner Bedeutung vornimmt.

Kriege 2016

Im Jahr 2016 zählte das Heidelberger Institut für internationale Konfliktforschung 402 Konflikte weltweit. Folgende erreichten die höchste Intensitätsstufe eines Krieges:

#	Land	Konflikt
1	Mexiko	Drogenkartelle - Armee
2	Nigeria*	islamistische Sekte Boko Haram; Bauern - Nomaden
3	Kamerun, Tschad, Niger, Nigeria	islamistische Sekte Boko Haram
4	Libyen	Opposition - Regierung
5	Ukraine	verschiedene Milizen - Regierung
6	Sudan	Darfur: Rebellen - Milizen - Armee; Kurdufan, Blauer Nil: Widerstandsbewegung PLM; Sudan - Südsudan
7	Südsudan*	interethnische Konflikte; SPLM/A-Opposition - Regierung
8	Syrien*	Opposition - Regierung, IS Opposition - islamistische Gruppen
9	Irak	IS - Regierung
10	Türkei	PKK - Regierung
11	Jemen	islam. Organisation Al-Kaida - Regierung
12	Jemen, Saudi-Arabien	Al-Huthi-Rebellen - Regierung
13	Somalia	islamistische Miliz Al-Shabaab - Regierung
14	Afghanistan	Taliban, and. milit. Gruppen - Regierung
15	Pakistan	milit. islamistische Gruppen - Regierung

*mehrere interne Konflikte   Quelle: Heidelberger Institut für Internationale Konfliktforschung

© Globus 11671

---

[34] Vgl. Riegler, Thomas: Terrorismus. Akteure, Strukturen, Entwicklungslinien, München 2009

Terrorismus im Zeitalter der Globalisierung

Die Terrorattacken vom 11. September 2001 werden als dramatischer Schlusspunkt der euphorischen 90er Jahre, als „Ende der Spaßgesellschaft", in die Geschichte eingehen. Viele glaubten, in einer global vernetzten Welt hätten sich endgültig die Werte des Westens durchgesetzt[35], doch die westlichen Vorstellungen von Gerechtigkeit, Gewalt, Frieden und Freiheit werden von neuen, vor allem religiösen Fanatismen bedroht, die ihre Wurzeln und ihren Nährboden auch im wachsenden Gefälle zwischen den reichen und den armen Völkern haben.

Tatsächlich haben die USA in der Dritten Welt, wo die überwältigende Mehrheit der Menschheit lebt, kaum Freunde, sondern im besten Falle opportunistische und häufig wankelmütige Partner. Die hohe Politik in Washington muss zur Kenntnis nehmen, dass es im Kampf gegen den Terror keine verlässlichen Alliierten geben wird, solange die Menschen nicht konkrete Aussichten auf ein besseres Leben erhalten. Der Krieg, den Amerika und mit ihm seine westlichen Alliierten am 11. September 2001 erklärt haben *(war on terrorism)*, kann letztlich nur gewonnen werden, wenn er nicht nur gegen die Terroristen und ihre Hintermänner geführt wird, sondern wenn auch die Ausbeutung der ärmeren Länder durch den Westen beendet werden kann.

Definition Terrorismus

„Politik ist stets ein Machtkampf", schrieb der Soziologe *C. Wright Mills.* Und: *„Die höchste Form der Macht ist Gewalt."* Der Terrorismus ist dort zu finden, wo legitimierte Macht auf politisch nicht legitime Gewalt trifft. Jeglicher Terrorismus enthält das Streben nach Macht, nämlich Macht zu dominieren und zu erzwingen, einzuschüchtern und zu kontrollieren, um schließlich einen fundamentalen Wandel zu bewirken. Terroristen wollen über die unmittelbaren Opfer oder Ziele ihres Angriffs hinaus weit reichende psychologische Effekte erzielen. Gewalt oder die Androhung von Gewalt ist daher eine unerlässliche Voraussetzung für die Terroristen.

---

[35] Vgl. Fukuyama, Francis: Das Ende der Geschichte, Frankfurt am Main 1992

Beim Begriff des Terrorismus handelt es sich nach *Noam Chomsky* um ein *„Konzept des politischen Diskurses"[36]*, das in Abhängigkeit vom politischen und moralischen Standpunkt der Beteiligten sehr unterschiedlich verwendet wird. Was als Terrorismus zu bezeichnen ist und was nicht, dazu gibt es weder in der politischen Praxis noch in der Forschung eine einheitliche Definition.[37] Der Sicherheitsrat der Vereinten Nationen erarbeitete 2004 in der *Resolution 1566* eine völkerrechtlich verbindliche Definition, wenngleich sie bislang noch keine umfassende Anerkennung gefunden hat.[38] Die Grenze zwischen *„Widerstandskämpfer"* und *„Terrorist"* ist weltanschaulich geprägt und daher oft strittig. Wen manche als Terroristen bezeichnen, können andere als *„Gotteskrieger"*, Revolutionär oder Freiheitskämpfer definieren. *Richard Reeve Baxter*, ehemaliger Richter am Internationalen Gerichtshof, äußerte sich wie folgt:

„Wir haben Grund zu bedauern, dass uns ein juristischer Begriff des Terrorismus jemals auferlegt wurde. Der Begriff ist unpräzise; er ist mehrdeutig; und vor allem dient er keinem entscheidenden juristischen Zweck."

So existiert für nahezu jeden Staat eine andere Definition von Terror. In den USA gelten darüber hinaus verschiedene Definitionen der einzelnen Behörden. Dabei spiegelt die Definition die Prioritäten und besonderen Interessen der jeweiligen Behörde. So begreift das US-Außenministerium gewaltsame Akte dann als terroristisch, wenn sie sich gegen Nichtkombattanten richten, während das Ministerium für Innere Sicherheit schon dann von Terror spricht, wenn wichtige Infrastruktur angegriffen wird.[39]

---

[36] Vgl. Chomsky, Noam: The Attack. Hintergründe und Folgen, Hamburg 2001;Noam Chomsky, Professor für Linguistik und Philosophie am Massachusetts Institute of Technology (MIT), gilt als der bedeutendste zeitgenössische Linguist. Die *New York Times Book Review* schrieb, dass Chomsky „in Hinsicht auf Rang, Macht, Innovation und Einfluss des Denkens als der wichtigste Intellektuelle der Gegenwart angesehen wird".

[37] Vgl. Hoffman, Bruce: Terrorismus – der unerklärte Krieg. Neue Gefahren politischer Gewalt. Frankfurt am Main 2002

[38] Der UN-Sicherheitsrat „erinnert daran, dass Straftaten, namentlich auch gegen Zivilpersonen, die mit der Absicht begangen werden, den Tod oder schwere Körperverletzungen zu verursachen, oder Geiselnahmen, die mit dem Ziel begangen werden, die ganze Bevölkerung, eine Gruppe von Personen oder einzelne Personen in Angst und Schrecken zu versetzen, eine Bevölkerung einzuschüchtern oder eine Regierung oder eine internationale Organisation zu einem Tun oder Unterlassen zu nötigen, welche Straftaten im Sinne und entsprechend der Begriffsbestimmungen der internationalen Übereinkommen und Protokolle betreffend den Terrorismus darstellen, unter keinen Umständen gerechtfertigt werden können, indem politische, philosophische, weltanschauliche, rassische, ethnische, religiöse oder sonstige Erwägungen ähnlicher Art angeführt werden, und fordert alle Staaten auf, solche Straftaten zu verhindern und, wenn sie nicht verhindert werden können, sicherzustellen, dass für solche Straftaten Strafen verhängt werden, die der Schwere der Tat entsprechen".

[39] Vgl. Aus Politik und Zeitgeschichte, APuZ 24-25/2016: Terrorismus-Definitionen

Im Jahre 1988 existierten bereits 109 verschiedene Definitionen von dem Wort „Terror" und diese Anzahl dürfte speziell nach dem 11. September 2001 weit gestiegen sein.

Generell gilt: Unter *Terrorismus* (lateinisch *terror* „Furcht", „Schrecken") sind Gewaltaktionen gegen Menschen oder Sachen (wie Mord, Entführungen, Attentate, Sprengstoffanschläge etc.) zur Überwindung einer politischen Ordnung zu verstehen. Terrorismus ist das Ausüben und Verbreiten von Terror. Er dient als Druckmittel und soll vor allem Unsicherheit und Schrecken verbreiten oder Sympathie und Unterstützungsbereitschaft erzeugen bzw. erzwingen.[40] Es gibt keine allgemein akzeptierte wissenschaftliche Definition von Terrorismus. Schwierigkeiten bereitet insbesondere die Abgrenzung von Terrorismus zu politischem Widerstand. Typischerweise werden Personen und Bewegungen, die von einer Seite als gewalttätige, aber legitime Untergrund- oder Widerstandskämpfer angesehen werden, aus einem anderen Blickwinkel als Terroristen bezeichnet, und umgekehrt (die Terroristen der einen Seite, sind die Freiheitskämpfer der anderen). Die verschiedenen juristischen Definitionen des Begriffs, ob im nationalen Strafrecht oder im internationalen Recht, sind häufig aus ähnlichen Gründen umstritten.

Terroristen streben zunächst nach Anerkennung, doch greifen sie nicht militärisch nach Raum (wie der Guerillero), sondern wollen nach einer klassischen Formulierung *Franz Wördemanns* „das Denken besetzen" und dadurch Veränderungsprozesse erzwingen.[41] So ist Terrorismus keine Militär-, sondern primär eine Kommunikationsstrategie.

Die Worte *Terrorismus*, *Terrorist* und *terrorisieren* wurden erstmals im 18. Jahrhundert zur Bezeichnung einer gewaltsamen Regierungsmaßnahme verwendet, hatte jedoch im Gegensatz zu seiner heutigen negativen Behaftung einen positiven Beiklang. Im Zusammenhang mit der Französischen Revolution wurde der „Terror des Konvents" von 1793 bis 1794 ausgerufen, als die Regierung alle als konterrevolutionär eingestuften Personen hinrichten oder inhaftieren ließ.

Für das *„regime de la terreur"*, auch *La Grande Terreur* der Jahre 1793/94, von dem sich sowohl das englische Wort „terrorism", wie auch der deutsche Begriff herleitet, galt *terreur* (Schrecken) als Instrument zur Durchsetzung von Ordnung

---

[40] Vgl. Waldmann, Peter: Terrorismus und Bürgerkrieg. Der Staat in Bedrängnis, München 2003
[41] Vgl. Wördemann, Franz: Terrorismus. Motive, Täter, Strategien. München, Zürich 1977, S. 53

in der von Unruhen und Aufständen gezeichneten anarchischen Zeit nach der Erhebung von 1789. Es zielte darauf ab, die Macht der neuen Regierung durch die Einschüchterung von Kontrarevolutionären und Andersdenkenden zu festigen. Einer der geistigen Motoren der Revolution, *Maximilien de Robespierre*, glaubte fest daran, dass die Tugend die Hauptquelle einer volkstümlichen Regierung in Friedenszeiten sei, aber während revolutionärer Phasen mit dem Terror verbunden sein müsse, damit die Demokratie den Sieg davontragen könne. Er proklamierte:

„Terror ist nichts anderes als Gerechtigkeit, sofortige, unnachsichtige und unbeugsame Gerechtigkeit; er stellt daher eine Ausdrucksform der Tugend dar".

Dabei wurden unter anderem *Ludwig XVI.*, *Marie Antoinette* und Gräfin *Dubarry* guillotiniert. Bereits 1795 findet der Begriff Terrorismus Eingang in den deutschen Sprachgebrauch. Er ist zunächst synonym mit der Schreckensherrschaft der Jakobiner in Frankreich und wird ab den 1820er Jahren auf Kunst und Ästhetik übertragen.

Nach innen gerichtet dient die Bezeichnung der Gewalt als Terrorismus der Identitätsstiftung und kollektiven Selbstvergewisserung, dass die Gewalt Unschuldige getroffen hat. Gleichzeitig erwächst daraus eine Bekräftigung des staatlichen Gewaltmonopols sowie die Legitimierung staatlicher Gegengewalt bzw. präventiver Gewalt und repressiver Maßnahmen. Generell präsentieren Regierungen den „Terrorismus" als Bedrohung ihrer Ordnung.

Eine im deutschen Sprachgebrauch gängige Definition, die auf *Peter Waldmann* zurückgeht, lautet: Terrorismus beinhaltet planmäßig vorbereitete, schockierende Gewaltanschläge aus dem Untergrund gegen eine politische Ordnung. Sie sollen Unsicherheit, Angst und Schrecken, aber auch Sympathie und Unterstützungsbereitschaft erzeugen.

Terrorismus ist also die Erzeugung von Angst und Schrecken

- als ein Mittel des Widerstandes (ultima ratio) durch den auf längere Zeit angelegten und zentral gelenkten Zusammenschluss von mehr als zwei Personen
- zur Erreichung eines bestimmten (politischen) Zieles, das entweder auf einer sozialrevolutionären, nationalistischen oder religiösen Ideologie oder auf einer separatistischen Motivation (Sezession-Autonomie) basiert

- durch Anwendung von oder mit Bedrohung durch organisierte, kontinuierliche, wiederholte, asymmetrische, zweck- und planmäßige, nicht kalkulier- und vorhersagbare, unerwartete und kriminelle Gewalt
- mit willkürlichem, unpersönlichem, symbolischem und chaotischem Charakter
- gegen zivile, militärische oder neutrale Personen und Objekte
- anhand von geheimen, militärischen oder technischen Methoden
- mittels konventioneller, biologischer, nuklearer, chemischer oder virtueller Waffen
- ohne humanitäre und gesetzliche Beschränkung
- auf nationaler, regionaler oder globaler Ebene.

Vom Terrorismus unterschieden werden kann der Terror, die Schreckensherrschaft als ein Machtmittel (prima ratio) durch Staaten gegenüber der eigenen Bevölkerung.

Eine weltweit einmalige Ausweitung hat der Begriff seit 2013 in der Türkei erfahren. Im Mai 2016 stellte die in Ankara ansässige Denkfabrik TARK fest, dass es in der Türkei 11.000 aus politischen Gründen Inhaftierte gäbe, nicht zuletzt Akademiker, Journalisten und andere Intellektuelle. Ein weltweit einmaliger Zustand sei dabei, dass Menschen in der Türkei auch dann wegen Terrorismus verurteilt werden können, wenn ihnen selbst mittelbar keinerlei Bezug zu politischer Gewalt vorgeworfen werden kann. Hierfür sei durch die AKP-Regierung der Begriff *„unbewaffneter Terrorismus"* erfunden und durch die Rechtsprechung angewandt worden.[42]

Terrorismus ist also eine politische Strategie, die vor allem mit politischen und sozialen Motiven zu tun hat, weniger mit Religion. Durch die Androhung oder Ausführung von Gewalttaten sollen unterschiedliche Ziele erreicht werden: Ein Gefühl existenzieller Verunsicherung bei der bekämpften sozialen Gruppe oder ihre direkte Schwächung, die Erzeugung von Angst und Schrecken innerhalb der Gesellschaft, aber auch Sympathie bei potenziellen Unterstützern sowie die Gewinnung von größtmöglicher Aufmerksamkeit für die Ziele.

Gruppen, die zu terroristischen Aktionen greifen, sind zu schwach, um sich innerhalb des etablierten politischen Prozesses Gehör zu verschaffen. Die Gewalt ist Mittel, um einen Teil des öffentlichen Raums besetzen zu können.

---

[42] Abuse Of Anti-Terror Law Is Destroying Turkey's Democracy. Institute of Social and Political Researches (TARK), Ankara. 10. Mai 2016. Abgerufen am 17. Mai 2017.

Anders als Kriminellen geht es den Terroristen nicht um einen persönlichen Vorteil. Sie berufen sich auf ein höheres Prinzip. Mit spektakulären Taten will man erreichen, dass sich die Öffentlichkeit für die tiefer liegenden Gründe der Gewalt zu interessieren beginnt. Die Gewalt hat nur einen symbolischen Stellenwert, dem Terroristen geht es also nicht um den eigentlichen Zerstörungseffekt seiner Aktionen. Diese sind nur ein Mittel, eine Art Signal, um einer Vielzahl von Menschen etwas mitzuteilen.

Michail Bakunin, der Prediger des Anarchismus, sprach in seinem *"Revolutionären Katechismus"* (1869) von der „Propagandawirkung" des Terroraktes. Der Terrorismusexperte *Bruce Hoffman* aus Washington weist nach, dass die Medien „beinahe mit ungezügelter Bereitwilligkeit" die speziell nach ihren Bedürfnissen inszenierten terroristischen Angriffe konsumieren. Terroristen legen bei der Durchsetzung ihrer Ziele großen Wert auf „PR-Arbeit".

„Terrorismus ist seiner Natur nach eine psychologische Waffe", schreibt der Terrorismusfachmann *Paul Wilkinson. „[...] er setzt darauf, eine Bedrohung an ein größeres Publikum zu verbreiten".*[43] Ohne Medium aber wäre auch die Botschaft der Terroristen weitaus weniger bedrohlich. Terrorismus, das gilt es also festzuhalten, ist primär eine Kommunikationsstrategie sowie eine Form der psychologischen Kriegsführung.[44]

Ausgehend von diesen Überlegungen ergeben sich zwei Fragen:

- Welcher Art sind die Botschaften, die Terroristen äußern wollen?
- Auf welchen Kommunikationsraum sind sie dabei angewiesen?

Auf die erste Frage wird in der Literatur überwiegend mit der Feststellung geantwortet, die Terroristen versuchten, eine allgemeine Stimmung der Furcht und des Schreckens zu erzeugen, um das Vertrauen in den Staat und seine Fähigkeit, die Bürger zu schützen, zu untergraben. Terroristen sind aber auch darauf angewiesen, nach Bundesgenossen Ausschau zu halten und um Sympathie und Beistand für ihre politischen Anliegen zu werben. Ihre Anschläge sind deshalb für einen Teil der Bevölkerung als Hoffnungszeichen

---

[43] Vgl. Wilkinson, Paul: Terrorism Versus Democracy .Political Violence, London 2006
[44] Vgl. Waldmann, Peter: Terrorismus. Provokation der Macht, Hamburg 2005

gedacht, sie sollen zumindest Schadenfreude, eventuell aber auch die Bereitschaft auslösen, die Terroristen in ihrem Kampf zu unterstützen.

Bei der zweiten Frage ist folgendes zu bedenken: Damit ihre Gewaltsignale beachtet werden, ziehen Terroristen als Aktionsbühne relativ gewaltfreie politisch-gesellschaftliche Systeme vor, wie sie beispielsweise die westlichen Industrieländer darstellen. Die Wirkung von Terroranschlägen ist umso größer, je mehr Raum sie im öffentlichen Bewusstsein bekommen. Gewaltbotschaften werden aber nur dann als solche wahrgenommen, wenn der öffentliche Raum nicht ohnehin bereits dicht mit Gewalthandlungen besetzt ist und wenn man sie nicht inflationär vermehrt. Je schockierender ein Ereignis, desto mehr Aufmerksamkeit zieht es auf sich. So lässt sich die oft besonders hohe Brutalität von Terroristen erklären.

Kasten: Formen des Terrorimus

Terrorismus ist eine bestimmte Strategie zur Eroberung politischer Macht. Seine Anhänger verfügen über kein Herrschaftsmittel, sind politisch relativ einflussschwach, streiten dafür die Legitimität der bestehenden Ordnung radikal ab und streben als Minderheit den Umsturz an. Dafür setzen sie systematisch und massiv Gewalt gegen Sachen und/oder Personen ein. Die als Überraschungsschläge durchgeführten Gewaltakte sollen ein Gefühl existenzieller Verunsicherung ("Angst und Schrecken") bei den bekämpfenden Gruppen erzeugen sowie der Bewußtseinsformung, Mobilisierung und Revolutionierung "unterdrückter" und zu gewinnender gesellschaftlicher Schichten dienen.

Form	Inhalt	Beispiele
1. Ethno-nationalistischer / separatistischer Terrorismus	Die Anwendung von Gewalt wird nicht durch eine Weltanschauung oder Ideologie begründet. Vielmehr geht es um regionale, separatistische Forderungen von Volksgruppen oder ethnischen Minderheiten, die sich von einer Besatzungsmacht oder von der Mehrheit der Bevölkerung bedroht sehen und kann von bestimmten Autonomierechten bis hin zu einem eigenen Staat reichen.	IRA (bis zur "Beendigung des Kampfes" 2005), ETA (bis zur "Beendigung des Kampfes" 2006), PLO (bis Mitte der 1980er Jahre), die kurdische PKK oder die tamilischen "Tamil Tigers"
2. Sozialrevolutionärer Terrorismus	Zielt auf die Errichtung einer klassen- bzw. herrschaftslosen Gesellschaftsordnung. Es geht hierbei nicht um die Gründung einer Nation oder separatistische Bewegung sondern eine soziale Klasse steht im Fokus der terroristischen Handlungen. Durch Angriffe auf diese sollen die Schwächen des Staates aufgezeigt werden, um hierdurch die "unterprivilegierte Schicht" anzuspornen und eine soziale Revolution entfachen. Häufig findet man den sozialrevolutionären Terrorismus im Umfeld des Marxismus, obwohl der Marxismus selbst eigentlich Gewalt als Instrument ablehnt.	Stadtguerilla in Lateinamerika, Rote Armee Fraktion (RAF) Revolutionäre Zellen (RZ) Rote Brigaden, Italien (Brigate Rosse) Direkte Aktion, Frankreich (Action directe)
3. Nationalrevolutionärer Terrorismus	Zielt auf die Errichtung eines faschistischen Staates oder einer »Volksgemeinschaft« nationalsozialistischer Prägung.	Aktionsfront Nationaler Sozialisten (ANS) Michael Kühne NSU Wehrsportgruppe Hoffmann
4. Vigilantistischer Terrorismus	Den Vigilanten geht es zunächst nicht darum, das "System" grundlegend zu verändern, sondern dessen "alte" Ordnung zu "verteidigen" - auch wenn dies bedeutet, dass das staatliche Gewaltmonopol zwischenzeitlich suspendiert werden muss.	Ulster Defence Assoziation (UDA) Grupos Antiterroristas de Liberacion (GAL) Ku-Klux-Klan
5. Religiöser / fundamentalistischer Terrorismus	Religiöser/fundamentalistischer Terrorismus ist durch die Verschränkung politischer und religiöser Motive gekennzeichnet. Fundamentalistische Strömungen wollen den Menschen in seiner ganzen sozialen und politischen Existenz beanspruchen. Staat und Religion sind dabei als eine Einheit gedacht. Die in dieser Haltung begründete Neigung zur Intoleranz und zur Missachtung des religiösen und politischen Pluralismus kann zu terroristischen Handlungen führen.	Hamas (Islamische Widerstandsbewegung) Djihad Islami in Palästina, schiitische Hisbollah (Partei Gottes) in Libanon
6. Sektiererischer Terrorismus	Handeln ist durch eine höhere Macht legitimiert. Grundlage bilden Offenbarungs- und Verschwörungstheorien, apokalyptische und diffuse religiöse Vorstellungen.	Aum Sekte ("höchste Wahrheit") in Japan Shoko Asahara Militia of Montana (MOM) Christian Patriots
7. Nationaler Terrorismus	Beschränkt sich in Zielsetzung und Aktionsradius auf das Territorium des eigenen Staates, der eigenen Bevölkerung eines Staates. Meist mit Bekennertum.	maoistische Bewegungen in Nepal, Bhutan, Bangladesch, Indonesien und auf den Philippinen ETA, IRA
8. Internationaler Terrorismus	Hat zwar staatsinterne Ziele, der Aktionsradius geht jedoch über die Grenzen des Landes hinaus und unbeteiligte Dritte werden zu Opfern gemacht.	philippinische Abu Sayyaf

9. Transnationaler Terrorismus	Hat weite Teile der Welt als Ziele im Visier und will die Änderung der internationalen (Wirtschafts- oder Herrschafts-) Ordnung erreichen.	Terrornetzwerke Al-Qaida Islamischer Staat (IS)
10. Homegrown Terrorismus oder "Lone Wolf"	„hausgemachter Terrorismus" oder "selbst gezüchteter" Bezeichnet Terror, der von Personen ausgeht, die im Zielland des Terrors unscheinbar aufwuchsen und erst dort im Laufe der Zeit zu ihrer terroristischen Überzeugung gelangten.	Sauerland-Gruppe Timmothy McVeigh
11. Ökoterrorismus	• entweder gewaltsame Handlungen mit dem Ziel, die Umwelt zu schützen• oder Taten mit erheblichem Schaden für die Umwelt	Militante TierschützerGreenpeace-Aktionen gegen illegalen Walfang in Japan
12. Cyberterrorismus	Terroristen nutzen den Cyberspace zur Durchsetztung bzw. Verbreitung ihrer Ziele.	Angriffspunkte: Versorgung, Logistik, Produktion, Verkehr
13. Piraterie	Es handelt sich um Gewalttaten, Eigentumsdelikte oder Freiheitsberaubungen, die zu eigennützigen Zwecken unter Gebrauch eines See- oder Luftfahrzeugs auf hoher See oder in anderen Gebieten verübt werden, die keiner staatlichen Gewalt unterliegen.	vor der Küste Somalias
14. Agrar-Bioterrorismus	Der Einsatz von Agrar-Biowaffen stellt den Versuch dar, dem Gegner durch Beeinträchtigung der Nahrungsgüterproduktion zu schaden.	Felder des Gegners versalzen, erntereife Felder abbrennen oder Bewässerungssysteme zerstören, Milzbranderreger, Geflügel- oder Schweinepest
15. Anarchismus (als Sonderform des Terrorismus)	"ohne Herrschaft" Im anarchistischen Gesellschaftsmodell gibt es keine Gesetze, die von einer Zentralgewalt festgelegt werden.	anarchistische Aktivisten: Machnowschtschina
16. Nuklearer Terrorismus	nukleare Waffe in den Händen von Terroristen	Atomwaffen
17. Bioterrorismus	Bioterrorismus ist eine Form des Terrorismus, bei der biologische Waffen für Anschläge verwendet werden.	Zu größeren Anschlägen mit Hilfe von biologischen Waffen kam es bisher noch nicht. September 1984: Salmonellen-Anschlag in zehn Restaurants in den USA durch die Gruppe Bhagwan-Shree-Rajneesh. Anthrax-Anschläge 2001 auf Politiker in den USA durch verseuchte Briefe.
18. Symbiotischer Terrorismus	Der Begriff bezeichnet die hochgefährliche Verbindung von Mafiastrukturen und Terrorismus.	Narco-Terrorismus
19. Staatsterrorismus		

Quellen: http://www.gjae-online.de/inhaltsverzeichnisse/pages/protected/show.prl?params=recent%3D1%26type%3D2&id=247&currPage=&type=2
http://archiv.friedenskooperative.de/ff/ff11/6-62.htm

Begriffliche Auseinandersetzung mit dem Phänomen des modernen Terrorismus

Die Wertung, die dem Begriff Terrorismus außerdem noch anhaftet, bringt zum Beispiel *Peter Waldmann* dazu, in seinem Buch über Terrorismus als Machtprovokation Terrorismus als „emotional besetztes Modethema"[45] zu bezeichnen. Die von ihm vorgeschlagene Begriffsdefinition ist beschränkt auf Attentate gegen eine bestehende politische Ordnung, in dem er Terrorismus gleichsetzt mit *„planmäßig vorbereitete(n) schockierende(n) Gewaltanschläge(n) gegen eine politische Ordnung aus dem Untergrund."*[46]. Damit schließt er bewusst den Staatsterrorismus aus seiner Definition aus und begründet seinen Ausschluss mit der Fokussierung auf die Motivation hinter den Anschlägen und der Bedeutung der Botschaft der Anschlagsziele. Die Anschläge, die seinen Untersuchungsgegenstand beinhalten, richten sich gegen eine schon bestehende politische Ordnung und Gesellschaft.

Peter Waldmann's Buch, 1998 erstmals erschienen, steht der ursprünglichen Prägung des Begriffs als Synonym für staatliche Verbrechen, in der Ergänzung vom „Dictionnaire die l' Academie Francaise" von 1789, konträr gegenüber. Das „Systeme regime de la terreur", meint demnach die „Schreckensherrschaft" eines Systems, welches sich durch Zwang und Einschüchterung an der Macht hält[47]. Auch die Jakobiner verwendeten 1796 den Begriff Terrorismus in diesem Sinne noch positiv als „terreur", also als Terrorherrschaft. Wohingegen die Kritiker der französischen Revolution den Begriff des Terrorismus zum Schimpfwort machten und kriminalisierten. So zum Beispiel der Staatsphilosoph *Edmund Burke* der über Terroristen als „Höllenhunde" schrieb, die über das Land herfallen.[48]

Deutlich wird an diesem Zitat, die Ambivalenz zwischen dem Selbstverständnis der Kämpfer der Französischen Revolution, die sich selbst nicht als Terroristen bezeichnet hätten, sondern als Widerstandskämpfer, die für ihr eigenes Verständnis einer gerechteren und besseren Gesellschaftsordnung bereit sind ihr Leben zu Opfern. Dementsprechend bleibt es immer eine Frage der Perspektive, wer Terrorist und wer Freiheitskämpfer ist, würde man dieser einseitigen Definition von Terrorismus folgen.

---

[45] Vgl. Waldmann, Peter: Terrorismus. Provokation der Macht, Hamburg 2005, S. 9
[46] ebd.
[47] Vgl. Riegler; Thomas: Terrorismus. Akteure, Strukturen, Entwicklungslinien, München 2009, S. 14f
[48] Vgl. Laqueur, Walter: Terrorismus, Kronberg 1977, S. 7

Im Gegensatz zu der Definition von *Peter Waldmann*, die Staatsterror bewusst ausschließt, dehnten andere Autoren den Begriff zusätzlich zu den Handlungen von nicht-staatlichen Akteuren, auf Handlungen repressiver Regime aus, die systematisch ihre Bevölkerung unterdrücken, wodurch jede Gewalt die sich gegen eine Gesellschaft richtet inflationär als terroristisch bezeichnet wurde[49].

Obwohl ein definitorischer Einschluss des Staatsterrors in den Begriff Terrorismus diesen erweitert und damit vollständiger macht, reicht ein akteursbezogener Blick nicht aus, um das Phänomen ganzheitlich zu beschreiben.

Das Phänomen des Terrorismusbegriffs, dass immer die Anderen die Terroristen zu sein scheinen, bildet für *Noam Chomsky*[50] und *Edward S. Herman*[51] die Grundlage ihrer Ablehnung dieses Begriffs. Für sie ist die Bezeichnung so wertend aufgeladen, das er nur noch als Polemik ohne definitorischen Gehalt genutzt werde um die Gegenseite zu „dämonisieren". Vorwiegend im Kalten Krieg wurde so der Begriff gegen den Einfluss der Sowjetunion als rethorische „Waffe" benutzt, um die Kommunisten zu stigmatisieren. Was bei dem sowjetischen Gegner aber als terroristisch und somit moralisch verwerflich bezeichnet wurde, galt in den eigenen Reihen als legitime Kampfstrategie.[52]

Benzion Netanjahu[53], *Bruce Hoffmann*[54] und *Louise Richardson*[55] entgegnen dieser Verweigerung der Begriffsverwendung den Vorwurf der Relativierung. Terrorismus ist ihrer Auffassung nach sehr wohl zu charakterisieren. Ausgehend von der Methode als Kriterium, bezeichnen sie Terrorismus als extreme Gewaltausübung gegenüber unschuldigen Opfern mit dem Ziel der Verbreitung von Angst und Schrecken.[56]

---

[49] vgl. Riegler; Thomas: Terrorismus. Akteure, Strukturen, Entwicklungslinien, München 2009, S. 15
[50] Noam Chomsky ist ein amerikanischer Linguist und seit den 1960er Jahren auch prominenter Kritiker der amerikanischen Außenpolitik und linker Intellektueller. Zusammen mit Edward S. Herman hat er ein Buch geschrieben, in dem sie den amerikanischen Massenmedien als ideologische Institution eine systemerhaltende Propaganda Funktion zuschreiben. Vgl. Chomsky, Noam/ Herman, Edward S: Manufacturing Consent: The Political Economy of the Mass Medin, Vintage 1995, S. 306
[51] Edward S. Herman ist ein amerikanischer Medienanalyst und Ökonom
[52] Vgl. Zulaika, J.; Douglass, W.: 1996; S. 98: Terror and Taboo: The Follis, Fables, and Faces of Terrorism, 1996, S. 98
[53] Benzion Netanjahu ist ein israelischer Historiker und zionistischer Aktivist
[54] Bruce Hoffmann ist ein amerikanischer Politikwissenschaftler und der Direktor des "Center for Security Studies and Director of the Security Studies Program at Georgetown University's Edmund A. Walsh School of Foreign Service" und hat sich auf die Terrorismusforschung spezialisiert.
[55] Louise Richardson ist eine irische Politikwissenschaftlerin und hat sich auch auf die Terrorismusforschung spezialisiert. Sie ist außerdem Chief Executive der University of Oxford
[56] vgl. Riegler, Thomas: Terrorismus. Akteure, Strukturen, Entwicklungslinien, München 2002; S. 43

Dieser auf den Gewaltaspekt fokussierte Begriff des Terrorismus nivelliert aus normativer Sicht durch Generalisierung, da so keine Unterscheidung zwischen Freiheitskämpfern und Terroristen gemacht wird. Widerstandskämpfe gegen eine terrorisierende Ordnung, wie im Falle des Nationalsozialismus wären dann auch unter dem Begriff Terrorismus zu benennen. Ob der Begriff Terrorismus angebracht wäre, hängt aus normativer Perspektive von dem jeweiligen Kontext und der Frage nach der Legitimität von Gewaltanwendung ab. Denn unter bestimmten Umständen kann es als legitim erachtet werden, Gewalt gegen ein viel größeres Übel einzusetzen.[57] So hat zum Beispiel der Tyrannenmord eine lange Tradition in der politischen Ethik. Auch für die UNO gilt gewaltsamer Wiederstand als legitim, wenn er sich gegen Unterdrückung und Rassismus richtet und für nationale Unabhängigkeit, gleiche Rechte und die Vertretung von Minderheiten gekämpft wird.

Ein wichtiger Punkt ist die Frage, ob jegliche Form des Terrorismus moralisch verwerflich ist. Historisch ist eine solche totale Verurteilung terroristischer Gewalt kaum haltbar. Sogar die katholischen Theologen des Mittelalters fanden gute Gründe für Tyrannenmord (der so alt ist wie die Zivilisation), und in jüngerer Vergangenheit können zum Beispiel der Anschlag auf *Hitler* oder das erfolgreiche Attentat auf *Heydrich* (Stellvertretender Reichsprotektor in Böhmen und Mähren) wohl nicht als verwerflich gelten.

Terrorismus mag die einzige Möglichkeit zum Sturz einer brutalen Diktatur sein, die *Ultima ratio* freier Männer und Frauen, die sich einer unerträglichen Verfolgung ausgesetzt sehen. Die Ermordung von *Hitler* oder *Stalin* am Anfang ihrer Karriere hätte Millionen Menschen das Leben gerettet. Die Schwierigkeit ist also nicht, dass der Terrorismus stets unvertretbar gewesen wäre, sondern vielmehr, dass er von Fanatikern und Wahnsinnigen im Namen der Freiheit und Gerechtigkeit missbraucht wird.

Die Frage, ob der Einsatz von Gewalt in gewissen Situationen legitim ist, wird je nach Standpunkt des Betrachters unterschiedlich beantwortet werden. Staaten definieren Gruppen, die gegen sie kämpfen, immer als terroristisch oder als kriminell, auch wenn sie nach unseren Maßstäben ein legitimes Ziel wie z.B. die Demokratisierung der jeweiligen Gesellschaft verfolgen. Dieses Dilemma verhindert eine allgemein gültige Definition von Terrorismus und somit auch

---

[57] Vgl. Honderich, Ted: Nach dem Terror. Ein Traktat. Kann Terrorismus moralisch begründet werden? Neu-Isenburg 2003

seine internationale Ächtung und Bekämpfung. Die Uneindeutigkeit des Begriffs zeigt sich auch im Wandel der öffentlichen Wahrnehmung. So wurde *Menachem Begin,* der in Israel im Juli 1946 das Jerusalemer Hotel *„King David"* in die Luft sprengen ließ (91 Tote), zunächst als Terrorist verfolgt, dann als Freiheitskämpfer tituliert, schließlich zum Ministerpräsidenten gewählt und 1978 sogar mit dem Friedensnobelpreis ausgezeichnet. Einen ähnlichen Wandel durchlief die *PLO,* die lange als eine gefährliche terroristische Vereinigung galt. Heute ist sie weltweit anerkannt und ihr Vorsitzender *Yassir Arafat* erhielt 1994 den Friedensnobelpreis.

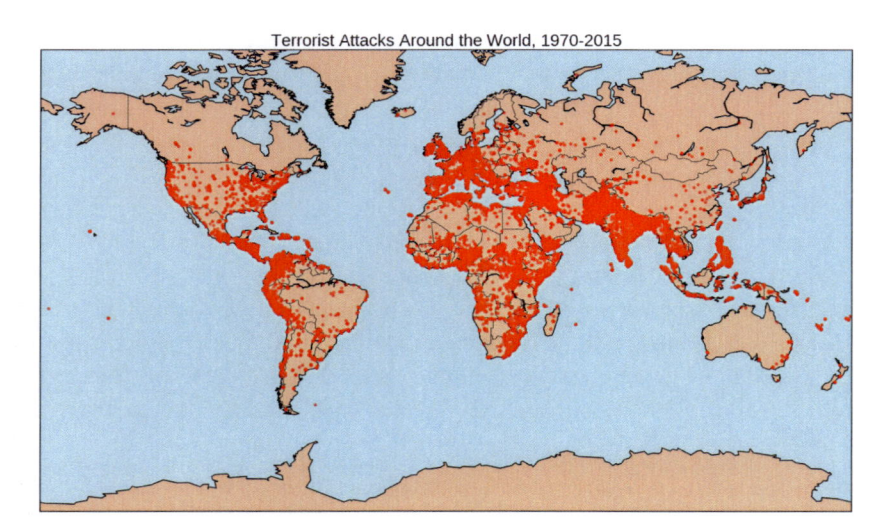

Terrorist Attacks Around the World, 1970-2015

Der moderne Terrorismus: Ein historischer Überblick

Die Disziplin der Terrorismusforschung ist neueren Datums und hat bisher offensichtlich keine allgemeingültige wissenschaftliche Definition hervorgebracht. Allerdings hat der amerikanische Historiker *David C. Rapoport* die Entwicklung des modernen Terrorismus in beeindruckender Form in einem „Wellen-Konzept" zusammengefasst.[58] Sein Aufsatz „Fear and Trembling: Terrorism in Three Religious Traditions"[59] und seine Theorie der vier Wellen (four wave theory) ergeben zusammen eine übergreifende Theorie zur Entwicklungsgeschichte des Terrorismus.

---

[58] Vgl. Rapoport, David C.; The four Waves of Rebel Terrorism and September 11, Anthropoetics, 8(1), 2002. http://www.anthropoetics.ucla.edu/ap0801/terror.htm

[59] Vgl. Rapoport, David C.: Fear and Trembling: Terrorism in Three Religious Traditions, in: The American Political Science Review 78 (1984), Heft 3, S. 658-677

Demnach gibt es einen vormodernen Terrorismus, der religiös inspiriert war, wofür *Rapoport* als Beispiele die jüdischen Sicarii[60] in ihren Kampf gegen das Römische Reich, die Assassinen[61] im mittelalterlichen Persien sowie die indischen Thugs[62] nennt.

Der moderne Terrorismus im Jahr 1879 in Russland und lässt sich in vier Wellen[63] einteilen, die er als „anarchistisch", „antikolonial", „Neue Linke" und „religiös" beschreibt. Jede dieser Wellen begann in einem Land, aber führte zu Terrorismus in vielen anderen Ländern und erstreckte sich zeitlich etwa über eine Generation, also ungefähr 25 bis 30 Jahre. *Rapoports* Konzept betrachtet den Terrorismus nicht isoliert von politischen Ideen, sondern als deren Ergebnis. So ist jede der vier Wellen untrennbar mit einer radikalen politischen Bewegung verbunden, die für einige ihrer Teilnehmer mit dem „Marsch durch die Institutionen" endete, und für andere im Untergrund. Die neue, fünfte Welle, die dschihadistische, fügt sich nahtlos in diesen Zyklus ein.

Wer waren nun die Erfinder des modernen Terrorismus? Zunächst sind es zwei Personen, welche Gewalttaten begingen, die erstens den Kriterien für Terrorismus entsprechen, die zweitens das Ergebnis eines eigenständigen und eigensinnigen Denk-und Handlungsprozesses sind (und nicht etwa primär eine Kopie anderer, vorangegangener Taten) und drittens späteren Terroristen nachweisbar als Vorbilder dienten: *Felice Orsini*[64], der 1858 in Paris ein

---

[60] Die früheste nachweisliche Gruppierung, die versuchte, ihre politischen Ziele durch selektiven Mord und die Verbreitung von Angst zu erreichen, waren die Sicarii, eine jüdische Gruppierung um 100 n.Chr., deren Aktivitäten vom römischen Historiker Josephus Flavius in seinem Werk „Der jüdische Krieg" beschrieben wurden. Als Nachfolger der Zeloten kämpften sie gegen die römische Herrschaft über Palästina, indem sie sowohl römische Amtsträger, als auch jüdische Bürge, die mit den Römern kooperierten, ermordeten; außerdem verübten sie Brandanschläge auf Ziele, deren Zerstörung ihrer Sache förderlich sein konnten.

[61] Die Assassinen, auch *Haschaschinen*, waren die Mitglieder einer nizaritisch-ismailitischen Bewegung, die zwischen dem Ende des 11. Jahrhunderts und der Mitte des 13. Jahrhunderts in Persien und in Syrien aktiv war und durch ihre Mordattentate auf politische Gegner Angst und Schrecken verbreitete. Die Angehörigen dieser Bewegung brachten in Persien und Syrien Bergfestungen wie Alamut und Masyaf in ihren Besitz und sandten von dort Auftragsmörder, um politische Widersacher auszuschalten. Die Attentäter, die manchmal auch in Gruppen auftraten, wurden „Opferbereite" genannt, weil sie bei den Aktionen meist selbst den Tod fanden. Durch Berichte von Kreuzfahrern und späteren Reisenden verbreitete sich das Wissen um die Praktiken der Assassinen bereits im Mittelalter auch nach Europa. Marco Polo beschrieb sie als Sekte, die Haschisch konsumierte, orgiastische Feste feierte und Dolch- und Giftmorde an hochgestellten Persönlichkeiten verübte. Er hielt sich mit den Quellen jedoch vage und gab nach heutiger wissenschaftlicher Einschätzung überwiegend seinerseits gehörte Erzählungen wieder.

[62] Die Thugs waren ein geheimer Kult der sich um die Hindu-Göttin Kali rankte und für diese rituelle (Raub-)Morde verübten. Sie existierte vom 7. oder 13. bis ins 19. Jahrhundert. Der Sekte gehörten Moslems ebenso wie Hindus an. Die "Thugs" existiertem im heutigen Uttar Pradesh und in Zentral Indien.

[63] Als Welle definiert er einen „Zyklus an Aktivitäten in einer gegebenen Periode" von internationalem Charakter.

[64] Am 14. Januar 1858 mischten sich Orsini und seine Kollaborateure mit Knallquecksilber-Bomben unter das Volk vor der Pariser Opera Le Peletier, wo Napoleon III. mit einer Entourage vorfuhr, um eine Aufführung von Rossinis „Guillaume Tell" zu besuchen. Bereits die erste Bombe zeige eine gewaltige Zerstörungskraft. Die

Attentat auf *Napoleon III.* verübte, sowie *John Brown*, der im Jahr 1859 einen Überfall auf das Arsenal und die Waffenfabriken der US-Armee in Harpers Ferry, Virginia, beging. Die ersten Personen, für die nachgewiesen werden konnte, dass sie die terroristische Gewalttaktik *Browns* und *Orsinis* rezipierten und nachahmten sowie dabei weiterentwickelten und verbreiteten, waren *Oskar Wilhelm Becker* mit seinem gescheiterten Attentat auf den preußischen König *Wilhelm I.* im Jahr 1861, *John Wilkes Booth*, der 1865 den amerikanischen Präsidenten *Abraham Lincoln* erschoss, sowie *Dmitrij Vladimirovic Karakozov*, der 1866 erfolglos einen Anschlag auf Zar *Aleksandr II.* verübte. Mit diesen fünf Personen und ihren Gewalttaten ist der moderne Terrorismus in seinen (zumindest für das 19. und 20. Jahrhundert signifikanten) politischen Richtungen – sozialrevolutionär, ethnisch-nationalistisch und rechtsradikal – fertig ausgeprägt.[65]

Die drei Nachahmer hatten die von *Orsini* und *Brown* angewendete Taktik auf unterschiedlichen Wegen rezipiert, wobei sie alle drei eine wichtige Neuerung beibrachten, die lange ein charakteristisches Kennzeichen terroristischer Gewaltanschläge blieb: das Bekennerschreiben. Der moderne Terrorismus muss deshalb als eine Erfindung des 19. Jahrhunderts angesehen werden, auch wenn es sich hierbei nicht um eine technische oder wissenschaftliche Erfindung handelt, sonder um die Erfindung einer Handlungslogik im Bereich von Politik, Gesellschaft und Medien. Eine überschaubare Gruppe von Akteure in Europa, den USA und Russland brachte innerhalb weniger Jahre in einem transnationalen, seriell-kollektiven Lernprozess eine neue Form politischer Gewalt hervor, die wir heute als Terrorismus bezeichnen.

Druckwelle ließ die Fester und Gaslampen des Opernhauses bersten, Eisensplitter hagelten auf die Straße. Die zweite Bombe tötete oder verletzte 24 Pferde der kaiserlichen Garde und 12 Soldaten. Chaos brach aus und Orsini warf seine Bombe direkt unter die Kutsche des Kaisers. Tod und Zerstörung rundherum – Napoleon und sein Frau Eugenie hingegen stiegen unverletzt aus. Das Attentat war also gescheitert; die Todesstrafe für die Attentäter stand fest. Dennoch sprengte das Interesse von Presse und Öffentlichkeit am Gerichtsprozess alle Dimensionen. In zwei Briefen legte Orsini dem Kaiser den Grund seiner Tat dar – mit letzten Mitteln gegen die Restauration und für ein vereinigtes Italien zu kämpfen. Mit Entsetzen verfolgt die Aristokratie Europas die Sympathie, die dem Attentäter entgegenschlug. Selbst Eugenie war „von dem Adel seiner Sprache, dem Heldentum seiner Haltung" tief beeindruckt. Am Hinrichtungstag wurden über 5.000 Bewaffnete abgeordnet, um die herbeigeströmten Massen in Schach zu halten und während auf dem Schafott die Köpfe rollten, machte Napoleon III. Pläne für eine Einigung Italiens.

[65] Vgl. Dietze, Carola: Die Erfindung des Terrorismus in Europa, Russland und den USA 1858-1866, Hamburg 2016, S. 19

Die erste Welle

Die Welle, die in der historischen Chronologie des Terrorismus als *erste Welle* bezeichnet wird, ist die der anarchistisch motivierten Attentate zwischen den 1880er Jahren bis zum 1. Weltkrieg[66]. Typisch für diese „Welle" war, das die Urheber der Attentate Kleingruppen oder Einzeltäter waren, die sorgfältig ausgewählte Repräsentanten des Staates zum Ziel hatten oder unter der Bevölkerung ein instabiles panisches Klima erzeugen wollten.[67] Die anarchistisch motivierten Anschläge sollten einen längst überfälligen Umsturz einleiten, in dem die Bevölkerung anfängt, zu Sympathisanten der „Sache" des Anarchismus zu werden und die Revolution einzuleiten. In dem Programm der russischen anarchistischen Terrorvereinigung *„Narodnaja Woljija"* steht dazu:

„Indem der Schlag direkt gegen den Schwerpunkt der Regierungsorganisation geführt wird, bringt er das System ins Wanken [...] die Mächte dieser Welt spüren, dass der Boden unter ihnen schwankt und sie von der Höhe in einen dunklen, unbekannten Abgrund stürzen."[68]

Aber nicht nur in Russland, auch in Deutschland, Österreich, Italien, Frankreich und England wurden anarchistische Anschläge verübt. Das Ende der anarchistischen „Terrorwelle" wird in der Terrorismusforschung mit dem Ersten Weltkrieg verbunden.[69] Die öffentliche Aufmerksamkeit richtete sich auf die Kriegsopfer und so konnten Anschläge auf einzelne Politiker nur noch wenig Beachtung erregen, so der Terrorismusforscher *Walter Laqueur*[70].

Die zweite Welle

Die *zweite terroristische Welle,* die antikoloniale oder national-separatistische Welle, die in den1930er Jahren begann und in den 1950ern ihren Höhepunkt erreichte, war effektiver und von größerer politischer Konsequenz. Terrorismus diente jetzt als eine militärische Strategie gegen konventionell übermächtige

---

[66] Vgl. Vgl. Riegler Thomas: Terrorismus. Akteure, Strukturen, Entwicklungslinien, München 2009; Neumann, Peter: Die neuen Dschihadisten. IS, Europa und die nächste Welle des Terrorismus, Berlin 2015
[67] Die Anarchisten, die zum Ende des 19. Jahrhunderts angefangen hatten, die weitgehend autoritären Regime zu beseitigen, töteten zwei amerikanische Präsidenten, einen russischen Zar, die österreichische Kaiserin Sisi, etliche Großfürsten. Die Anarchisten verbreiteten so gründlich den Schrecken, dass das Bundeskriminalamt noch 1971 nach „anarchistischen Gewalttätern" suchte, als es nach der ersten Generation der RAF fahndete.
[68] Vgl. Riegler: Thomas: Terrorismus. Akteure, Strukturen, Entwicklungslinien, München 2009, S. 55
[69] Vgl. Laqueur, Walter: Terrorismus, Kronberg 1977, S. 7
[70] Vgl. Laqueur, Walter: Die globale Bedrohung. Neue Gefahren des Terrorismus, Kronberg 2001, S. 28

Gegner, in der Regel also Kolonialmächte oder zentralstaatliche Institutionen. Trotz aller Probleme mobilisieren antikolonialistische Gruppen eine breite Anhängerschaft. Das lag daran, dass sie auf Ideen – und Identitäten – zurückgreifen konnten, die bei ihren Unterstützern tief verwurzelt waren und keiner zusätzlichen Rechtfertigung bedurften: Vaterlandsliebe und das Recht auf Selbstbestimmung waren nicht abstrakte Werte, für die erst ein revolutionäres Bewusstsein geschaffen werden musste. Das bedeutet jedoch nicht, dass solche Gruppen immer siegreich waren. Ihren größten Erfolg hatten die Antikolonialisten während der eigentlichen Entkolonialisierung, als es relativ einfach war, die Kosten-Nutzen-Abwägung der großen Kolonialmächte durch terroristische Anschläge zu beeinflussen. Später war der Terrorismus jedoch zu schwach, um selbst relativ populären Bewegungen wie der *Palästinensischen Befreiungsorganisation* (PLO) oder der IRA zum Sieg zu verhelfen.

Nach dem 2. Weltkrieg gewann der Begriff Terrorismus seine revolutionären Anklänge zurück, mit denen er zu seinen Anfangszeiten assoziiert wurde. Ebenfalls in jener Zeit kam die politisch korrekte Bezeichnung „Freiheitskämpfer" in Mode, als ein Ergebnis der politischen Anerkennung, welche die internationale Gemeinschaft den Kämpfern für nationale Befreiung und Selbstbestimmung zukommen ließ. Viele gerade erst unabhängig gewordene Ländern der „Dritten Welt" und die Staaten des kommunistischen Blockes übernahmen diese Sprachregelung und argumentierten, dass Personen oder Bewegungen, die gegen „koloniale" Unterdrückung und westliche Vorherrschaft kämpften, nicht als Terroristen, sondern als Freiheitskämpfer charakterisiert werden sollten.[71] Diese Position wurde in herausragender Weise durch den Präsidenten der PLO, *Yassir Arafat,* dargelegt, als er im November 1974 vor der Vollversammlung der Vereinten Nationen sprach.

„Der Unterschied zwischen dem Revolutionär und dem Terroristen", behauptete *Arafat, „liegt in dem Grund, warum er kämpft. Denn wer immer sich für eine gerechte Sache und für die Freiheit und Befreiung seines Landes von Eindringlingen, von Siedlern und Kolonisten einsetzt, kann unmöglich als Terrorist bezeichnet werden."*

Terrorismus wurde als militärische Taktik verwendet um eine Art „Initialzündung" zu schaffen, wodurch zum Einen Aufmerksamkeit erregt und zum anderen die Kolonialmächte provoziert werden sollten. Durch wahllose

---

[71] Exemplarisch: Bengtson-Krallert, Matthias: Die DDR und der internationale Terrorismus, Marburg 2017

Repressionen und Brutalitäten gegen die Zivilbevölkerung sollte diese künstlich in den Konflikt mit hineingezogen werden, um dann einfacher für die jeweilige „Sache" mobilisiert zu werden. So zum Beispiel in Irland durch die „Fenians", in Algerien durch die *Nationale Befreiungsfront* (FLN) oder in Palästina durch die PLO[72].

Die dritte Welle

Anders als die nationalistischen und antikolonialistischen Gruppen der zweiten Welle, die ihre Mitglieder häufig direkt aus dem Volk rekrutierten, bestand die ***dritte Welle***, die „Neue Linke", fast ausschließlich aus Angehörigen der gehobenen Mittelschicht. Intellektuell und personell wurzelten die Terrorgruppen dieser Welle in den Studentenbewegungen, sie sich überall in Westeuropa und Nordamerika während der 1960er Jahre gebildet hatten. Innerhalb dieser Milieus genossen die Terrorgruppen zum Teil Sympathie, doch in der weiteren Gesellschaft hatten sie praktisch keinen Rückhalt – am allerwenigsten bei den Arbeitern, deren Interessen sie zu vertreten vorgaben. Und obwohl sie in Italien und Deutschland zu einer ernsthaften Herausforderung für den Rechtsstaat wurden, waren sie vom Erreichen ihrer Ziele meilenweit entfernt. Spätestens in den 1990er Jahren hatten sich die meisten Gruppen aufgelöst.

Als bekannteste deutsche linksextremistische Terrorgruppe ist wohl die „Rote Armee Fraktion" (RAF) zu nennen, die sich, wie für diese „Welle" typisch, als Avantgarde sah, welche innerhalb der Wohlstandsgesellschaft die soziale Revolution entzünden wollte. Durch plakative Gewalt gegen Repräsentanten des Systems wollten einzelne kleine Gruppen in Europa, den USA und Japan die Massen mobilisieren.

Eine Kritik an *Rapoports* Theorie ist das Fehlen einer „rechten" Welle. Doch der Rechtsterrorismus lässt sich nicht auf eine historische Periode reduzieren. Er war in vielen Fällen eine Reaktion auf das Entstehen anderer – meist linker oder antikolonialistischer – Bewegungen und deshalb eine ständige, nicht auf einen bestimmten Zeitraum beschränke Erscheinung. Hinzu kommt, dass sich hinter dem Label ganz unterschiedliche, zum Teil widersprüchliche Ideen versteckten. Rechter Terrorismus konnte faschistisch und revolutionär sein, aber auch

---

[72] Siehe dazu mehr in Riegler; Thomas: Terrorismus. Akteure, Strukturen, Entwicklungslinien, München 2009

reaktionär und konservativ. Viele Gruppen waren nationalistisch, andere explizit rassistisch, und manche beides. Es gab nicht die eine Bewegung, aus der sich der rechte Terrorismus speiste, und deshalb nicht die eine Welle, in die er mündete.

Dem Linksextremistischen Terror[73] wird allerdings ungleich viel mehr Aufmerksamkeit geschenkt als dem aus der rechten Szene - obwohl der rechtsextremistische Terrorismus im Gegensatz zum linken Terrorismus ein kontinuierlich ungebrochenes Phänomen seit der Zwischenkriegszeit bis heute darstellt[74]. Nach den Schrecken des Ersten Weltkrieges wurde mit Gewalt gegen die moderne Gesellschaft, korrupte Parteien und die „Plutokratie"[75] protestiert. Den Kommunismus galt es mit aller Kraft abzuwehren, wobei die patriotischen religiösen Bezüge und Symbole gegen die liberale Demokratie und den jüdischen Finanzkapitalismus gerichtet waren. Die Zerstörung sollte den Weg frei machen für den Wiederaufstieg und die volle Machtentfaltung des Staates herbeiführen[76].

Das Fehlen des rechten Terrorismus in *Rapoports* Theorie macht deutlich, dass die vier Wellen keine vollständige Abbildung aller Facetten und Spielarten des modernen Terrorismus sind. Aber sie geben einen guten Überblick über die wichtigsten Trends, Unterschiede und Gemeinsamkeiten und schaffen so ein Maß an historischer Perspektive, das notwendig ist, um die aktuellen Entwicklungen richtig einzuordnen. Wer sich mit *Rapoports* Wellen beschäftigt, weiß, dass Terrorismus nichts Neues ist, sondern die Entwicklung moderner Gesellschaften kontinuierlich begleitet hat, dass Terrorismus nicht immer religiös motiviert war und lange Zeit nur selten islamisch; und dass extreme Brutalität und die Enthumanisierung des Gegners nicht notwendigerweise einer religiösen Rechtfertigung bedürfen.

Die vierte Welle

Die ***vierte, die religiöse Welle***, datiert *Rapoport* auf 1979, das Jahr der islamischen Revolution im Iran. Es dauere jedoch mehr als eine Dekade, bis das Phänomen von Forschern entdeckt und als solches beschrieben wurde. Einer der Pioniere war der amerikanische Historiker *Bruce Hoffman*, der bei einer

---

[73] Vgl. Riegler, Thomas: Terrorismus. Akteure, Strukturen, Entwicklungslinien, München 2009, S. 73
[74] Vgl.ebd.
[75] Die Plutokratie oder Plutarchie ist eine Herrschaftsform, in der Vermögen die entscheidende Voraussetzung für die Teilhabe an der Herrschaft darstellt, also die „Herrschaft des Geldes".
[76] Vgl. ebd. S. 88 ff.

Konferenz des US-Verteidigungsministeriums im Jahr 1993 ein Papier mit dem Titel „Heiliger Terror" präsentierte. Im Jahr 1968, so stellte *Hoffman* fest, sei keine der damals aktiven Terrorgruppen religiös motiviert gewesen.[77] Fünfundzwanzig Jahre später liege deren Anteil bei 20 Prozent. Viele der nationalistischen und linken Gruppen, die es bereits in den 1970er gegeben habe, hätten ihre Kampagnen fortgesetzt, doch fast alle Neugründungen seien religiös motiviert.

Hoffmans Konzept des „Heiligen Terror" beschränkte sich dabei nicht auf islamistische Gruppen wie die palästinensische Hamas (gegründet 1987) oder die libanesische Hizbollah (gegründet 1985), die damals bereits Schlagzeilen machten. Und auch bei *Rapoports* religiöser Welle geht es nicht ausschließlich um den Islam. Zu den von *Rapoport* genannten Beispielen zählen radikale Sikhs, die während der 1980er für einen Gottesstaat im indischen Punjab kämpften, jüdische Extremisten, die zur selben Zeit die Jerusalemer Felsendom und die Al-Aqsa-Moschee in die Luft jagen wollten und Mitglieder der buddhistisch angehauchten Endzeitsekte *Aum Shirikyo* (Höchste Wahrheit), die zehn Jahre später Nervengas in einer U-Bahn Tokios versprühten. Doch weder *Hoffman* noch *Rapoport* konnten die Dominanz von Gruppen aus dem islamistischen Spektrum verneinen. Islamistische Terroristen hätten laut *Rapoport* die *„wichtigsten und tödlichsten"* Anschläge durchgeführt und seien außerdem international am besten vernetzt. Der Islam sei deshalb *„die wichtigste Religion in dieser Welle"*.

Die Geschichte des Islamismus ist nicht identisch mit der Geschichte des Islams.[78] Der Islam ist mehr als 1.400 Jahre alt, doch das Phänomen, das heutzutage als Islamismus bezeichnet wird, gibt es erst seit einem Jahrhundert. Nach Meinung vieler Historiker ist der Islamismus aus der Begegnung des Islams mit der Moderne – speziell der Moderne westlicher Prägung – entstanden. Für viele Muslime, besonders in der arabischen Welt, war die Kolonialzeit demnach eine harte und demütigende Erfahrung, die viele Fragen nach der eigenen Identität aufwarf. Trotz der eigenen, vermeintlich so stolzen Geschichte mit Kalifen und Imperien, welche die halbe Welt regierten, war es für die Muslime seit dem 17. Jahrhundert bergab gegangen. Große Teile der mehrheitlich islamischen Welt wurden vom Westen beherrscht, der seine

---

[77] Vgl. Hoffman, Bruce: Holy Terror. The Implications of Terror Motivated by a Religious Imperative, RAND Corporation, 1993, S. 2
[78] Vgl. Seidensticker, Tilman: Islamismus. Geschichte, Vordenker, Organisationen, München 2014; Sansal, Boualem: Allahs Narren. Wie der Islamismus die Welt erobert, Gifkendorf 2016

imperialen Interessen durchsetzte und vielerorts jahrhundertealte soziale und kulturelle Normen über den Haufen warf. Möglich war das nur – so die Meinung vieler, die später zu Islamisten wurden – weil die Muslime ihre islamische Identität vernachlässigt hätten und stattdessen zu zweitklassigen Kopien ihrer westlichen Kolonialherren geworden seien.

Was *Bernard Lewis* stark vereinfachend als die „Krise des Islams" beschrieb, wurde so natürlich nicht von allen Muslimen empfunden.[79] Die koloniale Erfahrung war an verschiedenen Orten ganz unterschiedlich und brachte eine ganze Reihe, manchmal widersprüchlicher Phänomene hervor – vom Widerstand bis hin zur totalen Anpassung. Eine der ersten Reaktionen war nicht, wie man vermuten könnte, der Aufstand gegen den Kolonialismus, sondern der Versuch, die Essenz der eigenen Identität wiederzuentdecken. Besonders in der zweiten Hälfte des 19. Jahrhunderts entstanden deshalb in verschiedenen Teilen der mehrheitlich muslimischen Welt religiös-fundamentalistische Bewegungen, die einen scheinbar reinen, nicht korrumpierten und vor allem an den religiösen Texten orientierten Islam predigten. In Ägypten formierte sich eine Gruppe junger Gelehrter an der berühmten Kairoer al-Azhar-Universität und propagierte eine ganze ähnliche Idee: die Rückbesinnung auf einem Islam, wie er angeblich zu Zeiten des Propheten *Mohammed* und seiner unmittelbaren Nachfolger – der sogenannten „frommen Vorfahren" oder „Altvorderen" (salaf) – existiert hatte. Beide Bewegungen – Deobandis und Salafisten – waren aus der Begegnung mit dem Westen und dem Kolonialismus entstanden, doch explizit politisch oder gar revolutionär waren sie anfangs nur wenig.

Das änderte sich in der ersten Hälfte des 20. Jahrhunderts, speziell mit dem Entstehen der wohl bedeutendsten islamistischen Organisation, der Muslimbruderschaft, im Jahr 1928.[80] Ihr Gründer war *Hassan al-Banna* (1906-1949), ein Lehrer aus der ägyptischen Kanalzone, wo die Vorherrschaft Großbritanniens am deutlichsten zu spüren war. In seiner Autobiographie schrieb er: *„Nach dem Ersten Weltkrieg und während meiner Studentenzeit in Kairo überflutete eine Welle des Atheismus und der Wollust Ägypten. Im Namen der individuellen und intellektuellen Freiheit wurden Moralität und Religion zerstört. Nichts schien in der Lage, diesen Sturm aufzuhalten."*[81] Als Antwort hierauf gründete *al-Banna* islamische Schulen, Wohlfahrtsvereine,

---

[79] Vgl. Lewis, Bernard: Die Wut der arabischen Welt. Warum der jahrhundertelange Konflikt zwischen dem Islam und dem Westen weiter eskaliert, Bonn 2003
[80] Vgl. Ranko, Annette: Die Muslimbruderschaft. Porträt einer mächtigen Verbindung, Hamburg 2014
[81] Vgl. Barth, Peter: Fundamentalismus und Islam. Eine Bedrohung für den Westen? Feldafing 1992

Krankenhäuser und Berufsverbände – jeder Aspekt des gesellschaftlichen Lebens sollte vom Islam geleitet und durchdrungen sein. Die zentrale Idee und Botschaft – *„der Islam ist die Lösung"* – fiel auf fruchtbaren Boden: Ein Jahrzehnt nach ihrer Gründung hatte die Organisation in Ägypten eine halbe Million Mitglieder. Ein weiteres Jahrzehnt später gab es Anhänger und Filialen in allen Ländern der arabischen Welt. Das ultimative Ziel war nicht allein das Ende des Kolonialismus, sondern die Abschaffung säkularer Rechtssysteme und die Einführung der Scharia, des religiösen islamischen Rechts. Und das bedeutete, dass die Aktivitäten der Muslimbruderschaft – sosehr das rein Spirituelle zunächst im Vordergrund stand - letztlich auf einen politischen Konflikt hinausliefen.[82]

Zur großen Konfrontation kam es in den 1950er Jahren als sich in Ägypten Oberst *Gamal Abdel Nasser* (1918-1970) und die sogenannten „Freien Offiziere" an die Macht putschten. Der Antikolonialismus *Nassers* war vielen Muslimbrüdern zunächst sympathisch, doch schnell wurde klar, dass *Nasser* die Islamisten nicht brauchte und ihren religiösen Ideen feindlich gegenüberstand. Unter den vielen islamistischen Intellektuellen, die zu dieser Zeit im Gefängnis landeten, was *Sayyid Qutb* (1906-1966) genauso wie *al Banna* ein Lehrer, der den relativ pragmatischen Islamismus der Muslimbrüder in eine gewaltsame, revolutionäre Ideologie uminterpretierte. Aus *Qutbs* Sicht waren moderne muslimische Staaten vergleichbar mit den heidnischen, ignoranten Gesellschaften der vormuslimischen Zeit. Nur wer die „Souveränität" Gottes absolut, hundertprozentig und ohne Vorbehalte akzeptiere, könne sich als Muslim bezeichnen. Die kleine Vorhut der wahren Muslime befinde sich im Konflikt mit der ganzen Gesellschaft – und dieser Konflikt müsse mit allen Mitteln ausgetragen werden. Dschihad, so die Meinung *Qutbs*, bedeute vor allem bewaffneten Kampf und der sei ein notwendiges Instrument, um die Herrschaft Gottes durchzusetzen.

Qutb wurde im Jahr 1966 gehenkt, doch seine im Gefängnis geschriebenen Bücher gelten bis heute als Klassiker dessen, was heute als Dschihadismus bezeichnet wird. Viele der von *Nasser* verfolgten Anhänger *Qutbs* fanden Unterschlupf in Saudi-Arabien, wo sich in den nachfolgenden Jahren seine Ideen und die dort dominante Religionsdoktrin gegenseitig befruchteten. Der saudische Wahhabismus, benannt nach seinem Begründer *Mohammed ibn Abd al-Wahhab* (1703-1792), ist eine besonders harsche Spielart des Salafismus.

---

[82] Vgl. Ramsauer, Petra: Muslimbrüder. Ihre geheime Strategie – Ihr globales Netzwerk, Wien 2014

Kasten: Salafismus[83]

Der Begriff Salafismus leitet sich ab aus dem arabischen Wort für *„Vorgänger, Altvordere"* (salaf) und kann frei übersetzt als *„die Orientierung an den frommen Altvorderen"* wiedergegeben werden. Zu verschiedenen Zeiten haben sich Bewegungen herausgebildet, deren Verständnis des Islam sich an dem Propheten *Mohammed* und den ersten drei Generationen von Muslimen orientiert und das daher von ihren Anhängern als unverfälscht angesehen wird.

Besonderer Wert wird auf das äußere Erscheinungsbild gelegt, auf die knöchellangen Gewänder und die Bärte der Männer sowie die strenge Verhüllung der Körpers inklusive des Gesichtsschleiers der Frauen. Dies sichert Salafisten die erwünschte Aufmerksamkeit. Eigene Symbole, eine eigene subkulturelle Sprache, die sich arabischer Metaphern und Floskeln bedient, sowie eine spezifische Musik (naschid) und Ästhetik tragen dazu bei, das Salafismus eine Kultur mit Wiedererkennungswert geworden ist. Naschids werden gesanglich meist a-cappella von Männern vorgetragen, sie zeichnen sich durch islamisch-religiöse Inhalte wie beispielsweise die Lobpreisung von Allah, des Propheten, des Daseins als Muslim oder des Ramadan aus. In der salafistischen Islamistenszene sind sogenannte „Kampf-Naschids" als Propaganda- und Kampflieder für den gewaltsamen Dschihad gegen die sogenannten Ungläubigen weit verbreitet.[84]

Die Gattung der Naschids folgt dem Strickmuster klassischer muslimischer Rezitation, die als hohe Kunst gilt. Es geht in dn Texten um Kameraden, die man verloren hat, um Freundschaft über den Tod hinaus, um Leid, das man gemeinsam übersteht. Motive, die man auch aus westlichen Soldatenliedern kennt – aber verpackt in der sinnlichen Sprache des Koran, der Bilderwelt arabischer Fabeln. *„Wie eine singende Nachtigall, die zu ihrem Singen und Pfeifen zurückgekehrt ist":* So heißt es im Naschid über einen gefallenen Kämpfer. *„Er liebte kein zartes, kleines Mädchen, welches seine Wange kannte.*

---

[83] Vgl. Lohlker, Rüdiger, Die Salafisten. Der Aufstand der Frommen. Saudi-Arabien und der Islam, München 2017; Said, Behnam T./Fouad, Hazim (Hrsg.): Salafismus. Auf der Suche nach dem wahren Islam, Freiburg 2014; Schneiders, Torsten Gerald (Hrsg.): Salafismus in Deutschland. Ursprünge und Gefahren einer islamisch-fundamentalistischen Bewegung, Bielefeld 2014; Schmitz, Dominic Musa: Ich war ein Salafist. Meine Zeit in der islamistischen Parallelwelt, Berlin 2016

[84] Dass Salafisten überhaupt Musik akzeptieren, ist schon überraschend genug. Die Taliban verbrennen Musikkassetten; die IS-Milizionäre verbieten, wo immer sie in einer irakischen oder syrischen Stadt ihre schwarze Flagge hießen, das Tanzen. Sie verfechten eigentlich ein Musikverbot – produzieren aber gleichzeitig selbst Lieder, ein Zugeständnis an ihre eigene Propaganda-Abteilung. Seine große Anziehungskraft – auch international – hat der moderne Dschihadismus erst entfalten können, als er sich für solche Elemente der Popkultur öffnete.

Sondern er liebte die Eiseskälte des Krieges, welche seinen Ruhm hervorbrachte."

Theologisch und politisch nehmen Salafisten Bezug auf den saudi-arabischen Wahhabismus und auf die frühe Muslimbruderschaft. Die salafistische Ideologie zeichnet sich durch schlichte Gegensatzpaare (Muslime vs. Nichtmuslime, gut vs. Böse) und einfache Handlungsanleitungen aus. Salafisten sind von der Überlegenheit des Islam gegenüber anderen Weltauffassungen überzeugt und glauben daran, dass Allah alle „Ungläubigen" (kuffar) nach dem Tod ins ewige Höllenfeuer schicken wird. Zu Ungläubigen werden auch Muslime erklärt, die nicht die eigene Definition des Islam teilen, vor allem Schiiten, Sufis, Angehörige der Ahmadiyya oder progressive Muslime.

Der Salafismus hat ein utopisches Gegenmodell zu real existierenden Gesellschaftsformen entworfen und bietet seinen Anhängern „Heimat" in einer unübersichtlichen Welt. Er zeichnet sich durch eine rigide Geschlechtertrennung aus, die überraschenderweise auch für Frauen attraktiv ist; durch ein strenges Regelsystem, dem der Einzelne sich zu unterwerfen hat; sowie durch die Gleichzeitigkeit von Autoritarismus und anarchischen Freiräumen.

Für junge Männer bietet er in seiner Variante des Dschihadismus eine Spielwiese des Heroischen, die seltsam anachronistisch wirkt. Viele dschihadistische Gruppen glauben, dass eine prophezeite Endzeit anbricht, die zur globalen Herrschaft des Islam führen wird. Die Attraktivität des Salafismus liegt nicht zuletzt in seinen exklusiven und nach außen geschlossenen Gemeinschaftsstrukturen begründet. Wer sich zum Salafismus bekennt oder den „wahren" Islam annimmt, wird sofort in die salafistische Gemeinschaft aufgenommen, findet Freunde, erhält eine Ehemann oder eine Ehefrau und hat ein neues Zuhause gewonnen. Die Separation von der Außenwelt, mitunter auch von der Herkunftsfamilie, sorgt dafür, dass die Reihen eng geschlossen bleiben. Hinzu kommt das Gefühl, anerkannt zu werden, ohne besondere Leistungen erbringen zu müssen. Er reicht vielfach aus, die geforderte Frömmigkeit zu demonstrieren und sich innerhalb der Gemeinschaft loyal zu verhalten.

Je nach Kontext waren die radikalen Strömungen des Sufismus unterschiedlich geprägt und hatten unterschiedliche Forderungen. Gemeinsam ist ihnen jedoch ein Fundamentalismus im Wortsinne, da viele Jahrhunderte theologischer Entwicklung ignoriert werden, um direkt zu den Quellen Koran und Sunna zurückzugehen. Der Salafismus ist durchaus Verwand mit anderen modernen religiösen Bewegungen wie dem Pietismus, die in ähnlicher Weise die Rolle der

Gemeinschaft betonen und den direkten, unverstellten Zugang zu den Textquellen suchen.

Die von Salafisten propagierte Rückbesinnung auf die Überzeugungen und Gepflogenheiten der ersten Generationen von Muslimen ist eben keine vom Himmel gefallene, überzeitliche Geisteshaltung. Vielmehr integriert die heutige Strömung im Laufe ihrer Genese seit dem 17. Jahrhundert eine ganze Reihe von Einflüssen. Das trifft beispielsweise auf eine lokale Tradition der arabischen Halbinsel, den sogenannten Wahhabismus, zu. Mit seiner kompromisslosen Betonung von Gottes Einheit und der darauf beruhenden Ablehnung von „polytheistischen" Praktiken wie Heiligenverehrung liefert diese Denkschule zentrale Glaubenselemente. Ebenso ist der heutige Salafismus tief eingefärbt mit antikolonialen Reflexen, was sich in der geforderten gesellschaftlichen Abgrenzung von Nichtmuslimen und anders denkenden Muslimen ausdrückt. Der selektive Umgang mit Schriften des islamischen Erbes, die nahezu beliebig als textueller „Steinbruch" genutzt werden, weist Salafisten als Kinder der Moderne aus. Sie betrachten auf diese Weise gewonnene und ihres einstmaligen Kontextes enthobenen Zitate und Koranverse als *„objektive Tatsache, die mit wissenschaftlichen Methoden analysiert"* werden kann.

Trotzdem kann nicht von einer homogenen Weltsicht gesprochen werden. Das lokale politische Umfeld spielt eine entscheidende Rolle, sei es im Nahen Osten, Nordafrika oder in Europa. Nur so läßt sich erklären warum unter dem Schirm des Salafismus akademische, apolitische, aktionistische oder gar gewaltbereite Positionen unbehaglich nebeneinander existieren können. Zweifellos hat in den vergangenen Jahrzehnten der weltweite saudische Einfluss dank Investitionen in Bildungseinrichtungen und religiösen Stiftungen zugenommen. Damit verbunden sind Versuche, eine einheitliche, sozial konservative, aber politisch unauffällige Version des Salafismus zu propagieren.

Wie kam es nun inmitten all dieser internen Debatten zur geschichtlich jüngsten salafistischen Ausprägung, nämlich einer zunehmenden dschihadistischen Tendenz, wovon der sogenannte „Islamische Staat" prominent Zeugnis ablegt? In diesem Zusammenhang ist es wichtig, auf eine Gruppe salafistischer Gelehrter hinzuweisen, die seit den 1980er Jahren Bedeutung erlangt haben. Sie hatten längere Zeit in Saudi-Arabien verbracht und legten großen Wert auf Absonderung von allem, was nicht ihrem Verständnis vom „wahren Islam" entsprach. Allein Rechtsgutachten (Fatwas) gegen das Tragen von Jeans zu verfassen, war diesen Denkern jedoch zu wenig. Vielmehr trachteten sie danach, ihre „Gier nach Reinheit" auch global und parktisch umzusetzen.

Der Krieg in Afghanistan gegen die Sowjetunion in den 1980er Jahren spielte hierbei eine entscheidende Rolle. Die Wiedererrichtung von „authentischer" islamischer Herrschaft war plötzlich auf der Agenda und scheinbar zum Greifen nahe. Viele dieser Gelehrten mischten dort kräftig mit und prägten die ideologische Ausrichtung entstehender dschihadistischer Organisationen über Jahre. Vor diesem Hintergrund wird deutlich, warum der sognannte IS als Produkt dieser globalen Prozesse beansprucht, die einzig legitime Verkörperung des Wahhabismus zu sein. Seine Kämpfer verdammen das saudische Königshaus und das religiöse Establishment des Landes als korrumpiert. Beide seien vom rechten Pfad abgekommen und nicht ernsthaft an der Errichtung eine wirklich islamischen Gesellschaft interessiert.

Hassan Al Banna
(1906-1949)

Life and creation of the Muslim Brotherhood

Den Wahhabiten geht es nicht allein um eine Rückbesinnung auf den Islam der „frommen Vorfahren", sondern um die Feindschaft gegenüber jeder Form des Unglaubens, des Polytheismus und der religiösen Innovation. Dazu gehört aus wahhabitischer Sicht die kompromisslose Trennung zwischen Gläubigen und Ungläubigen (kufr) und die Zerstörung jeglicher Hinweise auf andere Religionen.

Über unscheinbar Vereine oder Firmen finanzieren arabische Staaten daher salafistische Missionstätigkeiten in Europa – auch in Deutschland. Die Zahl radikaler Salafisten im Land hat sich in den vergangenen fünf Jahren auf rund 10.000 verdoppelt. Es ist die „*dynamischte Bewegung*" innerhalb der extremistischen Szene. Sie brauchen Geld für Broschüren, Geld für Räumlichkeiten, Geld für ihre oft hochprofessionell produzierten Videos; woher das Geld kommt, bleibt oft rätselhaft. Mehr oder weniger zufällig ist aufgefallen, dass eine Tarnfirma der kuwaitischen RIHS[85] die Miete einer Hinterhof-Moschee überwiesen hat - aber durchleuchten darf man die Konten religiöser Vereine erst, wenn Terrorverdacht besteht. Im ersten halben Jahr 2017 haben sich der BDN und das Bundesamt für Verfassungsschutz um eine genaueres Bild bemüht. „*Salafistische Missionstätigkeit aus den arabischen Golfstaaten*", so heißt ihre gemeinsame Projektgruppe, die auf Wunsch des Kanzleramtes nun zu dauerhaften Referaten aufgestockt wird. Die Nachrichtendienste geben sich überzeugt: Vor allem Saudi-Arabien, Kuwait und das zuletzt viel gescholtene Emirat Katar sehen derzeit eine günstige Gelegenheit, ihren fundamentalistischen Islam in Europa zu verbreiten.[86]

Viele Aspekte des Wahhabismus passten gut zu *Qutbs* Vorstellung von der „Souveränität" Gottes und der vermeintlichen „Ignoranz" muslimischer Gesellschaften. Mehr noch: Sie lieferten *Qutbs* Anhänger ein politisches und

---

[85] RIHS – dahinter verbirgt sich die kuwaitische Revival of Islamic Heritage Society, eine der größten Missionierungsbewegungen vom Golf. In den USA ist sie seit 2008 wegen Verbindungen zu terroristischen Vereinigungen verboten In Deutschland versucht sie seit 2012, Grundstücke für Moscheen und Schulungseinrichtungen zu erwerben.
[86] Der mit Abstand größte Akteur in dem Geschäft ist die Muslimische Weltliga. Die Organisation sitzt in Saudi-Arabien, mehr als 100 Millionen Euro sollen von ihr jährlich nach Europa fließen. Sie beschäftigt Tausende Mitarbeiter auf der ganzen Welt, hat gut zwanzig Unterorganisationen, etwa das Hilfswerk International Islamic Relief Organization, IIRO; dessen Filialen auf den Philippinen und in Indonesien bezeichnete eine Resolution des UN-Sicherheitsrats 2006 als Unterstützer von al-Qaida. Das Geld kommt vom saudischen Herrscherhaus. Auch die anderen Organisationen, die BND und Verfassungsschutz als Sponsoren der salafistischen Szene Deutschlands in Verdacht haben, sind keine kleinen Wohltätigkeitsvereine. Die bereits erwähnte RIHS betreibt einen eigenen Fernsehsender. Die Sheik Eid Charity Foundation aus Katar, die Familienstiftung des Herrscherhauses, hat nach eigenen Angaben schon 6.000 Moscheen weltweit errichtet, allein im Monat Ramadan 2016 gab sie 41 Millionen Dollar in 60 Ländern aus.

religiöses Programm: die Vision einer aus ihrer Sicht perfekten Gesellschaft, die es nach der Revolution durchzusetzen galt. Der Dschihadismus - genauer gesagt der dschihadistische Salafismus – ist so gesehen eine Kombination aus *Qutbs* gewaltbereiter Revolutionstheorie und wahhabitischer Religionsdoktrin.

Die Islamische Revolution, nach der sich *Qutb* und seine Anhänger sehnten, ereignete sich im Februar 1979 zuerst in einem Land, für das die Dschihadisten eigentlich wenig übrig hatten: dem Iran. Revolutionsführer *Ruhollah Khomeine* (1902-1989) und seine Mitstreiter gehörten der schiitischen Konfession an, die von den sunnitischen Salafisten abgelehnt wurde. Die Schiiten waren und sind aus Sicht der Salafisten Ketzer und Abtrünnige – schlimmer noch als Christen und Juden. Doch *Khomeini* hatte geschafft, woran die Dschihadisten in Ägypten und Syrien bislang gescheitert waren: den Sturz eines säkularen Regimes, das noch wenige Jahre zuvor vom Westen als Hort der Stabilität und des Fortschritts gefeiert wurde. *Khomeinis* Erfolg, so der Islamwissenschaftler *Guido Steinberg*, „*beflügelte nicht nur Schiiten, sondern sunnitische Islamisten in der ganzen Welt.*"[87]

Für die Salafisten lautete die Frage jetzt nicht mehr, ob eine Islamische Revolution möglich sei, sondern nur noch wie und wann. Und in der Tat: Noch im selben Jahr kam es zu einem Umsturzversuch in Saudi-Arabien. Eine Gruppe von Dschihadisten, die sich an der Universität von Medina kennengelernt hatten, stürmte die Große Moschee in Mekka und hielt sie fast zwei Wochen lang besetzt. Die saudische Regierung konnte den Aufstand nur mit Mühe (und Unterstützung französischer Spezialeinheiten) niederschlagen. Die revolutionäre Welle, so schien es, wurde selbst für Saudi-Arabien – dem religiös konservativsten aller muslimischer Länder – zur Gefahr.

Zu einer wirklich globalen Bewegung wurde der Dschihadismus[88] allerdings erst durch den Afghanistan-Konflikt in den 1980er Jahren. Weniger als zwei

---

[87] Vgl. Steinberg, Guido: Der nahe und der ferne Feind. Die Netzwerke des islamischen Terrorismus, München 2005, S. 31
[88] Dschihadismus ist die gewalttätige Spielart des Salafismus. Der Begriff Dschihad bedeutet zwar „Anstrengung", wird aber heute als göttlich legitimierter Krieg gegen vermeintlich Ungläubige interpretiert. Er umfasst jede Art von Gewalt – vom militärischen Angriff auf eine feindliche Armee bis zum Mord an Cafehausbesuchern oder Schulkindern. Nicht alle Salafisten sind Dschihadisten, doch alle Dschihadisten sind Salafisten. Salafismus und Dschihadismus sind Ideologien, die sich gegen „den Westen" richten, der als moralisch verkommen und aggressiv bezeichnet wird. Sie sind darüber hinaus explizit antisemitisch, was sich sowohl in den Worten salafistischer Ideologen als auch in tatsächlicher Gewalt gegen Juden zeigt. Sowohl Hassan al-Banna, der Gründer der Muslimbruderschaft, als auch Sayyid Qutb, einer der wichtigsten Ideologen des Salafismus, zeichneten Juden als Feinde des Islam. Qutb verfasste 1960 eine Schrift mit dem Titel „Unser

Wochen nach dem Ende des Aufstands in Mekka marschierte die Sowjetunion am 24.12.1979 in Afghanistan ein und installierte einen ihr freundlich gesinnten Herrscher.[89] Die Islamisten waren außer sich. Die Invasion und Besetzung eines muslimischen Landes durch Atheisten galt ihnen als Kriegerklärung und gewaltsamer Dschihad war deshalb nicht nur legitim, sondern notwendig. Unterstützung bekamen sie diesmal von einer mächtigen Koalition, die aus den Vereinigten Staaten, Saudi-Arabien und Pakistan bestand. Die Amerikaner unterstützten die Islamisten, „den Feind des Feindes" (Mudschaheddin), die Saudis nutzten die Gelegenheit, um sich als Führungsmacht der islamischen Sache zu profilieren und für Pakistan war es das Streben nach einer regionalen Einflussspähre. Trotz unterschiedlicher Interessen war man sich schnell einig: Die Amerikaner und die Saudis sollten zahlen, während die Pakistanis die Verteilung von Waffen und Geld organisierten. Die pakistanische Grenzstadt Peschawar wurde innerhalb weniger Monate zum Nervenzentrum des afghanischen Widerstands, in der es von Kämpfern, Waffen und Geheimagenten nur so wimmelte.[90]

Die Internationalisierung des Afghanistan-Konflikts war das Lebenswerk des palästinensischen Islamgelehrten *Abdullah Azzam* (1941-1989), dem Begründer und „Paten" des globalen Dschihad. *Azzam* trat bereits in jungen Jahren der Muslimbruderschaft bei und kämpfte 1967 im Sechs-Tage-Krieg gegen Israel. Doch seine Aufmerksamkeit galt zunächst der Wissenschaft: In Damaskus studierte er Islamisches Recht und promovierte danach an der al-Azhar-Universität in Kairo. Als Professor lehrte er in Jordanien, wo er wegen seiner islamistischen Ansichten entlassen wurde, dann in Saudi-Arabien und ab 1980 in Pakistan. *Azzams* Präsenz in Pakistan war kein Zufall. Er sah den afghanischen Dschihad als persönliche Berufung und argumentierte, der Konflikt sei noch dringender als der in Palästina. Sein Charisma, gepaart mit Fleiß, organisatorischem Können und theologischer Glaubwürdigkeit, machten ihn für die Auslandskämpfer in Peschawar zur zentralen Figur.

Kampf gegen die Juden", in der er die Gegnerschaft zwischen Muslimen und Juden bis auf die Anfänge des Islam zurückführt.
[89] Vgl. Rashid, Ahmed: Heiliger Krieg am Hindukusch. Der Kampf um Macht und Glauben in Zentralasien, München 2002
[90] Vgl. Kepel, Gilles: Das Schwarzbuch des Dschihad. Aufstieg und Niedergang des Islamismus, München 2004, S. 137

Kriegshinterlassenschaft I des ersten „Bruchlinienkrieges" (Huntington) Sowjetisch-afghanischer Krieg 1979 bis 1989

Auf Seiten afghanischer Mudjahidin kämpften schätzungsweise

> 35 000 Kriegsfreiwillige
> aus 43 islamischen Ländern

darunter bis zu

- 25 000 aus Saudi Arabien und
- 2 500 aus Algerien

> einen „Heiligen Krieg" (Djihād) gegen „ungläubige" Rotarmisten in Afghanistan.

Als „Djihadisten" gingen die nicht afghanischen Mudjahidin, die Majorität stellten die „arabischen Afghanen", nach dem Krieg

> zurück in die Heimatregionen
> Mittlerer Osten
> Nord- und Ostafrika
> Zentralasien
> Fernost.

Ein Teil davon kämpfte dort im Untergrund gegen die prowestlichen Regierungen seines Heimatlandes

- Pakistan
- Saudi Arabien
- Jemen Ägypten
- Algerien

Ein Teil davon kämpfte in Bürgerkriegen, wo insbesondere „die Sache des Islam" zur Disposition stand, z.B.

- Bosnien Herzegowina (1992 – 1995)
- Jemen
- 1. Tschetschenienkrieg (1994 – 1996)
- 2. Tschetschenienkrieg (1999 – heute)

Im Jahr 1984 gründete *Azzam* das Dienste-Büro, durch das der Transfer ausländischer Dschihadisten nach Afghanistan organisiert wurde. Auf unzähligen Reisen in arabische Länder – und mehrfach sogar in die Vereinigten Staaten – versuchte er, junge Araber vom Dschihad in Afghanistan zu überzeugen. Er argumentierte, dass es die Pflicht eines jeden Muslims sei, islamisches Territorium zu verteidigen. Wer dieser Verpflichtung, der wichtigsten aller persönlichen Pflichten, nicht folge und darauf warte, dass andere zur Hilfe kämen, begehe eine schwere Sünde und werde im Jenseits dafür bezahlen. *Azzam* sprach häufig vom Jenseits als dem fast sicheren Tod, der die Kämpfer in Afghanistan erwarte, aber auch vom „himmlischen Lohn", für diejenigen, die ihr Leben im Dienste Gottes opferten. Er gilt deshalb als „Erfinder" des „Märtyrerkults", der zum Markenzeichen der dschihadistischen Bewegung wurde.[91]

Azzams Bemühungen zahlten sich aus. Zwischen 1980 und 1989 machten sich nach Schätzungen bis zu 35.000 Dschihadisten aus 43 islamischen Ländern auf den Weg nach Afghanistan, die meisten davon nach 1984, als *Azzam* das Dienste-Büro gegründet hatte.[92] Einer der wichtigsten „Rekruten" war *Osama Bin Laden* (1957-2011), der wohlhabende Sohn eines saudischen Baulöwen mit besten Verbindungen zum Königshaus.[93] Zwar war *Bin Laden* bereits seit Anfang des Konflikts immer wieder nach Pakistan geflogen, doch die Bekanntschaft *Azzams* machte er erst bei der Wallfahrt nach Mekka im Jahr 1984. Zwei Jahre nach ihrem ersten Treffen brachte *Bin Laden* seine Familie nach Peschawar und eröffnete nahe der pakistanischen Grenze ein Trainingscamp. Die militärischen Erfolge hielten sich wohl in Grenzen, doch im Frühjahr 1987 kam es zu einem dreiwöchigen Gefecht mit sowjetischen Spezialeinheiten, aus dem *Bin Ladens* Truppe als Sieger hervorging. Die Verteidigung der „Höhle des Löwen" – so der Name des Trainingscamps – wurde unter den Auslandskämpfern zur Legende und begründete *Bin Ladens* Ausstrahlung und Reputation.

Insgesamt jedoch war der Beitrag der Auslandskämpfer zum Sieg der afghanischen Opposition über die Sowjets gering. Das lag zum einen daran, dass die meisten Kämpfer erst nach Ende des eigentlichen Konflikts nach Afghanistan kamen. Vor dem sowjetischen Rückzug im Frühjahr 1989 hatten es höchstens 4.000 Ausländer nach Peschawar geschafft, von denen wiederum nur

---

[91] Vgl. Wright, Lawrence: Der Tod wird euch finden. Al-Qaida und der Weg zum 11. September, München 2007
[92] Vgl. Thamm, Berndt Georg: Al-Qaida. Das Netzwerk des Terrors, München 2005
[93] Vgl. Bergen, Peter: Heiliger Krieg Inc. Osama bin Ladens Terrornetz, Berlin 2001

eine Minderheit tatsächlich in Afghanistan kämpfte. Kommunikationsprobleme verhinderten ihre Einbindung in afghanische Einheiten, da nur die allerwenigsten Araber Paschtu oder Dari sprachen. Viele der afghanischen Kommandeure hielten die Araber außerdem für feige und verwöhnt und behandelten sie wie Touristen. Kriegsentscheidend waren die Auslandskämpfer nach Meinung der meisten Experten nirgendwo und auch *Bin Ladens* vermeintlicher Triumph in der „Höhle des Löwen" war in Wirklichkeit ein relativ unbedeutendes Gefecht, das nur deshalb so viel Aufmerksamkeit erhielt, weil *Azzams* Leute so wenig andere Erfolge vorzuweisen hatten.

Davon wollten *Azzam* und *Bin Laden* natürlich nichts wissen. Sie waren fest davon überzeugt, dass sie und ihre Mitstreiter die Sowjetunion besiegt und damit eine Supermacht in die Knie gezwungen hatten: Die Verteidigung der „Höhle des Löwen" habe zum Sieg in Afghanistan geführt und der Sieg in Afghanistan zum Kollaps der Sowjetunion. Das war die Botschaft, die *Azzam* tausendfach in Reden, auf Kassetten und in seinem Magazin *al-Jihad* verbreitete. Die Begeisterung war groß und so kamen auch nach dem Ende des Konflikts noch Tausende junger Männer nach Afghanistan, um sich der scheinbar so mächtigen und erfolgreichen Dschihad-Bewegung anzuschließen. Dass die Sowjets längst besiegt waren, spielte keine Rolle. Die Afghanistan-Krieger hatten ihren eigenen Mythos geschaffen.

Azzams Vorstellung war klar: Er wollte eine Art mobile Einsatztruppe, die überall dort kämpfen sollte, wo islamisches Territorium besetzt worden war. Für ihn ging es um den externen Feind. Er wollte gegen „ungläubige" Soldaten kämpfen, nicht gegen Zivilisten – schon gar nicht muslimische Zivilisten. Anderer Meinung war *Ayman al-Zawahiri* (*1951), ein ägyptischer Arzt, der 1986 nach Pakistan gekommen war und in den 1990er Jahren *Bin Ladens* Stellvertreter als Chef der al-Qaida wurde. Seine damalige Gruppe „al-Dschihad" hatte Anfang des Jahrzehnts den ägyptischen Präsidenten *Anwar al-Sadat* (1918-1981) bei einer Militärparade erschossen. *Al-Zawahiris* Ziel war eine Islamische Revolution im Sinne *Qutbs*: ein gewaltamer Aufstand gegen säkulare Herrscher und der Kampf gegen die ungläubige, ignorante Gesellschaft – notfalls auch mit Terror gegen Zivilisten.

Zu einer Einigung zwischen *Azzam* und *al-Zawahiri* kam es nie. Als *Azzam* und zwei seiner Söhne am 24.November 1989 auf dem Weg zum Freitagsgebet in Peschawar waren, jagte sie eine Sprengbombe in die Luft. Alle drei waren sofort tot. Bis heute ist nicht bekannt, wer hinter dem Anschlag steckte. Zu den Hauptverdächtigen zählen *al-Zawahiri* und seine ägyptischen Kampfgenossen, aber auch arabische und westliche Geheimdienste, für die *Azzam* nicht mehr nützlich, vielleicht sogar gefährlich wurde, nachdem er seine Aufgabe in Afghanistan erfüllt hatte. Doch sein Vermächtnis ist unbestritten. Über zwanzig Jahre nach seinem Tod ist er einer der am meisten gelesenen und zitierten dschihadistischen Ideologen. Er brachte tausende Kämpfer aus aller Welt nach Afghanistan, wo sie miteinander trainierten, kämpften und beteten. Er schuf den Siegermythos, der ihnen das Selbstbewusstsein gab, dass kein Gegner zu stark, keine Herausforderung zu schwer sie. Nicht zuletzt: Er hinterließ seinem vermeintlichen Kronprinzen *Bin Laden,* dem bekanntesten der arabischen Kämpfer, ein Register mit den Namen hunderter Kämpfer. Der Titel war „Die Basis" – auf Arabisch „al-Qaida".

Die Geschichte des Dschihadismus in den 1990er und 2000er Jahren wird meist als Geschichte *Bin Ladens* erzählt. Das ist zum einen verständlich, weil die von *Bin Laden* organisierten Anschläge vom 11. September 2001 ein so zentrales Ereignis in der Geschichte der Bewegung waren. Doch in Wirklichkeit war es lange Zeit nicht klar, ob sich *Bin Laden* und seine Strategie durchsetzen würden. *Bin Laden* war in den 1990er Jahren sicher eine wichtige Figur, aber keine so überragende wie *Azzam* während der 1980er Jahre.

Und auch in den 2000ern, als *Bin Laden* die dschihadistische Bewegung kurzzeitig dominierte, waren er und seine Gruppe al-Qaida zu schwach, um die Bewegung ideologisch und strategisch zusammenzuhalten. Sicher war *Bin Laden,* der für Trainingslager bezahlte, bekannt und einflussreich, aber bei Konflikten wie in Algerien (Krieg der Bewaffneten Islamische Gruppe GIA gegen große Teile der algerischen Gesellschaft) oder Ägypten (wo sich die Dschihadisten ein weiteres Mal am Sturz des Regimes versuchten) oder dem Bürgerkrieg in Somalia (mit dem Abschuss zweier amerikanischer Hubschrauber in Mogadischu im Oktober 1993, bei dem 18 US-Soldaten ums Leben kamen) hatte er keinen direkten Einfluss. Hier spielten vormalige Afghanistan-Kämpfer, allen voran der Anführer der Ägyptischen Islamischen Gruppe, ein entscheidende Rolle.

Der Konflikt, der *Azzams* Idee einer mobilen Eingreiftruppe am nächsten kam, war der Krieg in Bosnien. Genauso wie in Afghanistan ging es um eine Auseinandersetzung zwischen Muslimen und einem externen Feind: den christlich-orthodoxen Serben. Zwischen 1992 und 1996 wurden bis zu 2.000 Auslandskämpfer mobilisiert, von denen viele direkt aus den Trainingslagern in Afghanistan auf den Balkan gekommen waren.

Bin Laden half, wie an anderen Orten auch, bei der Finanzierung, doch die Kämpfer unterstanden nicht ihm. Für kurze Zeit waren sie sogar Teil der bosnischen Armee und gehorchten damit – zumindest theoretisch – deren Befehl. Aber zum ersten Mal kam es in Bosnien auch zu einer bedeutenden Mobilisierung europäischer Muslime, die vom Schicksal ihrer bosnischen Glaubensbrüder und dem Nichtstun ihrer europäischen Heimatländer schockiert waren. Die Jahre des Bosnienkrieges verbrachten *Bin Laden* und seine engsten Mitstreiter im Sudan, wo ihnen das dortige Regime ab 1992 Unterschupf gewährte. Er überlegte, welche Strategie wohl am sinnvollsten wäre und war hin und hergerissen zwischen seiner Feindschaft zum saudischen Königshaus, das er seit deren Koalition mit den Vereinigten Staaten von Amerika im Golfkrieg 1990 für abtrünnig hielt, und der Idee eines Kampfes gegen die USA, die nach seiner Meinung die korrupten Diktaturen in der arabischen Welt stützten, um die islamische Welt zu spalten und auszubeuten.

Bin Laden veröffentlichte zwei „Kriegerklärungen" jeweils in Form eine Fatwa[94]: Bei der ersten aus dem Jahr 1996 ging es um das saudische Königshaus, doch zwei Jahre später, nach seiner Rückkehr in das mittlerweile von den Taliban regierte Afghanistan, stand der Westen im Vordergrund.[95] Und seinen Worten folgten Taten. Fünf Monate nach der Veröffentlichung der zweiten Erklärung, im August 1998, verübten *Bin Ladens* Anhänger Anschläge auf die amerikanischen Botschaften in Kenia und Tansania, bei denen mehr als 200 Menschen ums Leben kamen. Auf einmal war *Bin Laden* nicht mehr nur Finanzierer, sondern meistgesuchter Terrorist der Welt und unangefochtener Anführer der dschihadistischen Bewegung. Statt auf hoffnungslose Bürgerkriege und *Qutb'sche* Umsturzversuche setzte er - mit spektakulären mehrfachen Anschlägen auf symbolhafte Ziele - auf Terror gegen den Westen, besonders die USA.[96]

Die Anschläge vom 11. September 2001 markierten den Höhepunkt von *Bin Ladens* dschihadistischer Karriere. Statt als Verbrecher galt *Bin Laden* vielen Muslimen als eine Art islamischer Robin Hood, der gegen die arroganten

---

[94] Vgl. Barth, Peter: Fundamentalismus und Islam. Eine Bedrohung für den Westen? Feldafing 1992
[95] Vgl. Rashid, Ahmed: Sturz ins Chaos. Afghanistan, Pakistan und die Rückkehr der Taliban, Düsseldorf 2010
[96] Vgl. Burke, Jason: Al-Qaida. Wurzeln, Geschichte, Organisation, Düsseldorf 2004

Amerikaner einen gerechten Krieg kämpfte. Die Zeitungen waren voll mit Berichten über Schläferzellen und Selbstmordattentäter, die angeblich nur darauf warteten, ihren Befehl zu bekommen. Und die USA reagierten mit einem „globalen Krieg gegen den Terror" (war on terrorism), in dem *Bin Laden* zum neuen Erzfeind stilisiert und damit wichtiger gemacht wurde, als er tatsächlich war.[97] Denn in Wahrheit war Bin Ladens Einfluss noch immer begrenzt. Er hatte zwar ein Netzwerk, aber keine Armee, und die dschihadistische Bewegung folgte ihm nur, solange sein globaler Status für sie von Vorteil war.

Trotz der Anschläge in Madrid 2004, London 2005 und einer langen Liste ambitionierter Anschlagspläne, die von den Sicherheitsbehörden im letzten Moment verhindert wurden, brachte *Bin Laden* keinen weiteren Anschlag wie den vom 11. September 2001 zustande.[98] Stattdessen kämpfte er damit, die Bewegung – von der die ganze Welt glaubte, sie folge seinem Befehl – unter Kontrolle zu bringen. Das extremste Beispiel war die Gruppe *At-Tauhid wa-l-Dschihad* des Jordaniers *Abu Musab al-Zarqawi* (1966-2006), aus der später der „Islamische Staat" hervorging. Als die Amerikaner im Jahr 2003 in den Irak einmarschierten, war *Zarqawi* der einzige islamistische Anführer, der bereits im Lande war und den dschihadistischen Widerstand gegen die ausländischen Besatzer organisieren konnte. Im Oktober 2004 leistete er den Treueeid auf *Bin Laden*, weigerte sich aber konsequent, dessen Anweisungen Folge zu leisten. Gegen den Willen der al-Qaida-Führung zettelte *Zarqawi* einen Bürgerkrieg mit den irakischen Schiiten an, dessen Brutalität selbst viele Dschihadisten erschreckte und *al- Zawahiri* dazu bewegte, *Zarqawi* zur Ordnung zu rufen. Doch mehr als Briefe schreiben konnte die al-Qaida-Führung nicht.[99]

Hinzu kam, dass auch loyalere al-Qaida-Ableger – etwa al-Qaida im Islamischen Maghreb (AQIM) oder al-Qaida auf der Arabischen Halbinsel (AQAP) – mit ihren lokalen Kampagnen die Strategie der Mutterorganisation durchkreuzten. Selbst wenn sich Anschläge, wie von *Bin Laden* gewünscht, auf internationale Institutionen, Botschaften oder westliche Firmen richteten, waren die Opfer häufig einheimische Muslime. Und je weniger al-Qaida auf internationaler Ebene zustande brachte, desto mehr richtete sich das Augenmerk

---

[97] Vgl. Barth, Peter: George W. Bush's Krieg gegen den Irak und die Auswirkungen auf die arabische Welt, München 2004
[98] Vgl. Schröm, Oliver: Al-Qaida. Akteure, Strukturen, Attentate, Berlin 2003
[99] Vgl. Reuter, Christopher: Die schwarze Macht. Der „Islamische Staat" und die Strategen des Terrors, München 2015; Napoleoni, Loretta: Die Rückkehr des Kalifats. Der Islamische Staat und die Neuordnung des Nahen Ostens, Zürich 2015; Warrick, Joby: Schwarze Flaggen. Der Aufstieg des IS und die USA, Darmstadt 2017;Hanieh, Hassan Abu/Rumman, Mohammad Abu: IS und Al-Qaida. Die Krise der Sunniten und die Rivalität im globalen Dschihad, Bonn 2016

auf die Verstrickung regionaler Ableger in Bürgerkriege, innermuslimischer Konflikte und das Töten von Muslimen. Selbst bei Unterstützern, die den Kampf gegen „ungläubige Regime" im Prinzip guthießen, waren viele dieser Anschläge unbeliebt. *Bin Laden* und *al-Zawahiri* mussten sich ständig für Aktionen rechtfertigen, von denen sie nichts gewusst hatten und die noch dazu ihrer eigenen Strategie widersprachen.

In dieser Kontroverse treten zwei sehr unterschiedliche Einstellungen zutage. *Osama bin Laden* hatte seine Anhänger – mit nachlassendem Erfolg – vor allem auf den „fernen Feind", also die USA eingeschworen, wogegen der „Islamische Staat" von Anfang an eher den „nahen Feind" im Visier hatte – sprich: die autokratischen Regime des Nahen Ostens. Aber auch Klassengegensätze spielen in dem Konflikt eine Rolle. Wie *Fawaz Gerges*, Nahostexperte und Politikwissenschaftler an der *London School of Economics*, darlegt, rekrutieren sich die Führungskader von al-Qaida großenteils aus der Elite und aus Freiberuflern.[100] Der „Islamische Staat" hingegen ist eher eine Arbeiterbewegung, deren Führer in den sunnitischen Gemeinschaften des Irak verwurzelt sind. Deshalb gelingt es dem IS auch, die religiösen Gefühle der heute unterprivilegierten Sunniten anzusprechen, die überzeugt sind, dass die schiitische Elite im Irak ihnen Macht und Einfluss vorenthält.[101]

Neue Möglichkeiten ergaben sich durch das Internet. Trotz der scheinbar rückwärtsgewandten Ideologie standen die Dschihadisten neuen Technologien immer aufgeschlossen gegenüber. Internetforen waren seit dem Irakkrieg 2003 zum wichtigsten Ort für Debatten geworden und die professionell produzierten Videoclips aus Afghanistan, dem Irak und anderswo überzeugten viele Unterstützer davon, dass sie Teil einer mächtigen und erfolgreichen Bewegung waren. Ab 2008 rief al-Qaida außerdem per Internet zu Anschlägen auf. Die Botschaften richteten sich vor allem an Unterstützer aus dem Westen, die auf eigene Faust – als sogenannte „einsame Wölfe" – losschlagen sollten. Selbst kleinste Aktionen seien schockierend und deshalb wirksam, so *Anwar al-Awlaki* (1971-2011), ein jemenitischer Prediger, der in Amerika geboren war und fließend Englisch sprach. Unter *al-Awlakis* Regie veröffentlichte al-Qaida auf der Arabischen Halbinsel (AQAP) ab 2010 das englischsprachige Online-Magazin *Inspire*, das wie eine Illustrierte aufgemacht war und neben

---

[100] Vgl. Gerges, Fawaz A.: ISIS – A History, Princeton 2016
[101] Vgl. Cockburn, Patrick: Wer kämpft für den Islamischen Staat? Le Monde diplomatique, August 2015

Leserbriefen und bunten Berichten über den Dschihad auch Bombenbauanleitungen enthielt.

Verglichen mit *Bin Ladens* ehrgeizigen – aber fast durchweg erfolglosen – Plots war *al-Awlakis* Strategie effektiv: Fast alle der im Westen durchgeführten Anschläge während dieser Zeit gingen auf sein Konto – darunter auch das Attentat auf den Marathonlauf in Boston im April 2013, der auf eine Anleitung aus *Inspire* basierte. Aber das Tempo solcher Anschläge war gering, und mit dem katastrophalen, fast apokalyptischen Ereignissen vom 11. September 2001 hatte diese Art von Terrorismus nur noch wenig zu tun.

Während *al-Awlaki* per YouTube zum Dschihad im Westen aufrief, machte *Bin Laden* und seinen Mitstreitern die amerikanische Drohnenkampagne zu schaffen, die sich besonders gegen die Führung der al-Qaida in den pakistanischen Stammesgebieten richtete. Die unmittelbare Konsequenz war, dass jegliche Form von Kommunikation zwischen Mitgliedern der al-Qaida-Führung sowie zwischen al-Qaida-Führung und den regionalen Ablegern schwieriger wurde. Zwei Jahre nach Beginn der Kampagne waren zwanzig der engsten Gefährten *Bin Ladens* getötet worden, und *Bin Laden* selbst, der sich in Abbottabad – weit entfernt von den Stammesgebieten- versteckt hielt, wurde im Mai 2011 Opfer einer amerikanischen Kommandoaktion.[102] *Al-Zawahiri* hatte überlebt und wurde *Bin Ladens* Nachfolger, doch das al-Qaida-Modell – seit Jahren in der Krise, war mit *Bin Laden* gestorben.

Die neue Welle

Die Schwäche und Hilflosigkeit der dschihadistischen Führung wurde besonders während der friedlichen Revolution klar, die ab Anfang 2011 in einer Reihe arabischer Länder stattfanden (Arabellion).[103] Al-Qaida und die Dschihadisten hatten mit dieser Bewegung nichts zu tun: Die große Mehrheit der Demonstranten auf den Straßen von Tunis und Kairo waren keine Islamisten und die meiste Gewalt, zu der es im Laufe der Proteste kam, ging vom Staat aus. Und dennoch versuchten al-Qaidas Anführer, die Lorbeeren für sich zu

---

[102] Vgl. Jacquard, Roland: Die Akte Osama Bin Laden. Das geheime Dossier über den meistgesuchten Terroristen der Welt, München 2001; Bowden, Mark: Killing Osama. Der geheime Krieg des Barack Obama, Berlin 2012

[103] Vgl. Gerlach, Julia: Der verpasste Frühling. Woran die Arabellion gescheitert ist, Berlin 2016; Perthes, Volker: Der Aufstand. Die arabische Revolution und ihre Folgen, München 2011;Lüders, Michael: Tage des Zorns. Die arabische Revolution verändert die Welt, München 2011; Steinbach, Udo: Die arabische Welt im 20. Jahrhundert. Aufbruch-Umbruch-Perspektiven, Stuttgart 2015

beanspruchen. Noch im Frühjahr 2011 veröffentlichte al-Zawahiri eine Videoserie, in der er argumentierte, die Anschläge vom 11. September 2001 seien Voraussetzung für den Erfolg des Arabischen Frühlings gewesen. Sie hätten den Arabern Selbstbewusstsein eingeflößt und ihnen die Gewissheit gegeben, dass ein Umsturz erfolgreich sein könne. Mehr noch: Nur wegen der *„gesegneten Anschläge von New York, Washington und Pennsylvania"* habe Amerika seine Nahostpolitik geändert und sei bereit gewesen, säkulare Diktatoren wie den ägyptischen Präsidenten *Husni Mubarak* (1981-2011) fallenzulassen.

Doch *al-Zawahiris* Argumente stießen auf taube Ohren. In Tunesien und Ägypten übernahmen pragmatische Islamisten die Macht, die mit al-Qaida und der dschihadistischen Bewegung nicht zu tun haben wollten. Das al-Qaida-Modell und die Afghanistan-Generation, die es erfunden hatte, waren mit dem Arabischen Frühling erledigt. Die Anschläge vom 11. September 2001 waren ein so dramatischer Erfolg gewesen, dass sie von den strukturellen und strategischen Defiziten der Bewegung abgelenkt hatten. Die Dschihadisten folgten *Bin Laden*, der aber von Anfang an zu schwach war, um aus einer so amorphen Bewegung eine schlagkräftige Organisation zu schaffen. Doch das Scheitern al-Qaidas bedeutete nicht das Scheitern der Dschihadisten. Dass die Organisation al-Qaida, welche die vierte Welle des Terrorismus dominierte, so große Wirkung erzielt hatte, lag an der Stärke der zivilisatorischen Bewegung und nicht an der Stärke der Organisation selbst. Und es war die Bewegung des Volkes, nicht al-Qaida, die sich mit dem Arabischen Frühling neu erfand, eine neue Generation begeisterte und die nächste Welle des Terrorismus inspirierte.[104]

Mit der Ausrufung des Kalifats im Juni 2014 hat *al-Baghdadi* etwas geschaffen, wovon seine Kameraden nur träumen konnten: ein erfolgreicher und expandierender salafistischer Staat im Herzen des Nahen Ostens; ein Magnet für Auslandskämpfer; und ein Orientierungspunkt für Dschihadisten in der ganzen Welt. Niemand hatte den rasanten Aufstieg des „Islamischen Staates" vorausgesagt. Noch 2010 galt sein Vorgänger, der „Islamische Staat im Irak", als besiegt. Ein Jahr später wurde die gesamte dschihadistische Bewegung totgesagt. Selbst im Frühjahr 2014 sprach niemand von einem Kalifat. Dschihadismus und dschihadistische Terrorgruppen gab es bereits vorher, und

---

[104] Vgl. Edlinger, Fritz (Hrsg.): Der nahe Osten brennt. Zwischen syrischem Bürgerkrieg und Weltkrieg, Wien 2016; Lynch, Marc: Die neuen Kriege in der arabischen Welt. Wie aus Aufständen Anarchie wurde, Hamburg 2016

auch die Konflikte und Spaltungen im Nahen Osten, die sich der „Islamische Staat" zunutze macht, sind nichts Neues. Aber niemals zuvor war hieraus ein so ambitioniertes Staatsbildungsprojekt entstanden. Der „Islamische Staat" ist ein Möchtegern-Weltreich, das die ganze Welt zum Feind erklärt und – gleichzeitig – überall auf der Welt Unterstützer findet. Selbst die Iranische Revolution 1979 hatte keine solche Strahlkraft und kein derart ambitioniertes Programm.

Natürlich kam der „Islamische Staat" nicht aus dem Nichts. Er profitierte vom Chaos und den politischen Zerwürfnissen seit dem Ausbruch des Arabischen Frühlings und er ist damit auch ein Produkt des Arabischen Frühlings sowie der dschihadistischen Bewegung in Afghanistan der 1980er Jahre. Er wurzelte in der vierten, der religiösen Welle des Terrorismus. Aber gleichzeitig ist er Ausdruck und Ausgangspunkt einer neuen, der *fünften Welle*. Wie in allen anderen Wellen kulminierten im IS eine Reihe von Entwicklungen, die sich seit Jahrzehnten angedeutet hatten. Doch gleichzeitig hat die neue Welle ihren eigenen Charakter. Sie mobilisiert eine jüngere Generation, verfolgt ähnliche, aber viel weitreichender ideologische Ziele, schafft neue Institutionen und verwendet noch extremere Methoden.

Was sich heute „Islamischer Staat" nennt, ist das politische, militärische und persönliche Vermächtnis des Dschihadisten *Abu Musab al-Zarqawi*. Nach dem Irakkrieg im Jahr 2003 war seine Gruppe einige Jahre lang die wichtigste innerhalb der dschihadistischen Bewegung, scheiterte jedoch an der Ablehnung durch Teile der sunnitischen Bevölkerung und Reste der schiitischen Aufstandsbewegung. Die Geschichte des IS beginnt mit *Zarqawis* Ankunft im Irak im September 2002. Der Jordanier hatte zuvor ein kleines Trainingslager in Afghanistan geleitet und wollte sich im bevorstehenden Konflikt zwischen den USA und Iraks Diktator *Saddam Hussein* (1937-2006) einen Namen machen. Verglichen mit der privilegierten Herkunft von *Bin Laden* und *al-Zawahiri* hatte *Zarqawi* einen ungewöhnlichen Lebenslauf. Er war eines von neun Kindern, konnte kaum Lesen und Schreiben und war bereits als Teenager polizeibekannt. In seinen frühen Zwanzigern landete er wegen Drogenhandel im Gefängnis und konvertierte dort zum Salafismus. Als er im Jahre 1999 durch eine Amnestie freikam, machte er sich umgehend auf den Weg nach Afghanistan. Sein Ehrgeiz war grenzenlos, und sein Dschihadismus schien härter, aggressiver und kompromissloser als der von *Bin Laden*.

Kasten: Botschaft vom Terrorchef al-Zarqawi:

„Schiiten sind Spione und Giftschlangen" .

أبو مصعب الزرقاوي
قائد إرهابي
شبكة الزرقاوي

Im Namen Gottes, des Barmherzigen.

An die Männer auf den Bergspitzen, die Falken des Ruhms, die zwei ehrenwerten Brüder. Der Friede und die Gnade Allahs seien mit Euch. Auch wenn unsere Körper fern sind voneinander, so sind sich unsere Herzen doch nah. Ich sende diesen Bericht, der Euch gemäß Eurer Stellung zusteht und der den Schleier wegreißt, der das Gute und das Böse im Irak verbirgt. Es ist, wie Ihr ja wisst, keine Region, die sich mit irgendeiner anderen vergleichen ließe.

Die Amerikaner sind in den Irak eingedrungen, um Großisrael zu schaffen, reichend vom Nil bis zum Euphrat. Sie haben gedacht, dass es für sie einfach würde. Aber sie täuschten sich, weil unsere Brüder im sunnitischen Dreieck mit ihren Mudschaheddin-Operationen Widerstand leisteten. Das zwang die Amerikaner, ein Abkommen mit den Schiiten einzugehen; zwei Drittel der Kriegsbeute sollen den Alliierten der Kreuzzügler zufallen, den Schiiten, diesem Abschaum der Menschheit. Sie sind die lauernde Giftschlange, der hinterhältige Skorpion, der spionierende Feind. Schon immer in ihrer Geschichte waren sie eine Sekte des Verrats, die den Sunniten Kampf und Rache schwor. Sie tragen den Spaltpilz in die Welt der Muslime. *„Sie folgen dem Pfad der Juden und Christen, indem sie Untreue zeigen und lügen",* schreibt Ibn Hasm in seinem Kitab al-Fasl, Buch 2, Seite 78.

Ihr Glaube ist nichts als Heuchelei, und danach handelten sie auch im Irak. Sie begannen, die Kontrolle von staatlichen Institutionen im Bereich des Militärs und der Wirtschaft zu übernehmen. Die Amerikaner fingen an, sich aus einigen Städten zurückzuziehen; eine irakische Armee und Polizei begann zu übernehmen: Schiiten, mit einigen sunnitischen Agenten versetzt. Sie sind eine fünfte Kolonne, viel gerissener als ihre Kreuzzügler-Lehrmeister. Sie haben begonnen, Mudschaheddin zu verfolgen und zu töten. Sie hoffen, einen schiitischen Superstaat errichten zu können, der von Iran über den Irak, über Syrien und den Libanon reicht, bis hin zu dem Kartenhaus-Königreich am Golf.

Die irakischen Massen hassen im Allgemeinen die Amerikaner und hätten gern, dass sie verschwinden. Aber dennoch freuen sie sich auf ein sonniges Morgen, eine einträgliche Zukunft, ein lockeres Leben, Luxus. Sie sind die schweigende Mehrheit, allgegenwärtig, aber nicht wahrnehmbar. Sie sind leichte Beute in den Händen der Verführer von der Presse. Der wahre Lebenssaft des Landes sind die Mudschaheddin, sie sind der Inbegriff des (kämpferischen) Sunniten. Unsere irakischen Brüder kehren allerdings gern in die Arme ihrer Frauen zurück. Manche Gruppen prahlen (nach einem Anschlag) gar damit, keiner sei getötet oder gefangen genommen worden. Wir haben ihnen in vielen Lehrstunden klar gemacht, dass persönliche Sicherheit und Sieg unvereinbar sind. Dass der Baum des Triumphes nicht in himmlische Höhen wachsen kann ohne Todesverachtung, die islamische Nation das Aroma des Märtyrertums braucht, das Parfum des für Gott vergossenen Bluts.

Die Mudschaheddin aus dem Ausland sind angesichts der Herausforderungen unseres Kampfes nur in verschwindend geringer Zahl tätig. In diesem Land gibt es keine Bergregionen, in denen wir Zuflucht finden, keine dichten Wälder, in denen wir uns verbergen könnten. Überall sind die Augen des Feindes. Viele Iraker ehren die Gastfreundschaft, geben einem Schutzlosen Zuflucht. Aber solche, die ihre Häuser als Ausgangspunkt für Operationen zur Verfügung stellen, sind seltener als roter Schwefel – und doch, Gott sei gepriesen, haben wir durch unseren unermüdlichen Eifer Basen für unsere Brüder in zunehmender Zahl gefunden, so dass wir das Volk vielleicht bald in den Glutofen der Schlacht führen können.

Gott der Erhabene gewährt uns die Ehre, dem Feind große Verluste zuzufügen. Außer bei den Anschlägen im Norden waren wir an allen Selbstmordattentaten im Land entscheidend beteiligt. 25 Operationen habe ich geleitet, gegen Schiiten und Führungsfiguren, gegen (irakische) Polizisten. Und auch gegen Amerikaner, diese feigsten Kreaturen unter dem Himmel; sie sind leichte Ziele, und wir bitten Allah, uns noch mehr töten zu lassen. Auf dass sie in Panik verfallen und wir dann welche greifen können, um sie gegen gefangene Brüder auszutauschen.

Die Kurden sind ein Kloß in unserm Hals, ein Dorn, den es herauszuschneiden gilt. Der Schlüssel zur Veränderung der Verhältnisse (aber) sind die Schiiten. Auf sie müssen wir zielen, sie müssen wir treffen, in ihrer religiösen, politischen, militärischen Kapazität. Wenn es uns gelingt, sie in einen Krieg zwischen den Glaubensgemeinschaften hineinzuziehen, wird es möglich sein, die untätigen Sunniten zu aktivieren, weil die dann die unmittelbare Gefahr spüren. Außerdem provozieren wir so, dass die Schia ihr wahres Gesicht zeigt.

Ehrwürdige Brüder, die Ihr Führer seid im Dschihad: Wir streben nicht nach Ruhm und wollen Euch nicht herausfordern. Aber entweder packen wir unsere Sachen und suchen ein anderes Land für unseren Kampf, weil unser Feind Tag um Tag stärker wird. Oder wir werden zur Speerspitze. Wir versetzen den Schiiten, wie ich dringend empfehle, Schlag um Schlag, lassen das Blut fließen. Dann können weder der irakische Regierungsrat noch die Amerikaner ihren Einfluss behalten. Seht Ihr die Dinge anders, lasst es uns wissen. Meinungsverschiedenheiten werden unsere Freundschaft nicht verderben. Wir erwarten Eure Antwort.
Gott schütze Euch, Amen.

Sein Hass richtete sich vor allem gegen den „nahen" Feind: das jordanische Königshaus, Juden, Israel und die Schiiten, die er allesamt für Ketzer und Abtrünnige hielt. Der Konflikt im Irak nutzte seinen Ambitionen, war aber nicht das ultimative Ziel. Sein Ziel war ein Kalifat, das sich vom Libanon über Syrien und Jordanien erstrecken und Israel miteinschließen sollte. *„Unsere Augen richten sich auf Jerusalem"*, so der Leitspruch in vielen seiner Reden.[105]

Zarqawis Hoffnung, dass die USA gegen *Saddam Hussein* Krieg führen und den Irak besetzten würden, bewahrheitete sich im Frühjahr 2003. Das Land, das von *Saddam* mit extremer Brutalität zusammengehalten worden war, zerbrach innerhalb kürzester Zeit in seine innerislamisch-konfessionellen Bestandteile. Auf sunnitischer Seite bildeten sich bewaffnete Milizen, von denen viele nationalistisch, konfessionell und einige religiös motiviert waren. Die extremste war *Zarqawis* Gruppe, die in den folgenden Jahren Tausende von Anschlägen durchführte, darunter 200 Selbstmordattentate und dutzende Geiselnahmen, die häufig mit der Enthauptung der Geiseln endeten. Zu *Zarqawis* Opfern gehörten nicht nur Amerikaner und ihre Verbündeten, sondern auch sunnitische Kollaborateure und – vor allem – schiitische Zivilisten, denen er im September 2005 den „totalen Krieg" erklärte.[106]

Sein Plan war ein Bürgerkrieg, der so chaotisch und brutal werden sollte, dass die Amerikaner das Land verlassen und die sunnitischen Landesteile sich abspalten würden. Zur Abspaltung kam es nicht, aber einen Bürgerkrieg gab es allemal: Während im Jahr 2004 durchschnittlich 30 Iraker täglich dem Konflikt zum Opfer fielen, waren es 2005 bereits 43 und im Jahr 2006 fast 80.[107] *Zarqawi* schloss sich im Oktober 2004 der al-Qaida an, doch harmonisch war sein Verhältnis zu *Bin Laden* und *al-Zawahiri* nie.[108] Die al-Qaida-Führung fürchtete, dass potentielle Unterstützer durch *Zarqawis* Anschläge auf Schiiten abgeschreckt würden. Der Kampf gegen die amerikanischen Besatzer, so *al-Zawahiri*, habe Priorität und sei außerdem weniger kontrovers. Gleiches gelte für die Enthauptungen, deren Brutalität vom eigentlichen Ziel ablenke und der Bewegung ein schlechtes Image gebe: *„Die Muslime werden es nicht akzeptieren, sosehr du auch versuchst, es ihnen zu erklären"*, schrieb *Bin Ladens* Stellvertreter in seinem berühmten Brandbrief im Sommer 2005.

---

[105] Vgl. Associated Press vom 26.April 2006: Zarqawi – Our eyes are on Jerusalem
[106] Vgl. Steinberg, Guido: Kalifat des Schreckens. IS und die Bedrohung durch den islamistischen Terror, München 2015, S. 53
[107] Vgl. Iraq Body Count: https://iraqbodycount.org
[108] Trotzdem wurde er von Bin Laden als „Emir von Al-Qaida im Zweistromland" genannt.

Doch *Zarqawi* ließ sich nicht beirren. Gefährlicher wurde für ihn die Ablehnung durch die sunnitischen Stämme, die er mit seiner Arroganz und seinem religiösen Eifer vor den Kopf gestoßen hatte. Die strengen wahhabitischen Verhaltensregeln (keine Musik[109], keine Filme, Rauchverbot), die *Zarqawi* in den Gebieten unter seiner Kontrolle durchsetzte, waren für sie genauso fremd wie für einen großen Teil seiner Gruppe, in der sich Kämpfer aus Syrien, Libyen, dem Golf und sogar einige Europäer befanden. Dreißig Stämme und eine Reihe sunnitischer Milizen schlossen sich deshalb mit den Amerikanern zusammen. Sie mobilisierten insgesamt rund 90.000 Kämpfer. *Zarqawi* hatte keine Chance: Im Juni 2006 wurde er bei einem amerikanischen Luftschlag getötet, und von seinen geschätzten 10.000 Anhänger im Jahr 2005 war fünf Jahre später höchstens ein Zehntel übrig. Im Westen galt die Gruppe damals Vielen als erledigt.

In Syrien gingen seit dem Frühjahr 2011 massenweise Demonstranten gegen die Diktatur von *Baschar al-Assad* auf die Straße (Arabellion). Die Proteste waren zunächst friedlich, doch das änderte sich nach und nach, als die Nachfolger von *Zarqawi* im Sommer eine achtköpfige Delegation über die Grenze nach Syrien schickten. Ihr Anführer war *Mohammed al-Dschaulani*, ein aus Damaskus stammender Syrer, der Jahre zuvor in die umgekehrte Richtung gereist war, um sich an *Zarqawis* Dschihad im Irak zu beteiligen. Sein Auftrag war die Gründung einer Gruppe in Syrien. Dass er dabei nicht bei null anfangen musste, hatte er seinem Gegner zu verdanken. Dann *Assad* hatte während des Irakkrieges seine Grenzen geöffnet, um sich der eigenen Dschihadisten zu entledigen und die Kosten der amerikanischen Besatzung in die Höhe zu treiben.

Unter den irakischen Auslandskämpfer stellten die Syrer zu Beginn des Aufstands das größte Kontingent und überall in Syrien entwickelten sich Schleuserstrukturen, die von Dschihadisten aus aller Welt genutzt wurden. Einer amerikanischen Regierungsstudie zufolge waren 90 Prozent aller Selbstmordattentäter im Irak Ausländer, von denen wiederum 85 bis 90 Prozent über Syrien ins Land gekommen waren. Fast alle syrischen Kämpfer schlossen sich *Zarqawis* Gruppe an und die Vielen, die überlebt hatten, waren in der zweiten Hälfte des Jahrzehnts in ihr Heimatland zurückgekehrt. Sie wurden jetzt von *al-Dschaulani* reaktiviert.

---

[109] Musik heißt es, dränge sich zwischen die Gläubigen und Allah und verunreinige die Gedanken. In Sure 31, Vers 6 des Korans heißt es, dass denjenigen, eine „schmachvolle Strafe" drohe, die andere durch „ergötzende Unterhaltung" von Allahs Weg abbrächten.

Al-Dschaulani wollte die Fehler *Zarqawis* nicht wiederholen. Er sprach sich daher für Bündnisse mit anderen Aufstandsgruppen aus, stellte hohe Anforderungen an die eigenen Kämpfer und warnte davor, die Bevölkerung mit einer übereilten und zu strengen Einführung des wahhabitischen Gesellschaftsprogramms zu überfordern. Seine neue Gruppe – *Dschabhat al-Nusra* (Unterstützerfront) hatte mit dieser scheinbar weichen Strategie großen Erfolg. Ab Ende des Jahres 2011 war al-Nusra für die spektakulärsten Anschläge gegen das Assad-Regime verantwortlich und al-Dschaulanis Kämpfer waren bei der sunnitischen Bevölkerung respektiert und populär.

Für die dschihadistische Bewegung war al-Nusra eine Erfolgsstory, aber *al-Dschaulanis* Mitstreitern im Irak wurde die Gruppe langsam unheimlich. Am misstrauischsten war *al-Baghdadi,* der selbsternannte Kalif und aktuelle Anführer des „Islamischen Staates", der *Zarqawis* Organisation im Mai 2010 übernommen hatte. *Al-Baghdadi* war damals 38 Jahre alt und selbst innerhalb dschihadistischer Kreise vielen unbekannt. Sein Geburtsort ist Samarra, eine mittelgroße Stadt nördlich von Bagdad. An der Islamischen Universität von Bagdad studierte er Theologie und brachte es bis zum Doktor. Nach der westlichen Invasion 2003 schloss er sich – wenn auch zunächst in einer relativ unbedeutenden Rolle – dem Aufstand[110] an und landete Anfang des Jahres 2004 im amerikanischen Gefangenenlager Bucca.[111] Die Monate, die er dort verbrachte, waren entscheidend. *Al-Baghdadi* knüpfte Kontakte zu anderen Aufständischen und machte sich einen Namen als zurückhaltender, aber effektiver Vermittler. Seine heute engsten Mitstreiter und wichtigsten Vertrauten lernte er während dieser Zeit kennen. Das Lager, so ein ehemaliger amerikanischer Offizier, der in Bucca diente, *„war ein Rekrutierungszentrum und Schule für diejenigen, die wir heute als Terroristen bekämpfen"*[112].

Als *al-Baghdadi* im Dezember 2004 freigelassen wurde, gründete er eine Miliz, die wenig später in *Zarqawis* Organisation – die sich jetzt „Islamischer Staat im Irak" (ISI) nannte – aufging. Ab 2006 gehörte er zur Führung des ISI und

---

[110] Vor seiner Verhaftung 2004 arbeitete er als Imam in Falludscha (Irak), wo die US-Armee besonders gewalttätig agierte.
[111] Während Michael Lüders in seinem Buch „Wer den Wind sät. Was westliche Politik im Orient anrichten" (München 2015) auf Seite 89 schreibt: das al-Baghdadi „2004 einige Monate in US-Gewahrsam verbrachte", berichtet Loretta Napoleon in ihrem Buch „Die Rückkehr des Kalifats. Der Islamische Staat und die Neuordnung des Nahen Ostens (Zürich 2015) auf Seite 35: „Al-Baghdadis Gepflogenheit, sich dem Scheinwerferlicht fern zu halten, wurzelt möglicherweise in seiner fünfjährigen Inhaftierung in Camp Bucca".
[112] Vgl. Hanieh, Hassan Abu/Rumman, Mohammad Abu: IS und Al-Qaida. Die Krise der Sunniten und die Rivalität im globalen Dschihad, Bonn 2016, S. 173

schaffte es vier Jahre später an dessen Spitze. *Al Baghdadi* hatte die Expansion nach Syrien als Geheimprojekt betrieben. Doch je stärker al-Nusra in Syrien wurde, desto selbstbewusster und eigensinniger agierte *al-Dschaulani*, dessen pragmatische Strategie *al-Baghdadi* von Anfang an suspekt gewesen war. Am 8. April 2013 trat er die Flucht nach vorne an. Ohne *al-Dschaulani* konsultiert zu haben, verkündete er in einer Audio-Botschaft den Anschluss al-Nusras an den ISI. Und er ließ keinen Zweifel daran, wem al-Nusra ihren Erfolg zu verdanken hatte:

„Im Sommer 2011 schickten wir al-Dschaulani und eine Gruppe unserer Söhne ... aus dem Irak nach Syrien ... Wir gaben ihnen Pläne vor und zeichneten ihnen eine Arbeitsweise auf, und wir statteten sie monatlich mit der Hälfte unserer Einnahmen aus und versorgten sie mit Männern, die Erfahrungen auf den Schlachtfeldern des Dschihad gesammelt hatten. So weitete sich der Einfluss des Islamischen Staates ... auf Syrien aus. Aus Sicherheitsgründen riefen wir ihn aber nicht aus ... Nun jedoch ist die Zeit gekommen, um vor den Menschen von Syrien und der ganzen Welt zu erklären, dass die Nusra-Front nichts anderes ist als ein Ableger des ISI und ein Teil von ihm".[113]

Bei den Kämpfern von al-Nusra war die Verwirrung groß. Zu welcher Gruppe gehörten sie? Wessen Anweisungen sollten sie folgen? Viele Einheiten akzeptierten zunächst *al-Baghdadis* Statement und erklären ihre Loyalität gegenüber der Organisation, die sich jetzt „Islamischer Staat im Irak und in der Levante" (ISIL bzw. ISIS) nannte.[114] Doch als sich al-Qaidas Chef *al-Zawahiri* zwei Monate später auf die Seite al-Nusra's schlug und die Vereinigung der zwei Gruppen für ungültig erkläre, kehrten einige wieder zurück. Kurzum: Die Bewegung war gespalten, und zum ersten Mal existierten zwei miteinander konkurrierende dschihadistische Gruppen, die beide Teil von al-Qaida waren, im selben Land.

Im Gegensatz zu al-Nusra kontrollierte ISIS Territorien auf beiden Seiten der syrisch-irakischen Grenze und profitierte in beiden Ländern davon, dass Sunniten von ihren Regierungen ausgegrenzt, angefeindet und – im Falle Syriens – mit Fassbomben und Chemiewaffen angegriffen wurden. Zum ersten

---

[113] Vgl. Steinberg, Guido: Kalifat des Schreckens. IS und die Bedrohung durch den islamistischen Terror, München 2015, S. 78
[114] ISIL bzw. ISIS steht dabei für „Islamischer Staat im Irak und in Scham", wobei „Scham" sowohl mit „Großsyrien" als auch mit „Damaskus" und „Levante" übersetzt werden kann. „Scham" umfasst für gläubige Muslime die Gebiete Syrien, Libanon, Israel, Palästina und Jordanien.

Mal hatte eine dschihadistische Gruppe die Chance, ein großes, grenzübergreifendes und historisch bedeutsames Gebiet unter ihre Kontrolle zu bringen. Und obwohl *al-Baghdadi* seit spätestens Ende 2013 mit der Idee eines Kalifats gespielt hatte, kam es erst im Juni 2014 zur Ausrufung, als ISIL sein Territorium in Syrien konsolidiert und in zwei Provinzen im Nordwesten Iraks große Gebietsgewinne gemacht hatte.

Das „islamische Reich", das *al-Baghdadi* bei einer Freitagspredigt in der *al-Nouri-Moschee* im irakischen Mossul proklamierte, übertraf alles, was Dschihadisten jemals erreicht hatten. Es erstreckte sich über 900 Kilometer, lag im Herzen der islamischen Welt, war einen Katzensprung von Mekka, Medina und Jerusalem, den heiligsten Stätten des Islam, entfernt und eliminierte die verhasste Grenze von Sykes-Picot, die Millionen von Arabern als Symbol für koloniale Unterdrückung und Spaltung galt. Mit einem Schlag hatte *al-Baghdadi* den internen Konkurrenten *al-Dschaulani*, seine vormalige Gruppe al-Qaida, *Bin Laden* und sogar sein Vorbild *Zarqawi* in den Schatten gestellt.

Dass *al-Baghdadi* tatsächlich das Kalifat ausgerufen hatte und jetzt der „Anführer aller Gläubigen" war, akzeptierten außerhalb der dschihadistischen Bewegung nur wenige. Dutzende von Gelehrten sprachen *al-Baghdadi* während des Sommers 2014 die Legitimität ab und erklären seine Autorität für null und nichtig. An seinem Erfolg änderte das nichts und auch die Kritiker mussten eingestehen, dass *al-Baghdadi* eine neue Realität geschaffen hatte und sein Staat, der sich jetzt nur noch „Islamischer Staat" nannte, nicht so einfach verschwinden würde.

Auch heute noch ist der „Islamische Staat" schwer zu greifen. Er lehnt das Staatensystem ab, verhält sich aber wie einer. Er hat einen globalen Anspruch, doch seine Führung besteht fast ausschließlich aus Irakern. Seine religiöse Doktrin ist so extrem, dass selbst andere Extremisten nichts mit ihm zu tun haben wollen, aber seine Methoden sind oft erschreckend rational. Wer versucht den IS zu verstehen, stößt auf Ungereimtheiten und Widersprüche. Doch darin steckt auch Positives, denn der „Islamische Staat" ist nicht so einheitlich und geschlossen, wie er sich gerne darstellt.

Kasten: Pazifismus hilft nicht gegen Terror

Es war 2016 ein Ostern im Zeichen des islamistischen Terrors. In Brüssel rangen Männer und Frauen, Opfer der Anschläge vom 22. März 2016, noch mit dem Tod, als die Gottesdienste zwischen Gründonnerstag und Ostermontag begannen. Im pakistanischen Lahore wurden über 70 Menschen, vornehmlich Christen, durch ein islamistisches Selbstmordattentat getötet, während der Ostersonntag seinem Ende entgegen ging. Womöglich wurde im Jemen an Karfreitag ein von Islamisten verschleppter katholischer Priester gekreuzigt, womöglich ist er noch am Leben und in der Hand seiner Entführer. Klingt da die Botschaft Jesu, man solle seine Feinde lieben, nicht schal, weltfremd, wohlfeil?

In der aktuellen Fassung der *Margot Käßmann* tut sie es. Die ehemalige Hannoversche Landesbischöfin erklärte im Interview mit der „Bild am Sonntag", *„wir sollten versuchen, den Terroristen mit Beten und Liebe zu begegnen"*. Christen sollten den *„Kreislauf der Gewalt"* durchbrechen, sollten *„auf den Hass nicht mit Hass antworten"* und stattdessen *„Zeichen der Hoffnung setzen, etwa indem Christen und Muslime sich gegenseitig einladen"*. Ihr Nachfolger im Amt des EKD-Ratsvorsitzenden, *Heinrich Bedford-Strohm*, erklärte in seiner Karfreitagspredigt 2016, Christen sollten *„die Angst überwinden und mit Kraft, Liebe und Besonnenheit reagieren"*. Als *„Botschafter der Versöhnung"* ließen sie *„die Einteilung von Gut und Böse"* hinter sich, denn *„keiner von uns"* sei *„frei von Schuld"*. Papst Franziskus predigte, Gott habe mit den *„Waffen der Liebe"* den Tod besiegt, nur eine *„unendliche Barmherzigkeit"* könne vor Tod und Hass erretten.

Pazifismus aber hilft nicht gegen Terror. Das Christentum ist eine friedliebende, jedoch keine pazifistische Religion. Ihr Gründer war trotz des denkbar schmachvollen, maximal leidbereiten Endes am Kreuz kein Pazifist. Sein – in christlicher Perspektive: als Sühneopfer vorherbestimmtes – Sterben taugt nicht zur Blaupause für alle Getauften, nicht als Handlungsempfehlung im Angesicht des Terrorismus. Daran ist in diesen Tagen zu erinnern. Das Christentum der westlichen Hemisphäre läuft Gefahr, seine Balance zu verlieren, sein *Meson*. So nannte *Aristoteles* die Tugendlehre der Mitte.

Nie bestand Christentum nur aus dem Theorem von der Wange, die es hinzuhalten gelte, aus der Warnung vor dem Schwert, durch das umkomme, wer zu ihm greife. Es gibt eben auch die Anweisung, den Übeltäter fortzuschaffen *„aus eurer Mitte"*. Es gibt eben auch die Aussage des Nazareners, er sei *„nicht gekommen, Frieden zu senden, sondern das Schwert"*. Es gab die Vertreibung der Händler aus dem Tempel. Gerade weil niemand *„frei von Schuld"* ist, muss es Gut und Böse geben, gibt es sogar das unrettbar Böse. Jenseits von Gut und Böse können sich Philosophen und Künstler tummeln, Landesbischöfe nicht. Natürlich haben jene enthemmten Muslime, die sich selbst und anderen den Tod bereiten, deutlich, ja unendlich mehr Schuld auf sich geladen als der Durchschnittschrist, der es mit dem Dekalog nicht so genau nimmt. Natürlich ist *„Beten und Lieben"* eine zentrale biblische Praxis, doch gegenüber den Bösen in Menschengestalt führt *„Beten und Lieben"* zur Unterwerfung unter das Böse. Den *„Kreislauf der Gewalt"* stoppt nicht der, der die Gewalttätigen gewähren lässt, sondern der, der ihnen die Gewaltmittel aus den Händen schlägt. Sonst mündet Pazifismus in ein Regiment der Gewalt.

Es gibt und gab immer beides: die Sehnsucht nach Frieden und die Erfahrung des Unfriedens, das Gute, das der Christ unbedingt wollen muss, und das Böse, das er erfährt. So wie es Grenzen der Toleranz gibt, gibt es Grenzen der Passivität. Feindesliebe heißt nicht, dem Feind, der töten will, nur mit Liebe zu begegnen. Sie meint, bis zuletzt auf das im Feind verschüttete Gute zu hoffen und immer Mensch zu bleiben. *Gilbert Keith Chesterton* nennt die *„Entdeckung der neuen Balance"* das *„Hauptstück der christlichen Ethik"*[115]. Die Balance bestehe im geschichtlich vielfach bewiesenen, unvermischten Nebeneinander von *„mönchischen Skrupeln"*, von *„scharfsichtigem Wehklagen über die Gräuel der Schlacht und die Nichtigkeit der Rache"*, wie es ein *Tolstoi* vervollkommnet habe, und der Kampfbereitschaft im Angesicht des Feindes. Wenn der Löwe neben dem Lamm liege, müsse er dennoch seine königliche Wildheit bewahren. Sonst wäre es *„Imperialismus von Seiten des Lammes"*. Die Stimmen prominenter Kirchenleute zur Gewaltfrage erinnern an einen solchen lammfrommen Imperialismus. Dieser wird den Terror der Tötungsfanatiker nicht eindämmen. Und er halbiert das Christentum.[116]

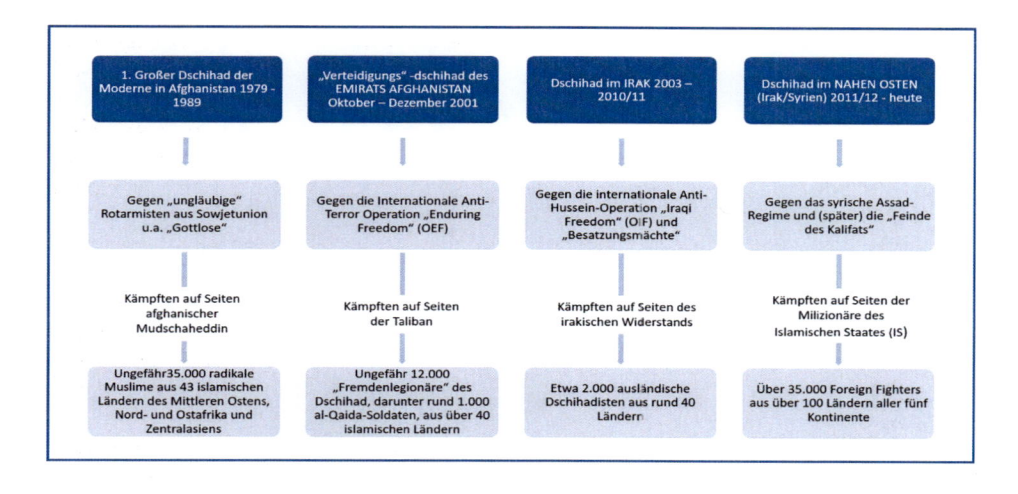

1. Großer Dschihad der Moderne in Afghanistan 1979 - 1989	„Verteidigungs"-dschihad des EMIRATS AFGHANISTAN Oktober – Dezember 2001	Dschihad im IRAK 2003 – 2010/11	Dschihad im NAHEN OSTEN (Irak/Syrien) 2011/12 - heute
Gegen „ungläubige" Rotarmisten aus Sowjetunion u.a. „Gottlose"	Gegen die Internationale Anti-Terror Operation „Enduring Freedom" (OEF)	Gegen die internationale Anti-Hussein-Operation „Iraqi Freedom" (OIF) und „Besatzungsmächte"	Gegen das syrische Assad-Regime und (später) die „Feinde des Kalifats"
Kämpften auf Seiten afghanischer Mudschaheddin	Kämpften auf Seiten der Taliban	Kämpften auf Seiten des irakischen Widerstands	Kämpften auf Seiten der Milizionäre des Islamischen Staates (IS)
Ungefähr 35.000 radikale Muslime aus 43 islamischen Ländern des Mittleren Ostens, Nord- und Ostafrika und Zentralasiens	Ungefähr 12.000 „Fremdenlegionäre" des Dschihad, darunter rund 1.000 al-Qaida-Soldaten, aus über 40 islamischen Ländern	Etwa 2.000 ausländische Dschihadisten aus rund 40 Ländern	Über 35.000 Foreign Fighters aus über 100 Ländern aller fünf Kontinente

---

[115] Vgl. Gilbert Keith Chesterton: Orthodoxie – Eine Handreichung für die Ungläubigen, Kißlegg 2011
[116] Vgl. Kissler, Alexander: Pazifismus hilft nicht gegen Terror, Cicero, 31.3 2016

Kasten: Metamorphosen der al-Qaida

- At-Tauhid wa-i-Dschihad (2003 bis 2004); Anfang 2004 von *Abu Mussab al-Zarqawi* gegründet.
- Al-Qaida im Irak (AQI; ab Oktober 2004): Die Organisation änderte ihren Namen in „Organisation der Basis des Dschihad im Zweistromland", meist als al-Qaida im Irak bezeichnet.
- Mudschaheddin-Schura-Rat (MSR, 2006): Im Januar 2006 vereinten sich die AQI und fünf weitere aufständische Gruppen unter dem Namen Mudschaheddin-Schura-Rat.
- Islamischer Staat im Irak (ISI, 2006 bis 2013): Im Oktober 2006 nannte sich die Organisation in „Islamischer Staat im Irak" (ISI) um.
- Islamischer Staat im Irak und in der Levante (ISIL) bzw. Islamischer Staat im Irak und in Syrien (ISIS), (April 2013 bis Mai 2014): Im April 2013 erkläre *Abu Bakr al-Baghdadi* die Nusra-Front zu einem Teil von ISI und gab die Vereinigung unter dem neuen Namen „Islamischer Staat im Irak und der Levante" (ISIS) bekannt (die Nusra Front widersetzte sich).
- Islamischer Staat (IS, Juni 2014 bis heute): Mit der Ausrufung eines Kalifats am 29. Juni 2014 nennt sich die Organisation nur noch „Islamischer Staat" (IS).

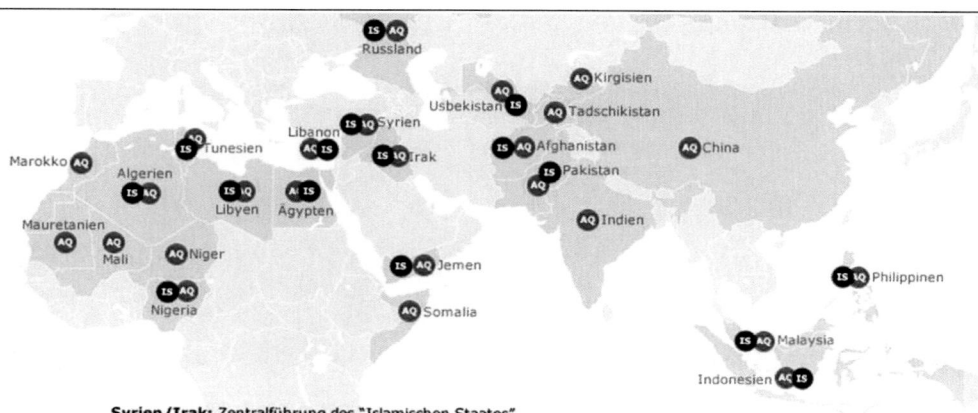

Syrien/Irak: Zentralführung des "Islamischen Staates"
Afghanistan/Pakistan: Zentralführung von al-Qaida

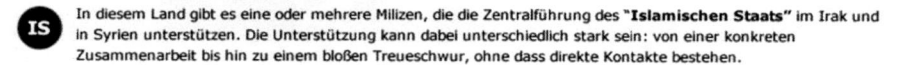

IS — In diesem Land gibt es eine oder mehrere Milizen, die die Zentralführung des **"Islamischen Staats"** im Irak und in Syrien unterstützen. Die Unterstützung kann dabei unterschiedlich stark sein: von einer konkreten Zusammenarbeit bis hin zu einem bloßen Treueschwur, ohne dass direkte Kontakte bestehen.

AQ — In diesem Land gibt es eine oder mehrere Milizen, die die Zentralführung von **al-Qaida** im pakistanisch-afghanischen Grenzgebiet unterstützen. Die Unterstützung kann dabei unterschiedlich stark sein: von einer konkreten Zusammenarbeit bis hin zu einem bloßen Treueschwur, ohne dass direkte Kontakte bestehen.

Milizen, die den „Islamischen Staat" unterstützen

Irak	Nigeria
Syrien	Afghanistan
Libanon	Jemen
Ägypten	Russland
Tunesien	
Libyen	
Algerien	
Philippinen	
Malaysia	
Indonesien	
Pakistan	
Usbekistan	

Quelle: Spiegel Online

Milizen, die al-Qaida unterstützen

Afghanistan	Mauretanien
Pakistan	Algerien
Indien	Tunesien
China	Marokko
Russland	Ägypten
Kirgisien	Libyen
Usbekistan	Jemen
Tadschikistan	Irak
Nigeria	Syrien
Somalia	Libanon
Mali	Philippinen
Niger	Indonesien
	Malaysia

Quelle: Qaida-Sanktionsliste der Uno "Entities and other groups and undertakings associated with al-Qaida"

Die innere Struktur des IS

Das Emirat - „al-Imara"

Abu Bakr al-Baghdadi (Kalif Ibrahim)

DPA

Stellvertreter in Syrien:
Adnan al-Sweidawi
(Abu Ali al-Anbari)

Stellvertreter im Irak:
Fadel al-Hayali
(Abu Muslim al-Turkmani)

Fünf Gouverneure in Syrien

Sieben Gouverneure im Irak

Neun Räte:

Führungsrat		Schura-Rat
Rechtsrat	Sicherheitsrat	Hilfsrat für Kämpfer
Militärrat	Geheimdienstrat	Medienrat
	Finanzrat	

Der heutige „Islamische Staat" gilt als die weltweit entwickeltste Dschihadbewegung im Hinblick auf Organisationsstruktur und administrative Effektivität. Sein Aufbau folgt einer Mischung aus traditionell–islamischen Elementen aus der Zeit des frühislamischen Kalifats, den Theorien eines herrschaftsorientierten islamischen Staatsrechts und moderner Staatsorganisation mit Militär, Sicherheitsapparat, Ideologie und Bürokratie. Über die Führungsriege des IS ist wenig bekannt.[117]

---

[117] Als Abu Bakr al-Baghdadi 2010 die Macht übernahm, leitete sein Vertrauter Haji Bakr, ein Iraker, die Professionalisierung der Armee ein. Dabei ersetze Haji Bakr, der unter Saddam Hussein in der Entwicklung von Waffensystemen gearbeitet hat, in der Führungsebene der Streitkräfte wenig erfahrene Dschihadisten durch erfahrene Weggefährten aus der durch die Amerikaner aufgelösten irakischen Armee. Abu Bakr al-Baghdadi, Haji Bakr und Abu Muslim al-Turkmani, der heutige Stellvertreter Baghdadis für den Irak, hatten sich 2004 und 2005 im Gefängnis von Camp Bucca kennengelernt, wo sie wegen ihrer Beteiligung am Aufstand gegen die

Die Terrororganisation hat großes Interesse an der Geheimhaltung von Namen und Informationen, da diese nur dem Gegner nützen würden.[118]

Der Kalif

Der Kalif (arabisch für „Nachfolger" des Propheten auf Erden) muss traditionell über religiöses Wissen verfügen, seinen Stammbaum auf das Haus *Quraish* (dem der Prophet *Mohammed* entstammte) zurückführen können und im Besitz aller Sinneskräfte sein. Er ist zuständig für alle religiösen und weltlichen Aufgaben gemäß sunnitisch-islamischer Politiktradition. Er ist religiöses und politisches Oberhaupt und genießt das Recht auf Gehorsam seiner Untertanen, nachdem er von einem *Schura*-Rat und einem *„Kreis einflussreicher Männer"* gewählt wurde.

Der IS sieht sich als vollgültigen islamischen Staat. Der heutige Anführer beziehungsweise Kalif *Abu Bakr al-Baghdadi* entwickelte die Grundstrukturen des Staates insbesondere im Hinblick auf die Verankerung des Prinzips der

---

Besatzungsmächte interniert waren. Offiziere aus der Armee Saddam Husseins stellen schätzungsweise zwei Drittel der Führungspersonen um Baghdadi.

[118] Vgl. Ruf, Werner: Islamischer Staat & Co. Profit, Religion und globalisierter Terror, Köln 2016; Todenhöfer, Jürgen: Inside IS – 10 Tage im Islamischen Staat, München 2015; Buchta, Wilfried: Terror vor Europas Toren. Der Islamische Staat, Iraks Zerfall und Amerikas Ohnmacht, Frankfurt am Main 2014; Reuter, Christoph: Die schwarze Macht. Der „Islamische Staat" und die Strategen des Terrors, München 2015; Armbruster, Jörg: Brennpunkt Nahost. Die Zerstörung Syriens und das Versagen des Westens, Frankfurt am Main 2013; Hermann, Rainer: Endstation Islamischer Staat? Staatsversagen und Religionskrieg in der arabischen Welt, München 2015; Schwoerer, Thomas Carl: Mit dem IS verhandeln? Neue Lösungen für Syrien und den Terrorismus, München 2016

Huldigung und des Gehorsams weiter, wodurch der Zentralismus der Organisation und die Kontrolle des Kalifen über alle ihre Schaltstellen verankert war.[119]

Das Organigramm des IS ist zwar hierarchisch aufgebaut, zeigt aber eine flexible und dezentrale Struktur, wie sie auch nötig ist, um die Gefolgschaftstreue der sunnitischen Stämme zu erhalten. Der Kalif steht an der Spitze und übt direkte Kontrolle über die „Räte" aus, eine Bezeichnung, die *Baghdadi* statt der früheren „Ministerien" seines Vorgängers einführte. Die Räte sind die grundlegenden Institutionen des IS. Dieser ist jedoch so zentralistisch, dass *Baghdadi* weitgehende Befugnisse hat, „Ratsvorsitzende" jederzeit zu berufen oder abzusetzen, auch wenn er nicht über die absolute Macht zu verfügen scheint. Vor wichtigen Beschlüssen muss er zunächst den *Schura*-Rat anhören, der jedoch nur beratende Funktion hat. Die Entscheidung liegt letztlich bei *Baghdadi*, dessen „religiöse" Macht ihm auch die Befugnis über alle strategischen Belange verleiht.

Baghdadi war bestrebt, Iraker an den Schaltstellen seiner Organisation unterzubringen[120] und andere Araber nur für nachgeordnete Aufgabenbereiche wie Beratung, Medienarbeit, Rekrutierung und Spendensammlung einzusetzen. Er hat fast absolute Vollmachten für Kriegserklärungen und die Anordnung von Überfällen. *Baghdadi* überwacht auch den Sicherheits- und Geheimdienstapparat, den Schura-Rat, den Militärrat (vormals Kriegsministerium), den Medienrat, die religiösen Gremien und die Finanzverwaltung selbst. Zudem ernennt *Baghdadi* die Emire in den verschiedenen vom IS kontrollierten Provinzen im Irak und in Syrien.

Ihm zur Seite stehen als Stellvertreter zwei ehemalige Offiziere der Armee von *Saddam Hussein*. Einer ist für die sieben irakischen Provinzen, der andere für die Operationen in Syrien zuständig. Der erste, *Abu Muslim al-Turkmani*, ist ein ehemaliger General des militärischen Geheimdienstes, der sich dem sunnitischen Aufstand gegen die Amerikaner angeschlossen hat. Ihm unterstehen die Gouverneure von sieben irakischen Provinzen, die in islamische *wilaya* umgewandelt wurden. Der zweite ist der aus Mossul stammende *Abu Ali al-Anbari*, der den Kampf gegen das Regime von *Bassar al-Assad* in Syrien

---

[119] Mit dem Titel „Kalif" greift Baghdadi offen die Legitimität der Herrscher Saudi-Arabiens an. Denn das saudische Königshaus trägt den Titel „Hüter der heiligen Stätten" (Mekka und Medina).
[120] Fest steht, dass sich der IS schon immer auf ehemalige Baathisten stützen konnte, denn alle Chefs seines Militärrats waren und sind Elemente des früheren Regimes von Saddam Hussein, anders formuliert: Der IS verdankt einen Großteil seiner organisatorischen Stärke den Baathisten. Das schließt nicht aus, dass viele frühere Baathisten inzwischen zu echten Islamisten geworden sind.

führt. Dazu gesellt sich ein Kabinett von sieben Beratern (Führungsrat), sozusagen die Exekutive, von denen jeder seinen eigenen Zuständigkeitsbereich hat, von der Sicherheit über die Gefangenen bis hin zur Aufnahme von Kämpfern. Mindestens drei von ihnen sind ehemalige Offiziere oder Kämpfer der syrischen Rebellion.

Ein harter Kern erfahrener Anführer, die sich aus Berufsoffizieren und erprobten Dschihad-Kämpfern zusammensetzt und zu dem wahrscheinlich noch weitere Personen gehören, bildet die *Schura*, die politische, religiöse und militärische Ratsversammlung des IS.

Der **Schura-Rat** umfasst zwischen neun und elf Mitglieder, die in islamischem Recht bewandert sind. Sie werden vom Kalifen auf Empfehlung der Emire und Walis (regionale Statthalter) ernannt und beraten diesen in religiösen und militärischen Fragen. Im Schura-Rat werden aktuelle Entwicklungen erörtert, Beschlüsse gefasst und die politischen Leitlinien bestimmt. Theoretisch kann der Schura-Rat den Kalifen absetzen, praktisch erscheint das allerdings schwer vorstellbar.

Ansonsten übernimmt er Aufgaben gemäß islamischer Politiktradition, d.h. er berät den Kalifen in Fragen von Krieg und Frieden. Der Schura-Rat befasst sich vor allem mit organisatorischen Fragen, für die Koran und Sunna keine eindeutigen Vorschriften bereithalten. Zu den Gremien des Schura-Rates gehört ein *Scharia*-Komitee. Letzteres konstituiert sich über sechs Mitglieder, die *al-Baghdadi* wiederum anleitet. Dieses Komitee kontrolliert hauptsächlich, ob die übrigen Abteilungen der Miliz schariagerecht handeln. Hier werden auch Kandidaten für die Wahl eines neuen Kalifen aufgestellt, falls dieser stirbt, in Gefangenschaft gerät oder aus sonstigen Gründen nicht mehr fähig ist, zu regieren. Aufgrund des religiösen Charakters des „Islamischen Staates" hat der Schariarat eine wichtige Funktion. Er gibt Bücher und Schriften heraus, formuliert Reden *Baghdadis* und Kommuniqués und kommentiert Filme, religiöse Gesänge (Nadshi) und andere Publikationen des IS. Er zerfällt in zwei Hauptabteilungen. Die eine ist mit der Organisation von Schariagerichten und dem Aufbau der Justiz insgesamt befasst und setzt eine Markt- und Religionspolizei ein.[121] Die andere organisiert Predigt, religiöse Unterweisung, Rekrutierung, Missionierung und Medienarbeit.

---

[121] Die erstaunlich komplexe Bürokratie des „Islamischen Staates" umfasst in der Regel ein islamisches Rechtssystem und eine mobile Polizeitruppe, die ihre Urteile in aller Öffentlichkeit vollstreckt. *„In der syrischen Stadt Manbidsch beispielsweise hackten IS-Vertreter vier Dieben die Hände ab, peitschten Menschen wegen Beleidigung ihrer Nachbarn aus, konfiszierten und vernichteten gefälschte Medikamente und exekutieren und*

Kasten: Bekanntmachung 006 des IS

ISLAMISCHER STAAT

Ein Kalifat im Geiste des Propheten

Bekanntmachung 006

IM NAMEN DES ALLERBARMERS

Gott sei gepriesen für seine Unterstützung des Islam und der Muslime, gepriesen auch für die Niederungen des Unglaubens und der Ungläubigen. Ehrerbietung und Verneigung dem Vorzüglichsten unter den Propheten, Mohammed. Allah betet für ihn und für alle Propheten und deren Gefährten bis ans Ende der Zeit.

Bekanntmachung für alle Fakultäten der Universität in Mossul, für alle Professoren, Dozenten, Mitarbeiter und Angestellte.

In Anbetracht der gegebenen Umstände, der Einführung islamischer Grundlagen, des Interesses der Allgemeinheit und mit Blick auf die Angelegenheiten der Muslime, hat der Diwan al-Taʻlim das Folgende beschlossen:

Alle Professoren, Dozenten und Angestellte der Universität sind seit Samstag, den 24. Dhu al-Hiddscha 1435 Hijri, dem 18. Oktober 2014 A.D., verpflichtet, ihrer Arbeit nachzugehen. Insbesondere sollen sie alles unternehmen, um die Durchführung der Universitätsprüfungen zu gewährleisten.

Die folgenden Fakultäten und Abteilungen, die sich gegen die Scharia richten, werden geschlossen und abgeschafft:

- Fakultät für Jura, Politikwissenschaft und Kunst.
- Archäologie, Sporterziehung und Philosophie.
- Tourismus und Hotelmanagement.
- Abgeschafft werden ebenso alle Lehrinhalte, die gegen die Scharia sind:
- Demokratie, Kultur, Freiheit und Rechte.
- Romane und Theaterstücke in den Sprachen English und Französisch und generell Übersetzungen.

Die folgenden Fragen werden nicht thematisiert:

- Nationalität, ethnische Zugehörigkeit, Geschichte, Grenzziehung.

Die Lehrkräfte sind gehalten, stets Folgendes zu beachten:

- Trennung von Männer und Frauen gemäß der Scharia.
- Der Begriff „Republik Irak" wird durch „Islamischer Staat" ersetzt.
- Der Begriff „Ministerium für Hochschulwesen" durch „Amt für Schulwesen" (Diwan al-Ta'alim).

DIESE BEKANNTMACHUN IST EIN BEFEH: ER IST VERPFLICHTEND: ZUWIDERHANDLUNGEN WERDEN BESTRAFT.

Allahs Befehle führen zum Sieg, aber vielen Menschen ist das nicht bewusst.
Gott sei gepriesen.
Diwan al-Ta'alim

Gezeichnet: Dhu al-Qarnein

Der Name al-Qarnein bedeutet wörtlich: der Zweihornige und bezeichnet im Arabischen *Alexander den Großen*. Da es sich offenkundig um einen *nom de guerre* handelt, ist die Botschaft klar: Wir haben unsere Grenzen noch lange nicht erreicht. Der Text ist im Tonfall typisch für radikale Islamisten. Religiöse Überhöhungen übertünchen ein Weltbild, das Konformismus und Unterordnung verlangt. Bildungsferne erhält den Rang einer Ideologie.

Vgl. Lüders, Michael: Wer den Wind sät. Was westliche Politik im Orient anrichtet, München 2015, S. 97f.

Der Kreis einflussreicher Männer. Mit diesem Terminus aus der traditionellen islamischen Rechtslehre ist ein Personenkreis aus Emiren, Gelehrten, Stammesführern, Politikern und Notabeln gemeint. Diese Personen sollen „gerecht" sein und die Voraussetzungen kennen, die an die Führung der Muslime geknüpft sind, so dass sie eine solche wählen können.

Der **Finanzrat**, der über Hunderte Millionen US-Dollar verfügt, verwaltet die Einkünfte aus Steuern und Gebühren, eroberten Öl- und Gasressourcen, Spenden, eroberten Fabriken, noch intakten Wirtschaftsbetrieben sowie Löse- und Schutzgeldern. Außerdem fädelt er Waffengeschäfte ein, koordiniert den Verkauf von Erdöl und überwacht die Ausgaben der Organisation. Sein Geldvermögen übersteigt das von al-Qaida mit all ihren Ablegern. Schon *Zarqawi* hatte weitverzweigte Finanzierungsnetzwerke aufgebaut und durch den damaligen *Finanzausschuss* Geld einsammeln lassen. Dies geschah durch Anhänger, die vor allem in den arabischen Golfstaaten und in Europa Spenden über Moscheen und Geschäftsleute einkassierten. Dazu kamen Spendengelder aus dem Irak und die Beute aus den eroberten Gebieten sowie die Erhebung von Steuern. 2006 war schon von mehreren „Ministerien" im „Islamischen Staat Irak" die Rede gewesen, darunter eines für Erdöl und eines für Rohstoffe, aber erst 2009 wurde ein *Finanzministerium* benannt. Heute kontrolliert der Kalif das *Bait al-Mal* (Schatzhaus, eine traditionelle islamische Bezeichnung).

Der aus neun bis dreizehn Mitgliedern bestehende **Militärrat** fungiert quasi als Verteidigungsministerium und koordiniert den militärischen Vormarsch und die Sicherung bereits eroberten Territoriums. Heute ist der Vorsitzende des Militärrats zugleich Vertreter *Baghdadis*. Jedes Ratsmitglied ist ein sogenannter *Katibas* (Kampfbrigaden)-Führer, dem drei Brigaden mit je 300 bis 350 Kämpfern untergeordnet sind. Die IS-Führung gibt ihre operativen Anweisungen an die Islamische Armee, scheut aber nicht davor zurück, für Entführungen gelegentlich auch andere Islamistengruppen als „Subunternehmer" anzuheuern, darunter auch nicht religiös motivierte kriminelle Banden.

Der Militärrat hat einen Generalstab und verfügt darüber hinaus über mehrere Fach- und Spezialgruppen, die etwa für die Bereiche strategische Planung, Selbstmordattentate, Scharfschützen und Verminungs-Brigaden, Frauen und Waffenproduktion zuständig sind. Die Kommandeure des Militärrates genießen in ihren jeweiligen Einsatzgebieten Autonomie.

Daneben gibt es noch den **Hilfsrat für Kämpfer**, der ausländische Kämpfer einschleust, Dschihadisten in anderen Ländern unterstützt und ihnen bei der Suche von Unterkünften hilft.

Analog zum Geheimdienst eines „normalen Staates" gibt es einen **Sicherheitsrat**, der Informationen über innere und äußere Gegner sammelt. Seine Mitglieder sind ehemalige Offiziere des irakischen Geheimdienstes, die unterschiedlichen Fachgruppen angehören. Sie kümmern sich um den Schutz des Kalifen, den Schutz der Organisation vor Infiltration, die Beobachtung von Leitungspersonen des IS, die Errichtung von Checkpoints und Postdienste. Eine spezielle Einheit ist für Entführungen und gezielte Mordanschläge zuständig.

Der **Rechtsrat** ist zuständig für Familienstreitigkeiten und Verletzungen des islamischen Rechts. Auch die Entscheidung über die Tötung von Geiseln fällt unter seine Zuständigkeit.

Für die Propagandakampagnen in den sozialen Netzwerken und die Herausgabe von offiziellen Mitteilungen ist der **Medienrat** verantwortlich. Er muss die Entscheidungen des IS nach innen und nach außen kommunizieren und durch überzeugende Propaganda ständigen Nachschub an Kämpfern und an finanziellen Unterstützern sicherstellen. Er fungiert darüber hinaus als Ansprechinstanz, u.a. für westliche Regierungen und verschiedene internationale Akteure. Seine weit verzweigte Struktur umfasst über 30 Untereinheiten, wovon die wichtigsten Kanäle *al-Furqan*, *al-Itissam* und *al-Hayat* sind. Über diese sind in den letzten zwei Jahren mehrere Filme in Englisch produziert worden, deren sehr hohe Qualität auf professionalisierte Arbeit schließen lässt. Auch veröffentlicht der Medienrat regelmäßig Online-Magazine, betreibt mehrere Radio-Stationen und pflegt Online-Blogs in mehreren Sprachen. Im Medienrat sind die meisten Beschäftigten aus dem Westen zugereiste Kämpfer.

Aber diese entscheidungsmächtige Führungsriege, die die großen Orientierungslinien festlegt und die Feldzüge plant, muss sich nicht nur mit den Führern der verbündeten Stämme arrangieren. Sie muss auch mit den Autonomiebestrebungen der *Katibas*, der Kampfbrigaden, und ihren miteinander rivalisierenden Anführern fertig werden. Die Front ist dezentral organisiert, jedes Bataillon handelt auf eigene Faust und schlägt zu, wo immer es glaubt, einen Vorteil zu erringen. Das erschwert die Zusammenarbeit, aber ermöglicht ihnen andererseits schnelles Reagieren. Eine Tendenz zur Zersplitterung ist übrigens schon in der Geschichte des Abbasiden-Kalifats angelegt. Um ihre Aufgabe zu erfüllen, *„das Gute zu befehlen und das Schlechte zu verbieten"*, delegierten die Kalifen ihre Macht und übten ihre Autorität nur symbolisch aus. Ein Kalif war nicht in erster Linie Anführer der Streitkräfte, sondern übertrug vielmehr sein *baraka*, seine Segenskraft, auf sie, indem er wie *Mohammed* sein Banner an die Lanze des Heerführers band. Indem er seine Macht delegierte, tat er es dem Propheten gleich. Sollte sich die militärische Situation stabilisieren, wird es *al-Baghdadi* sicher genau so tun, sich aus der Öffentlichkeit zurückziehen und zu einer unantastbaren, entrückten und damit allmächtigen Figur werden.

Insgesamt erweist sich die Struktur des IS als ambivalent. Zum einen geht mit der Vorstellung einer „islamischen Herrschaft" die Überzeugung einher, ein über 1000 Jahre altes Strafrecht mitsamt dem zu seiner Zeit verhängten drastischen Vollstreckungen wieder einführen zu wollen. Zugleich bedient sich der IS aber Instrumente moderner Nationalstaaten, die das Individuum einer vollkommenen Kontrolle unterwerfen und in seinen Freiheitrechten einschränken. So verwendet der IS in äußerst effektiver Weise moderne Kommunikationstechnologien, überregionale Netzwerke, die Medien, das Bildungssystem und die vor Ort herrschende zentrale Gesetzgebung, um den von ihm regierten Bevölkerungsgruppen seine Ideen einzuimpfen.

Der Kalif hat alle relevanten Berufsgruppen in Syrien und im Irak persönlich aufgerufen, am Aufbau des neuen Staatswesens tatkräftig mitzuhelfen. Schulen und Universitäten sind im IS geöffnet. Es gibt die Wehrpflicht, der neue Staat erhebt Steuern und Abgaben. Davon werden u.a. auch Suppenküchen für Arme sowie Renten für Witwen getöteter IS-Kämpfer finanziert. Im Gegensatz zur al-Qaida oder anderer Terrororganisationen legt der IS großen Wert auf den Aufbau tragfähiger Strukturen eines Staates.

In seiner gegenwärtigen Form vereint der sogenannte „Islamische Staat" strukturelle Elemente der bürokratisierten und professionalisierten Aufgabenteilung moderner Staatssysteme mit mafiaähnlichen Strukturen, die gut mit bestehenden Stammeskulturen der Region korrespondiert. Die Bedeutung der Zusammenarbeit mit Stammesführern spielt eine ebenso wichtige Rolle wie die Kooperation mit Gelehrten, bekannten Führungspersönlichkeiten und einflussreichen Leuten aus verschiedenen gesellschaftlichen Bereichen. Denn sie verschaffen dem IS die nötige Legitimation und Anerkennung innerhalb verschiedener Kreise der Bevölkerung.

Die Verwaltungsstrukturen in den besetzten Gebieten

Das vom IS eroberte und verwaltete Territorium ist in Verwaltungseinheiten, sogenannte "Wilaya", aufgeteilt. Jede Wilaya ist wiederum in mehrere "Katehs" (Kreise) aufgeteilt, von denen jede mehrere Städte und Vororte verwaltet.

Zu jeder Wilaya gibt es
- einen Wali, der als eine Art Gouverneur zu verstehen ist
- einen sogenannten Militär-Amir, als militärischen Anführer
- ein Sicherheits-Amir
- einen Scharia-Amir
- ein Medien-Büro.

Dieselbe Struktur findet sich auch in den einzelnen Städten, sodass sie sich nach unten hin immer weiter auffächert. Dieser Apparat verwaltet die bürokratischen Angelegenheiten des täglichen Lebens der Zivilbevölkerung. Er hat zuletzt sogar moderne Ausweise für die Organisations-Angestellten erstellt. Dort werden Eheschließungen dokumentiert, neue Geburten eingetragen und die Preise und die Lieferung der Nahrungsmittel kontrolliert.

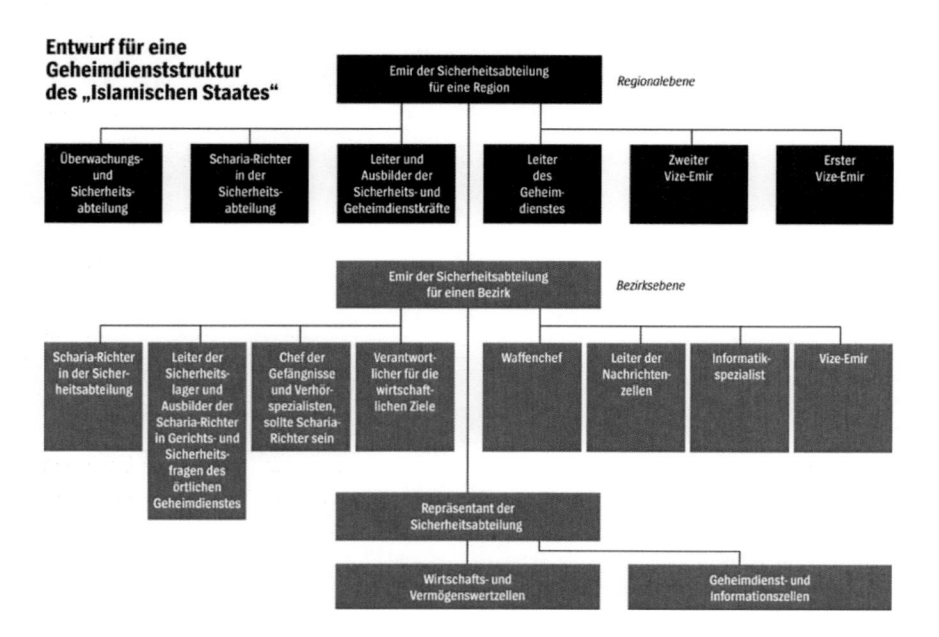

Entwurf für eine Geheimdienststruktur des „Islamischen Staates"

Regionalebene:
- Emir der Sicherheitsabteilung für eine Region
  - Überwachungs- und Sicherheitsabteilung
  - Scharia-Richter in der Sicherheitsabteilung
  - Leiter und Ausbilder der Sicherheits- und Geheimdienstkräfte
  - Leiter des Geheimdienstes
  - Zweiter Vize-Emir
  - Erster Vize-Emir

Bezirksebene:
- Emir der Sicherheitsabteilung für einen Bezirk
  - Scharia-Richter in der Sicherheitsabteilung
  - Leiter der Sicherheitslager und Ausbilder der Scharia-Richter in Gerichts- und Sicherheitsfragen des örtlichen Geheimdienstes
  - Chef der Gefängnisse und Verhörspezialisten, sollte Scharia-Richter sein
  - Verantwortlicher für die wirtschaftlichen Ziele
  - Waffenchef
  - Leiter der Nachrichtenzellen
  - Informatikspezialist
  - Vize-Emir
  - Repräsentant der Sicherheitsabteilung
    - Wirtschafts- und Vermögenswertzellen
    - Geheimdienst- und Informationszellen

Die Kämpfer

In Syrien wuchs die Terrorgruppe von *al-Baghdadi* innerhalb kurzer Zeit. Zulauf kam von jungen Syrern, die vom Auftreten der „Freien Syrischen Armee" und anderen Kampfverbänden enttäuscht waren. Sie fühlten sich angezogen von dem harten Vorgehen, der guten Ausrüstung und Finanzierung des „Islamischen Staates im Irak und in der Levante" (ISIS), aus der dann der IS wurde. Selbst Kämpfer der *Nusra*-Front (al-Qaida) schlossen sich an. Nach Ansicht führender Vertreter der syrischen oppositionellen *„Nationalen Koalition"* ist ISIS eine Schöpfung des syrischen Geheimdienstes. Der Oppositionelle *Michel Kilo* erklärte im Januar 2014 am Rande der Genfer Friedensgespräche (im Interview mit Al Monitor vom 23.1.2014), seiner Gruppe lägen Fotos vor, die den syrischen Präsidenten mit ehemaligen Geheimdienstangehörigen zeigten die heute „Emire von ISIS" seien. Der syrische Geheimdienst habe ISIS-Daten von Gruppen und Personen übermittelt, die angegriffen werden sollten, so *Kilo*. *„Das Regime hat diese Gruppen erschaffen, die es zu Beginn unserer Revolution in Syrien nicht gab".*

Diese Meinung teilte auch der ehemalige französische Präsident *Francois Hollande*, der eine Kooperation mit der syrischen Regierung gegen ISIS ausschloss, weil *„Assad...de facto ein Verbündeter der Gotteskrieger"* sei. Als Beleg für diese Vorwürfe wurde vorgebracht, *Assad* habe 2011/2012 Gefangene freigelassen, die sich ISIS angeschlossen hätten. Tatsächlich erfolgte die Freilassung im Zuge eines durch Geiselnahme erpressten Gefangenenaustausches zwischen der syrischen Regierung und bewaffneten Gruppen.

Im Irak erhielt die *al-Baghdadi*-Gruppe ursprünglich (2004) Unterstützung von den Gegnern der von den USA geführten Besatzungstruppen. Dazu gehörten westirakische sunnitische Stämme, Angehörige der von den USA aufgelösten irakischen Armee und Mitglieder der verbotenen Baath-Partei. Im Laufe der Jahre stießen angeworbene Muslime aus Nordafrika (Libyen) und aus den palästinensischen Flüchtlingslagern hinzu, denen vom syrischen Geheimdienst der Transit ermöglicht wurde. Heute werden Anhänger der Gruppe im Irak vom Zorn auf die schiitische Zentralregierung in Bagdad und einer religiös aufgeheizten Mobilisierung angetrieben.

Lokale Unterstützung erhielt die Gruppe von Beduinen, die als Grenzgänger für Schmuggel und Informationen zuständig sind und häufig mit allen Seiten Geschäfte machen. In den unwirtlichen, wenig bewohnten Wüstengebieten im syrisch-irakischen Grenzgebiet erpresste sich die Gruppe Unterstützung von den dort leben sunnitischen Stämmen. Wer sich unterwarf, profitiert von der Plünderung der syrischen Ölfelder. Wer sich widersetzte, wurde ermordet. Junge Männer von Stammesverbänden schlossen sich den Truppen *al-Baghdadis* aber auch freiwillig an, um aus den einengenden Stammesstrukturen herauszukommen. In den Kampfverbänden wurden sie ausgerüstet und bezahlt und zu Akteuren eines Kampfes gemacht, der international große Aufmerksamkeit erhielt. Durch professionale Propaganda, die in vielen Sprachen über das Internet und soziale Medien wie You Tube oder Twitter verbreitet wurde, ist die *al-Baghdadi* Gruppe innerhalb kürzester Zeit weltweit bekannt geworden. Junge Muslime aus mehr als 100 Staaten zogen nach Syrien, um sich ihr anzuschließen. Aus Europa sollen es mindestens 5.000 Personen sein, aber die meisten ausländischen Kämpfer kommen aus anderen arabischen Staaten.

Aus Deutschland reisten nach Zählung deutscher Behörden seit Mai 2013 insgesamt 940 Menschen[122] in Richtung Syrien oder in den Irak, um den Dschihad zu unterstützen. Unter ihnen sind etwa 200 Frauen, von denen wiederum zehn Prozent minderjährig sein sollen. Von den Männern sollen einige Selbstmordattentate verübt haben. Die genaue Zahl der Kämpfer ist nicht bekannt.[123] Der juristische Umgang mit den Rückkehrern ist schwierig: Nur wenige sind so ungeschickt, ein ganzes Smartphone voller Bildbeweise für ihre Untaten mitzubringen. Viele berufen sich darauf, in Syrien oder im Irak nur ein gottgefälliges Leben geführt oder etwa als Sanitäter geholfen zu haben. Das Gegenteil zu beweisen ist für Staatsanwälte oft fast unmöglich. Gut ein Drittel der ausgereisten deutschen Dschihadisten war laut einer Studie des Verfassungsschutzes von Oktober 2016 wieder zurück in Deutschland. Wie vielen weiteren seither die Rückkehr gelungen ist, ist unklar.

Ausländische Kämpfer im IS

Mit dem Einmarsch der Sowjetunion Weihnachten 1979 in Afghanistan begann das Phänomen von Dschihad-Willigen, die von einem Kampfschauplatz zum nächsten reisen. Der Afghanistankrieg (1979-1989) war der Beginn dieser Entwicklung, die bis heute andauert. Dabei beteiligten sich zunächst nur wenige

---

[122] Zwei Drittel davon haben die deutsche Staatsangehörigkeit.
[123] Vgl. Leukefeld, Karin: Flächenbrand. Syrien, Irak, die arabische Welt und der Islamische Staat, Köln 2015, S. 211ff

Araber an dem Krieg der sogenannten afghanischen Mudschaheddin gegen die sowjetischen Truppen. Erst seit dem Jahr 1984 mit der Gründung des „Dienstleistungsbüros" im pakistanischen Peschawar durch *Abdullah Azzam* nahm die Mobilisierung deutlich zu. Neben dem Büro, in dem auch *Osama Bin Laden* tätig war, trug dazu die finanzielle Unterstützung durch die USA[124], Saudi-Arabien und weiteree reiche Spender aus den Golfstaaten bei.

Es gibt keine verlässlichen Zahlen, wie viele Araber an den zehn Jahre andauernden Kämpfen gegen die Sowjetunion teilgenommen haben. Realistische Schätzungen gehen von bis zu 35.000 Personen aus, wobei viele von ihnen junge Männer aus Saudi-Arabien waren, die in den Ferienzeiten der Schule oder der Universität lediglich für wenige Wochen oder Monate als Dschihad-Touristen nach Afghanistan fuhren und zumeist nicht an Kampfhandlungen beteiligt waren. Andere Schätzungen sprechen von nur rund 10.000 Personen. Legt man die Maximalzahl von 35.000 zugrunde, so lag der Anteil der Araber gegenüber den afghanischen Kämpfern im besten Fall bei etwa 20 bzw. 14 Prozent, wenn man von einer Gesamttruppenstärke der afghanischen Mudschaheddin zwischen 175.000 und 250.000 ausgeht.

Insgesamt konnten die Araber jedoch wenig zum Kampfgeschehen in Afghanistan beitragen. Der Wert für sie bestand vielmehr darin, eine militärische Ausbildung und anschließend die Feuertaufe auf dem Schlachtfeld zu erhalten. Aber aus diesen Kämpfern entwickelte sich unter der Führung von *Osama Bin Laden* die al-Qaida.[125] Zudem entstanden durch die Vernetzung verschiedenster islamistischer Gruppen und Personen in Afghanistan und besonders in Peshawar/Pakistan neue Ideen und Ansichten, aus denen die Ideologie des weltweiten Dschihad erneut entstehen sollte. Personen aus unterschiedlichsten Ländern lernten sich kennen und formten so die Basis des späteren Netzwerks des globalen Dschihads. Afghanistan war also der Antriebsmotor des Dschihadismus heutiger Prägung in militärischer, organisatorischer und ideengeschichtlicher Hinsicht, und seine Bedeutung für die Bewegung darf nicht unterschätzt werden.

Nachdem die Sowjetunion ihre Truppen aus Afghanistan zurückgezogen hatte, blieben jedoch diverse Araber dort und manche kamen überhaupt erst dann am Hindukusch an. Allerdings wurden sie oftmals im innerafghanischen Bürgerkrieg, der ständig unübersichtlicher und fragmentierter wurde, zwischen

---

[124] Rund 5 Milliarden US-Dollar, sowie Waffen wie die Stinger-Flugabwehrrakete wurden zur Verfügung gestellt – alles unter dem Tenor: „Wir unterstützen den Feind des Feindes"
[125] Vgl. Barth, Peter: Terrorismus im Zeitalter der Globalisierung, München 2002

den Konfliktparteien aufgerieben. Das klare Feindbild fehlte nun. Viele Araber verließen daher Afghanistan und kehrten in ihre Heimat zurück, um dort den Kampf gegen die eigenen Machthaber zu beginnen oder fortzusetzen. Dies betraf etwa Algerien, wo sich die Rückkehrer zumeist in der 1992 gegründeten „Bewaffneten Islamischen Gruppe" (GIA) organisierten. Andere schlossen sich *Bin Laden* und seiner 1989 gegründeten al-Qaida an. Wieder andere wandten sich neuen Krisenherden in der muslimischen Welt zu und zogen etwa nach Bosnien, das im März 1992 seine Unabhängigkeit erklärt hatte und sich nun im Krieg mit Serbien befand. Arabische Kämpfer wurden durch die Bilder vom Leid der Bevölkerung mobilisiert und eilten herbei, um ihre muslimischen „Geschwister" zu unterstützen. Ein ähnliches Muster war dann später im ersten und zweiten tschetschenischen Krieg (1994-1996 bzw. 1999-2009) zu beobachten, wo eine mehrheitlich muslimische Bevölkerung in Bedrängnis geraten war. Auch dort meldeten sich arabische Freiwillige zum Dienst an der Waffe.

Den Führungspersonen unter den Dschihadisten dienten derartige Krisen und Konflikte dazu, Erfahrungen zu sammeln sowie Kontakte in weiteren Regionen der Welt aufzubauen und neue Kämpfer zu rekrutieren. Seit dem Afghanistankrieg gab es genügend Konflikte in muslimischen Ländern und Regionen, aus denen die Dschihadisten immer wieder Kraft schöpfen konnten.

Der neue Anziehungspunkt für Dschihadisten seit 2011 – und stärker noch seit 2012 – ist nun Syrien. Hier findet, laut den Autoren einer Studie über gefallene ausländische Dschihadisten in Syrien, die *„drittgrößte Mudschaheddin-Mobilisierung seit den 1980er Jahren"* nach dem ersten Afghanistankrieg und dem Irakkrieg statt.[126] Ähnlich wie in Afghanistan stellen ausländische Dschihadisten beim IS etwa 10 Prozent der Kämpfer.

Mit der Proklamation des so genannten „Islamischen Staates" im Sommer 2014 begann eine neue Ära der islamistisch-dschihadistischen Rekrutierung und Radikalisierung. Über 35.000 Kämpfer aus über 100 Ländern – darunter ca. 6.500 aus Tunesien, 2.500 aus der Türkei, 2.500 aus Saudi-Arabien, 2.000 aus Tschetschenien und Russland sowie Tausende aus westlichen Demokratien – haben sich als *„foreign fighters"* (internationale dschihadistische Kämpfer) dem IS in Syrien und im Irak angeschlossen, was die letzte Stufe eines

---

[126] Vgl. Zelin, Aaron/Kohlmann, Evan/al-Khouri, Laith (Juni 2013): Convoy of Martyrs in the Levant. A Joint Study Charting teh Evolving Role of Sunni Foreign Fighters in the Armed Uprising Against the Assad Regime in Syria. Flashpoint Partners. Online abrufbar unter flashpoint-intel.com.

Radikalisierungsprozesses darstellt.[127] Nach einer aktuellen Studie des *International Centre for Counter-Terrorism* in Den Haag sind knapp 5.000 davon EU-Bürger, bis zu 1.500 französische, über 900 deutsche[128], ca. 800 britische und Staatsbürger aus anderen EU-Ländern wie beispielsweise Belgien.[129]

Auch wenn es Parallelen zwischen der internationalen Mobilisierung für den Afghanistankrieg in den 1980er Jahren und der für den heutigen syrischen Bürgerkrieg gibt, sollte auf einige grundlegende Unterschiede in der historischen Situation hingewiesen waren. Dies betrifft zunächst die Wahrnehmung der beiden Konflikte durch den Westen. Die sogenannten Mudschaheddin in Afghanistan galten im Westen zumeist als „Freiheitskämpfer" und wurden insbesondere durch die USA in Kooperation mit Saudi-Arabien und Pakistan finanziell und militärisch massiv unterstützt, da man sie als anti-kommunistische Verbündet betrachtete, dabei jedoch ihre anti-westliche Ausrichtung übersah. Ein Grund hierfür liegt darin, dass sich die al-Qaida erst gegen Ende des Afghanistankrieges gründete und sich erst nach dem Rückzug der sowjetischen Truppen langsam den USA und ihren Partnern als neuem Hauptfeind zuwandte. Spätestens seit den Anschlägen vom 11. September 2001 wurde dann die Gefahr deutlich, die vom Dschihadismus für westliche Staaten, aber auch für andere Regionen der Welt ausgeht.

Dies ist auch ein wichtiger Grund dafür, dass sich die USA bei ihrer Unterstützung für den Aufstand gegen Präsident *Assad* zögerlich verhalten. Zwar würden sie dessen Sturz begrüßen, doch ahnt die US-Regierung auch, dass ein der USA noch weitaus feindlicher gesinntes Regime an die Macht kommen könnte und dass Syrien ein *safe haven* für dschihadistische Terroristen werden könnte. Auch zögern die USA mit der Bewaffnung der Oppositionstruppen, da sie befürchten, die Waffen könnten in die falschen Hände, also in die der Dschihadisten, geraten. Auch in Saudi-Arabien, das seine Heißsporen in den 1980er Jahren gerne nach Afghanistan geschickt hatte, hat in den vergangenen Jahren ein Umdenken hinsichtlich der Einschätzung des Dschihadismus stattgefunden: Heute sieht man ihn als Gefahr für das Königreich an. Dies ist auch der Grund, weshalb der saudische König per Dekret die Beteiligung saudischer Staatsbürger am syrischen Bürgerkrieg unter Strafe gestellt hat – ein

---
[127] Vgl. http://www.telegraph.co.uk/news/2016/03/29/iraq-and-syria-how-many-foreign-fighters-are-fighting-for-isil/
[128] Vgl. Steinberg, Guido: Al-Qaidas deutsche Kämpfer. Die Globalisierung des islamistischen Terrorismus, Hamburg 2014
[129] Vgl. http://icct.nl/topic/foreign-fighters/

wichtiger Unterschied der saudischen Innenpolitik im Vergleich zum Afghanistankrieg. Und schließlich beteiligen sich, anders als im Afghanistankrieg, im Syrienkrieg eine größere Anzahl junger Deutscher und Europäer.

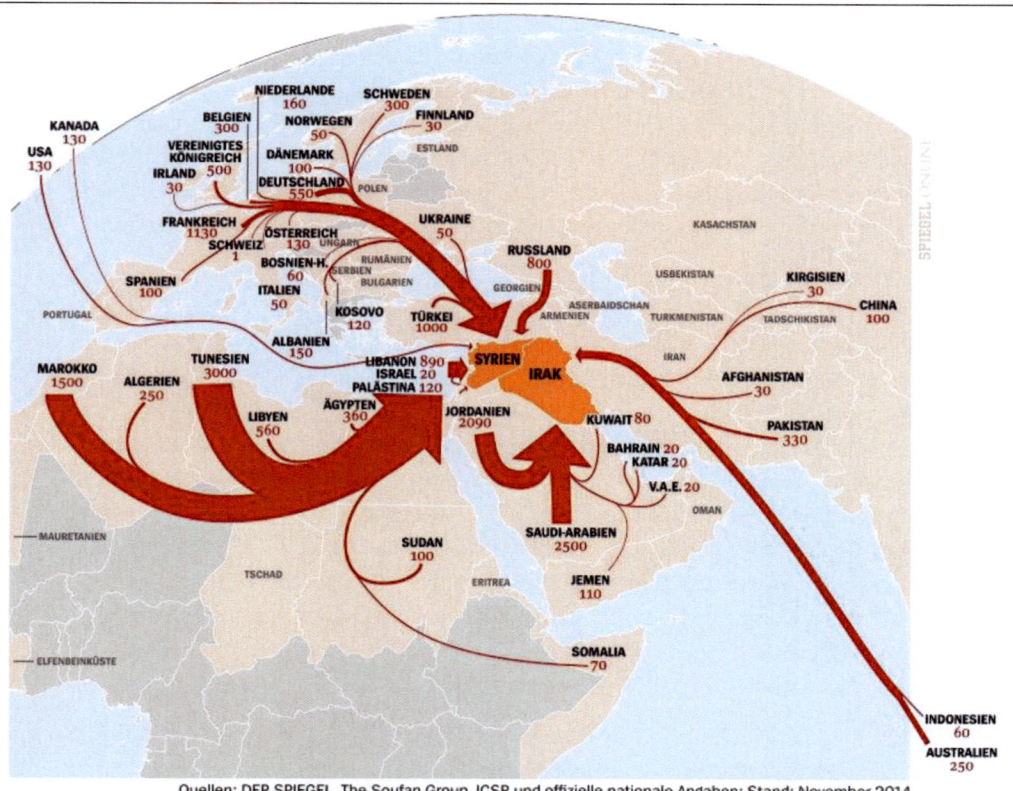

Kasten: Personalbogen des IS

In den ersten Zeilen geht es um Banales, um Angaben, die man für Personalbögen eben so braucht. Nach dem Familiennamen wird gefragt, nach dem Geburtsdatum und dem Familienstand. Auch nach der Blutgruppe und dem Beruf vor der Einreise. In Zeile 15 kommt dann die Frage, ob man schon Erfahrung mit dem Dschihad hat. Es folgt die Frage, was man im „Islamischen Staat" werden möchte: Kämpfer, Selbstmordattentäter oder Inghimasi?[130] Die Fragebögen sind äußerste umfangreich, die Datensammler des IS haben auch den Kampfnamen der Einreisenden aufgenommen, den Heimatort und die Telefonnummer der Familie zu Hause, für die Benachrichtigung im Falle des Todes. Insgesamt gibt es 23 Zeilen mit entsprechenden Fragen. Auch besondere Fähigkeiten werden vermerkt werden – z. B. „hat chemische Kenntnissee".

Dass der IS sich nicht nur großspurig „Staat" nennt, sondern wie ein Staat handelt, der auch kleinste Veraltungsdetails regeln will, war schon länger bekannt. Auch dass es eine Art Registrierung an der Grenze zu den vom IS kontrollierten Gebieten geben könnte. Als Meilenstein bei der Aufhellung der IS-Strukturen gilt der Fund des Archivs von *Adnan Ismael Nadschm*, den ein irakisches Sondereinsatzkommando im Juni 2014 in Mossul erschoss. Der IS-Führer mit dem Kampfnamen *Abdel Rahman al-Bilawi*, galt als zweiter Mann in der Hierarchie der Terrormiliz. Ermittler fanden bei ihm eine Vielzahl von Datenträgern mit einer umfangreichen Dokumentation der IS-Verwaltung. Fein säuberlich führt die Terrormiliz Buch über Einnahmen durch Öl- und Goldverkauf und Ausgaben für Waffen oder für das erstaunlich ausdifferenzierte Sozialsystem, in dem es Heiratshilfen für „Brüder" gibt oder für Angehörige von getöteten „Gotteskriegern" Hinterbliebenenrenten.

Der eigentliche Schatz des *al-Bilawi* aber waren Listen, auf denen minutiös alle Daten von IS-Kämpfern aus beinahe aller Welt zusammengefasst sind. Auch auf eine Kartei mit Selbstmordattentätern stießen die irakischen Ermittler damals. Auch die Namen von Freunden oder Angehörigen, die nach dem „Märtyrertod"

---

[130] Ein Inghimasi ist ein Krieger, der sich wie ein Amokläufer in die Schlacht wirft, wissend, dass er nicht überleben wird. Im Arabischen hat das Wort zweierlei Bedeutungen: „eintauchen", weit in das Lager des Feindes, um ihn dort zu überraschen; und „sich absolut hingeben". Diesen neuen islamistischen Terminus technicus für Selbstmordkämpfer hat allem Anschein nach al-Qaida im Irak eingeführt, noch ehe sie sich in die beiden rivalisierenden Lager „Islamischer Staat" und „Nusra-Front" spaltete. Anders als der „klassische" Selbstmordattentäter, der in einem weitgehend standardisierten Ablauf „nur" per Knopfdruck Sprenggürtel oder Autobombe zündet, hat der „Inghimasi" weit komplexere Aufgaben zu bewältigen, die bei aller Variation nur auf das eine abzielen: die Effizenz des Angriffs und möglichst die Zahl der Opfer maximal zu steigern. Ob dabei zur Selbstsprengung gegriffen wird, entscheidet sich je nach Situation und der Möglichkeit, ausreichend Sprengstoff ans vorgesehene Ziel zu transportieren.

zu benachrichtigen sind, finden sich auf den Bögen. Auch ein Terrorstaat lebt vom Vertrauen. Und deshalb gibt es im IS sogar ein Bürgen-System für selbsternannte „Gotteskrieger" und wildentschlossene Selbstmordattentäter beispielsweise aus Europa.

		الإسم واللقب	1
	ابو حمزة الالماني	الكنية	2
	عائشة	إسم الأم	3
		فصيلة الدم	4
الماني	1987	تاريخ الولادة و الجنسية	5
	أعزب (&) متزوج ( ) عدد الأطفال ( )	الحالة الإجتماعية	6
	هامبرج	العنوان و مكان الإقامة	7
	ثانوي	التحصيل الدراسي	8
	طالب علم ( ) متوسط ( ) بسيط (&)	المستوى الشرعي	9
	تاجر	ماهي مهنتك قبل المجيئ ؟	10
	السعودية لمدة شهر	البلدان التي سافرت إليها وكم لبثت بها؟	11
	باب الهوى	المنفذ الذي دخلت منه ؟ والواسطة ؟	12
	ابو عبد الله الالماني	هل لديك تزكية ومن من ؟	13
	1/6/2013	تاريخ الدخول ؟	14

Kasten: Motivation der dschihadistischen Ausländischen Kämpfer

Die Frage stellt sich natürlich, wie kommt es dazu, dass Tausende Dschihadisten im demokratischen, freien, reichen Westeuropa der Nachkriegszeit aufgewachsen und/oder geboren ihre demokratische, zivilisatorische Prägung negieren und zu unvorstellbaren, entmenschlichenden Gräueltaten fähig sind? Der im Irak geborene, in Deutschland lebende Publizist *Najem Wali* hat genau dies in seinem literarischen Sachbuch untersucht: Warum sind seinerzeit marokkanische Söldner in den spanischen Bürgerkrieg gezogen, und warum ziehen derzeit in Europa aufgewachsene Jugendliche nach Syrien?[131] Mit den jeweils anderen Ländern verbindet sie doch eigentlich nichts. *Wali* vergleicht die Motive junger Deutscher, die beim „Islamischen Staat" anheuern, mit den Beweggründen anderer deutscher junger Männer, die zur französischen Fremdenlegion gehen. Den Vergleich mag man abwegig finden, aber die Frage ist legitim. Warum schließt sich ein Einzelner einen solchen Verband an, wohl wissend, dass er dabei eines Tages töten wird?[132]

Ideologie oder Religion als Motiv scheiden für *Wali* als Erklärung aus. Gemordet werde, mit und ohne Gott. Vielmehr hätten all diese Mörder eines gemeinsam: Sie wollen tödliche Angst verbreiten und soziales Fundament des Vertrauens zerstören. *„Ist es folglich übertrieben, wenn wir sagen: Das Böse ist ebenso wie das Morden ein Instinkt, während das Gute und mit ihm der Frieden Idee, Überzeugung und erworbene Haltung ist?"*, fragt der Autor nicht zuletzt im Hinblick auf das große Schweigen im Westen angesichts wachsender Einnahmen aus Waffenexporten. *„Es ist unsere Ignoranz und Arroganz, unser Dünkel und unsere Faulheit, die uns denken lassen: Warum sollen wir uns mit dem Tod von anderen beschäftigen, solange der Tod nicht zu uns kommt?"*.

Mit seiner Herangehensweise nimmt *Wali* dem heutigen Terror die politische und religiöse Legitimation. Wer mag ihm wiedersprechen, wenn er zu dem Schluss kommt: *„Der Terror ist so alt wie die Menschheit, so vielfältig wie der Mensch und die Orte, an denen er lebt und seine Gleichsetzung mit einer einzigen Seite, sei es dem Islam, dem Christentum oder dem Judentum, ist bloß eine Maske der Berichterstattung über den jeweils konkreten Terrorakt"*.

---

[131] Vgl. Wali, Najem: Im Kopf des Terrors. Töten mit und ohne Gott, Salzburg 2016
[132] Kern der Syrischen Demokratischen Kräfte (SDF), die gegen den IS kämpfen, sind kurdische Milizen, die politisch der Ideologie des PKK-Führers Abdullah Öcalan nahestehen. Auch etliche Deutsche kämpfen auf ihrer Seite. Das Bundeskriminalamt warnte im Frühjahr 2017 in einem internen Bericht vor linken Rückkehrern nach Deutschland, die im syrischen Kurdengebiet (Rojava) eine Ausbildung an der Waffe erhalten haben. 38 Männer und Frauen habe man derzeit im Visier.

Wali endet pessimistisch: Das Gute sei heute ins Hintertreffen geraten, befinde sich in einem ständigen Verteidigungskampf. Das Böse breite sich aus wie eine Krake. Lösungsansätze hat *Wali* allerdings keine im Angebot.

Das öffentliche Darstellen exzessiver, oftmals sadistisch „innovativer" Gewalt von „foreign fighters" hat sich seit der Gründung des IS im Sommer 2014 schnell zu einem medial transportierten Markenzeichen des IS entwickelt. Die meisten dschihadistischen Propagandavideos zeigen ungefilterte, schier unfassbare Brutalität und genau diese archaische Brutalität, im Gewand moderner Ästhetik, spricht offensichtlich junge Interessenten an. Das Spektrum der in den Gewaltvideos des IS veröffentlichten Gewalt reicht von der Verstümmelung menschlicher Körper (Ohren, Lippen, Genitalbereich etc.), Überfahren durch Panzer, Steinigung, Ertränken, Verbrennen mit Flammenwerfern oder langsamer durch Spiritus auf der Kleidung bis hin zu Enthauptungsvideos und bewusster entmenschlichender Präsentation der verstümmelten Körper der Gegner.

Diese oftmals von „foreign fighters" ausgeübter und/oder veröffentlichte Gewalt präsentiert einen Gewalt verherrlichenden Gegenentwurf zu westlichen Demokratien mit humanistischen Normen, die der IS ablehnt.

Im Jahr 2015 allein hat der IS die Tötung von über 1.000 Gefangenen – meistens Männer – in Videoclips veröffentlicht, wobei der IS nur einen Bruchteil der von ihm durchgeführten Hinrichtungen auch veröffentlicht.[133] In den ersten 18 Monaten seiner Herrschaft über Territorium in Syrien (ohne Irak) richtete der IS dort mehr als 2.000 Zivilisten, die eindeutig nicht als Kombattanten agiert hatten, auf brutalste Weise hin.

Die taktische Funktion des terroristischen Zurschaustellens von exzessiver Gewalt besteht zum einen darin, die Aufmerksamkeit der modernen Massenmedien sicherzustellen, um deren kostenlose Multiplikatorenfunktion für ihre Propagandanachrichten zu nutzen und die religiöse „Rechtfertigung" der Hinrichtungen als Beispiele der Rechtsprechung der Scharia darzustellen. Zusätzlich dient die Demonstration der Macht des IS über Leben und – brutalen, langsamen, quälenden –Tod der Abschreckung und Einschüchterung des Gegners als Teil einer psychologischen Kriegsführung, aber auch der Rekrutierung neuer Anhänger.

---

[133] Vgl. http://www.terrorismanalysts.com/pt/index.php/pot/article/view/483/957

Die Funktion der Befriedung von Rachegefühlen der Mitglieder und Unterstützer des IS leitet über zur dschihadistischen Radikalisierung und psycho-sozialen Erklärung für die Anwendung von exzessiver Gewalt durch internationale „foreign fighters".

Im Fall einer islamistischen bzw. dschihadistischen Radikalisierung kommt es zur Übernahme einer militanten Ideologie und durch sie zur Rechtfertigung einer grenzenlosen Anwendung von Gewalt gegenüber Menschen. Islamistische Radikalisierung als religiös-politische Radikalisierung wird als kognitiver Veränderungsprozess der sozialen Einstellung, des sozialen Verhaltens auf der Grundlage einer religiösen Ideologisierung hin zur Bereitschaft zur Anwendung von Gewalt verstanden.

Brutale Gewalt in Form von Verbrennen, Steinigen, Ertränken und Verstümmeln von menschlichen Körpern ist nicht neu in der Geschichte der Menschheit, sondern in unterschiedlicher Ausprägung ein bekanntes Phänomen in kriegerischen Konflikten auf der ganzen Welt.

Sozialwissenschaftlich werden diese Gewaltakte wie folgt erklärt:

- persönliche Gründe der Täter, wie beispielsweise Wut; damit verbunden Gewalt als psychologische Kompensationsstrategie, indem traumatische Stressoren durch positiv empfundene Aggression ausgeblendet werden;
- als Mittel, um die personelle Unterstützung des Gegners zu dezimieren;
- als Teil einer (para-)militärischen Strategie, um den Feind psychologisch einzuschüchtern.

Psychologisch wird Aggression in zwei Formen unterteilt: in die reaktive Aggression und in die appetitive Aggression Die reaktive Aggression ist defensiv konnotiert und zielt auf die Verringerung eigener Angst ab. Die appetitive Aggression wird allerdings während des Gewaltaktes als lohnenswert und anziehend wahrgenommen. So bewerten verschiedene psychologische Studien exzessive Grausamkeit als biologische, intrinsische Freude am Angriff, an der Jagd, an der Aggression, so wie jede Kultur (rituelle) Gewalt auslebte und immer noch auslebt, früher durch Gladiatorenkämpfe und Zweikämpfe, heute durch Boxen bzw. ultimate fighting und Ego-Shooter-Computerspiele. Aus aktueller psychologischer Feldforschung in afrikanischen Bürgerkriegsgebieten ist empirisch gesichert, dass Menschen – v.a. Männer – ein höheres Maß an appetitiver Aggression entwickeln, je länger sie Gewalt und Grausamkeiten von kriegerischen Konflikten ausgesetzt sind. Empirisch gesichert ist eine Korrelation der Zahl verübter Gräueldaten und der Wahrscheinlichkeit, diese Gräueldaten zu wiederholen bzw. zu steigern.

Sozialwissenschaftliche Forschung zeigt in Bezug auf die erklärte appetitive Aggression eine zusätzliche Verstärkung durch die Rolle von paramilitärischen bzw. militärischen Gruppen auf. Bewaffnete und Gewalt anwendende Gruppen sind durch politische, religiöse und auch wirtschaftliche Ziele stark intrinsisch motiviert, und diese Motivation wird noch dadurch verstärkt, dass das Kollektiv für bewaffnete Gruppen wichtiger ist als das Individuum. Verschiedene Theorien und empirische Befunde der Sozialpsychologie betonen die hohe Bedeutung von Gruppen auf das zur Gewalt neigende Individuum. Gruppen neigen dazu, individuelle Meinungen und Haltungen hin zur Gewalt zu verstärken, indem die gesellschaftlich anerzogene Rationalität des Individuums marginalisiert wird. Entsprechend fühlen sich Individuen als Teil einer Gruppe weniger verantwortlich für gewalttätige Aktionen, was als Verantwortungsdiffusion zu charakterisieren ist. Für Kämpfer einer bewaffneten Gruppe ist Kohäsion, Gemeinschaftsgefühl so wichtig, dass diese Faktoren extreme Gräueltaten triggern können. Dies kann dadurch erklärt werden, dass dieses Verhalten als Einstehen „für die gemeinsame Sache" verstanden wird.

Individuen schließen sich aufgrund von erwarteten Anreizen und Nutzen Gruppen an. Dabei suchen die einen eher politischen und/oder religiösen Sinn und Aufgaben, die anderen sind auf der Suche nach Aufregung. Die totalitäre dschihadistische Ideologie des IS korreliert mit der soziologischen Erkenntnis, dass guppeninterne Regeln und Normen die individuellen Mitglieder abhängig vom Grad der Isolierung, der Kohäsion und der Konformität der Gruppe nahezu „total" kontrollieren können. Die totalitäre dschihadistische Ideologie stellt die Überleitung zur Verbindung des islamistischen bzw. dschihadistischen Dualismus in Freund vs. Feind und Anwendung von brutalster, entmenschlichender Gewalt dar.

Der IS glorifiziert und praktiziert einen stilisierten, idealisierten Ur-Islam des siebten und achten Jahrhunderts und strebt diesen als Blaupause für seine Interpretation von Staat und Gesellschaft an. Seine salafistisch-dschihadistische Islaminterpretation zielt auf eine Reinigung des Islam und die Wiederherstellung eines Islam in seiner als „ursprünglich" deklarierten Form ab. Die dschihadistische Interpretation des Islam schließt die universelle Geltung der Menschenrechte, wie zum Beispiel die Menschwürde, aus. Die Durchsetzung der sogenannten „Hudud"-Strafen (Körperstrafen) wie das Abtrennen von Gliedmaßen für Diebstahl, Wegelagerei und Raubmord, die Todesstrafe für Ehebruch, Homosexualität oder den Abfall vom Glauben, das Auspeitschen bei

Alkoholgenuss oder der fälschlichen Bezichtigung eines illegitimen Geschlechtsverkehrs, sprechen in diesem Zusammenhang für sich.[134]

Durch die eigene Zugehörigkeit zur salafistischen oder dschihadistischen Gruppe der „wahren Muslime" wird eine politische, soziale und psychologische Abgrenzung zu anderen Gruppen, Religionen und gesellschaftlichen sowie staatlichen Systemen möglich. Durch den Glauben an die eigene religiös-moralische Überlegenheit und an den Kampf für die gerechte Sache wird das Foltern, Verstümmeln und Töten zum Akt der Gerechtigkeit. Legitime Selbstverteidigung erlaubt in der Konsequenz auch die Anwendung von brutalster Gewalt. Das Ergebnis ist die Konzeption des „Ungläubigen" als dualistische Feind-Perzeption: Wir vs. „die Andern", die Kuffar, die „Ungläubigen". Als Ergebnis werden Mitglieder einer anderen Gruppe nicht länger als Individuen wahrgenommen. Diese Auffassung kreiert eine anonyme Distanz zu den Mitgliedern der anderen Gruppe, was wiederum einen psychologischen, emotionalen Rückzug ermöglicht. Wer keine Empathie mehr für Mitglieder „der Anderen" fühlt, verletzt, foltert, verstümmelt, ermordet leichter. Diese dschihadistische Ideologie des IS diffamiert Mitglieder der anderen (religiösen, kulturellen oder ethnischen) Gruppen als „niedrigere" Form. Damit kann der entmenschlichte islamistische Sprachgebrauch von „Kuffar", „Hunde", und „Schweine" für die Mitglieder anderer Gruppen erklärt werden. Kurz: Die Entmenschlichung „der Anderen" nimmt eine entscheidende Rolle bei der Anwendung von Gewalt ein.

Religiös–ideologische Erklärungsmuster des Dschihadismus entbinden das Individuum eines IS-Kämpfers von seiner persönlichen Verantwortung, da er seine Taten im Namen einer höheren – nicht irdischen – Institution begeht. Einerseits rechtfertigt eine von Allah gegebene Legitimität entmenschlichende Gewalttaten des dschihadistischen Individuums wie das Töten von Frauen und Kinder, Folter, Hinrichtung und Verstümmelung. Andererseits fällt es dem Dschihadisten leichter, seinen Gegner entmenschlichend zu behandeln, weil dieser durch die dschihadistische Ideologie als „Ungläubiger" und damit als „unwert" verurteilt wurde. So werden soziale und psychologische Grenzen einer früheren – demokratischen, an Menschenwürde orientierten – Zivilisierung, die bisher gewalttätiges Verhalten begrenzt hatte, überwunden.

---

[134] Vgl. Barth, Peter: Islam und Islamismus. Eine Herausforderung für Deutschland, München2003, S. 291ff

Kasten: Bildungskriterien islamistischer Terroristen

Die Ursachen des islamischen Terrorismus sind schon überall gesucht worden. Manche finden sie im Islam selbst, als einer vermeintlich aggressiven Religion. Wieder andere bestreiten, dass es religiöse Konservative sind, die zum Terror finden, und sehen den Terrorismus gerade im Kampf mit traditionellen Auffassungen des Islam. Wie aus *Saddam Husseins* Offizieren die scheinheiligen Krieger des IS werden konnten, erklärt jedenfalls keine Koranlektüre. Darum erkennen viele in den Krisen des arabischen Raumes, an denen sich der Westen beteiligt hat, die Ursachen für den Terror. Oder es ist die prekäre Lage von Migranten, die herangezogen wird. Mal soll Armut eine Ursache dafür sein, dass gewalttätige religiöse Ideologien Anhänger finden, mal aber auch Reichtum, der ihre Verbreitung finanziert. Oder der Kolonialismus, oder der Kapitalismus, oder die Despotie im Orient.

Es liegt auf der Hand, dass derlei Wolken der Ursächlichkeit stets in Gefahr sind, gar nichts zu erklären. Das gilt auch für viele Beschreibungen der Terroristen. Sie sind fast ausnahmslos Männer, sie sind zumeist jung, und sie sind Muslime – aber was sind sie noch? Mal erscheinen sie sie als gut ausgebildete Personen, mal als Taugenichts aus der Prekariatszone. *Mohammed Atta,* der das erste Flugzeug in die Twin Towers lenkte, war der Sohn eines ägyptischen Rechtsanwaltes und studierter Stadtplaner. *Chérif Kouachi* hingegen, der jüngere der Brüder, die *„Charlie Hebdo"* massakrierten, fuhr Pizzas aus, hatte eine Ausbildung zum Elektrotechniker abgebrochen und war im Besitzt eines Fitnesstrainer-Diploms. *Abdelhamid Abaaoud*, die die Anschläge im November 2015 in Paris plante, kam aus einer wohlsituierten Familie marokkanischer Einwanderer nach Belgien. *Ismael Mostefai* wiederum, der im Konzerthaus *Bataclan* in die Menge schoss und sich dann in die Luft sprengte, wuchs in der Pariser Banlieue auf und war zuvor Insasse einer Sozialunterkunft.

Fehlt also jeder Anhaltspunkt dafür, was Menschen zu Terroristen macht? Nicht ganz. *Diego Gambetta*, Soziologe in Oxford und Florenz, hat zusammen mit *Steffen Hertog*, Politikwissenschaftler an der London School of Economics, ein biographisches Muster untersucht, das der islamische Terror vom 11. September 2001 an zeigte.[135] Sie stellen in ihrem Buch folgende These auf: Unter den

---

[135] Vgl. Gambetta, Diego/Hertog, Steffen: Engineers of Jihad. The Curious Connection between Violent Extremism and Education, Princeton University Press, London 2016

muslimischen Terroristen finden sich überzufällig viel Ingenieure und Studenten technischer Disziplinen.

Der Nigerianer *Abdulmutallab* etwa, der 2009 in einem Flugzeug nach Detroit überwältigt wurde, das zu sprengen er vorhatte: ein Maschinenbaustudent aus London. *Seifiddine Rezgui*, der 2015 in Tunesien 38 Urlauber tötet: ein Elektroingenieur. De meistgesuchte muslimische Terrorist in Indien, *Abdul Subhan Quereshi*: ein studierter Elektroniker und Computerspezialist. *Azahari Husin,* der 2004 und 2005 in Bali Bombenattentate verübte: Doktor der Ingenieurwissenschaft und Dozent in der Technischen Universität von Malaysia. *Muhammad Youzef Abdulazeez*, der 2015 fünf Soldaten in Tennessee tötete: Elektroingenieur. *Doku Umarow*, Emir des Kaukasus-Emirats, tschetschenischer Chefterrorist und verantwortlich für die Moskauer Bombenattentate im März 2010: Bauingenieur. Unter den fünfundzwanzig Personen, die direkt an den Ereignissen des 11. Septembers beteiligt waren, hatte ein Drittel an einer technischen Fakultät studiert.

Von den mehr als zweihundert radikalen Muslimen, die an Terrorangriffen teilgenommen haben, waren 45 Prozent Ingenieure. Es liegt auf der Hand, dass das nicht nur verglichen mit der Gesamtbevölkerung sehr viel ist, an der die Ingenieure in den betreffenden Ländern einen Anteil von kaum mehr als einem Prozent haben. Auch wenn man nur die Akademiker berücksichtigt, kommt man für die Länder, aus denen die Terroristen stammen, auf nicht viel mehr als ein Zehntel der Bevölkerung. Davon also, dass die Terroriten zu denen gehören, die nichts als ihre Armut zu verlieren hätten, kann keine Rede sein. Unter allen Studienfächern übertrifft das Ingenieurwesen alle anderen bei weitem, was den Anteil seiner Absolventen am islamischen Radikalismus angeht. Das gilt für Syrien so gut wie für Ägypten und für die Palästinenser. Und selbst unter den knapp fünfhundert „westlichen" Dschihadisten, die 2013 und 2014 nach Syrien und in den Irak zogen, waren doppelt so viele Ingenieure, als statistisch zu erwarten gewesen wäre.

Läge es demgegenüber nicht nahe, Theologen und Juristen in politischen Bewegungen zu erwarten, deren religiöse Ideologie von Gesetzesglauben getrieben ist und auf Wiederherstellung älterer Zustände zielt? Für die Formationsphase des Fundamentalismus wie des politischen Nationalismus im arabischen Raum gilt das auch. Sobald es aber um terroristische Aktivitäten geht, erscheinen Leute mit geistes- und sozialwissenschaftlichen Hintergründen eher im Bereich des linken als des rechten Terrorismus. Mit rechten Terroristen vergleichen *Gambetta* und *Hertog* die radikalen Muslime schon deshalb, weil auch in rechtsradikalen Gruppen des Westens sich jene überproportionale Beteiligung an Ingenieuren findet.

Die naheliegendste Erklärung für das gehäufte Auftreten von Ingenieuren in terroristischen Netzwerken schließen die Forscher aus. Es sind nicht technische Fertigkeiten, derentwegen sie vorzugsweise rekrutiert werden. Das Bombenbauen verlangt zumeist keine akademische Expertise. Die auf Sprengsätze spezialisierten Terroristen sind eine kleine Minderheit in den Terrorzellen. Unter ihnen nehmen Ingenieure auch keinen prominenten Rang ein. Man findet sie dagegen vorzugsweise in der Planung und der Durchführung der mehr als zweihundert Anschläge, die auf das Konto radikaler Muslime gehen. Zu dem, was sie taten, lieferten ihre Fachstudien also keinen besonderen Beitrag. Eine erste Erklärung für die vergleichsweise hohe Bereitschaft ausgerechnet von Ingenieuren, sich zu radikalisieren, ist vielmehr ökonomischer Natur. Doch nicht objektive Elendslagen unterprivilegierter Personen, sondern enttäuschte Erwartungen von Angehörigen einer privilegierten Schicht bahnten historisch den Weg zum Terror. Wie überall auf der Welt, so expandierten seit den sechziger Jahren auch im arabischen Raum die Bildungssysteme. Als in den siebziger Jahren allerdings die wirtschaftliche Lage der Entwicklungsländer schwierig wurde und in den Achtzigern der Ölpreis verfiel, war die soziale Aufwärtsmobilität der Akademiker auf einmal stark begrenzt. Die Mittelschicht sank ab, die staatlichen Bildungssysteme verrotteten, der öffentliche Dienst wurde unzugänglich. Wie die amerikanische Politologin *Carrie Wickham* in großen Studien über die ägyptischen Muslimbrüder gezeigt hat, begünstigte die Produktion unzufriedener Akademiker, die von den Arbeitsmärkten nicht absorbiert werden konnten, den Aufstieg des radikalen Islam.[136] „Wenige Länder", zitieren *Gambetta* und *Hertog* eine Wirtschaftsgeschichte Ägyptens, *„haben so hohe Anteile ihrer Bevölkerung für so wenig Industrialisierung auf Hochschulen geschickt."* Das hat eine individuell-biographische Seite und eine gesellschaftspolitische. Die Netzwerke, in denen die Not des blockierten Aufstiegs von Ingenieuren, Technikern, Planern in die Tugend religiöser Strenge und Askese uminterpretiert wurde, bildeten sich an Universitäten. Aggression gegen einen *„westlichen"* Lebensstil entwickelte sich also oft gerade bei Leuten, die sich auf dem Weg zu einem solchen Leben aufgehalten sahen. Von unpolitischen Modernisierern wurden sie zu radikalen Gegnern dessen, was ihnen als betrügerische, korrupte Moderne erscheint. Die am meisten

---

[136] Vgl. Wickham, Carrie: „The Muslim Brotherhood". Evolution of an Islamist Movement, Princeton University Press, London 2013

islamisierten Berufsgruppen im Nahen Osten, so *Elisabeth Longuenesse* von der Universität Versailles, sind die Ärzte und die Ingenieure, weil deren Statusverluste im vergangenen halben Jahrhundert am größten seien.[137] Die Gegenprobe auf diese Erklärung macht für *Gambetta* und *Hertog* der deutlich geringere Anteil an Akademikern in radikalen islamischen Netzwerken des Westens. Demgegenüber sei hier der Prozentsatz marginal Beschäftigter und Wohlfahrtsempfänger unter den Gewalttätern hoch. Oft erfänden sich Kleinkriminelle und Mitglieder von Banden als islamische Krieger neu. Ein Viertel aller „westlichen" Dschihadisten, ergab eine Studie des holländischen Terrorismus-Forschers *Edwin Bakker*, hat zuvor andere Straftaten begangen.[138] Aber auch in muslimisch geprägten Ländern mit günstiger wirtschaftlicher Entwicklung (Saudi-Arabien, Singapur, Indonesien, Teile von Indien) ist der Anteil von Akademikern aus der Mittelschicht in Terrorgruppen deutlich geringer. Von jenen fünfundzwanzig Beteiligten am Anschlag des 11. Septembers 2001 kamen fünfzehn aus Saudi-Arabien. Unter ihnen war nur ein Ingenieur. Doch selbst hier, im Westen wie in Ländern mit günstigeren Arbeitsmärkten, sind die Ingenieure unter militanten Radikalen überrepräsentiert. Vergleiche zwischen gewaltbereiten und friedlichen Islamisten sowie zwischen religiösen und laizistischen Widerstandsgruppen in Entwicklungsländern führen auf denselben Umstand: Überproportional ist die Beteiligung der Ingenieure an gewaltbereiten Gruppen und am religiösen Extremismus. Das führt die Forscher zu einer zweiten, gewagteren These. Sie knüpft an die Tatsache an, dass außerhalb des islamischen Terrorismus auch in rechtsradikalen Kreisen technische Berufe - und, muss man ergänzen: Juristen - überproportional vertreten sind. *Gambetta* und *Hertog* betonen ideologische Gemeinsamkeiten beider Formen von Militanz: Anhänglichkeit an Bilder einer angeblich verlorenen sozialen Hierarchie, Angst vor dem Chaos, Unterordnung von Frauen unter Männer, Kultivierung von Reinheitsvorstellungen, Hass auf Juden, exklusiver Zugang zur Gruppe - *„man muss Muslim sein, um für die Umma zu streiten, und weißer Amerikaner, um zur ‚Aryan Nation' zu gehören, aber man muss kein Arbeiter sein, um für die Arbeiterklasse zu kämpfen."* Vor allem rigide soziale Ordnungs- und Reinheitsvorstellungen seien es, die beide Extremismen miteinander verbinde. Für Salafisten und andere radikale Muslime sei die Welt eine einzige Quelle von Gefahren der Verunreinigung: durch Blicke, Berührungen, Gedanken, soziale Kontakte. Auch die Intoleranz

---

[137] Vgl. Longuenesse, Elisabeth: „Professions et société au Proche-Orient". Déclin des élites, crises des classes moyennes, Presse Universitaires de Rennes 2007
[138] Vgl. Bakker, Edwin: The Muslim Brotherhood in Europe. The challenge of transnationalization, London: Hurst Publishers, 2012

gegenüber Zweideutigkeiten, die in der politischen Psychologie der vierziger Jahre zum Merkmalskatalog des autoritären Charakters gehörte, findet sich hier wieder. Und schließlich die Neigung zu einfachen politischen Lösungen, zu einer stark geordneten Gesellschaft. Für die radikalen Muslime könnte man auch sagen: der Glaube an sie und das Enttäuschtsein durch Gesellschaften, die in Gestalt von Entwicklungsdiktaturen Lösungen behaupteten, die keine waren. Die größere Insistenz, dass es klare „Lösungen" auch für gesellschaftliche Probleme gibt, vermuten *Gambetta* und *Hertog* bei technisch sozialisierten Personen. Desgleichen eine größere Irritierbarkeit durch das, was sie als abweichendes Verhalten, Normverstöße, Regellosigkeit registrieren. In diesem Zusammenhang betrifft eine der interessantesten Schlussfolgerungen, die von den Forschern gezogen wird, den Glauben der Gewalttäter. Eine größere Religiosität sei bei Befürwortern von Bombenattentaten nicht erhoben worden. Und religiös seien viele Terroristen überhaupt erst in dem Kontext geworden, in dem ihr Entschluss zur politischen Gewalt schon feststand. Religion erkläre den gewalttätigen Extremismus also nicht. Der Extremismus, die Rigidität und die sozialen Ordnungsprojektionen sind vielmehr selbst die Religion, an die hier geglaubt wird.

Der Kopf des IS: Abu Bakr al-Baghdadi und seine engsten Vertrauten

Als *Abu Omar al-Baghdadi*, der von 2006 bis 2010 Anführer der irakischen al-Qaida war, vom US-Militär getötet wurde, übernahm sein Bruder *Abu Bark al-Baghdadi* seine Position. Heute gilt er als unangefochtener Anführer des IS, der für seine geschickte Personalstrategie bekannt ist. 2011 haben die USA bis zu 10 Millionen Dollar für Hinweise ausgeschrieben, die zu seiner Festnahme führen. Bevor er Führer der irakischen al-Qaida wurde und sich seinen Kampfnahmen gab, hieß er *Ibrahim al-Badri*. Sein Kampfname bezieht sich auf *Abu Bakr*, den Schwiegervater des Propheten *Mohammed*. Seit Ausrufung des Kalifats im Juni 2014 wird er innerhalb des IS *Kalif Ibrahim* genannt. Vermutlich wurde er 1971 in der irakischen Stadt Samarra geboren und wuchs unter der sunnitischen Diktatur *Saddam Husseins* auf. Die guten Beziehungen seiner Familie zum Regime ermöglichten es ihm, vom zwei- bis dreijährigen Wehrdienst befreit zu werden und trotz mäßiger Noten an der Universität Bagdad Islamwissenschaften zu studieren. 2004 wurde *al-Badri* vom US-Militär bei einer Razzia verhaftet, als er einen religiös radikalisierten Freund besuchte. Während der zehn Monate, die er in Camp Bucca bei Fao, Provinz Basra, einem der größten amerikanischen Gefängnisse im Irak saß, soll er sich radikalisiert und Beziehungen zur irakischen al-Qaida aufgebaut haben.

Als *Abu Bakr* 2010 die Führung übernahm, baute er die von seinem Bruder geschaffenen Strukturen aus und trieb die Professionalisierung der Bewegung voran. Schnell erwies er sich als pragmatischer Führer und nannte die einstigen Arbeitsgruppen in *Councils* (Räte) um. Unter seiner Führung wurden die wichtigsten Leitungsposten innerhalb der Organisation von Irakern besetzt. Auf diese Weise kamen zahlreiche alte irakische Baath-Offiziere des umgestürzten Saddam-Regimes an die Spitze der Organisation, was schließlich in der allgemeinen Handlungsweise der Bewegung Niederschlag fand. Dadurch, dass der damals von der US-Regierung eingesetzte Verwalter *Paul Bremer* die irakische Armee und den Geheimdienstapparat auf einem Schlag aufgelöst hatte, verloren Hunderttausende dort beschäftigte Regierungsanhänger ihre Posten. Bei den dschihadistischen Bewegungen fanden nicht nur einfache Soldaten, sondern auch wichtige Offiziere und Strategen Zuflucht und neue Zukunftsaussichten, vor allem im ISIS. *Abu Bakr al-Baghdadi* gab sehr vielen ehemaligen Baath-Offizieren Spitzenposten, so dass sie nunmehr dort ihre Erfahrungen einsetzen und auch Rache für ihre Degradierung nehmen konnten.

Als Stellvertreter von al-Baghdadi gilt *Abu Alaa al-Afri*, der Ende der 50er Jahre in Mossul geboren wurde und schon seit der Gründung der irakischen al-Qaida Teil der Führungsriege ist. Bevor er sein Leben dem Dschihad widmete, hatte er vermutlich als Physiklehrer gearbeitet. *Al-Afri* kämpfte schon in Afghanistan und später im Irak, wo er der Vertraute von *al-Zarqawi*, dem Gründer der irakischen al-Qaida wurde. Es gibt Hinweise darauf, dass er im Mai 2015 bei einem US-Luftangriff getötet wurde, aber bisher konnte diese Vermutung nicht bestätigt werden.

Al-Baghdadis Stellvertreter in Syrien ist *Adnan al-Sweidawi*, der Generalmajor in Saddam Husseins Armee war. Er stammt, ebenso wie der Irak-Beauftragte *Fadel al-Hayali* aus dem Irak. Auch *al-Hayali* diente schon unter *Saddam Hussein* und war dort Offizier der irakischen Spezialkräfte. Auch über ihn gibt es aber Informationen, denen zufolge er bei einem Angriff des US-Militärs getötet worden sei.

Generell gilt: der „Islamische Staat", das IS-Kalifat und die von diesen propagierten Ideen sind spezifisch moderne Konstruktionen des Islams. Dies heißt *nicht*, dass sie Ausdruck *des* Islams sind. Der IS hat eine neue Lesart religiösen Denkens und Handelns produziert, die in mancher Hinsicht an eine Sekte im Sinne von *Max Weber* erinnert:

„Eine ‚Sekte' im soziologischen Sinn ist nicht eine ‚kleine', auch nicht eine von irgendeiner anderen Gemeinschaft abgesplitterte, daher von ihr ‚nicht anerkannte' oder verfolgte und für ketzerisch angesehen religiöse Gemeinschaft […] Sondern sie ist eine solche, welche ihrem Sinn und Wesen nach auf Universalität verzichten und notwendig auf durchaus freiwilliger Vereinbarung ihrer Mitglieder beruhen muss. Sie muss es, weil sie ein aristokratisches Gebilde ist : ein Verein der religiös voll Qualifizierten und nur ihrer sein will, nicht wie eine Kirche eine Gnadenanstalt, die ihr Licht über Gerechte und Ungerechte scheinen und gerade die Sünder am meisten unter die Zucht der göttlichen Gnade nehmen will. Die Sekte hat das Ideal der ‚ecclesia pura', der sichtbaren Gemeinschaft der Heiligen, aus deren Mitte die räudigen Schafe entfernt werden, damit sie Gottes Blick nicht beleidigen. […] Der metaphysische Grund, aus welchem die Mitglieder einer Sekte sich zu einer Gemeinschaft zusammenschließen, kann der allerverschiedenste sein. Soziologisch wichtig ist ein Moment: die Gemeinschaft ist Ausleseapparat, der den Qualifizierten von Nichtqualifizierten scheidet. Denn den Verkehr mit den Verworfenen hat der

Erwählte oder Qualifizierte – wenigsten bei reiner Ausprägung des Sektentypus – zu meiden".[139]

Somit wird der IS tatsächlich als ein „Ausleseapparat" erkennbar, der die Qualifizierten bei sich weiß und die Nichtqualifizierten mit der Auslöschung bedroht. Die Qualifizierten werden durch den IS in einer Weise geformt, die es uns erlaubt, die Gewalttheologie des IS als eine Verhaltenslehre für dessen qualifizierte Mitglieder zu lesen. Der IS produziert aber auch einen Set von Verhaltenslehren für seine Anhänger, die Orientierung in der gegenwärtigen Welt bieten sollen. Dies macht einen Teil der hohen Attraktivität des IS aus. Die Produktion von Verhaltenslehren ist nicht neu in der Moderne. Der Vergleich mit anderen Lehren dieser Art kann helfen, den IS näher zu verstehen. Der deutsche Germanist und Kulturwissenschaftler *Helmut Lethen* hat in seiner einschlägigen Studie darauf hingewiesen, dass in den Verhaltenslehren im Deutschland der Zeit nach dem Ersten Weltkrieg bestimmte Ziele angelegt sind: *„Verhaltenslehren über strategisch angelegte Selbstinszenierungen; ihr Ziel ist das Training eines funktionalen Ichs".*[140]

In Anlehnung an diesen Gedanken kann die Gewalttheologie des IS verstanden werden als das Projekt, auf globalisierter Basis Identitäten zu schaffen, die einer Plünderungsökonomie und (Proto-)Staatlichkeit wie der des IS funktional angemessen sind.

---

[139] Vgl. Weber, Max: Wirtschaft und Gesellschaft. Grundriß der verstehenden Soziologie, Ed. Johannes Winckelmann, Tübingen: J.C.B. Mohr, 1985, 5. rev. Auflage, S. 721f
[140] Vgl. Lehten, Helmut: Verhaltenslehren der Kälte. Lebensversuche zwischen den Kriegen, Frankfurt am Main 1994, S. 36

Mediennutzung des IS

Die Erfolge des „Islamischen Staates" sind auch auf seine geschickte Nutzung der Medien zurückzuführen, er nutzt das Internet als Mittel der Kriegsführung, schüchtert seine Gegner ein und macht gleichzeitig für sich und sein ideologisches Projekt Werbung[141]. Die Welt der Medien benutzt er zur Rekrutierung neuer Anhänger und zur Unterstützung der Terrorkampagnen gegen seine Gegner im Irak und in Syrien. Über seine Nachrichtenagentur „Amaq" bekennt sich der IS regelmäßig zu Terroranschlägen und reklamiert weltweit derartige Taten für sich. Dabei scheint es, als ob der „Islamische Staat" gewissenhaft all das zur Priorität gemacht hat, was die westliche Öffentlichkeit anwidert: die Verletzung der Rechte von Minderheiten und Frauenrechten, Zwangsheiraten, die Exekution von Homosexuellen, die Wiedereinführung der Sklaverei, von Enthauptungen und Massenhinrichtungen ganz zu schweigen.

Dieser professionelle und hochmoderne Umgang mit den Medien schließt nahtlos an die seiner Vorgängerorganisationen an, die schon unter der Führung *al-Zarqawis* zu Vorreitern der dschihadistischen Propaganda wurden. Der IS nutzt wie bereits die irakische al-Qaida modernste Technik für die Produktion seiner Videos und seit 2014 sogar kleine Drohnen, die Luftbilder anfertigen können. Nie zuvor hat eine Terrororganisation die Medien derart virtuos eingesetzt, wie ausgerechnet der „Islamische Staat", der doch eine Rückkehr zur Zeit und Herrschaft des Propheten verspricht.[142] Es geht der Organisation darum, die eigene Macht zu demonstrieren, um so ihre Gegner einzuschüchtern, und neue Anhänger zu rekrutieren. Es geht aber auch darum, die Behauptung zu untermauern, dass sie tatsächlich einen islamischen Staat begründet habe.[143] Der IS versucht in seiner Öffentlichkeitsarbeit auch zu beweisen, dass er tatsächlich ein islamischer Staat mit allen Insignien der Souveränität – Kontrolle über Territorien, viel Geld und schwere Waffen – ist und damit das Ziel erreicht hat, das Dschihadisten seit jeher verfolgt haben. Um diese Botschaft zu kommunizieren, veröffentlicht der IS auch arabischsprachige Tätigkeitsberichte aus den einzelnen Provinzen sowie Bilder und Videos staatlicher Einrichtungen wie Gerichtshöfen und der Religionspolizei.

---

[141] Vgl. Neumann, Peter R.: Die neuen Dschihadisten. IS, Europa und die nächste Welle des Terrorismus, Berlin 2016, S. 151

[142] In Saudi-Arabien, dessen rigide Staatsideologie ähnliche Wurzeln hat wie der IS, gab es vor vier Jahrzehnten noch Tote bei Demonstrationen gegen die Einführung des Fernsehens. Das habe es zu Mohameds Zeiten schließlich auch nicht gegeben. Vgl. Reuter, Christoph: Die schwarze Macht. Der „Islamische Staat" und die Strategen des Terrors, München 2015, S. 232f

[143] Vgl. Salazar, Philippe-Joseph: Die Sprache des Terrors. Warum wir die Propaganda des IS verstehen müssen um ihn bekämpfen zu können, München 2016, S. 61ff: Das digitale Kalifat

Horror in Zahlen

Deutsche Übersetzung der Grafik aus dem ISIS-Jahresbericht von 2014. Die Zahl 7681 bezieht sich wahrscheinlich auf die Anzahl der tatsächlich durchgeführten Operationen. In der Auflistung tauchen demnach Anschläge in mehreren Rubriken auf.

1. 615 Anschläge durch Autobomben, davon 78 mit Selbstmordattentätern und 537 ferngezündet
2. 160 Anschläge mit Sprengstoffgürteln
3. 14 Anschläge mit ferngezündeten Motorradbomben
4. 4465 andere Sprengstoffanschläge
5. 336 Erstürmungen von Häusern mit unterschiedlichen Waffen
6. 1083 Liquidierungen mit Handfeuer- oder Stichwaffen
7. 607 Artillerieangriffe
8. 1015 Anschläge durch Zündung von Sprenglandungen sowie Brandlegung in Gebäuden und Fahrzeugen
9. 30 Anschläge auf Kontrollpunkte
10. 1047 Angriffe durch Scharfschützen
11. Kontrolle über acht Städte und Liquidierung der führenden Oppositionen
12. Hunderte Abtrünnige werden zur Reue gezwungen
13. Befreiung Hunderter Gefangener
14. Vertreibung Hunderter schiitischer Kämpfer

M 8 »Ich bin schon da!« © Gerhard Mester, 11.2.2016

So findet man in der Zeitschrift *al-Bina* (Der Aufbau) eine detaillierte Aufzählung der militärischen Aktivitäten im Jahr 1434 d.h. in unserer Zeitrechnung 2013/14.[144] Demnach wurden im Berichtszeitraum insgesamt 7681 militärische Operationen im Irak durchgeführt. Die Organisation wendet sich damit direkt an ihre Gegner, sucht sie verächtlich zu machen und schafft ein Klima des Terrors, das den Boden für ihre militärischen Aktionen bereitet. Die schwer verständliche Flucht von Tausenden irakischen Soldaten aus Mossul nach dem Angriff der IS-Kämpfer im Juni 2014 war wohl auch die Folge einer Panik, die unter anderem durch derartige Videos ausgelöst wurde.

Entsetzen und Abscheu in der westlichen Welt verbreitet der IS mit Enthauptungen. Die ersten Massenenthauptungen sind aus dem Juli 2014 bekannt, als 75 Soldaten der syrischen Armee hingerichtet und ihre Köpfe in Raqqa entlang einer Straße aufgespießt zur Schau gestellt wurden. Der IS beruft sich bei dieser Art der Hinrichtung auf die Koranstelle 47:4, wo es heißt: *„Wenn ihr im Kampfe auf die stoßt, die ungläubig sind, so haut ihnen auf den Nacken; und wenn ihr sie schließlich siegreich niedergekämpft habt, dann schnürt ihre Fesseln fest. Lasst dann hernach entweder Gnade walten oder fordert Lösegeld, bis der Krieg seine Lasten von euch wegnimmt!"*[145]

Das Propagandamaterial, das die Medienabteilung des IS produziert, zeigt eindrücklich, wie weit es die Miliz mit ihren Gewalttaktiken und ihrer Terrorstrategie gebracht hat. Unter dem Titel *„Klirrende Schwerter"* (Salil as-Sawarim) erschienen seit 2012 ganze Serien von professionell produzierten Videos von Kämpfen und Anschlägen. Nach der Einnahme von Mossul im Juni 2014, begann der IS mit der Verbreitung entsetzlicher Hinrichtungsvideos, die technisch brillant inszeniert sind. Eines der ersten Videos war die *„Botschaft an Amerika"*, in dem ein IS-Kämpfer der amerikanischen Geisel *James Foley* am 19. August den Kopf abschneidet.[146] Am 2. September 2014 erschien ein weiteres Video, in dem wieder ein Amerikaner geköpft wurde, *Steven Sotloff*. Beide waren Journalisten. Unter dem Titel *„Botschaft an Amerikas Verbündete"*

---

[144] Vgl. Al-Bina 5 (1436 d.H.), S. 2

[145] Die Enthauptung von „Feinden" hat bei sunnitischen Extremisten eine lange Tradition. Sie geht auf den Omayyadenherrscher *Yazid* zurück, der im Jahr 680 in Kerbala seinen Gegenspieler *Hussein*, den damaligen Kalif und Enkel des Propheten *Mohammed*, enthauptet hat; *Husseins* Kopf wurde nach Damaskus, in die Hauptstadt der Omayyaden gebracht, und dort zur Schau gestellt.

[146] Foley, der am 22. November 2012 in Nordsyrien verschleppt wurde, musste vor der Kamera des IS zur Welt sprechen. „Ich rufe meine Freunde und Familienmitglieder auf, erhebt euch gegen meine wahren Mörder, die US-Regierung. Alles, was mir geschehen wird, ist nur ein Ergebnis ihrer Selbstgefälligkeit und Verbrechen!" Mit fester Stimme und im Tonfall der Überzeugung erklärte James Foley im Video, dass die amerikanischen Luftangriffe an seinem Tod schuld seien. Er redete seinem Bruder John ins Gewissen, über seinen Job bei der U.S.Air Force nachzudenken, „über die Leben, die du zerstörst". Kaum ein Zittern in der Stimme, wenig verriet den Zwang. Dann stellte sich Foley dem Messer seiner Mörder.

wurde am 14. September 2014 ein Video von der Enthauptung des Briten *David Haines* (Mitarbeiter einer Hilfsorganisation, der im März 2013 entführt worden war) gezeigt und ein weiteres Video folgte am 3. Oktober mit der Ermordung von *Alan Henning*, einem britischen Taxifahrer (der für eine Hilfsorganisation gearbeitet hatte). Im November 2014 wurde dann der amerikanische Mediziner und Entwicklungshelfer *Peter Kassig* vor laufender Kamera enthauptet. Die öffentliche Wirkung der Morde wurde dadurch verstärkt, dass der IS einen englischen Muttersprachler zum Scharfrichter bestimmte, der vermummt jeweils eine kurze Ansprache hielt und in den britischen Medien als „Jihad John" bekannt wurde.

Die Morde an den US-Amerikanern dürften zusätzlich zum Ziel gehabt haben, die *Obama*-Administration und die britische Regierung zur Entsendung von Bodentruppen zu provozieren. Denn ein Kampf gegen eine erneute westliche Intervention hätte die Position des IS innerhalb der dschihadistischen Bewegung weiter stärken könne. Die große Aufmerksamkeit für die getöteten US-Amerikaner und Briten verdeckte ein wenig, dass der IS wesentlich mehr Araber und Muslime routinemäßig enthauptet, um auf diese Weise seine Gegner vor Ort einzuschüchtern.

Während der Schlacht um Arsal wurde am 28. August 2014 ein libanesischer Feldwebel enthauptet. Am 1. Oktober 2014 enthaupteten Kämpfer des IS nahe Kobane zehn Personen, unter ihnen drei Frauen. Drei Tage danach wurde nahe der irakischen Stadt Takrit der irakische Kameramann Raad al-Azzawi enthauptet. Im November 2014 verbreitete der IS wiederum ein besonders brutales Video, auf dem achtzehn syrische Offiziere und Piloten von je einem IS-Kämpfer vorgeführt werden. Jeder der Kämpfer nimmt sich ein Jagdmesser und schneidet auf das Kommando von *Jihad John* seinem lebenden Opfer den Kopf ab. Nur der Brite war erneut vermummt, sodass unter den restlichen Tätern die zwei französischen Konvertiten, *Maxime Hauchard* und *Michael dos Santos* sowie ein belgischer Dschihadist namens *Abdelmajid Gharmaoui* identifiziert werden konnten. Bei diesem Video handelte es sich um eine Weiterentwicklung bereits bekannter Aufnahmen, in denen immer wieder syrische und irakische Soldaten getötet wurden. In einigen wird gezeigt, wie die Opfer ihre eigenen Gräber schaufeln und dabei die jeweiligen Regierungen in Damaskus und Bagdad schmähen mussten. In anderen trieben IS-Kämpfer junge Rekruten zu Dutzenden oder gar Hunderten zusammen, erschossen sie und verscharrten sie in Massengräbern.

Im Juni 2014 gingen Bilder eines Massenmordes an 1.700 gefangenen irakischen Soldaten aus Tikrit, Saddams einstiger Heimatstadt, durch alle sozialen Netzwerke. Sie zeigen Hunderte von Soldaten in Unterwäsche, die Hände hinter den Kopf, die unter dem Hohn und Spott der Dschihadisten wie Schlachtvieh barfuß durch die Wüste getrieben werden.[147] Auch die Zivilbevölkerung ist Ziel dieser Kommunikation des Terrors: Ganze Familien werden ohne jeden Anlass auf der Flucht in ihren Autos erschossen, gefesselte Muslime liegen in Reihen am Boden und werden niedergemäht, wobei Gebete, Koranzitate und dschihadistische Hymnen (Naschid) wie in einem Hollywood-Film das Geschehen begleiten.[148]

Als Anfang Februar 2015 ein Video erschien, das zeigte, wie der jordanische, bei Raqqa abgestürzte Pilot *Moaz al-Kasasbeh* bei lebendigem Leib in einem Käfig verbrannt wurde, waren zwischen die realen Horrorbilder übergangslos

---

[147] Der Beitrag „Smashing the Border of the tawaghit", veröffentlicht vom Al-Hayat Media Center im Juni 2014, zeigt Fotos der Hinrichtung der 1.700 irakischen Soldaten, die in der Provinz Salah a-Din in Gefangenschaft des IS geraten waren. Doch auf den Bildern waren höchstens ein paar Dutzend gefangener Soldaten zu sehen, die auf bestialische Art ermordet wurden. 1.700 Menschen verschwinden nicht so einfach und zumindest würde ihr Tod Spuren hinterlassen: Trauernde, Beerdigungen, Protestzüge. Doch wo immer man in den großen irakischen Städten recherchierte: Nirgends gab es derartige Hinweise. Die Rechercheure der amerikanischen Menschenrechtsorganisation Human Rights Watch versuchten es auf anderem Wege: Sie suchten auf hochaufgelösten Satellitenbildern nach Zeichen frischer Erdbewegungen als Anzeichen für Massengräber, aber fanden aber nur zwei kleine und rechneten mit bis zu 200 Leichen darin. „Der IS verübt Massenmord und macht damit auch noch Werbung", äußerte sich ebenso ratlos wie wütende Peter Bouckaert von Human Rights Watch. Vgl. Spiegel-online vom 27.Juni 2014, Human Rights Watch wirft IS Kriegsverbrechen vor.

[148] Vgl. Said, Behnam: Dschihadistische Hymnen. Begrifflichkeiten, Entstehungsgeschichte und Relevanz für die deutsche Szene, in: Pfahl-Traughber, Armin (Hrsg.): Jahrbuch für Extremismus- und Terrorismusforschung 2013, Brühl 2014, S. 186-209 sowie ders.: Hymnen des Jiahds, Naschids im Kontext jihadistischer Mobilisierung; Mitteilungen zur Sozial- und Kulturgeschichte der islamischen Welt (MISK), Würzburg 2016

Szenen aus Science Fiction–Filmen geschnitten, in denen Berittene neben Panzern auf eine Stadt zustürmen. Auf diese Weise inszeniert der IS eine hybride Wirklichkeit, eine fleisch- und meteallgewordene Phantasiewelt, die jenes radikale Anderssein des „Islamischen Staates" auf der Gefühlswelt transportieren soll, während die eingestreuten Koranzitate in den Botschaften und die Beteuerung der göttlichen Legitimation den Verstand ansprechen sollen.[149]

Zu den meistgesehenen IS-Videos auf YouTube gehört der Film *„Die Grenzen aufbrechen"* (Kasr al-Hudud) vom 29. Juni 2014, die Rede des Kalifen *Baghdadi* in Mossul vom 5. Juli 2014 sowie eine Filmreihe namens *„Botschaften vom Schlachtfeld"* mit bis heute über fünfzig Folgen über IS-Angriffe und Anschläge. Ähnliche Videos gibt es über Kämpfe mit der syrischen Armee in Raqqa und die Einnahme von Flughäfen in derselben Provinz. Zu den größten IS-Produktionen gehört der Film *„Flammen des Krieges"* vom September 2014, in dem Drohungen an die Staaten gerichtet werden, die der internationalen Koalition gegen den IS angehören.

Aufnahmen der Enthauptung entführter britischer und amerikanischer Journalisten sind inszenierte Direktübertragungen des Todes: Die ockergelbe Wüste, die bis zum Horizont reicht, ein maskierter, schwarzgekleideter Dschihadist, ein kniendes Opfer in organgefarbenen Overall gekleidet, wie sie die Gefangenen in Guantanamo tragen müssen. Die kontrastreichen Farben schaffen eine surreale, emotionslose Ästhetik und der Henker vollendet sein Werk selbstsicher und ohne innere Regung. Es wird Macht demonstriert zwecks zweifacher propagandistischer Wirkung: Nach außen zeigt man die Fähigkeit zur grausamen Willkür, die gezielt im Internet zu Schau gestellt wird. Nach innen betreibt man die Verrohung der Kämpfer. Die Botschaft richtet sich nach außen ausdrücklich an die USA und kommt dort umgehend an: Wir gehen bis zur letzten Konsequenz! Zum Entsetzen gesellt sich beim Zuschauer der Zweifel, ob der demokratische Westen überhaupt in der Lage ist, erfolgreich gegen den IS zu kämpfen.

Außer zur Verbreitung von Entsetzen nutzt der IS die gesamte Medienpalette auch für seine religiöse Botschaft.[150] Der Tod der Ungläubigen, die Ausrottung

---

[149] Vgl. Lohlker, Rüdiger: Theologie der Gewalt. Das Beispiel IS, Wien 2016, S. 157ff: Exkurs – Feuer als Strafe
[150] Der IS sieht sich selbst in einer Tradition konsequenter und strengster Auslegung der wahhabitischen Variante des Islam wie sie in Saudi-Arabien praktiziert wird. Er beansprucht durch die Verwendung wichtiger Symbole auch höchste Legitimität, ein im Magazin Dabiq immer wiederkehrendes Thema. Zusätzliche Legitimität wird beschworen durch die Wahl des Kampfnamens des neuen Kalifen, *Abu Bakr*. Dieser Name verweist auf den ersten Kalifen nach dem Tode des Propheten *Mohammed*, dessen Schwiegervater er war. *Abu*

des Lasters in Raqqa oder Falludscha, die Großartigkeit der Botschaft des Korans, die Selbstverleugnung der Krieger des Islam. Jede Aktion vom IS wird positiv illustriert, um an den Zusammenhalt der Muslime zu appellieren und das Alles wird mit vielen Zitaten aus den Hadithen oder Fatwas der Rechtsgelehrten versehen. Dabei schreckt de IS auch nicht vor reiner, inhaltsloser Provokation zurück: *„Wenn es Gott gefällt, lassen wir die Flagge Allahs über dem Weißen Haus wehen"*, erklärte im August 2014 ein Sprecher des IS gegenüber dem Magazin VICE.

Am 4. Juli 2014 trat *Abu Bakr al-Baghdadi*, der selbsternannten Emir, in Mossul in der Nuri-Moschee (deren Imam vom IS geköpft worden war) mit dem berühmten geneigten Minarett in der Altstadt erstmals an die Öffentlichkeit, rief das neue Kalifat aus und ernannte sich selbst zum Kalifen (Kalif *Ibrahim*). In seiner ersten Predigt versprach er *„die Würde, Macht, Rechte und Führerschaft der Vergangenheit zurückzugeben"*. Und weiter: *„Euch erwarten Trübsal und große Schlachten"*, stimmt er seine Anhänger auf die zu erwartenden Kämpfe ein und fügte an: *„Wahrlich, ihr könnt euer Blut nicht an einem besseren Ort vergießen als auf dem Weg, um die Muslime zu befreien, die hinter den Mauern der Götzenbilder gefangen sind. Also greift zu den Waffen und rüstet euch mit Frömmigkeit"*[151].

In seiner Rede beschrieb er den „Islamischen Staat" und rief alle Muslime der Welt dazu auf, dorthin zu emigrieren (also die *Hidschra* anzutreten[152]). *„Wer kann soll in den Islamischen Staat einwandern, denn die Übersiedlung ins Haus des Islam ist eine Pflicht...Eilt, oh ihr Muslime in euren Staat. Dies ist mein Rat an Euch: Wenn ihr an ihm festhaltet, werdet ihr Rom und die Welt erobern, so Allah es will"*.

Bakrs Glanz soll also auf den Kalifen des IS abstrahlen. Mit dem Beinahmen „al Baghdadi" verweist der in Samarra (Irak) geborene Kalif auf das glanzvolle Abbasiden-Reich (750-1558), dessen Hauptstadt Bagdad war.

[151] Vgl. Napoleoni, Loretta: Die Rückkehr des Kalifats. Der Islamische Staat und die Neuordnung des Nahen Ostens, Zürich 2015, S. 96

[152] Die Hidschra (hijra) bezeichnet die Flucht (eigentliche Wortbedeutung: Auswanderung, Auszug) Mohammeds von Mekka nach Medina und seine Ankunft dort am 24. September 622. Sie markiert den Beginn der islamischen Zeitrechnung, die jedoch erst 17 Jahre später durch den Kalifen Umar ibn al-Chattab eingeführt wurde. Auch der iranische Kalender und der Rumi-Kalender, die beide auf dem Sonnenjahr basieren, zählen die Jahre seit der Hidschra. Schon im Jahre 615 waren Anhänger Mohammeds, nicht jedoch der Prophet selbst, in einer ersten Welle aus dem heidnischen Mekka ins christliche Aksumitische Reich emigriert. Mohammeds Übersiedlung nach Medina 622 – die „eigentliche" *Hidschra* – war somit genaugenommen der zweite derartige „Auszug". Die mekkanischen Muslime, die Mohammed nach Medina begleiteten, werden „al-Muhadschirun" („die Auswanderer") genannt. Mit der Ankunft in Medina wurde der zuvor verfolgte und von den mekkanischen Eliten gehasste Prophet sehr schnell zu einem geachteten Staatsmann und Begründer nicht nur einer Religion, sondern auch eines Staates, der sich bald nach seinem Tod mit Hilfe der islamischen Expansion zu einem Großreich entwickelte.

Der Mitschnitt seiner 20-minütigen Rede wurde per Audio-Botschaft digital auf verschiedenen extremistischen Websites und Profilen in sozialen Medien verbreitet. *Hidschra* steht hier für den Beginn eines neuen Lebens im einzigen Staat, in dem die *Scharia* gilt, propagiert wird dieser Staat als der einzige Ort, an dem ein Muslim frei vom Unglauben ein Leben führen kann, das dem Willen Gottes entspricht. Mit der Benutzung dieser Begrifflichkeit wird zugleich dem Könighaus der Familie Saud, die sich ja als Hüter der Heiligen Stätten des Islam verstehen, die Legitimität abgesprochen: Wahren Glauben und gottgewollte Legitimität besitzt demnach nur der „Islamische Staat". Deshalb ist die Reise dorthin für wirkliche Gläubige eine Pflicht. Mit diesem Anspruch wurde der „Islamische Staat" zum gefährlichen Rivalen der Saudis, die ihn in den Anfängen finanzierten und mit Waffen unterstützten.

Im Gegensatz nicht nur zu der kriegerischen Rhetorik seiner Predigt, sondern auch zu den Bildern der schwarzgewandteten Horden, die raubend und mordend durch die Region zogen, war die Inszenierung von *Baghdadis* Auftritt nachgerade zurückhaltend – und dennoch bis ins Detail durchdacht. Das erkennt man an den symbolischen Gesten, die *Baghdadi* in der Moschee vollzog und die an überlieferte Handlungen des Propheten *Mohammed* erinnern: das kurze Verharren auf jeder Stufe, als er die Treppe zur Kanzel empor schritt, die Reinigung des Mundes mit einem Zahnholz (Miswak), bevor er die Predigt begann. Der Kalif dosiert seine Botschaften sehr gezielt, um sich seine geheimnisvolle Aura zu bewahren. Sein klassisches Arabisch und seine

Beachtung des *tadschwid* – der Regeln der Koranrezitation – sind tadellos. Häufig mischt er Koranverse und Zitate aus den *Hadithen* in seine Erklärungen. Niemand hat Zweifel daran, dass er erleuchtet ist. Über die *Al-Furqan Media* verbreitete er im Juli 2014 seine Botschaft für den Monat Ramadan, in der er in plakativer Form seine Anhänger aufstachelte und die Gegner herabwürdigte:

„*Greift zu den Waffen, greift zu den Waffen, oh ihr Soldaten des Islamischen Staats, und kämpft! Kämpft! [...] Zeigt der Welt, dass ihr in einer neuen Ära lebt. [...] O Umma des Islam, die Welt ist heute in zwei Lager gespalten, es gibt kein drittes: das Lager des Isalm und des Glaubens und das Lager der Ungläubigen und der Heuchelei, welches gleich dem Lager der Juden, der Kreuzfahrer und ihrer Verbündeten ist. [...] Sie begehen ihre Schandtaten auf unserem Boden, den sie besetzt halten, sie verhelfen ihren ruchlosen Agenten zur Macht, die die Muslime mit eiserner Faust und nach ihren hohlen Slogans lenken: Zivilisation, Frieden, Koexistenz, Freiheit, Demokratie, Säkularisierung, Baathismus, Nationalismus und Patriotismus*".

Die eingesetzte Technik sorgt für eine wirkungsvolle Kommunikation, die die gesamte islamische Welt erreicht. Die junge Generation ist empfänglich für die Netzbotschaften des IS, der sein Bild- und Filmmaterial mit hochwertiger Technik produziert, während die meisten anderen Terrorgruppen nur schlichte Videos zusammenschneiden. Neben dem IS wirkt al-Qaida medienmäßig geradezu antiquiert, obwohl der derzeitige Al-Qaida-Anführer *al-Zawahiri* die Macht der Medien klar kannte. Schon 2004 schrieb er: „*Mehr als die Hälfte dieser Schlacht findet auf dem Schlachtfeld der Medien statt, wo wir uns in einem Wettlauf um die Herzen und den Verstand unserer* umma *(Gemeinschaft der Muslime) befinden*".

Besonders verbreitet sind beim IS Hashtag-Kampagnen[153] und die englische Untertitelung der Videos erreicht auch Sympathisanten, die nicht arabisch sprechen. Seit Oktober 2014 gibt es den Internetauftritt des IS auch auf Französisch, was ihm die mediale Aufmerksamkeit in Frankreich und in weiten Teilen Afrikas sichert. Nachdem sich das Emirat Katar gegen *al-Baghdadi* positioniert hat, trägt der dort beheimatete Nachrichtensender *Al-Jazeera* ungewollt ebenso zur Verbreitung der Propaganda des „Islamischen Staates" bei – das Bemühen, den IS zu verurteilen, macht ihn indirekt populär.

---

[153] Unter dem Hashtag #StevensHeadinObamasHands wurde Präsident Obama direkt für das Schicksal des am 2. September 2014 ermordeten Steven Sotloff verantwortlich gemacht. Die meisten Hashtags sind eher unspezifisch: Meist führen sie zu Fotos von Hinrichtungen oder Leichen.

Der IS nutzt hauptsächlich soziale Netzwerke wie Twitter, YouTube, Instagram, Tumblr, WhatsApp und Facebook, die weltweite Verbreitung garantieren und juristisch schwer zu kontrollieren sind. So findet bei Twitter nur eine eingeschränkte Überwachung statt. Nachrichten werden nur gelöscht, wenn Nutzer es verlangen und spezifische Verstöße melden. Das erklärt, warum die Administratoren so lange dafür brauchen, Benutzerkonten von Dschihadisten oder ihren Anhänger zu sperren.[154] Die grenzenlose Freiheit des Internets garantiert eben auch dem IS eine freie Kommunikation.

Der erhobene Zeigefinger[155], das bekannteste Symbol des IS, sendet weltweit – via Internet – die Botschaft, dass der IS die absolute, einheitliche Herrschaft anstrebt. Im Selbstverständnis der IS-Anhänger symbolisiert er das Bekenntnis der Einheit Gottes. Diese Ein-Zahl kann assoziiert werden mit dem einen Staat (=IS), der einen/einheitlichen Gemeinschaft (umma), der einen geretteten Gruppe, der einen wortwörtlichen Lesart des Korans etc. Für diejenigen, die mit dem geistigen Hintergrund des IS vertraut sind, bedeutet der erhobene Zeigefinger zugleich eine Absage an den Pluralismus und damit u.a. an das als Westen symbolisierte Andere.

---

[154] Das Video von Foleys Enthauptung wurde bereits eine Stunde nach seiner Veröffentlichung von You Tube entfernt, aber längst hatten es Nutzer auf anderen Konten abermals eingestellt und über Twitter auf die neuen Links verwiesen.
[155] Diese Symbolik reicht hin bis zu Kanälen auf *telegram*, wo eine Hand mit erhobenem Zeigefinger als Zeichen für IS-Zugehörigkeit gilt. Zwar hat der Dienst Telegram bereits 78 Propagandakanäle des IS gesperrt, aber über die App Telegram hat der IS auch seine Bekennersignale für die Paris-Attacken versandt oder auch zum Absturz des russischen Passagierflugzeugs auf der Sinai-Halbinsel, bei dem 224 Menschen getötet wurden. Mit dieser App ist es möglich, Multimedianachrichten an viele Nutzer gleichzeitig zu verschicken, ideal für Hassbotschaften der Islamisten.

Im vergangenen Jahrzehnt ist weltweit die neue Macht der Mitmachenden entstanden. Der Nutzer soziale Medien beschränkt sich nicht mehr darauf, persönliche Mitteilugen durchs Netz zu senden, sondern wirkt zunehmend als Durchlauferhitzer für Themen und Phänomene, die weltweit Beachtung finden. Die Nutzer können mit einem Fingerdruck „liken", teilen, kommentieren, was sie von anderen bekommen haben. Es ist ein Schneeballsystem, das alle Kontrollmechanismen nur verlangsamen, nicht stoppen können. Der IS ist unermüdlich darin, unter stets neuen Konten, Nutzernamen und populären Hashtags den Strom seiner Mitteilungen fließen zu lassen. Er täuscht Vielfalt vor, wo in Wirklichkeit eine endlose Kopierkette die immer gleichen Botschaften streut.

Zwischenzeitlich existierte sogar eine eigen entwickelte Anwendung für Android-Smartphones, „The Dawn of Glad Tidings", „Die Morgendämmerung der frohen Botschaft". Hatte der Nutzer sie installiert, wurde sein Twitter-Konto fortan fremdgesteuert von der IS-Medienzentrale, die dadurch nicht mehr als Absender ihrer Tweets erschien, sondern sich hinter den Nutzern verbarg.[156] Damit umging sie die von Twitter installierten Kontroll-Algorithmen, die ab einer bestimmten Nachrichtenzahl von einer IP-Adresse die Spam-Blockade aktivieren würden.

Wie gut sich auf diese Weise der Twitter-Verkehr künstlich hochtreiben ließ, zeigte sich Anfang Juni 2014, als der IS Mossul stürmte. Der Blitzsieg hatte ohnehin schon Panik geschürt, die IS-Kämpfer rückten nach Süden vor und alles schien auf einmal möglich, als der IS durch einen Trick die Panik noch weiter anheizte: Mithilfe der App sendete der IS 40.000 Tweets mit derselben Schreckensdrohung, wodurch diese kurzzeitig zum Top-Treffer bei Suchanfragen „Bagdad" führte: Sie bestand aus einem Bild, das einen bärtigen Kämpfer mit IS-Fahne auf einem Bagdader Hochhaus zeigte und der Bildüberschrift „Bagdad, wir kommen!"

Das führt nicht nur den palästinensischen Schriftsteller und Journalisten *Abu Bari Atwan* zu der These, dass ohne *„die digitale Technik [...] der Islamische Staat wohl nie entstehen, geschweige denn sich so lange halten und sogar ausbreiten"*[157] hätte können.

---

[156] Vgl. Neumann, Peter R.: Die neuen Dschihadisten. IS, Europa und die nächste Welle des Terrorismus, Berlin 2016, S. 151
[157] Vgl. Atwan, Bari Abdel: Das digitale Kalifat, Die geheime Macht des islamischen Staates, München 2016

Kasten „Propaganda der Tat"

Die sog. *„Propaganda der Tat"* wird zurückgeführt auf den italienischen Revolutionär *Carlo Pisacane*, der in seinem „Politischen Testament" von 1857 postuliert, dass Ideen aus Taten entspringen und nicht umgekehrt. 1870 greift *Michail Bakunin* in seinen „Briefen an einen Franzosen zur Krise" diesen Gedanken auf und fordert, dass die Prinzipien der russischen Revolution nicht mit Worten, sondern mit Taten verbreitet werden sollen. Er begründet seine Forderung mit der Aussage, dies sei die populärste, stärkste und unwiderstehlichste Form der Propaganda. Der Begriff ist jedoch erstmals von Paul Brousse in einem Artikel 1877 benutzt worden. Entsprungen ist dieser Gedanke der Überzeugung, aktiv in den Gang der Geschichte eingreifen zu müssen. Für die anarchistische Bewegung zu *Bakunins* Zeiten bedeutete das, die gewaltreiche Einforderung von Rechten durch Terroranschläge gegen den Zaren-Staat.

Die Wirkung der „Propaganda der Tat" richtete sich in zwei Richtungen. Einerseits wollte man durch die blutigen Terror-Anschläge die empfundene Sicherheit des Staates zerstören und dadurch Angst und Schrecken in der Bevölkerung verbreiten. Andererseits wollte man durch die gezielten Anschläge mit ihrem Symbolcharakter die eigene Botschaft verbreiten und gleichzeitig Sympathisanten finden und gegebenenfalls rekrutieren. Durch die Verbindung von Gewalt (Terror-Anschlag) und Ideologie (Botschaft), war man sich der Aufmerksamkeit der Öffentlichkeit durch die Medien sicher. Darauf baut auch der IS mit seiner Propaganda-Offensive innerhalb der digitalen Medien.

Medienorganisation und Propaganda

Laut dem Islamwissenschaftler *Christoph Günther*, sind die Medienorganisationen des IS vergleichbar mit herkömmlichen Nachrichtenagenturen:

„Im Prinzip arbeitet diese Medienabteilung wie jede andere Nachrichtenagentur auch. Dort werden Kamerateams zusammengestellt, dort werden Nachrichten aus ganz unterschiedlichen Quellen ausgewertet, in eine bestimmte Form gebracht und weiterkommuniziert. Kamerateams filmen Kämpfer und dokumentieren Festivitäten, Predigten oder die Arbeit islamischer Gerichte. Das heißt, die Medienabteilung begleitet mit hervorragenden technischen Mitteln und in großer Breite die Etablierung des ‚Islamischen Staates' - und stellt sie natürlich in einem positiven Licht dar."[158]

In diesem Interview bezieht sich *Christoph Günther* auf die Medienabteilung *„Al-Hayat Media Center"* und bezeichnet sie als rational handelnde Organisation, deren Produkte, wie zum Beispiel Videos, einzig dem sehr rationalen Zweck der Abschreckung nach außen und der Konsolidierung nach innen dienen. Der Feind soll verstört und die eigene Gruppe bestärkt werden.

Neben der bereits erwähnten Medien-Abteilung *„Al-Hayat Media Center"*, betreibt der IS unter *Ahmed Abu Samra*[159] noch elf weitere Medien-Abteilungen sowie mehrere kleine regionale Büros allein für Propagandazwecke.

In all diesen Medien-Abteilungen arbeiten professionelle Journalisten, Fotografen, Filmemacher und Redakteure. Diese wiederum haben alle dem Kalifen *Ibrahim* mit dem Treueschwur „bai`a" die Treue schwören müssen. Es existieren zwar auch eine Vielzahl von Fotos aus dem Inneren des IS-Reiches, die über die internationalen Nachrichtenagenturen Associated Press, Agence France-Press (AFP) und Reuters vertrieben werden, doch deren Fotografen arbeiten alle unter rigider Kontrolle der IS-Aufseher. Sie sind angehalten, den Treueeid auf das Kalifat zu schwören, und müssen ihre Bilder zur Zensur vorlegen. Wer versucht, die Kontrollen zu umgehen, riskiert 100 Peitschenhiebe. Wer den Ruf des IS beschädigt, so einer seiner Emire, werde getötet.[160]

---

[158] Vgl. Günther, Christoph: Ein zweiter Staat im Zweistromland? Genese und Ideologie des „Islamischen Staates Irak", Leipzig 2014
[159] Der syrische Informatiker Ahmed Abu Samra, der 1981 in Frankreich geboren wurde und in Massachussets aufgewachsen ist, wanderte 2011 nach Aleppo aus, wo er mehrere Medienorganisationen aufbaute. Heute führt aber wahrscheinlich ein Redaktionsrat die Medienabteilung des IS.
[160] Vgl. Meyer, Sebastian/Wittmeyer, Alicia P.Q.: How to Take a Picture of a Severed Head, in: Foreign Policy, 9. August 2014

Agenturen, die ihre freien Fotografen nicht diesem Risiko aussetzen wollen, übernehmen gelegentlich gleich die offiziellen Bilder vom „Informationsbüro" des „Islamischen Staates" und verteidigen deren Nutzung mit dem „zeitgeschichtlichen Wert" der Aufnahmen. So werden diese weiter vertrieben, auch wenn jeder weiß, dass es sich dabei um Propaganda handelt.

Gelegentlich lädt der IS die Fotografen zu Bildterminen ein: Militärparaden, Verkündigungen, Hinrichtungen. So machen sich die lokalen Fotografen und all jene, die das Bildmaterial des IS drucken, ob willentlich oder unwissentlich, zu Rapporteuren des Images, das der „Islamische Staat" im Rest der Welt über sich verbreitet wissen will. Egal, was eine Zeitung, ein Fernsehsender über den IS berichtet: Sie wird dafür das Bildmaterial nutzen, das der IS genutzt sehen möchte. Denn anderes gibt es nicht, abgesehen von hektischen, verdeckten Schnappschüssen mit Mobiltelefonen, denen jeder Bildredakteur die optisch opulenten Bilder von Kämpfern auf ihren Pick-ups vorzieht, die gern im farbsatten Licht der tiefstehenden Sonne aufgenommen werden.

Der „Islamische Staat" versteht es blendend, die Berichterstattung über ihn zu manipulieren, ohne dass dies auf Anhieb offensichtlich ist. Er spielt mit den Erwartungen und Bedürfnissen der Medienwelt. Die Öffentlichkeit bemerkt dies kaum, denn nur selten werden diese Bilder, ohnehin oft schon zigfach veröffentlicht, markiert als PR-Bildmaterial. Ein Krieg ohne Bilder wäre schließlich ein Krieg ohne Öffentlichkeit. Die Namen der internationalen Agenturen suggerieren Seriosität und eine Vielfalt in der Berichterstattung, die eben nicht existiert. Hat man je Bilder gesehen von verwundeten IS-Kämpfern? Von schlafenden, essenden, verzweifelten, erschöpften Männern des Kalifats? Von fliehenden, verängstigten, wegrennenden Gotteskriegern? Stattdessen tauchen immer wieder dieselben Grundmotive auf: marschierende, auf ihren Geländewegen oder Panzern durch Städte und Steppen rollende Krieger, die Fahnen im Fahrtwind, die Scheinwerfer manchmal selbst am helllichten Tag aufgeblendet.

Erlaubt der IS in Ausnahmefällen ausländischen Journalisten, in sein Reich zu kommen und es vor allem auch wieder zu verlassen, so werden sie betreut und geleitet von den Medienzuständigen, die ihnen genau das zeigen, was sie sehen sollen. Den Journalisten bietet der IS ein Besuchsprogramm im klassischen Stil einer Diktatur inklusive der Vorführung von Gefangenen, die davon schwärmen, vollkommen zu Recht eingekerkert zu sein und ausgepeitscht zu werden.[161]

Ergänzt werden die PR-Reisen durch einfallsreiche Kulissentricks wie das Ausstellen eines Passierscheins – als ob die sorgfältig betreuten Besucher sich auch nur fünf Minuten allein irgendwohin bewegen dürften.[162] Doch nicht alles, was dem „Islamischen Staat" zugerechnet wird, kommt auch von ihm. Denn einflussreiche Bestandteile seiner Online-Präsenz werden von der Gruppe nur zum Teil kontrolliert. Dazu gehören die Kämpfer, die auf ihren privaten Facebook- und Twitter-Accounts Fotos veröffentlichen und mit Unterstützern in Europa per Twitter oder WhatsApp kommunizieren, radikale Prediger, die ihre Vorlesungen auf YouTube verbreiten und sich als religiöse Cheerleader präsentieren und einfache „Fans", die Tag und Nacht im Internet verbringen, die neuesten Infos und Gerüchte auf Twitter posten und so zu Dreh- und Angelpunkten der Unterstützerszene werden. Häufig ist es deshalb nicht der „Islamische Staat", der im Internet für den IS wirbt, sondern seine Anhänger, Unterstützer und die von ihm Inspirierten. Sie alle gehören zum dschihadistischen Online-System, das komplexer und weit weniger zentralisiert ist als oft vermutet.

Der IS besitzt mit *Al-Furqan*[163] auch sein eigenes Videolabel, einen eigenen Radiosender namens *„al-Bayan"* in Mossul, einen weiteren im syrischen Raqqa, dazu den über Satellit zu empfangenen libyschen Fernsehsender *„Tauid"*. Außerdem wurde im Januar 2015 ein Trailer hochgeladen, der angekündigt hat, dass es bald einen rund um die Uhr aktiven Internetsender gäbe: *„The Islamic Caliphate Broadcast"*, abrufbar unter www.KalifaLive.info.

Zudem betreibt der IS über Blogs Propaganda, die zum Teil auch in Englisch und Russisch erscheinen. Die Medienabteilung übersetzt zudem viele Beiträge ins Französische, Deutsche, Spanische, Urdu und weitere Sprachen. Zahlreiche Webseiten und Onlineforen, auf denen sich ganze Bibliotheken ideologischer Literatur finden, werden vom IS verwaltet. Hier wird den Anhängern auch erklärt, wie man rekrutiert, Geld einwirbt oder sich versteckt. Auch Kampftaktiken und Bombenbau werden erläutert. Dschihadisten finden hier alles, was sie für ihren Guerilla- und Abnutzungskrieg brauchen.

---

[161] Vgl. „The Islamic State", Vice, 26. Dezember 2014. Video abrufbar unter https://news.vice.com/video/best-of-vice-news-2014-the-islamic-state-full-length
[162] Vgl. Todenhöfer, Jürgen: Inside IS – 10 Tage im „Islamischen Staat", München 2015. Der Spiegel berichtet über diese Reise unter dem Aufmacher: Der Märchenonkel, Vgl. Der Spiegel, 3/2016, S.- 54-58
[163] Im Islam bezeichnet *furqan* das „Kriterium", das die Gläubigen von den Ungläubigen unterscheidet.

Das „Cyber-Kalifat"/ Terror im Internet

Wie auch schon zuvor die Terrororganisation Al-Qaida nutzt auch der IS seine digitalen Ressourcen, um Hacker-Angriffe gegen die ernannten Feinde zu starten. Im Januar 2017 verschaffte sich die Hacker- Gruppe *„Cyber-Kalifat"*, die dem Kalifen die Treue geschworen hat, Zugriff auf die persönlichen Daten von hunderten US-Soldaten und anderem militärischen Personal, welches im Nahen Osten stationiert war, indem es die sozialen Medienkanäle des *US Central Command* (CentCom) hackte. Zu dieser Zeit hatte das *„Cyber-Kalifat"* unter *Abu Hussain al-Britani* auf Twitter über 110.000 Follower.

Das amerikanische Zentralkomitee CentCom leitet die militärischen Aktionen im Irak und Syrien. Durch die Veröffentlichung dieser Informationen liefen die Militärs und ihre Familien Gefahr, Anschlagsziele von extrem-islamistischen dschihadistischen Gruppierungen zu werden. Der französische Staat war von Januar bis Februar 2015 Opfer von 25.000 Online-Anschlägen. Das erklärte der französische Innenminister *Bernard Cazeneuve*. Diese Anschläge wurden von mindestens 27 verschiedenen islamistischen Hacker-Gruppen begangen, die sich alle zu dem Kalif *Ibrahim* bekennen.

Außerdem hatte der IS eine Graswurzelorganisation, die über Menschenrechtsverletzungen und den harten Alltag unter der Führung des IS berichteten mittels einer sog. „Cyber-Falle" ausfindig gemacht. Der IS schickte der Organisation *„Raqqa is Being Slaughtered Silently"* (RSS) eine Email und gab sich dabei als Syrer im kanadischen Exil aus, der einen Bericht über seine Erlebnisse unter dem IS schreiben wollte. Der Bericht sollte unter einem beigefügten Link einsehbar sein. Als die Organisation den Bericht lesen wollte, installierte sich gleichzeitig Malware, welche die IP-Adressen der Computer der Organisation ermittelte. So erfuhr der IS den Standort der Organisation und mindestens zwei der Gruppenmitglieder wurden entführt und gefoltert.

Schriftliche Veröffentlichungen des IS

Kreuzigungen und Köpfungen, Vergewaltigungsopfer, denen das Herz herausgeschnitten und auf die Brust gelegt wird, Massenhinrichtungen, Homosexuelle, die von hohen Gebäuden geworfen werden, abgeschlagene Köpfe, die auf Geländer gespießt oder von lachenden dschihadistischen Kindern – seit Kurzem erschießen sie Gefangene selbst – hin und hergeschwungen werden: All diese grauenhaften Bilder schlimmster Brutalität werden vom „Islamischen Staat" sorgsam aufbereitet und über seine Medienkanäle in Umlauf gebracht. Da jede neue Grausamkeit die vorherige in den Schatten stellt, schaffen es diese Meldungen garantiert in die weltweiten Schlagzeilen.

Das Ganze mag zwar wie eine sadistische Orgie ohne Sinn und Verstand erscheinen, ist jedoch alles andere als das. Tatsächlich handelt es sich um eine systematisch angewandte politische Kampagne. Die äußerste Brutalität des „Islamischen Staates" wird in der dschihadistischen Literatur ausgiebig angepriesen, ganz besonders in dem 2004 im Internet erschienenen Dokument *„The Management of Savagery",* das von dem al-Qaida-Ideologen *Abu Bakr Naji* verfasst wurde. Online-Sprecher und Autoren des IS verweisen gerne auf *Najis* Arbeiten und es wird von islamistischen Gruppierungen häufig zitiert und zur Legitimation terroristischer Handlungen herangezogen.

Deswegen wird der Text häufig auch als „*Handbuch des Dschihad*" bezeichnet. Es ist ein Traktat, das politische Ziele formuliert und taktische Handlungsanweisungen erstellt.[164]

Das Handbuch des Dschihad: „The Management of Savagery"

Abu Bakr Naji war ein al-Qaida-Ideologe und Autor der islamistischen Online-Veröffentlichung „*The Management of Savagery*", in der er die Rolle von extremer Gewalt in den drei Phasen des Dschihadismus thematisiert. Der Autor bezieht sich stark auf die Schriften des muslimischen Gelehrten *Taxi al-Din ibn Taymiya,* der im 14. Jahrhundert lebte und als erster slawistischer Dschihadist gilt. *Naji* beginnt sein Traktat, indem er darauf hinweist, dass extreme Gewalt beziehungsweise gezielte grausame Gewalt, als Entwicklungsstadium ein Bestandteil der Staatsbildung und des menschlichen Lebens sei und damit auch fester Bestandteil des Entwicklungsprozesses der Wiederherstellung des Kalifats.

Die drei Phasen, an deren Ende die Wiederherstellung des Kalifats steht, werden auch die drei „islamistischen Phasen" genannt. Die erste Phase nennt *Naji* **„Beunruhigung und Erschöpfung"**, die zweite **„Gezielter Einsatz und barbarische Gewalt"** und die dritte schließlich, **„Wiederherstellung/Ausrufung des Kalifats".**

Zunächst (in der ersten „islamistischen Phase") sollen, nach dem „*Management of Savagery",* alle Supermächte durch ständigen Terror, Drohgebärden und kontinuierliche Aggressionen von Seiten der Dschihadisten aufgerieben werden. Der These dieses Schriftstückes nach werden die USA und ihre Alliierten auf Grund von moralischer Degeneration, sozialer Ungerechtigkeit, Dekadenz, Egoismus und der Vorliebe für weltliche (sündige) Genüsse unter dem Druck des Terrors politisch implodieren. Außerdem sollen die USA und andere Feinde durch die ständige finanzielle Belastung des Krieges militärisch und ökonomisch „ausgeblutet" werden.

Die zweite „islamistische Phase" setzt auf den gezielten Einsatz von barbarischer Gewalt. In dieser Phase sollen die dschihadistischen Truppen alles zerstören, was ihnen in den Weg kommt. Laut *Naji* und anderen islamistischen Führern wie *Bin Laden*, ist die USA in einem Zustand der Verweichlichung und deshalb, trotz seiner Weltmachtstellung, zu schlagen. Deswegen würde *Najis*

---

[164] Vgl. Atwan, Abdel Bari: Das digitale Kalifat. Die geheime Macht des islamischen Staates, München 2016

Meinung nach eine direkte Intervention der USA in der islamischen Welt zwangsläufig zu einer Niederlage der Amerikaner gegen die „Erneuerungsbewegung" (des IS) führen.

Naji beschreibt außerdem den Vorgang der Territoriumsgewinnung: In Regionen, in denen die regulären Streitkräfte geschwächt wurden, können dschihadistische Truppen schließlich die Oberhand gewinnen und werden der dortigen Bevölkerung als „Ordnungsbringer" erscheinen, die wieder Sicherheit und Ordnung in den von Bürgerkrieg zerstörten und in Chaos gestürzten Regionen etablieren. So zum Beispiel im Irak unter *Saddam Hussein*, in Syrien unter *Assad* und in Libyen unter *Gaddafi*.

Die dritte und letzte beschriebene Phase ist dann die Wiederherstellung des Kalifats, wie es 2014 im Januar durch den Kalifen *Ibrahim, Abu Bakr al-Baghdadi,* geschehen ist.

Naji betont in seinem Traktat, wie wichtig die radikale Gewalt im Gegensatz zur gegnerischen Verweichlichung ist. Wie schrecklich diese Aufgabe sein kann und was sie mit sich bringt, müsse den Kämpfern erklärt werden. Ziel nach außen sollte eine größtmögliche Aufmerksamkeit durch die Medien sein. Durch gezielte Propaganda, die das Ausmaß der Zerstörung und Grausamkeit der Mudschaheddin zeigt, soll der „Feind" abgeschreckt werden.

Sobald die Mudschaheddin dazu fähig sein sollten, war es nach *Naji* an der Zeit, sich verschiedene Hauptziele zu setzen, die zumindest theoretisch in der Ausrufung des Kalifats gipfelten. (siehe Info-Kasten: „Die von Abu Bakr Naji bestimmten Hauptziele der Mudschaheddin")

Ein Jahr, nach dem Erscheinen des Traktats von *Naji* wurde ein weiteres Dokument veröffentlicht: *„Al-Qaida Strategien bis zum Jahr 2020".* Auch in diesem Text wurde von dem anonymen Autor ein Plan erarbeitet der damit beginnt, die amerikanischen Truppen auf islamischem Boden zu dezimieren. Der beschriebene Fünf-Punkte-Plan mündet ebenfalls in die Ausrufung des Kalifats.

Kasten: „Die Von *Abu Bakr Naji* bestimmten Hauptziele der Mudschaheddin"

1. Die Ausweitung und Erhaltung der inneren Sicherheit in jedem Verwaltungsgebiet.
2. Die Sicherstellung der medizinischen Versorgung und der Lebensmittelversorgung.
3. Der Schutz der Gebiete der Barbarei vor feindlichen Invasionen, die Errichtung von Verteidigungsanlagen und die Ausbildung von Kämpferverbänden.
4. Die Etablierung der Scharia in den Gebieten der Barbarei.
5. Die Stärkung des Glaubens und der Kampfkraft durch die Ausbildung der örtlichen Jugend, um auf allen Ebenen eine kriegerische Gesellschaft zu etablieren. Am besten umzusetzen in dem man die Bedeutung des Dschihads in den Vordergrund des Bewusstseins der Bevölkerung rückt und als unerlässliche Pflicht deklariert.
6. Der Einsatz für die Ausweitung des Scharia- und säkularen Rechts.
7. Die Einschleusung von Spionen und die Einrichtung zumindest eines kleinen Geheimdienstnetzes.
8. Die Vereinigung der Herzen der Menschen mittels Geld und die Vereinigung der Welt in einer der Scharia entsprechenden Herrschaft sowie in der Einhaltung von Regeln, die zumindest von Menschen in der Führung beispielhaft vorgelebt werden.
9. Die Abschreckung von Heuchlern mithelfe von Beweisen und anderen Mitteln, um sie so zu zwingen, ihre Scheinheiligkeit zu unterdrücken, ihre unerwünschten Ansichten zu verbergen und sich den Autoritäten zu fügen, bis ihrer Bösartigkeit Einhalt geboten wird.
10. Aktiv bleiben, bis eine territoriale Ausweitung und Angriffe auf feindliche Truppen möglich sind, um schließlich alle Gegner zu schlagen, ihr Geld zu rauben und sie in einen Zustand der ständigen Angst zu versetzen, damit sie sich eine Versöhnung herbeiwünschen.
11. Wenn möglich, Koalitionen mit den Kräften eingehen, die der Führung noch nicht vollends die Treue geschworen haben.
12. Das letzte Ziel ist die Befähigung von Führung, Einheiten zur Ausübung geregelter Macht und die Förderung der Bereitschaft, die Früchte zu ernten und den Staat aufzubauen.

Zeitschriften

Dem IS sind an Veröffentlichungen außerdem noch verschiedene Zeitschriften zuzuordnen: Die *„Istok"* in Russland, *„Dar al-Islam"* in Frankreich, auf Arabisch die *„An-Naba"*, in der Türkei die *„Konstantiniyye"* und die *„Dabiq"*, sowie die *„Rumiyah"* die es u.a. auf Englisch zu lesen gibt.

Die Zeitschrift *„Rumiyah"* ist in der Hinsicht bemerkenswert, als sie nicht nur beschränkt auf eine bestimmte sprachliche Zielgruppe produziert wird. Zwar wurde auch die Zeitschrift *„Dabiq"* später ins Englische und Deutsche übersetzt, *„Rumiyah"* aber wird vom *Media Center Al-Hayat* multilingual erstellt.

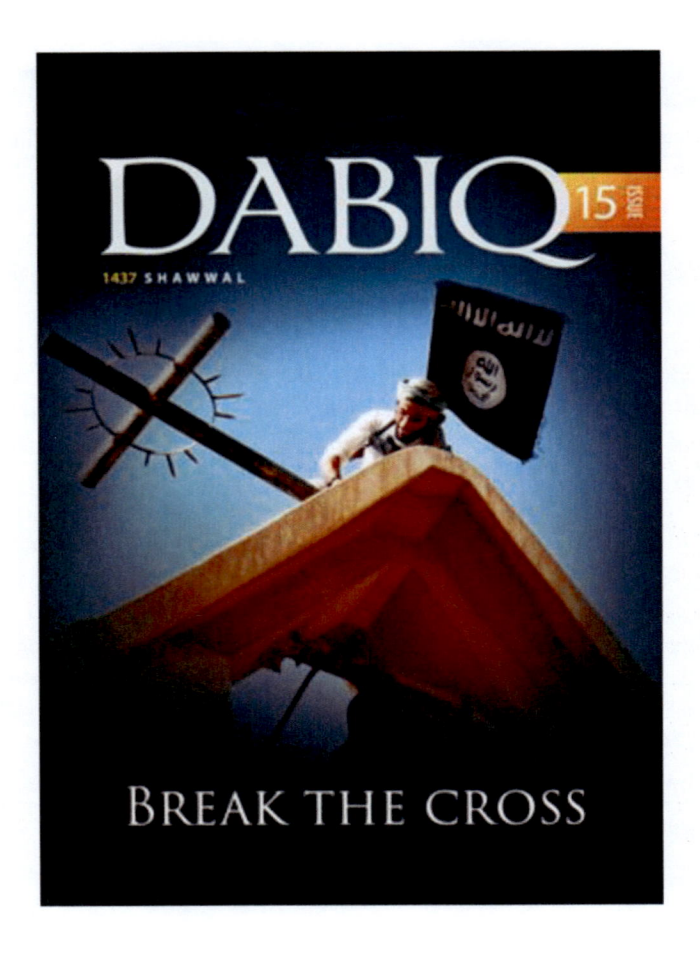

Die Zeitschrift „Dabiq" ist ein Hochglanzmagazin, welches von der Medienorganisation des IS al-Hayat herausgegeben wird und einen Umfang von 50 Seiten hat. Die erste Online-Publikation erschien auf Englisch im Juli 2014 und soll in vom IS kontrollierten Bereichen am Kiosk erhältlich sein. Der Name ist zurückzuführen auf den Ort Dabiq in der Nähe des syrischen Aleppo, an dem die Entscheidungsschlacht stattfinden soll.

Kasten: Das Wunder von Dabiq

Dabiq ist eine kleine Ortschaft mit nicht mehr als 3.000 Seelen, nahe der türkischen Grenze nördlich von Aleppo. Die Bedeutung von Dabiq rührt her von seiner Rolle innerhalb der islamischen Eschatologie, die sich auf die von *Abu Huraira* überlieferte Hadithe gründet, die als authentisch angesehen wird:

„Die Stunde der letzten Abrechnung wird erst schlagen, wenn die Römer [byzantinische Christen im Sinne der Dschihadisten] in al-Amaq oder Dabiq ihre Lager aufschlagen. Dann wird sich eine Armee mit den weltweit besten Männern ihrer Zeit aus Medina aufmachen und sich ihnen entgegenstellen. Wenn sich die beiden Armeen gegenüberstehen, werden die Römer anfangen, zu verhandeln. ‚Stellt Euch nicht zwischen uns und jene, die Gefangene von uns genommen haben! Lasst uns mit ihnen kämpfen. Nein! Bei Allah!', werden die Muslime antworten. ‚Wir werden euch niemals mit unseren Brüdern kämpfen lassen.''

Auf diese Ablehnung folgen Auseinandersetzungen. Ein Drittel wird weglaufen, ihnen wird Gott nie verzeihen. Ein Drittel wird sterben, in den Augen Allahs die besten Märtyrer. Ein Drittel, das nie schwer getroffen wird, erobert als Sieger Konstantinopel.

Während sie die Kriegsbeute untereinander aufteilen und ihre Schwerter in die Olivenbäume hängen, wird ein Dämon in ihrer Mitte erscheinen und rufen: ‚Der Antichrist hat Euren Platz in Eurem Heim eingenommen!' Sie lassen alles stehen und liegen, obwohl die Information falsch ist. Als sie syrischen Boden betreten, kommt der Dämon tatsächlich. Während sie sich vorbereiten und die Kämpfer Reihen bilden, ist die Zeit des Gebets gekommen.

Mitten in diesem Getümmel wird Jesus, Marias Sohn, vom Himmel steigen und sie im Gebet führen. Wenn der Feind Gottes ihn sieht, wird er sich wie Salz im Wasser auflösen. Wenn man ihn ließe, könnte er sich völlig auflösen bis zum

> *Tod, aber Allah wird ihn eigenhändig töten, um das Blut auf seiner Lanze vorweisen zu können".*
>
> Deutlich wirkungsvoller und weniger poetisch ist die folgende Prophezeiung, die *Abu Mussab al-Sarkawi* zuteilwird: *„Die Flamme wurde im Irak entzündet, und sie wird – mit der Erlaubnis Gottes – immer größer werden, bis sie die Armeen der Kreuzfahrer in Dabiq verbrennt".*
>
> Eine große Anzahl der Dschihadisten hat sich in den Kopf gesetzt, dass der Endzeitkampf in Dabiq ausgetragen und den endgültigen Sieg der Moslems über die „Römer" bringen werde. Dabiq steht für die Apokalypse, für Armageddon, eine der wichtigsten Marken des Unternehmens „Islamischer Staat". Es ist außerdem der Name eines online erscheinenden IS-Magazins in englischer Sprache. Und es ist ein Ort, der in dem schrecklichsten aller Videos zu sehen ist, das die Medienverantwortlichen des IS bisher veröffentlicht haben. Die Schlussszene des Videos mit dem Titel „Auch wenn es den Ungläubigen nicht gefällt" zeigt den Kopf der amerikanischen Geisel *Peter Kassig* zu Füssen seines Henkers. Sie wurde im Dorf Dabiq gedreht.[165]

In der ersten Ausgabe ging es vor allem um die religiöse Rechtfertigung des Kalifats, Beweise für seine tatsächliche Existenz und Dauerhaftigkeit, verbunden mit Aufrufen an gleichgesinnte Muslime, sich den Dschihadisten anzuschließen. In den folgenden Nummern fanden sich Texte ähnlicher Art, aber auch immer mehr Berichte über die Aktivitäten der Organisation in den einzelnen Provinzen.

Die Hauptaufgabe dieser Zeitschrift ist aber die Rekrutierung von Kämpfern und das Anlocken von Migranten. Bei der Rekrutierung geht es also nicht nur um Soldaten, sondern auch an Akademiker, die den Staat im Inneren stabilisieren sollen. Dafür haben sich die Redakteure dieser Zeitschrift laut eigener Aussage auf fünf Themenbereiche konzentriert:

- „Thawid": Die Einzigartigkeit Allahs
- „Manhaj": Methodik bzw. Lebensweise
- „Hidschra": Die Migration in das Land des Islam
- „Dschihad": Die Anstrengung auf dem Weg Gottes
- „Jama´ha": Die Gemeinschaft

---

[165] Vgl. Henin, Nicolas: Der IS und die Fehler des Westens. Warum wir den Terror militärisch nicht besiegen können, Zürich 2016, S. 134ff

Die Artikel, die darin veröffentlicht werden, zeichnen ganz im Dienste der eigenen Ziele das Bild eines idyllischen Lebens im Kalifat und versuchen, Staatlichkeit zu suggerieren. Sie informieren den Leser über aktuelle Fortschritte im Krieg, das Gesundheitswesen im IS und über Altenheime und Kindererziehung.

„Dabiq" kann also als offizielles Staatsorgan gesehen werden, als Propaganda-Zeitschrift, die aber im Gegensatz zur von al-Qaida herausgegebenen Zeitschrift *„Inspire"* nicht zu Anschlägen aufruft. Die *„Inspire"* hatte 2010 einen Artikel veröffentlicht, in dem beschrieben wurde wie man einen Pick-up Truck für einen Anschlag nutzen könne.

Allein die Tatsache, dass der IS beträchtliche Ressourcen investiert, um ein fremdsprachiges Magazin zu produzieren, zeigt, wie sehr ihm daran gelegen ist, Rekruten aus westlichen Ländern zu gewinnen.

Rumiyah: Issue 1-3

Die Zeitschrift *„Rumiyah"* ist dem „Carter Center" in Atlanta zufolge die Nachfolge-Zeitschrift des Magazins *„Dabiq"*. In der Studie „Evolution of Daesh Recruitment Propaganda in Light of Territorial Loss" vom Januar 2017, führt das Carter Center die Aufgabe von *„Dabiq"* auf die Tatsache zurück, dass der IS die Region Dabiq als Einflussgebiet verloren hat.

Dennoch unterscheidet sich die Zeitschrift *„Rumiyah"*, deren Name übersetzt „Rom" bedeutet, von dem Magazin *„Dabiq":* sie ist deutlich radikaler. Das Hauptziel ist nicht mehr die Darstellung einer Utopie, sondern die Indoktrinierung und Verhaltensschulung von zukünftigen Attentätern.

Inhaltlich wird dies umgesetzt, indem Kurzbiographien von Märtyrern veröffentlicht werden. Außerdem gibt es eine neue Artikel-Reihe namens „Just Terror Attacks", in der zu sogenannten „lone-Wolf-attacks" aufgerufen wird und Ratschläge über die richtige Waffe gegeben werden.

So wurde zum Beispiel in einem Artikel der Ausgabe 3 der LKW als Tatwaffe besprochen und für öffentliche Feiern und Fußgängerzonen als passende Waffe befunden.

In der Ausgabe 2 gab ein Artikel den 64 - jährigen britischen Blumenhändler *Stephen Leyland* als vogelfrei aus. Der Artikel „Das Blut des Kafirs (Ungläubigen) ist halal für euch. So vergießt es." zeigt auch ein Foto von ihm.

Zusammengefasst sind die Themen in der Zeitschrift „*Rumiyah*" im Gegensatz zum Magazin „*Dabiq*" in der Hinsicht radikaler, dass die Inhalte der Artikel nicht mehr eine Utopie beschreiben, sondern zum Beispiel erläutern, warum der Hass auf Ungläubige von Allah befohlen ist und das Töten von Nicht-Muslimen legitim ist. Schließlich werden Taten gefordert: Attentate, die Anhängern überall auf der Welt begehen sollen.

Titelbild der ersten Ausgabe, der Zeitschrift Rumiyah September 2016 . Der Mann der hier abgebildet ist, soll der IS-Propagandachefs Taha Sobhi Falaha alias „Abu Mohammed al-Adnani" sein.

In dieser Rumiyah Ausgabe ist der Artikel „*Das Blut des Kafirs (Ungläubigen) ist halal für euch. So vergießt es!*" erschienen, der den 64-jährigen Stephen Leyland aus Britannien zum Vogelfreien erklärt.

Cover der Rumiyah Ausgabe 3. In dieser Ausgabe erschien ein Artikel darüber, wie man LKWs für terroristische Anschläge benutzten kann.

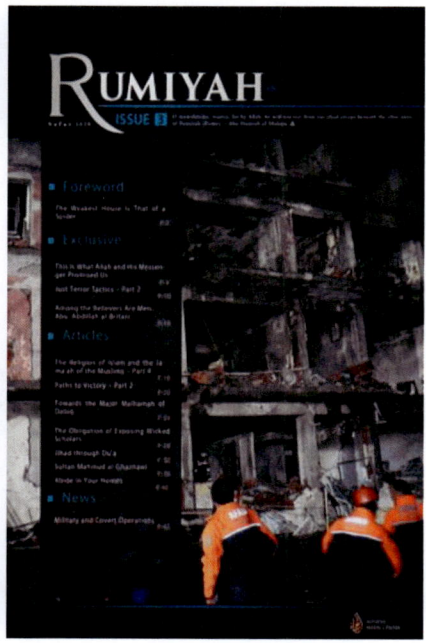

E-book

Zuerst brutale Anschläge durch Einzeltäter, dann offener Straßenkampf, dann eine mächtige Dschihad-Bewegung - so stellen sich radikale islamistische Vordenker den Weg zur muslimischen Weltherrschaft im Westen vor.

„Wenn Du rausgehst, siehst Du junge Männer, die auf den Straßen zusammenstehen. Jetzt stell Dir vor, Du gibst diesen Kerlen Autos, Waffen, Geld und ein Ziel." Mit diesen Worten beginnt das 45-seitige Pamphlet, das seit Mitte 2015 frei im Internet verfügbar ist und sich seitdem – so bestätigt es das Bundeskriminalamt – bei jungen Muslimen in den Ländern Westeuropas höchster Beliebtheit erfreut.

Sie sind die Zielgruppe der eBook-Reihe, die sich als Referenz an die schwarze Flagge des IS „Black Flag Series" nennt. Der erwähnte Band, das Muslim Gang Book, trägt den Titel *„Muslimische Gangs – die Zukunft der Muslime im Westen"*". Auf dem Deckblatt prangt das Foto einer bedrohlichen Menge junger Männer mit schwarzen Flaggen und Koranausgaben in den Händen.

Das Machwerk beschreibt detailliert, wie sich die Islamisten die Entwicklung der kommenden Jahre vorstellen. Im Kern geht es um die Spaltung unserer Gesellschaften durch eine zunehmende Polarisierung zwischen Muslimen und Nicht-Muslimen.

Es ist eine Bedienungsanleitung inklusive Rezepten zum Bombenbau, kombiniert mit einer Endzeitphilosophie, die eine Weltherrschaft des Islam in greifbarer Nähe erscheinen lassen soll: *„Wenn Du ein Gläubiger bist, der die Muslime verteidigen und danach Rom befreien will, dann ist dieses Buch für Dich. Es soll Muslimen eine Starthilfe geben, ihre eigenen Banden zu gründen und diese in eine Dschihad-Bewegung zu verwandeln, die weiter heranwächst zu einer starken Macht im Westen. Lasst uns beginnen mit Allahs Hilfe."*

Nach Darstellung der Verfasser folge nach der ersten Phase des bewaffneten Kampfes in Westeuropa – isolierten Anschlägen durch Einzeltäter, „Lone Wolves" – nun die nächste Stufe: Die Gründung muslimischer Gangs, die mit allen Mitteln, auch gewalttätigen, die nicht-muslimische Zivilbevölkerung einschüchtern und No-Go-Areas in den Ballungszentren der Länder errichten sollen. Das Rezept der Islamisten trägt den arabischen Namen „Tawahhusch", wörtlich übersetzt „Wildheit". Es empfiehlt eine Herausforderung der staatlichen Strukturen mit allen Mitteln, auch mit Gewalt.

Der Staat werde dadurch destabilisiert und müsse zu diskriminierenden und unterdrückerischen Maßnahmen gegen die Bevölkerungsteile greifen, aus denen die Unruhestifter stammen. Dies führe dann zu einer Selbstisolation der Muslime, also zu nichts anderem als einer Parallelgesellschaft, die ihre Trennung notfalls mit Gewalt errichtet und verteidigt. Noch müssten die muslimischen Gangs Einzelattacken verüben, aber die *„steigende Zahl der Angriffe beider Seiten wird schrittweise einen Kriegszustand schaffen."*

Dieses Ziel, so glaubt der Autor der Hetzschrift, sei aufgrund rasanter politischer und sozialer Entwicklungen in Europa schon bald erreicht, möglicherweise im Jahr 2018: *„In den kommenden Jahren werdet ihr einen großen Wechsel der Politik gegenüber den Rechtsextremen erleben. Armut, Sparpolitik, die Wahrnehmung von Zuwanderern, die 'all unsere Jobs stehlen', die wachsende*

Macht des Islamischen Staates in der muslimischen Welt und der Ruf nach politischem Wechsel machen die rechten Parteien zu einer neuen Alternative für die Menschen, um ihren Ärger abzulassen. (...) Die Friktionen zwischen den Gebieten der Neonazis und denen der muslimischen Gemeinden werden zunehmen."

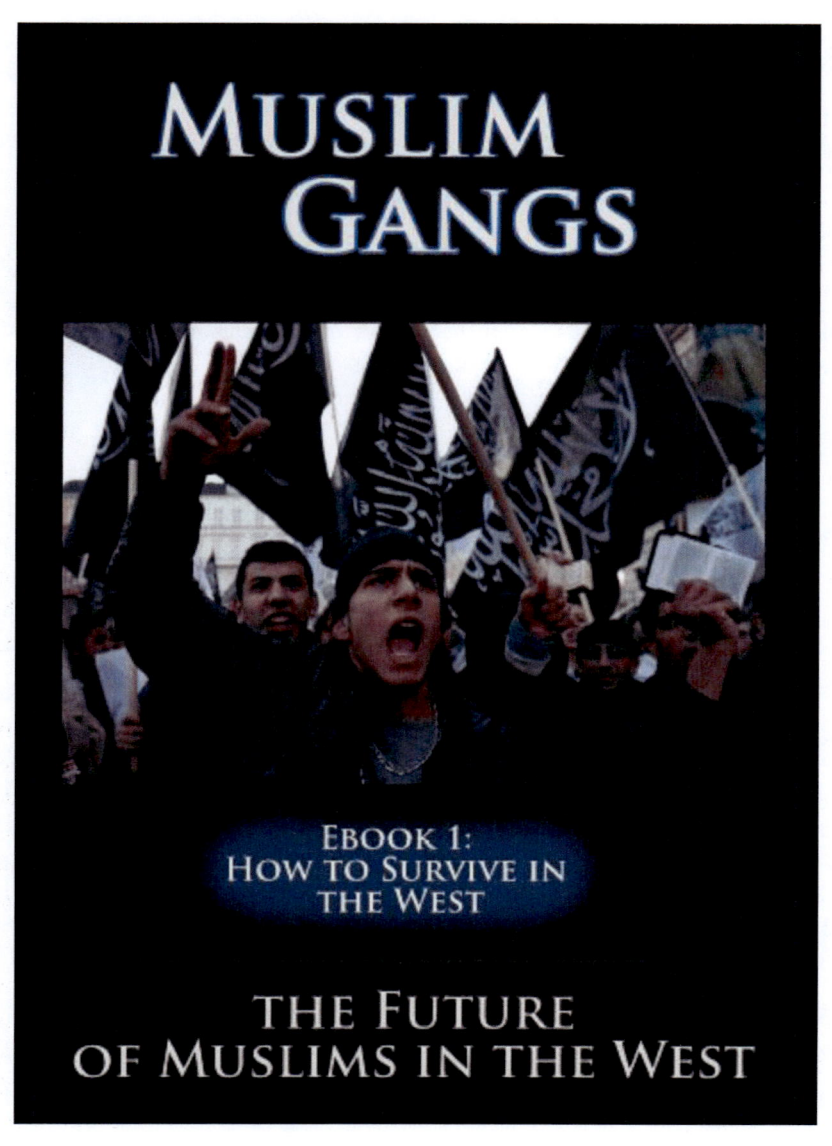

Kasten: Wovor wir Angst haben

Die allgemeine Angst vor Terrorismus ist extrem groß, obwohl die Zahl der Opfer vergleichsweise niedrig ist. Aber die mediale Beachtung spielt den Mördern in die Hände. Gemäß einer aktuellen Umfrage fürchten wir Deutsche nichts mehr als den Terror. Die Furcht, Opfer einer lebensbedrohenden Krankheit zu werden, rangiert deutlich hinter der Terrorangst. Wie kann das sein, wenn die Wahrscheinlichkeit, einer Krankheit zu erliegen, millionenfach größer ist? Der Soziologe *Ortwin Renn* hat dieses vernunftwidrige Verhalten als *„Risikoparadox"* bezeichnet. Marginale Gefahren werden überschätzt, wirkliche Gefahren unterschätzt.[166]

Bekannt ist, dass schlechte Nachrichten den Menschen ohnehin besser im Gedächtnis bleiben als gute. Schon diese Tatsache führt zu einem kognitiven Ungleichgewicht. Selbst wenn gute und schlechte Nachrichten in den Medien gleichverteilt dargeboten würden, hätten wir in der Rückschau den Eindruck, mehr Schlechtes wahrgenommen zu haben. Das bedingt eine Art naturgegebenen Pessimismus. Doch die Annahme der Gleichverteilung ist falsch. Jede Art von Veröffentlichung ist ein mit Haken und Ösen geführter Kampf um Aufmerksamkeit. In diesem Licht ist der Slogan „Bad news are good news" durchaus sinnvoll - zumindest für Verleger, Intendanten, Journalisten und Betreiber Sozialer Netzwerke.

Aber Leser, Hörer, Fernsehzuschauer und Internetbenutzer zahlen für diesen Auswahlprozess hinter den Kulissen einen hohen Preis - und zwar meistens, ohne es zu ahnen. Denn genau diese Ahnungslosigkeit ist die Grundlage des Risikoparadoxons. Das führt zu einer stark verzerrten Wahrnehmung der Wirklichkeit und schürt überflüssige Ängste. Der Psychologe *Barry Schwartz* zitiert in seinem Buch *„The Paradox of Choice"* eine Studie, mit der das Risikoparadox verstehbar wird. Es konnte eindeutig gezeigt werden, dass die massiven Fehleinschätzungen von Risiken mit Umfang und Art der Berichterstattung in den Medien korreliert sind. Wird detailliert und viel über Mord und Totschlag berichtet, aber wenig über dringendere Gefahren – zum Beispiel dem Risiko, einen Schlaganfall zu erleiden – bleiben die in grellen Farben dargestellten Moritate den Rezipienten im Kopf.

Islamistische „Gotteskrieger" sind in den seltensten Fällen Spezialisten für Wahrnehmungspsychologie, aber genau dieser Mechanismus wird von ihnen

---

[166] Vgl. Renn, Ortwin: Das Risikoparadox. Warum wir uns vor dem Falschen fürchten, Frankfurt am Main 2014

instinktsicher benutzt, wobei ihnen die Medienlandschaft als Steigbügelhalter dient. Die Terroristen haben verstanden, dass sie die Medien, aber auch öffentliche Empörung und Anteilnahme, wie einen viralen Vektor benutzen können, um ihre Schreckenstaten dort zu lancieren, wo sie auch großen Schaden anrichten: in unseren Köpfen. Entscheidend für sie ist nicht unbedingt die lokale Zahl an Todesopfern. Entscheidend ist die global wuchernde Angst. Es ist schon bemerkenswert, dass eine überschaubare Zahl von Attentätern einen Großteil der Menschheit wie eine Herde Schafe vor sich her treibt.

Wir sind nicht nur Opfer des Terrors. Wir alle – Konsumenten und Medien – sind auch aktiver Teil dieser sich selbst organisierenden subjektiven Wirklichkeit. Jede ausufernde Berichterstattung, jede tausendfach ins Bild gesetzte Lichterkette zu Recht betroffener Menschen, jedes YouTube-Video einer terroristischen Schreckenstat brennt sich in unserer Wahrnehmung ein und führt dazu, dass wir eine angstbesetzte innere Realität konstruieren, deren Angemessenheit mit wachsender Geschwindigkeit verloren geht und die wir natürlich auch wieder anderen mitteilen.

Aber gibt es eine Alternative, die aus der Angstspirale herausführt? Betrachten wir den islamistischen Terror als die gruseligste Form von *public relations*. Für diesen Standunkt spricht die ausgeklügelte mediale Inszenierung, mit der sich die Terroristen selbst ins Bild setzen: Wenn sich Selbstmordattentäter in die Luft jagen, läuft oft die Kamera mit und natürlich haben die ekelhaften Enthauptungsvideos primär den Zweck, Angst und Schrecken zu verbreiten.

In dieser Lesart können wir zwischen Sender, Empfänger und Kanal der Terrorbotschaft unterscheiden. Und in diesem Bild wird klar, wo wir den Hebel ansetzen müssen. Betrachten wir die Täter als Sender. Trotz aller Vorsichtsmaßnahmen werden wir den Terror nicht vollständig unterbinden können. Wer einen Schraubenzieher, ein Beil, einen Lastwagen als Waffe verwenden möchte, wird das immer tun können. Niemand kann ihn daran hindern. Die alten Stoiker haben uns gelehrt, dass wir Dinge, die wir durch Vernunftgebrauch nicht ändern können, einfach zur Kenntnis nehmen müssen. Das empfiehlt sich auch hier - selbst wenn wir die Taten aus tiefstem Herzen ablehnen.

Das bedeutet aber nicht, dass wir hilflos sind. Wenn man die Dinge nicht ändern kann, muss man die Sichtweise auf die Dinge verändern. In diesem Sinne lohnt es sich für uns als Empfänger der Nachrichten, das bekannte Kant'sche Motto der Aufklärung zu bedenken: *„Wage es, dich deines Verstandes zu bedienen!"*.

Zuerst einmal können wir selbst entscheiden, wie wir uns informieren. Niemand zwingt uns, gestreamte Exekutionsvideos zu konsumieren. Des Weiteren empfiehlt es sich, den Terror nüchtern als das zu betrachten, was er ist: eine von vielen tausend Möglichkeiten, zu sterben. Dabei ist das Gefahrenrisiko, sein Leben durch die Hand eines Islamisten zu verlieren, nahezu unbedeutend – egal, wie breit darüber berichtet wird.

Hier stellen sich wichtige Fragen an die Medien: Ist eine Berichterstattung, die nicht das Grauen in den Vordergrund stellt, sondern auch die Wahrscheinlichkeit ihres Eintretens berücksichtigt, völlig undenkbar? Sollte man nicht diskutieren, ob man Menschen mit einer narzisstischen Persönlichkeit, deren Leben häufig genug aus der Spur gesprungen ist, noch eine mediale Bühne für ihren Wahnsinn zu Verfügung stellen muss? Ist es wirklich notwendig, dass Attentäter mit Klarnamen in der Berichterstattung auftreten? Und ist es unumgänglich, die Bluttat noch dadurch zu adeln, dass die Porträts der Attentäter millionenfach gedruckt und vervielfältigt werden? Für jemanden, der bis dato eine schattenhafte Existenz geführt hat, ist es ein schöner Beifang, wenn er bei seiner eingebildeten Reise ins Paradies noch mit größtmöglicher öffentlicher Beachtung aus dem irdischen Leben scheidet.

Es ist vor allen Dingen die öffentliche Aufmerksamkeit, die das Monster nährt. Und wenn wir dieses selbstorganisierende System, von dem wir selbst ein Teil sind, destabilisieren wollen, dann sollten wir das Problem in einem umfassenderen Zusammenhang nüchtern betrachten.

Finanzierung des IS

Von den rund 1.000 Milizgruppen, die derzeit in Syrien operieren, ist bekannt, dass viele von ihnen massive Unterstützung aus dem Ausland, vor allem aus den Golfstaaten erhalten. Die *International Crisis Group* wies bereits 2012 darauf hin, dass damals schon mindestens zehn verschiedene islamistische Kampfgruppen von unterschiedlichen ausländischen Akteuren finanziert wurden.[167] Derartige Unterstützung stammt nicht nur von Regierungen, sondern auch von privaten Spendern und Hilfsorganisationen, über die sowohl staatliche wie private Gelder geschleust werden.[168] Gewissermaßen fungieren diese Organisationen als Geldwaschanlagen. Auch der „Kriegstourismus", also die Reisekosten der *Mudschaheddin* (Gotteskrieger), wird in der Regel aus diesen Quellen bezahlt.[169]

Als die Revolution sich bewaffnete, kam es zu einem regelrechten Wettbewerb zwischen Rebellengruppen um die Finanzierung durch die Golfstaaten sowie Geschäftsleute der syrischen Diaspora und in geringerem Maße auch aus der Türkei und den westlichen Ländern. Die Medien der verschiedenen Gruppen filmten ihre Erfolge und stellten sie ins Netz, um Sponsoren anzuziehen und sie sind schnell dazu übergegangen, ihren Filmen einen immer offensichtlicheren islamistischen Anstrich zu geben, je mehr Erfolg sie bei den Sponsoren hatten. Für die Geldgeber stellen die Spenden eine Art *Zakat* dar, die eine der fünf Säulen des Islam bilden.[170] Inzwischen sind die Zuwendungen zurückgegangen: Eine Folge der Maßnahmen gegen die Finanzierung des Terrorismus.[171]

Die Finanzierung terroristischer Gruppen entspricht heute in vielen Zügen der Finanzierung der Söldner während des Dreißigjährigen Krieges im Deutschen Reich und in Europa. Die Söldner wechselten nicht nur völlig ideologiefrei die Seiten, wenn ihnen höherer Sold angeboten wurde, sondern alimentierten sich auch durch Raub und Erpressung, indem sie Bauernhöfe, Dörfer und Städte

---

[167] Vgl. Tentative Jihad: Syria's fundamentalist opposition. Middle East Report 13 vom 12.10.2012. www.crisisgroup.org
[168] Vgl. Leukefeld, Karin: Flächenbrand. Syrien, Irak, die arabische Welt und der Islamische Staat, Köln 2015, S. 213
[169] Mudschaheddin ist der Plural des arabischen Wortes Mudschahed, wörtlich „jener, der Heiligen Kampf betreibt". Der Begriff, übersetzt als „Heiliger Krieger" oder „Gotteskrieger" bezeichnet im ursprünglichen Sinn Muslime, die gegen die sowjetische Besatzung Afghanistans kämpften (1979-1989). Vgl. Ruf, Werner: Islamischer Staat & Co. - Profit, Religion und globalisierter Terror, Köln 2016
[170] Zakat, wörtlich „Reinheit", die obligatorische Spende von Almosen an Bedürftige, an Notleidende und an die, die den Heiligen Krieg kämpfen ist eine der fünf Säulen des Islam. Vgl. Barth, Peter: Islam und Islamismus. Eine Herausforderung für Deutschland, München 2003, S. 81ff
[171] Vgl. Henin, Nicolas: Der IS und die Fehler des Westens. Warum wir den Terror militärisch nicht besiegen können, Zürich 2016, S. 57

plünderten, Frauen vergewaltigten, Vieh stahlen und das Land ausplünderten.[172] Krieg, Hunger und Seuchen entvölkerten ganze Landstriche. Einige Regionen benötigten mehr als ein Jahrhundert, um sich davon zu erholen. Die Levante ist das Schlachtfeld des Dreißigjährigen Krieges der Araber in der Gegenwart.[173]

Die Finanzierung hat damals wie heute wenig mit Religion zu tun, so wie es für die meisten sich auf Religion berufenden Terrorgruppen gilt. Vielmehr ist es eine Instrumentalisierung der Religion für politische Zwecke. Der Afrika-Journalist *Marc Engelhardt* hat dies in seiner Untersuchung mit dem Titel „Heiliger Krieg – Heiliger Profit" gut auf den Punkt gebracht, indem er in seine Arbeit auch die „christliche" Terrorbanden der *Lord Resistance Army* in Uganda, im Sudan und im Kongo einbezog.[174]

Der Krieg hat seine eigene Ökonomie hervorgebracht, die damit auch ein schnelles Ende des Kriegs verhindert. Männer, die früher als Bauarbeiter, Fahrer oder Imker arbeiteten, verdienen inzwischen Geld, wenn sie eine Waffe tragen. Das gilt insbesondere für die Badi Syriens, die östlichen Wüstengebiete, die in weiten Bereichen von „Daesh" bzw. dem „Islamischen Staat im Irak und in der Levante" (ISIS) als sein Kalifat behauptet wird. Neben einigen ältesten christlichen Gemeinden leben in diesen Wüstengebieten und entlang des Euphrats diesseits und jenseits der syrisch-irakischen Grenze Beduinenstämme, die staatliche Strukturen nicht anerkennen. Nicht alle, aber viele dieser Stämme kooperieren mit „Daesh".

Als „Grenzgänger" ziehen sie seit Jahrhunderten mit ihren Viehherden zwischen dem Nordirak und der arabischen Halbinsel hin und her und sie dienen oder bekämpfen viele Herren. Drusen im Süden Syriens, Tscherkessen auf dem Golan und Bauern im Jordantal haben negative Erfahrungen mit den Beduinen gemacht. Eigentum an Land und landwirtschaftliche Bearbeitung des Bodens ist diesen Stämmen fremd. Auf der Suche nach Nahrung für ihre Viehherden oder

---

[172] Der Dreißigjährige Krieg, der als religiöser Konflikt zwischen Protestanten und Katholiken begonnen hatte, wurde rasch zu einem Kampf rivalisierender Länder und Dynastien. Er endete mit dem Westfälischen Frieden von 1648. Erst dieser Friede schuf eine dauerhafte staatliche Ordnung, in der sich die Religionsgemeinschaften gegenseitig anerkannten. Erst die Verwüstung, die die Religionskriege angerichtet haben, hat die Einsicht erzeugt, Staat und Religion zu trennen, die Säkularisierung als Geisteshaltung und institutionell durchzusetzen, die Europa bis heute prägt – im Gegensatz zu den meisten anderen Kulturkreisen. Vgl. u.a. Wedgwood, Veronica C.: Der Dreißigjährige Krieg, Frankfurt am Main 1972; Parker, Geoffrey: Der Dreißigjährige Krieg, Frankfurt am Main 1987; Rasche, Carolin: Das negative Bild des Söldners, München 2016; Englund, Peter: Verwüstung – Eine Geschichte des Dreißigjährigen Krieges, Reinbek 2013; Peters, Jan: Peter Hagendorf – Tagebuch eines Söldners aus dem Dreißigjährigen Krieg, Kornwestheim 2012

[173] Vgl. Hermann, Rainer: Endstation Islamischer Staat? Staatsversagen und Religionskrieg in der arabischen Welt, München 2015, S. 112

[174] Vgl. Engelhardt, Marc: Heiliger Krieg, Heiliger Profit. Afrika als neues Schlachtfeld des internationalen Terrorismus, Berlin 2014

bei deren ungehindertem Durchzug kommt es oft zu Streit und bewaffneten Auseinandersetzungen. Seit der Unabhängigkeit 1946 und später unter Präsident *Hafez al-Assad*, versuchte Syrien die Beduinen sesshaft zu machen. Wohnungen, Schulen, Krankenstationen und Arbeitsmöglichkeiten wurden geboten, was nur teilweise angenommen wurde. Dass die Stammesbindungen insbesondere nach Saudi-Arabien schwerer wiegen als die Anerkennung des syrischen Staates, hat sich in den letzten Jahren deutlich gezeigt. Gegen erhebliche Zahlungen aus den Golfstaaten – offiziell über Geschäftsleute – haben Beduinen in den Grenzgebieten zum Irak und zu Jordandien Waffen und Kämpfer geschmuggelt. Teilweise dienen sie auch beiden Kampfparteien als Nachrichtenzuträger.[175]

Die Gebiete, die sich der Kalif *Al-Baghdadi* und seine Kämpfer aneigneten, haben für Syrien und den Irak wirtschaftliche und strategische Bedeutung. Entlang des Euphrats befinden sich fruchtbare Ländereien, Getreide- und Baumwollfelder, nicht zuletzt die syrischen Ölfelder. Die Angriffe auf Wasserreservoirs und Dämme im Norden und Westen des Iraks dienten der Sicherung der Wasserversorgung. Ansonsten geht es bei Angriffen und Kämpfen stets um strategisch wichtige Verkehrswege, Städte und Grenzübergänge. Aus den Industriegebieten um Aleppo wurden ganze Fabriken geplündert, abgebaut und in die Türkei verkauft.

Diese Art der Gewaltökonomie alimentiert sich vorzugsweise und zunächst aus dem Lande selbst. Dies gilt für die großen Gewaltakteure, die auf Finanzquellen aus dem Ausland zurückgreifen können, wie für kleinere Milizen, die auch die Teile der Bevölkerung terrorisieren, die sie zu schützen vorgeben - so etwa, wenn „christliche" Milizen christliche Dörfer plündern und die Einwohner terrorisieren. Terror wird bei diesen Gewaltakteuren – nicht nur beim IS – systematisch eingesetzt. Neben Zöllen und dem Abpressen von Geldern an Straßensperren gehören Entführungen von Ausländern und von Kindern aus den ortsansässigen Familien zu den gängigen Finanzquellen. Da die Drohungen der Entführer glaubwürdig sein müssen, gehört bei Bedarf die Tötung der Entführten zum notwendigen Repertoire. Sie dient als wirksame Warnung an zukünftige Opfer, deren Staaten oder Familien.

---

[175] Schon während des Ersten Weltkriegs nutzten die Briten die Beduinen, um gegen die mit dem Deutschen Reich verbündeten Osmanen zu kämpfen. Für deren Vertreibung aus der Levante versprachen die Briten ihnen und der neu aufkommenden arabischen Nationalbewegung Unabhängigkeit. Der britische Archäologe und Spion T. E. Lawrence (Lawrence von Arabien) wurde beauftragt, die Kampfgruppen der Beduinen, die sich zumindest teilweise der neu entstandenen arabischen Nationalbewegung hinter König Feisal zuordneten, zu organisieren, zu bewaffnen und anzuleiten – und sie siegten.

Große Gewaltakteure beziehen dabei oft gleichzeitig Geld von verschiedenen und durchaus teilweise konkurrierenden ausländischen Akteuren, die durch Zahlungen die Gruppen für ihre Zwecke zu instrumentalisieren suchen.[176] Umgekehrt verhilft diese Mischfinanzierung den Gruppen selbst wiederum zu größeren Handlungsspielräumen, da sie so ihre Geldgeber gegeneinander ausspielen und teilweise erpressen können.

Der „Islamische Staat" gilt seit einiger Zeit als das bei weitem effizienteste Gewaltunternehmen im Krieg in Syrien und im Irak. Nach Ansicht von *David Cohen*, dem für die Bekämpfung von Terrorismusfinanzierung zuständigen Staatssekretär im US-Finanzministerium ist der IS die *„kapitalkräftigste terroristische Organisation mit der wir bislang konfrontiert wurden".*[177] Der genaue Umfang seiner Einkünfte ist nicht klar; die meisten Informationen stammen von der CIA und anderen Diensten.

Eine Studie geht seit Neuestem davon aus, dass die Geldquellen des IS versiegen.[178] Unter dem Titel „Kalifat im Niedergang" untersuchten die Wissenschaftler mithilfe von Medienberichten, IS-Unterlagen, öffentlich zugängliche Regierungsdokumente und eigenen Recherchen, wie sich der IS finanziert und wie es im Frühjahr 2017 um seine Finanzen steht.[179]

Für die Studie wurden die Perioden von 2014 bis 2016 untersucht, also die Zeit seit dem Beginn des vom IS ausgerufenen Kalifats. Darin wird klar: Der IS schöpft seine Einnahmen fast ausschließlich aus dem eigenen Territorium. Er unterscheidet sich daher stark von anderen terroristischen Gruppen, da seine Finanzierung stark an das von ihm beherrschte Gebiet und die daraus

---

[176] Nur selten taucht in den Untersuchungen zu den Finanzen des IS die Tatsache auf, dass auch die USA dschihadistische Gruppen unterstützt bzw. Kämpfer für diese rekrutiert. Seit Jahren versuchen die USA, so genannte „gemäßigte Islamisten" (meist in Jordanien, aber auch in Katar, Saudi-Arabien und den Vereinigten Arabischen Emiraten) auszubilden, die dann die Ränge der „Freien Syrischen Armee" unterstützen sollten. Diese „Freie Syrische Armee" war ursprünglich aus Deserteuren entstanden, die gegen das Assad-Regime kämpften. Sie erreichten aber weder Geschlossenheit noch nennenswerte Effizienz. Was aus den von den USA für jährlich 500 Millionen US-Dollar ausgebildeten Kämpfern geworden ist, deren Zahl jährlich bei 5.000, im Jahr 2016 bei 15.000 liegen soll, ist ungewiss. Als schließlich bekannt wurde, dass eine Gruppe dieser Kämpfer von der Nusra-Front abgefangen wurde und sich ihr vermutlich anschloss und eine zweite Gruppe ihre Ausrüstung an diese islamistische Bande übergab, wurde das Programm offiziell eingestellt.
[177] Vgl. www.brookings.edu/blogs/markaz/posts/2014/10/24-lister-cutting-off-isis-jabhat-al-nusra-cash-flow
[178] Vgl. „Caliphate in Decline: An Estimate of Islamic State's Financial Fortunes" des „International Centre for the Study of Radicalisation" (ICSR) am Londoner King's College in Zusammenarbeit mit der „Prüfungs- und Beratungsgesellschaft EY" (Ernst & Young). Öffentlich verfügbar unter http://icsr.info/wp-content/uploads/2017/02/ICSR-Report-Caliphate-in-Decline-An-Estimate-of-Islamic-States-Financial-Fortunes.pdf
[179] Schon in den 2000er Jahren wurden durch den Gründer des IS Zarqawi weitverzweigte Finanzierungsnetzwerke aufgebaut und durch den damaligen Finanzausschuss Geld gesammelt. Dies geschah durch Anhänger, die vor allem in den arabischen Golfstaaten und in Europa Spenden über Moscheen und Geschäftsleute einsammelten.

entstehenden Möglichkeiten der Geldgewinnung gekoppelt ist. Der IS ist daher weniger von externen Zuwendungen, Spenden und Geldgeschäften innerhalb des internationalen Bankensystems abhängig, was die Schätzung des Geldbestandes umso schwieriger macht.

Nichtsdestotrotz wird die Gruppe öfter als *„reichste Terrororganisation der Welt"* bezeichnet.[180] Das hat allerdings noch nie gestimmt. Der IS agiert nicht „nur" als Terrororganisation, sondern hat einen Quasi-Staat mit einem Territorium, einer Bevölkerung, einer Bürokratie (mit Bürokraten, die ihren Amtsgenossen in westlichen Ländern nicht so unähnlich sind[181]) und staatlichen Strukturen aufgebaut.[182] Die westlichen Regierungen sprechen das nur nie aus. Denn wenn man von Steuereinnahmen oder Ausgaben des IS spräche, würde man ihn als Staat legitimieren.

Das bedeutet: Ohne Nachschub an Rekruten und ohne den regelmäßigen Zufluss großer Summen kann der „Islamische Staat" keinen Bestand haben.[183] Aus Sicht der Terroristen verursacht das Ganze vor allem Kosten. Kämpfer müssen bezahlt, Waffen gekauft, lokale Honoratioren bestochen werden. Gelingt das nicht mehr, ist es mit den militärischen Erfolgen schnell vorbei.

Den Höhepunkt der Einnahmen erlebte das Kalifat schon 2014. Damals verfügte der IS über ungefähr zwei Milliarden US-Dollar an Einkommen. 2016 war es den Schätzungen nach nur noch maximal die Hälfte dessen. Die Einnahmen sind also um bis zu 50 Prozent zurückgegangen. Es ist ein Geschäftsmodell, das zusammenbricht, wenn die Territorialstrategie nicht mehr funktioniert, der IS Gebiete verliert. Und das ist gerade der Fall. Seit Monaten verliert die Terrorgruppe Territorien, Menschen und Ölquellen. Zwischen Sommer 2014 und November 2016, so die Studie, seien die vom IS kontrollierten Gebiete im Irak um 62 Prozent, in Syrien um 30 Prozent zurückgegangen. Schrumpft das Kalifat, schrumpfen dessen Einnahmen; die räuberische Beute-Ökonomie greift nicht mehr. Das Gesamtbudget der Gruppe habe sich so innerhalb von zwei

---

[180] Vgl. u.a. Spiegel Online: IS als Wirtschaftsmacht. Jagd auf die Schatztruhen des Kalifats, 2014; oder: Die Welt: Darum ist der IS die mächtigste Terrorgruppe der Welt, 2015; exemplarisch auch: Atwan, Abdel Bari: Das digitale Kalifat. Die geheime Macht des Islamischen Staates, München 2016, S. 186ff
[181] Vgl. Neumann, Peter R.: Die neuen Dschihadisten. IS, Europa und die nächste Welle des Terrorismus, Berlin 2015, S. 96
[182] In seinem Machtbereich hat der IS die öffentliche Versorgung übernommen: Strom, Wasser, Krankenhäuser, Müllabfuhr. Wo Stromnetze oder Abwassersysteme beschädigt wurden, ließ der IS sie vielerorts reparieren. Die Angestellten der öffentlichen Betriebe blieben dieselben; sie erhalten ihr Gehalt oft weiterhin aus Damaskus oder Bagdad. Ein Teil der Gehälter fließen an den IS.
[183] Seine vermutlich 30.000 bis 40.000 umfassenden Truppen sollen nach einer Studie der Financial Action Task Force (FATF) des bei der OECD in Paris angesiedelten Arbeitskreises zur Geldwäschebekämpfung, im Monat je zwischen 350 und 500 Dollar erhalten. Das wären deutlich mehr als 10 Millionen Dollar allein an Sold im Monat.

Jahren ungefähr halbiert – von in der Studie geschätzten 970 Millionen bis zu 1,89 Milliarden US-Dollar im Jahr 2014 auf 520 bis 870 Millionen Dollar im Jahr 2016. Vermutlich gewinnt der IS derzeit rund 50 Prozent seiner Einnahmen durch erpresste Steuern und Beschlagnahmungen, 43 Prozent durch Öl und den Rest durch Drogenschmuggel, Spenden, Lösegeld und Kulturraub.

Die wichtigsten Einnahmequellen des IS

In den Gebieten Irak und Syrien aus den Jahren 2014 - 2016

Steuern, Öl und Konfiszierungen von Eigentum/Raub

1. Steuern und Gebühren: Weil der IS für sich in Anspruch nimmt, ein Staat zu sein, gibt es überall in seinem Herrschaftsgebiet Ämter, die für die Steuereintreibung und die Genehmigung von Geschäften zuständig sind.[184] Der Islamische Staat erhält Steuergelder von den Bürgern des von ihm beherrschten Territoriums, also zum Beispiel Gebühren für bestimmte Leistungen, Handel und Gewerbe.[185] Aber der IS treibt auch ganz konventionelle Steuern ein, darunter Gewerbe- und Einkommenssteuern, die dann als „islamische Steuern" („Almosensteuer", Zakat[186]) bezeichnet werden.[187] Laut den Autoren der „Kalifat im Niedergang"-Studie hat die Organisation im Jahr 2014 durch Steuern und die Zahlungen der Zakat 300 – 400 Millionen Dollar eingenommen. Trotz territorialer Verluste erhöhte sich ihr Einkommen auf 400 – 800 Millionen Dollar im Jahr 2015, da sie die Kontrolle über wichtige, bevölkerungsreiche Gebiete im Irak weiter. Der Verlust von weiteren Städten bedeutete eine Reduzierung des Einkommens auf 200 – 400 Millionen Dollar im Jahr 2016.

---

[184] So berichten Geschäftsleute aus Mossul, dass sie die im Irak üblichen Dokumente vorlegen müssen, um die Registrierung ihrer Läden zu erneuern. Lastwagenfahrer müssen für ihre Transporte eine Gebühr von 200 bis 500 US-Dollar errichten.
[185] Der IS belegt Transportfahrzeuge, die Waren oder Passagiere durch seinen Machtbereich bringen, mit einer Zwangsabgabe. Auch hier gilt für viele LKW- oder Busfahrer: Lieber einmal vom IS abkassiert werden als mehrfach von anderen Räuberbanden/Milizen.
[186] Die Spende ist eine der fünf Säulen des Islam neben dem Glaubensbekenntnis, den täglichen Pflichtgebeten, dem Fasten im Monat Ramadan und der Pilgerfahrt, der Haddsch nach Mekka. Sie wird wie eine Steuer erhoben, entspricht etwa 2,5 Prozent des Geldvermögens bzw. 5 bis 15 Prozent ihres Einkommens und soll armen, notleidenden Muslimen oder jenen, die den „Heiligen Krieg" kämpfen, zugutekommen.
[187] Der IS verlangt von Unternehmern und Bauern sowie von Beamten, die noch ihr Gehalt vom syrischen und irakischen Staat bekommen, einen Anteil ihres Einkommens; in der Regel liegt die Abgabe bei einem Zehntel. Sofern Nichtmuslime dort noch leben, fällt eine bereits im Koran beschriebene Kopfsteuer für christliche oder jüdische Schutzbefohlene (Jizya/dschizya) an.

2. Natürliche Ressourcen: Innerhalb des Kalifats gibt es eine Abteilung für „kostbare Ressourcen". Dazu zählen neben Erdöl und Erdgas auch sämtliche anderen Bodenschätze sowie die archäologischen Stätten. Darunter befinden sich beispielsweise eine Phosphatmine und eine Produktionsanlage für Schwefelsäure im westirakischen Anbar sowie Zementfabriken sowohl in Anbar wie im Osten von Syrien. Bei einem Verkauf dieser Rohstoffe zum halben Marktpreis, wie es der IS häufig tut, kommen die Extremisten auf hohe jährliche Einnahmen. Eine weitere wichtige Einnahmequelle ist vor allem in der Region um die Millionenstadt Mossul der Verkauf von Weizen und Mehl. Insgesamt profitiert der IS von den natürlichen Ressourcen in seinem Gebiet, wobei besonders Öl und Gas eine wichtige Rolle spielen.[188] Die Kämpfer versuchen vor allem, Erdölfelder, Raffinerien und Pipelines zu erobern.[189] Syrien verfügt über zwei Erdölvorkommen. Das erste erstreckt sich von *Deir ez-Zor* bis zur irakischen Grenze. Einst war es das Vorzeigegebiet von *Shell* und *Total* mit einer Tagesproduktion von ca. 400.000 Barrel in den 1980er Jahren, die inzwischen auf ein Niveau von kaum mehr als 100.000 Barrel gesunken ist. Das zweite Erdölvorkommen befindet sich ganz im Nordosten, zwischen den Städten *Qamischli* und *al-Hasaka*, in einem Gebiet, das das Regime fast völlig der Kontrolle der Peschmerga des PYD, des syrischen Zweigs der PKK, überlassen musste.[190] Diese Region war mit durchschnittlich 250.000 Barrel pro Tag noch in einem starken Aufschwung begriffen, als die Revolution ausbrach. Syrien produzierte etwa 700.000 Barrel am Tag, knapp die Hälfte davon für den Export nach Europa. Wo heute der IS Angst und Schrecken verbreitet, organisierten globale Ölfirmen wie Shell die Förderung. Als der IS diese Gebiete eroberte, konnten die Kommandeure die bestehende Infrastruktur einfach weiter nutzen. Derzeit kontrolliert der IS rund 160 Ölquellen. Die in den syrischen und irakischen Ölfeldern vorhandenen Reserven belaufen sich nach Schätzung der Bundesregierung auf mehr als 1,1 Milliarden Barrel. Damit sitzt der IS auf einem Milliardenvermögen, selbst wenn der Ölpreis weiter deutlich sinken wird.[191] Der Einkommenszufluss durch Öl

---

[188] Aber auch Agrarprodukte spielen eine Rolle. Der IS hat sich im Irak und in Syrien weite Ländereien angeeignet und kontrolliert heute etwa ein Drittel der irakischen Weizenproduktion.
[189] Vgl. Henin, Nicolas: Der IS und die Fehler des Westens. Warum wir den Terror militärisch nicht besiegen können, Zürich 2016, S. 55
[190] Peschmerga ist der offizielle Name der kurdischen Armee. In der einen oder anderen Form gibt es diese Kämpfer seit Beginn der kurdischen Unabhängigkeitsbewegung in den 1920er Jahren, nach dem Zusammenbruch des Osmanischen Reiches. Sie ist bekannt dafür, dass sich in ihren Reihen auch Frauen als Kämpfer befinden.
[191] Ganz ohne Hindernisse ist das Ölgeschäft des IS allerdings nicht. Viele Ingenieure, die einst für die Ölfirmen arbeiteten, sind geflüchtet. Um die Quellen weiter bewirtschaften zu können, müssen die Terroristen entweder die wenigen Verbliebenen durch Drohungen zur Arbeit zwingen oder mit hohen Gehältern neue Arbeitskräfte ins Kriegsgebiet locken, was umso schwieriger wird, je unerträglicher die Lage in den umkämpften Gebieten ist. Mit der Zeit werden die Quellen dadurch weniger ertragreich. Auch Luftangriffe russischer oder amerikanischer

lag im Jahr 2014 bei 150 – 450 Millionen Dollar. Diese Summe konnte erreicht werden da zahlreiche irakische Ölquellen erobert wurden.[192] Das Einkommen stieg durch die stetige Ausbeutung der Ressourcen im Jahr 2015 auf 435 – 550 Millionen Dollar. Im selben Jahr musste der IS jedoch hohe Einbußen erleiden, da im Oktober 2015 die Operation „Tidal Wave II" gestartet wurde, welche der Global Coalition[193] dazu verhalf die Kette der Ölgewinnung, von den Raffinerien bis zu Öltransportern, gezielt anzugreifen.[194] Dies und der Verlust von wichtigen Erdölmärkten in Syrien und dem Irak führen zu einer Reduktion des Einkommens auf 200 – 250 Millionen Dollar im Jahr 2016.[195]

3. Plünderungen, Konfiszierungen und Geldstrafen: Bei der Eroberung neuer Gebiete bezieht der IS beträchtliche Einkommen, indem er Krankenhäuser, Einkaufsmärkte, Restaurants sowie Strom- und

---

Kampfjets bringen die Produktion immer wieder zum Erliegen. Vgl. Öl ist das Schmiermittel für den IS-Terror, in: FAZ vom 17.11.2015

[192] Im September/Oktober 2014 verkaufte der IS Öl aus seinen Ölquellen im Nord-Irak an die Peschmergas, die das Öl dann für 8-10 US-Dollar an die Türkei weiterverkauften. Der IS wurde von den Peschmergas aber nicht mit Geld, sondern mit der Lieferung von 2.000 neuen Pickups bezahlt.

[193] Die Global Coalition wurde im Jahr 2014 gegründet und ist ein Zusammenschluss von 68 Staaten, deren gemeinsames Ziel es ist den IS zu bekämpfen. vgl. The Global Coalition mission

[194] Es ist im Übrigen nicht der Islamische Staat selber, der das Öl verkauft. Dem IS gehören lediglich die Ölproduktionsanlagen, er verkauft aber Lizenzen an Personen, die dadurch ermächtigt werden, eigene Geschäfte mit dem Öl zu machen. Der Islamische Staat interessiert sich in vielen Fällen nicht dafür, wo das Öl letztendlich landet.

[195] Der Großteil des Öls wird im eigenen Staat konsumiert, also werden große Mengen des Öls auch an die eigene Bevölkerung verkauft. Der Rest wird an Nachbarterritorien, an andere Rebellengebiete, an Mafiabanden in die Türkei, nach Kurdistan und Jordanien verkauft. Und natürlich auch in die syrischen Gebiete, die von Assad-Truppen kontrolliert werden. In Hunderten von Tankwagen gelangt das schwarze Gold zunächst nach Zakho ins irakische Kurdistan, wo die heiße Ware versteigert und mit offiziellen Papieren versehen wird. Danach bringen türkische Spediteure die Fracht zu den Hafenterminals von Mersin, Dortyol und Ceyhan. Kleinere Raffinerien bereiten das gewonnene Öl zu Heizöl oder Diesel auf, das dann über die Grenze in die Türkei geschmuggelt und dort bis zu 50 Prozent preiswerter als der gängige Marktpreis verkauft wird. Sogar offizielle syrische und irakische Pipelines werden für den Verkauf genutzt und in beiden Staaten profitieren korrupte Beamte davon. Im Januar 2014 enthüllte *Ruth Sherlock*, Korrespondentin des britischen *Daily Telegraph* im Mittleren Osten, dass das Assad-Regime die Terrorgruppe al-Nusra bezahlt, um die Öl- und Gaspipelines zu schützen, die sie im Osten und Norden des Landes erobert hat (vgl. Syria's Assad accused of boosting al-Qaida with secret oil deals. The Telegraph, 20.Jnaur 2014).

Genutzt werden auch alte Vertriebswege aus den Zeiten des Handelsembargos gegen Saddam Hussein. Es handelt sich um eine Kriegsökonomie. Bedenkt man, dass im Falle der gegen Russland verhängten Sanktionen im Zusammenhang mit der Ukraine-Krise punkt- und personengenau Sanktionen wie die Sperrung von Bankkonten oder die Blockade von Reisepässen verhängt werden können, mutet es seltsam an, dass dies gegen die türkischen Mittelsmänner nicht möglich sein soll. Inwieweit die vom russischen Präsidenten Putin erhobene Behauptung zutrifft, wonach der Familie Erdogan in den Handel mit IS involviert ist, lässt sich derzeit nicht belegen. Allerdings gibt es wohl starke Indizien für Putins Behauptung, dass ein Sohn Erdogans direkt in diesen Handel involviert ist. Zum Markt gehören immer Angebot und Nachfrage, also Verkäufer und Käufer. Da verblüffen dann unwidersprochene Meldungen, denenzufolge auch Mitgliedsstaaten der EU zu den Käufern des – billigeren – Schmuggel-Öls über die Türkei gehören sollen wie die EU-Botschafterin im Irak Jana Hybaskova, dem Europäischen Parlament berichtete. Vgl. Demircan, Ozan: Ist Erdogans Sohn der Ölminister im IS? 2015 in: Handelsblatt online, www.handelsblatt.com sowie www.bz-berlin.de/welt/eu-laender-finanzieren-isis-durch-oelimport-2

Wasserwerke übernimmt, Banken[196] und Geschäfte plündert, Regierungseinrichtungen, Privathäuser von Vertretern des Assad-Regimes oder der irakischen Regierung sowie Häuser von Menschen, die vor dem IS geflohen sind und Minderheiten konfisziert. Anschließend werden Grund und Boden, Häuser, Autos und auch Schmuck verkauft.[197] Nicht zu vergessen Antiquitäten und Kunstwerke, die aus den irakischen Museen gestohlen wurden. Zusätzlich treibt der IS in großem Umfang Bußgelder ein. Durch die großflächige Ausweitung des Territoriums im Jahr 2014 verdiente die Terrormiliz zwischen 500 Millionen und einer Billion Dollar durch Raubzüge in den eroberten Gebieten. Im Jahr 2015 gab es einen Gebietsverlust von 14 Prozent, eine Einwohnerminderung um 4,8 Prozent und damit auch die verringerte Möglichkeit Einnahmen durch Raub und Konfiszierungen zu verbuchen. Im Jahr 2015 ergab sich daher ein Einkommen von 200 – 300 Millionen Dollar. Der Betrag verringert sich im Jahr 2016 noch einmal und beträgt aufgrund des Gebietsverlustes um 23 Prozent und der Populationsverringerung um 18,3 Prozent noch 110 bis 190 Millionen Dollar.[198]

Weitere Einnahmequellen

4. Kidnapping/Lösegeld: Im Jahr 2014 wurden einige Fälle, der vom IS entführten westlichen Journalisten bekannt. Man schätzt die Einnahmen aus Lösegeldforderungen in diesem Jahr auf 20 – 40 Millionen Dollar. In jüngster Zeit stammten die Opfer zumeist aus der Region (darunter syrische und irakische Christen, Jesiden und andere Angehörige von Minderheiten, aber auch Kinder wohlhabender Familien).[199] So wurden Hunderte jesidischer Frauen und Kinder von den Terroristen entführt und verkauft. Von ihren vermeintlichen Besitzern werden sie zu Arbeit und

---

[196] Ein eher seltener „Glücksfall" war die Erbeutung von 429 Millionen US-Dollar, die der IS nach der Einnahme von Mossul in der dortigen Zentralbank fand.
[197] Daneben kassiert der IS Monatsmieten aus mehr als 20.000 Wohnungen und Läden, die er in Mossul im Juni 2014 übernommen hat und die monatlich allein drei Millionen US-Dollar abwerfen. Vgl. Buchta, Wilfried: Terror vor Europas Toren. Der Islamische Staat, Iraks Zerfall und Amerikas Ohnmacht, Frankfurt am Main 2015, S. 312
[198] Vgl. Heißner, Stefan et al.: Caliphate in Decline: An Estimate of Islamic State's Financial Fortunes: 2017
[199] Ende Dezember 2014 hatte der IS etwa 25.000 jesidische und christliche Frauen und Mädchen in seiner Gewalt, die auf Märkten in Mossul, Tel Afar und in Rakka für 150 US-Dollar pro Kopf verkauft wurden. Die Familien konnten ihre entführten Mädchen auch für 8.000 US-Dollar freikaufen. Vgl. u.a. Shirin, Ich bleibe eine Tochter des Lichts. Meine Flucht aus den Fängen der IS-Terroristen, München 2017; Samira Ö., Sex-Sklavin im Namen des Allmächtigen. Wie mir der IS meine Kindheit raubte, Kindle Edition 2016; Jinan, Ich war Sklavin des IS. Wie ich von Dschihadisten entführt wurde und den Albtraum meiner Gefangenschaft überlebte, München 2016; Dilan S.: Ich bin eine andere. Warum ich meine Familie verlassen musste, um frei zu sein, München 2017; Kizilhan, Jan Ilhan: Das Lied der endlosen Trockenheit, München 2017.

Sex gezwungen.[200] Als besonders lukrativ gilt die Entführung westlicher Geiseln, vor allem europäischer Journalisten – sie versprechen die höchste Rendite.[201] Menschenrechtler schätzen, dass sich 2014 in den Händen des IS ca. 4.000 Gefangene befanden, darunter einige Dutzend Ausländer, davon wiederum gut 20 Europäer und Amerikaner.[202] Die weit überwiegende Mehrheit der Geiseln sind jedoch Iraker. Die Einnahmen durch Entführungen bis zum Jahr 2016 sind auf 10-30 Millionen Dollar gesunken.[203]

5. Kulturraub: Der IS ist im Besitz archäologischer Stätten[204] und verdient an dem Verkauf von archäologischen Artefakten aus geplünderten Grabungsstätten auf dem Schwarzmarkt in der Türkei und Jordanien sowie an Grabungslizenzen und der Erhebung von Transitgebühren. Das große Geld machen dabei aber die Schmuggler und die internationalen Händler. Nach Erkenntnissen des *Internationalen Museumsrates* (ICOM) befinden sich rund 90 Prozent des syrischen Weltkulturerbes in Kampfgebieten. Dafür wurde durch den IS extra ein Ministerium für Altertümer eingerichtet, das die Lizenzen an Grabräuber vergibt. Zuletzt verwüstete die Terrormiliz Museen in Mossul und zerstörte Teile der Ausgrabungsstätten Ninive und Nimrud. Antiquitätenraub passt zu den Ansichten des IS, dass die Region von „heidnischen" Relikten wie Schreinen oder Gräbern „gereinigt" werden müsse. Endgültig zerstört

---

[200] Vgl. vierte Ausgabe der Online-Zeitschrift Dabiq

[201] In Syrien und im Irak hat der Islamische Staat an die dreißig Personen aus Ländern des Westens als Geiseln genommen: Journalisten, Techniker, Mitarbeiter von Hilfsorganisationen und sogar einen italienischen Priester. Während die USA und Großbritannien Lösegeld-Verhandlungen strikt ablehnten, ließ sich die französische Regierung auf das Spiel mit dem Lösegeld ein. In Rakka, wo man die Geiseln festhielt, war ein irakischer Geistlicher für die Gefangenen verantwortlich. Unterstützt wurde er von drei britischen Staatsbürgern, die ursprünglich aus dem Irak oder vom Persischen Golf stammten, und die Wächter waren französische Migranten. Die Ermordung vor laufender Kamera etwa von James Fooley (für den der IS 132,5 Millionen Dollar Lösegeld verlangte) oder von zwei japanischen Journalisten (für die der IS 200 Millionen US-Dollar verlangte - genau so viel wie die japanische Regierung zuvor der internationalen Koalition gegen die Terrormiliz versprochen hatte) Ende Januar 2015 war auch eine Antwort auf die Zahlungsverweigerung der jeweiligen Regierungen. So müssen Geiseln (propagandistisch inszeniert) sterben, damit die Ernsthaftigkeit der Forderungen der Banditen unterstrichen wird. Auch werden Geiseln unter den in Syrien kämpfenden Banden gehandelt und getauscht oder konkurrierenden Gruppen abgejagt. Ende März 2014 ließ der IS zwei spanische Journalisten, wenig später vier französische Geiseln frei. Experten vermuten, dass Lösegeld gezahlt wurde. Vgl. Hanne, Olivier/de la Neuville, Thomas Flichy: Der Islamische Staat. Anatomie des Neuen Kalifats, Berlin 2015, S. 94

[202] Vgl. Napoleoni, Loretta: Menschenhändler. Die Schattenwirtschaft des islamischen Terrorismus, Zürich 2016, S. 108ff

[203] Laut „New York Times" flossen seit 2008 aus Europa mindestens 125 Millionen US-Dollar an die al-Qaida, davon 66 Millionen allein im Jahr 2013.

[204] Der Irak und Syrien sind voller antiker Stätten, die bis zu 6.000 Jahre alt sind und von den Behörden sorgsam erhalten wurden, um das kulturelle Erbe und die kulturelle Integrität des jeweiligen Landes zu pflegen und Touristen anzuziehen. Im Irak kontrollierte der IS seit dem Herbst 2014 etwa 1.800-4.000 archäologische Grabungsfelder und Objekte. Die IS-Regionalkommandeure entschieden, welche Teile der Fundstücke illegal verkauft oder zerstört wurden. In Syrien sind nicht nur alle sechs Welterbestätten betroffen, sondern auch Tausende von alten Stadtkernen, Baudenkmälern, Moscheen Archiven, Bibliotheken und archäologische Stätten sind durch den Krieg in Mitleidenschaft gezogen. Vgl. SZ vom 03.07.2017: Kaum vorstellbar.

werden sie aber erst, wenn alles Wertvolle entfernt wurde. Die Schätze gelten dann als Kriegsbeute und legitimer Vermögensgegenstand. Oft landen geplünderte Kunstschätze, darunter Statuetten, Gold- und Silbermünzen, Mosaike, Schmuck, Rollsiegel und Tontafeln an der türkisch-syrischen Grenze, wo sie zum Verkauf angeboten werden.[205] Eine genaue Berechnung des Geldbetrages ist nicht möglich, aber die Autoren der Studie „*Caliphate in Decline: An Estimate of Islamic State's Financial Fortunes*" nehmen an, dass die Einnahmen aus diesen Quellen nur einen geringfügigen Teil der Gesamteinnahmen ausmachen.

6. Ausländische Spenden: Es gibt Hinweise darauf, dass der Vorläufer des Islamischen Staats in den 2000er-Jahren Spenden aus der Golf-Region erhalten hat.[206] Seit 2011 riefen viele islamische Medien dazu auf, Spenden für die Unterstützung des Dschihads bzw. des Widerstandes in Syrien zu zahlen.[207] Auch andere extremistische Gruppen in Syrien erhielten externe Unterstützung, wodurch die bis dahin unbekannte Gruppierung „Islamischer Staat", insbesondere bis zum Jahr 2013 direkt oder indirekt profitierte. Allerdings haben mit der Ausrufung des Kalifats viele Unterstützer aus Saudi-Arabien oder Katar kalte Füße bekommen. Sie mussten feststellen, dass der IS auch zur Gefahr für sie wird. Für die Zeit von 2014 bis 2016 gibt es allerdings keine Beweise, die Geldspenden an den IS oder andere externe Einnahmen bestätigen.[208]

---

[205] Vgl. Kohn, David: ISIS'S looting campaigns, in: The New Yorker vom 14.10.2014. Experten teilten dem New Yorker mit, dass „besonders hochwertige" Antiquitäten für astronomische Summen den Besitzer wechselten. Ein knapp 3 inches hoher und 5.000 Jahre alter mesopotamische Kalksteinlöwe kam 2007 in einem New Yorker Auktionshaus für 57 Millionen US-Dollar unter den Hammer. Als im Juni 2014 ein IS-Mitglied verhaftet wurde, fand man bei ihm Finanzberichte, die belegten, dass der Verkauf von Altertümern aus einer einzigen syrischen Provinz 36 Millionen US-Dollar in die Kasse des „Islamischen Staates" gespült hatte.
[206] Seit 1982 publizierte der in Palästina geborene und damals im pakistanisch-afghanischen Grenzgebiet wirkende islamische Theologe Abdallah Yusuf Azzam in der kuwaitischen Zeitschrift „al-Mudschtama" eine Serie von Artikeln, in denen er die „göttlichen Wohltaten" anpries, welche Märtyrer erfahren würden. Als Fatwa, einen rechtlichen Lehrsatz also, formulierte er, dass „die Verteidigung von muslimischen Ländern höchste persönliche Pflicht" sei.
[207] Der Begriff Dschihad wird oft falsch übersetzt als „Heiliger Krieg", ein Konzept, das in Europa während der Kreuzzüge entstand. Al-Dschihad ist Arabisch für „Anstrengung", und eine bessere Übersetzung für Dschihad als religiöse Doktrin wäre „Anstrengung auf dem Weg Gottes". Der Dschihad umfasst zwei Aspekte: Der große Dschihad bezieht sich auf das Bemühen des Individuums, gegen sinnliche Versuchungen und negative Neigungen anzukämpfen, während der kleine Dschihad den bewaffneten Kampf zur Verteidigung des Islam beschreibt.
[208] Ein Bericht des US-Außenministeriums vom Juni 2014 listet wohlhabende Golfbürger auf, die den IS im Irak und Syrien unterstützen. Unter ihnen waren 28 Saudis, 12 Iraker, 5 Kuwaiter sowie weitere Personen aus Katar, den Vereinigten Arabischen Emiraten und Bahrain. Vgl. Hanieh, Hassan Abu/Rumman, Mohammad Abu: IS und Al-Qaida. Die Krise der Sunniten und die Rivalität im globalen Dschihad, Bonn 2016, S. 180

Kasten Sexsklavinnen

Der IS hat in der vierten Ausgabe seiner Online-Zeitschrift „Dabiq" einen Artikel mit dem Titel *„Die Wiedergeburt der Sklaverei vor der letzten Stunde"* veröffentlicht, in dem davon die Rede ist, wie eine Gruppe von „Gelehrten" darüber diskutierte, ob die vom IS gefangen genommenen Jesiden, eine gefallene Sekte des Islam, „Leute des Buches" (also Christen oder Juden) oder Heiden seien. Nachdem man sich auf Letzteres verständigt hatte, verkündete der IS, dass *„ihre Frauen im Gegensatz zu weiblichen Apostaten, die laut der Mehrheit der Rechtsgelehrten nicht versklavt werden dürfen, sondern vor die Wahl gestellt werden müssen, Buße zu tun oder das Schwert zu erwarten, sehr wohl versklavt werden dürfen"*. Außerdem heißt es in dem Artikel: *„Nachdem ein Fünftel der Sklaven an die Behörden des ‚Islamischen Staates' übergeben worden war, um als Kriegsbeute aufgeteilt zu werden, wurden die jesidischen Frauen und Kinder laut den Gesetzen der Scharia[209] unter den Gotteskriegern des ‚Islamischen Staates' verteilt, die an den Militäreinsätzen in Sindschar teilgenommen hatten... Die versklavten jesidischen Familien wurden von den Soldaten des ‚Islamischen Staates' ebenso verkauft, wie die Gefährten die Heiden verkauften. Viele bekannte Rechtsurteile sprechen dafür, darunter das Verbot, eine Mutter von ihren kleinen Kindern zu trennen".*[210]

Der Autor geht dann auf den sexuellen Aspekt der geplanten Sklaverei ein: *„Zahlreiche zeitgenössische Gelehrte haben bereits darauf aufmerksam gemacht, dass das Ende der Sklaverei zu einem Anstieg der fahisha (Schamlosigkeit in Form von Ehebruch, Unzucht usw.) führte, weil die der Scharia entsprechende Alternative zur Ehe damit nicht mehr möglich war. Ein Mann, der sich die Heirat mit einer freien Frau nicht leisten kann, ist damit ständig der Versuchung ausgesetzt. Das führt dazu, dass sich viele muslimische Familien, die daheim Dienstmädchen haben, nach unzulässigem chalwa (Zurückziehen) und dem daraus resultierenden zina (unzulässigem Geschlechtsverkehr) zwischen dem Mann und der Dienstmagd fitna (schwere Zeiten) gegenübersehen; wäre das Mädchen jedoch seine Konkubine, so wäre das Verhältnis legal. Das passiert, wenn man den Dschihad aufgibt und den dunya (den weiblichen Genüssen) hinterherjagt".*

---

[209] Scharia: wörtlich „der Weg zur Tränke", heute „religiöses Gesetz"; ein Begriff, der sich auf den moralischen und rechtlichen Kodex bezieht, der gläubige Muslime verbindet.
[210] Vgl. Kizilhan, Jan Ilhan/Cavelius, Alexandra: Die Psychologie des IS. Die Logik der Massenmörder, Berlin, München, Zürich, Wien 2016, S. 219ff

Laut Berichten jesidischer Frauen, die ihren Geiselnehmern entkommen konnten, wurde im September 2014 zehn Tage lang eine Art Sklavenmarkt in Mossul abgehalten. In einem dieser Berichte erzählt die Jesidin *Alyas* einem Reporter, was ihr in dieser Zeit widerfuhr. *„Die Männer verfolgten die gefangenen Frauen und gaben ihr Gebot ab"*, heißt es in dem Bericht. *„Manche Frauen wechselten für gerade einmal 15 US-Dollar den Besitzer"*. Wie *Alyas* sagte, waren unter den Käufern Ausländer wie Einheimische – sie erkannte mehrere Leute aus Sindschar wieder. Männer, die keine Kinder kaufen wollten, trennten diese von ihren Müttern und ließen sie in Mossul zurück, wo sie in IS-Schulen ausgebildet wurden, wie *Alyas* zufällig mitbekam. Während die Tage endlos langsam ins Land zogen, versuchten einige Frauen Selbstmord zu begehen, indem sie aus ihren Kopftüchern Stricke anfertigten. Mindestens vier Frauen gelang dies.[211]

Der Sklavenhandel mag zwar nicht zu den Haupteinnahmequellen des „Islamischen Staates" zählen; dennoch ist er gewiss die unmenschlichste und absonderlichste von allen.

---

[211] Vgl. Feldman, Emily: Smuggled oil, sex slaves, kidnappings, crime: Inside the Islamic State's million-dollar, money stream. Yahoo News vom 23.10.2014

Der Islamische Staat scheint auf keinen Aspekt der kriminellen Ökonomie zu verzichten – und sei er noch so unislamisch:

7. Verkauf von Leichen: Der IS begann ab Ende 2014/Anfang 2015 die Leichen ermordeter oder gefallener Gegner an deren Angehörige zu verkaufen, damit sie bestattet werden konnten. Die Preise für den Freikauf einer Leiche betrugen 10.000-20.000 US-Dollar.[212]

8. Illegaler Organhandel: Im Herbst 2014 richtete der IS in Mossul ein Zentrum für den illegalen Organhandel ein. Ausländische Ärzte entnahmen dort Gefangenen bzw. hingerichteten Opfern Organe, die illegal an Transplantationszentren in der EU verkauft wurden.[213] Der irakische Botschafter bei der UN erklärte im Februar 2015, dass in Massengräbern Leichen mit chirurgischen Einschnitten gefunden wurden, denen die Nieren fehlten.[214]

9. Heroinschmuggel: In der irakischen Provinz Ninawa war der IS im Herbst 2014 am Schmuggel von Heroin aus Afghanistan über den Irak in die EU beteiligt.[215]

Im Kern lässt sich das Geschäftsmodell des IS so beschreiben: Die jeweilige Vorhut der Kämpfer investierte viel in die Unterwanderung und den Aufbau geheimdienstlicher Strukturen in den später zu erobernden Gebieten. Zum einen, um diese militärisch einzunehmen, zum anderen, um deren Bewohner ebenso erbarmungslos wie fantasievoll auspressen zu können. Zu diesem Zweck war die präzise Kenntnis aller Macht- und Besitzverhältnisse überaus dienlich.[216] Gleich am ersten oder zweiten Tage nach der Eroberung bestimmter Gebiete, organisierte der „Islamische Staat" eine Machtübergabe an örtliche Stammesführer, Clanoberhäupter und Bezirksvorsteher, die mit der Aufgabe betraut wurden, die jeweiligen Gebiete unter gewissen Auflagen zu verwalten. Zu diesen Auflagen zählten unbedingte Loyalität gegenüber dem IS, das Verbot, andere Hoheitszeichen als die der Organisation zu verwenden, sowie die Verpflichtung, in Fragen der Moral den Anordnungen der Dschihadisten zu folgen.

---

[212] Vgl. Türkische Truppen retten Soldaten aus Syrien, in: Hamburger Abendblatt vom 23.2.2015, S. 4
[213] Vgl. Internal and External Channels for Financing ISIS; Taxes, Donations, in: Al-Hayat, 30.11.2014
[214] Vgl. Al Arabiya News vom 18.2.2015: Iraq U.N. ambassador accuses ISIS of harvesting organs
[215] Vgl. Internal and External Channels for Financing ISIS; Taxes, Donations, in: Al-Hayat, 30.11.2014
[216] Vgl. Hanieh, Hassan Abu/Rumman, Mohammad Abu: IS und Al-Qaida. Die Krise der Sunniten und die Rivalität im globalen Dschihad, Bonn 2016

Diese Machtübergabe entsprach häufig den Wünschen der lokalen Akteure. So hatte sich im Irak beispielsweise die irakische Armee in eine regelrechte Besatzungsarmee verwandelt, wodurch der IS Vielen als Befreier erschien. Das gilt für Falludscha, aber auch für Tikrit und Mossul, wo die irakische Armee wahllos friedliche Demonstrationen und Sit-ins unter Beschuss genommen hatte, die aus Protest gegen die politische Marginalisierung der arabisch-sunnitischen Gemeinschaft organisiert worden waren. In Mossul war es während des Jahre 2013 und der ersten Jahreshälfte 2014 zu Dutzenden außergerichtlichen Exekutionen durch Staatsorgane, insbesondere die Polizei, gekommen. Generalleutnant *Mahdi Al-Gharawi*, der Befehlshaber der irakischen Polizei in der Stadt, gilt der Bevölkerung noch heute als Mörder, der den „Krieg gegen den Extremismus" als Vorwand benutzte, um Geld zu erpressen und den Bewohner mit Freiheitsberaubung und Ermordung zu drohen. Das macht verständlich, warum die Kämpfer des IS im Januar 2014 in Falludscha, im Juni 2014 in Tikrit, Mossul und anderswo von einem Großteil der örtlichen Bevölkerung als Befreier begrüßt wurden.[217]

Als der IS im Laufe des Jahres 2014 mehrere Großstädte im Irak einnahm, bestand eine der ersten Maßnahmen der Dschihadisten darin, auf symbolträchtige Weise gegen die Korruption vorzugehen. So schritten in Mossul Milizionäre des „Islamischen Staates" gleich nach ihrem Sieg zur öffentlichen Exekution von Personen, die der Korruption beschuldigt wurden. Im Anschluss daran organisierten sie eine zeremonielle Machtübergabe an örtliche Clanchefs und Honoratioren der Stadt, die mit der Aufgabe betraut wurden, solche Praktiken zu bekämpfen. Des Weiteren legte der IS von Beginn an großen Wert auf die Wiederherstellung der öffentlichen Versorgung. Zum Beispiel kehrten eine Reihe von Produkten auf die Märkte zurück, die zuvor Gegenstand spekulativer Verknappung geworden waren und teilweise halbierten sich die Preise für Grundnahrungsmittel. Die Exekution von Verursachern solcher Versorgungsengpässe und Betreibern diverser Formen von Schwarzhandel wurde übrigens vom IS unter großem Medienaufwand inszeniert, insbesondere durch Enthauptungen und Kreuzigungen, die darauf abzielten, einen bleibenden Eindruck zu hinterlassen und den Kontrast zwischen der neuen Macht und der schiitischen Regierung von *Nuri Al-Maliki* zu betonen. So gelang es dem IS, durch immer neue Steuern, Strafen und Ablasszahlungen der zwischenzeitlich bis zu acht Millionen Untertanen, hunderte Millionen Dollar einzunehmen.

---

[217] Vgl. Luizard, Pierre-Jean: Die Falle des Kalifats. Der Islamische Staat oder die Rückkehre der Geschichte, Hamburg 2017, S. 14

Im Frühjahr 2017 lebten allerdings nur noch rund sechs Millionen in den vom IS kontrollierten Gegenden in Syrien und dem Irak. Daraus resultierte ein erheblicher Wegfall von Steuereinnahmen und beschlagnahmbaren Besitz.[218]

Figure 2: Islamic State Income: Significance of Revenue Types
(range averages)

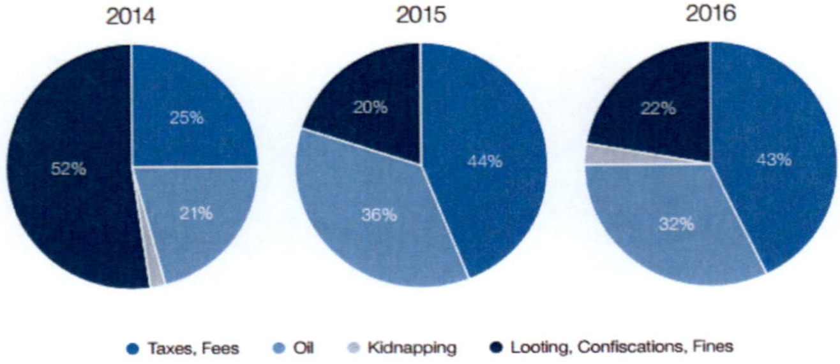

2014: 52%, 25%, 21%
2015: 20%, 44%, 36%
2016: 22%, 43%, 32%

● Taxes, Fees ● Oil ● Kidnapping ● Looting, Confiscations, Fines

Einnahmen des "Islamischen Staates" von 2014 – 2016

Angaben in Millionen Dollar

Einnahmequelle	2014	2015	2016
Steuern und Gebühren	300 – 400	400 – 800	200 – 400
Öl	150 – 450	435 – 550	200 – 250
Entführungen	20 – 40	Unbekannt	10 – 30
Antiquitäten	unbekannt	unbekannt	unbekannt
Ausländische Geldgeber	unerheblich	unerheblich	unerheblich
Plünderungen, Konfiszierungen, Bußgelder	500 – 1.000	200 – 350	110 – 190
Insgesamt	970 – 1.890	1.035 – 1.700	520 – 870

Quelle: International Center for the Study of Radicalization (ICSR) | Daten

---

[218] Die Finanzlage scheint seit Längerem angespannt: Bereits seit dem Frühjahr 2017 war bekannt geworden, dass die Terroristen Strafen umwandeln, weil das Geld immer knapper wird. So wurden Frauen, die in den Augen der Dschihadisten nicht angemessen bekleidet waren, bisher ausgepeitscht. Nun müssten sie stattdessen Geldstrafen bezahlen, berichteten Einwohner von Mossul. Gehälter für Kämpfer wurden Berichten zufolge deutlich beschnitten. Auch bei Kleinigkeiten spart der IS offenbar: Im syrischen Rakka bekämen die Kämpfer nicht mehr wie bisher gratis Energiedrinks und Schokoriegel ausgeteilt, so diverse Berichte. Im irakischen Falludscha seien ihre Mahlzeiten von drei auf zwei pro Tag zusammengestrichen worden, berichten Einheimische. Einwohner der irakischen Stadt Mossul gaben an, dass der IS die Abgaben auf Strom und Wasser stetig erhöhe. In Rakka seien die Bewohner angewiesen worden, in Zukunft ihre Rechnungen nur noch in den schwer zu bekommenden Dollarscheinen zu bezahlen.

Rückgang der Einnahmen

Auch wenn die Autoren der Studie „Kalifat im Niedergang" die Ursache des finanziellen Einbruchs primär in den territorialen Verlusten sehen, halten sie auch spezifische politische Maßnahmen für bedeutsam, zu denen sie vor allem die folgenden drei zählen:

- Erstens die Entscheidung der irakischen Regierung, ab August 2015 keine Löhne mehr in den vom IS kontrollierten Gebieten zu zahlen, die bis dahin teilweise dem IS zugutekamen.
- Zweitens den Beginn der von den Amerikanern initiierten *„Operation Tidal Wave II"* im Oktober 2015, deren Ziel die Bombardierung von Ölförderanlagen und Tanklastzügen des IS ist.
- Drittens die Maßnahmen zur Bekämpfung des grenzüberschreitenden Schmuggels mit der Türkei und kurdisch kontrollierten Gebieten im Irak.

Insgesamt, so die Ergebnisse der Studie, sind die Einnahmen des IS weniger aufgrund einzelner spezifischer Maßnahmen, sondern vielmehr durch das Zusammenspiel politischer und militärischer Bewegungen zurückgegangen, die auf die politische Isolierung der Terrororganisation und die Rückgewinnung von Gebieten zielten. Die Autoren der Studie halten es für höchst wahrscheinlich, dass sich die finanzielle Lage des IS auch weiterhin verschlechtern wird. Das würde auch erhebliche Auswirkungen auf die Bevölkerung in den besetzten Gebieten haben. Schon im Jahr 2016 ließ sich beobachten, dass zuvor kostenlose Dinge, die 2014 noch kostenlos waren, wie medizinische Versorgung oder Schul- und Lehrbücher[219] bezahlt werden mussten und die Gehälter der Kämpfer um 50 Prozent gekürzt wurden.[220]

---

[219] Der IS hat eigene Lehrmaterialien entwickelt. Es handelt sich u.a. um Lehrbücher für verschiedene Themen, alle für das erste Studienjahr, sei es im Scharia- oder im wissenschaftlichen Zweig. So liegen Ausarbeitungen vor zum Thema Koran und seine Auslegungen, Terminologie der Hadithkunde, Glaubenslehre, Rechtsmethodik, schariatisch legitimierte Herrschaft, Geschichte, arabische Literatur, Geografie und nicht zuletzt körperliches Training. Vgl. Lohlker, Rüdiger, Theologie der Gewalt. Das Beispiel IS, Wien 2016, S. 18f
[220] http://cicero.de/außenpoliik/islamischer-staat-kalifat-in-der-finanzkrise

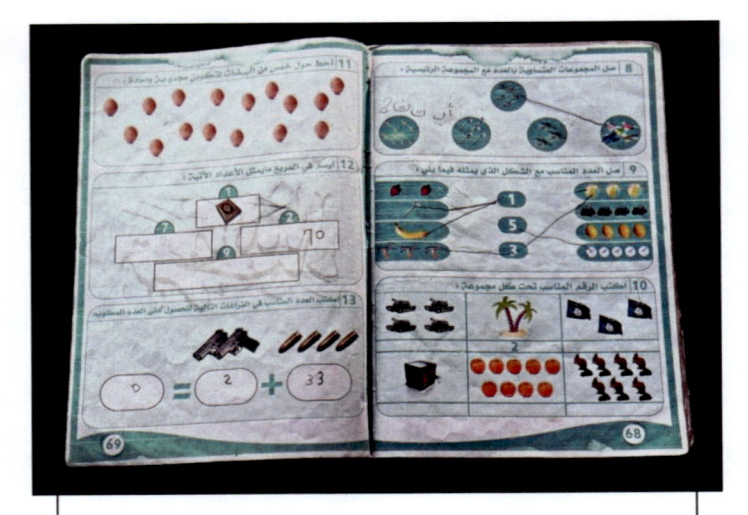

BILD DER WOCHE
Mathemartialisch

Zwei Pistolen plus vier Patronen gleich wie viel? Mit solchen Aufgaben versucht der „Islamische Staat" Kindern die Grundrechenarten beizubringen. Die Extremisten hatten solche Schulbücher in Mossul verteilt und die Lehrer gezwungen, damit zu unterrichten. Im Januar hat die irakische Armee den Ostteil der Stadt zurückerobert, jetzt wird um die Altstadt im Westen Mossuls ein zäher Häuserkampf geführt.

Am 12. Juni 2017 jährte sich zum dritten Mal der Tag, an dem mit Mosssul die zweitgrößte irakische Stadt an den IS gefallen ist. Es ist absehbar, dass das Kalifat, ausgerufen vom selbsternannten Emir *Abu Bakr al-Baghdadi* in der *Al-Nuri*-Moschee mit dem berühmten geneigten Minarett in der Altstadt[221], zumindest als protostaatliches Gebilde dem Ende entgegengeht. In Syrien werden kurdische und arabisch-sunnitische Milizen unter dem Dach der *Syrischen Demokratischen Kräfte* (Syrian Democratic Forces, SDF), unterstützt

---

[221] Am 21. Juni 2017 haben die in Mossul verbliebenen IS-Kämpfer die große Moschee zerstört. Luftaufnahmen zeigen, dass dieser symbolträchtige Bau der Zerstörungswut der Dschihadisten zum Opfer gefallen ist. Die Extremisten des IS behaupteten über ihr Videoportal „Amak", die USA seien für das Zerstörungswerk verantwortlich. Sie hätten die Moschee bombardiert. Doch auf einem kurzen Video, das Iraker über soziale Netzwerke verbreiten, ist zu sehen, dass das Minarett nicht etwa aus der Luft bombardiert wurde. Die Aufnahme zeigt eine Explosion und wie das Minarett in schwarzen Rauchwolken in sich zusammenfällt.
Die Vernichtung von Kulturerbe, das nicht dem puritanisch-wahhabitisch geprägten architektonischen Selbstverständnis der IS-Terrormiliz entspricht, ist eine konstante Begleiterscheinung ihrer Herrschaft, deren Ende sich nun abzeichnet. Die mediale Inszenierung dieser Verwüstungen diente der Visualisierung des Sieges über eine muslimische Geschichte, die auch bauhistorisch nicht nach der Vorstellung der rückwärtsgewandten IS-Terroristen verlaufen war. Das schiefe Minarett, das die Einwohner liebevoll „Hadba", „den Buckel" genannt haben, hatte Jahrhunderte überdauert und die Silhouette Mossuls geprägt. Es war Wahrzeichen und ein Symbol einer Stadt gewesen, die wie keine andere im Irak für das Zusammenleben der Religionen und Ethnien stand, für die Befruchtung und den Reichtum, den Kulturen nur im Austausch erreichen. Es ist auf der irakischen 10.000-Dinar-Note verewigt. Aus dem Stadtbild von Mossul ist es jetzt ausradiert. Damit ist einer der größten Schätze Mossuls und des Iraks zerstört. Nur al Din al Zenki, ein berühmter muslimischer Eroberer und Widersacher der Kreuzfahrer aus dem zwölften Jahrhundert, hat den Bau des Gebetshauses im Jahr 1172 angeordnet. Vgl. Herzfeld, Ernst: Archäologische Reise im Euphrat- und Tigris-Gebiet, Band 1-4, Saarbrücken 2007

von US-Soldaten und Militärberatern, in den kommenden Monaten mit einer Offensive auf die „Hauptstadt" Raqqa beginnen.[222] Mit sechs bis neun Monaten rechnen Militärs mit dieser Operation. Die Führungskader des IS haben sich nach Einschätzungen westlicher Geheimdienste inzwischen bereits abgesetzt ins Euphrat-Tal, nahe der Grenze zum Irak.

Das, was den „Islamischen Staat" einmal ausgezeichnet und unterschieden hat von anderen dschihadistischen Gruppen, funktioniert nicht mehr: eine Verwaltung, die rigoros die mittelalterliche Auslegung des Islam durchsetzt, die aber zugleich der Bevölkerung eine Grundversorgung gewährt, Steuern erhebt und Gehälter zahlt. Die *Hisba*, die Religionspolizei[223], patrouilliert nicht mehr in Raqqa, denn ihre Leute sind zum Militärdienst abkommandiert worden. Die Kämpfer sind überwiegend auf sich gestellt, bekommen keinen regelmäßigen Sold mehr und organisieren sich in kleineren, lokalen Zellen. Die militärischen Befehlsstrukturen funktionieren nur noch bedingt. Etliche Anführer des IS sind umgekommen bei Luftangriffen der von den USA geführten Anti-IS-Koalition, durch irakische Kräfte, das syrische Militär oder Attacken der russischen Luftwaffe.

Finanzierung der Anschläge in Europa

Dass die finanziellen Mittel des IS so deutlich sinken, ändert zunächst aber kaum etwas an der terroristischen Bedrohung in Europa durch die Islamisten. Denn die meisten Terroranschläge werden nicht direkt durch den IS finanziert, sondern durch kleinkriminelle Unterstützer vor Ort.[224] Außerdem sind sie meist nicht besonders teuer. So haben die Pariser Anschläge vom 13. November 2015 beispielsweise weniger als 20.000 Euro gekostet, so *Peter Neumann*, einer der Autoren der Studie. Der Anschlag auf *Charlie Hebdo* kostete circa 6.000 Euro.

---

[222] Die Truppen der „Syrischen Demokratischen Kräfte" (SDF), einem im Oktober 2015 gegründeten Militärbündnis von etwa 30.000 Kämpfern. Zwar sind dort auch arabische, turkmenische und assyrisch-christliche Freischärler sowie kleinere Teile der Freien Syrischen Armee (FSA) vertreten, aber die Mehrheit stellen die Kurden. Etwa 25.000 der SDF-Kämpfer gehören den kurdischen „Volksverteidigungseinheiten" (YPG) an, die aus türkischer Sicht Terrorbanden sind. Tatsächlich sind die „Volksverteidigungseinheiten" ideologisch und personell eng mit der „Arbeiterpartei Kurdistans" (PKK) verbunden – und die gilt nicht nur in der Türkei, sondern auch in Washington und der EU offiziell als Terrororganisation. Doch haben sich die kurdischen Freischärler in Syrien zumindest dort, wo es angestammte Siedlungsgebiete der Kurden zu verteidigen bzw. wiederzuerobern galt, als derart schlagkräftige Hilfstruppe gegen den IS erwiesen, dass niemand in Washington bereit ist, die „Volksverteidigungseinheiten" fallenzulassen.

[223] Die Hisba durchsuchte systematisch Häuser nach Büchern, sie schloss Buchhandlungen und plünderte die Bibliotheken. Ihre Helfer verbrannten alles, was sie finden konnten, bis auf den Koran, sowie Wörterbücher und medizinische Fachliteratur, solange sie keine Bilder enthielt. Jedes andere Buch galt als feindlich. Jedes Buch eine Lüge, das ihnen den Krieg erklärt hatte. Jedes Buch eine geladene Waffe.

[224] Viele der Dschihadisten, die in Europa Anschläge planen, waren noch nie in Syrien oder dem Irak. Kontakte zur Zentrale haben sie höchstens per WhatsApp oder anderen Messenger-Diensten. Daher sagt der IS: Wir geben euch keinen Zuschuss. Macht was Einfaches, nehmt ein Messer und ersticht einen Bundespolizisten.

Finanziert wurde das durch Kreditbetrug und den Verkauf von gefälschten Turnschuhen.[225] Allerdings könnte die prekäre finanzielle Lage in Verbindung mit den territorialen Einbußen auf längere Sicht dazu führen, dass der IS an Attraktivität verliert.

Trotz dessen haben der IS und andere Gruppen des Öfteren bewiesen, dass finanzielle Rückschläge aufgeholt werden können. Nach Schätzungen der *New York Times* hatte al-Qaida, der unmittelbare Vorläufer des IS, ein Jahreseinkommen von 70 bis 200 Millionen Dollar, welches durch illegale Aktivitäten wie Schmuggel und Erpressung erwirtschaftet wurde. Trotz des vergleichbar geringen Einkommens stellte die Organisation eine ernsthafte Bedrohung für den Irak und seine internationalen Verbündeten dar. Möglicherweise wird der IS in Zukunft versuchen, sein Einkommen durch eben solche Aktivitäten zu generieren.

Eine Studie von *Emilie Oftedal* zeigt, dass 75 Prozent der Anschläge in Europa von 1994 bis 2013 mit weniger als 10.000 Dollar finanziert wurden. Fast 50 Prozent der Attentäter haben sich selbst finanziert und nur 25 Prozent von ihnen erhielten Unterstützung von internationalen Terrornetzwerken.[226]

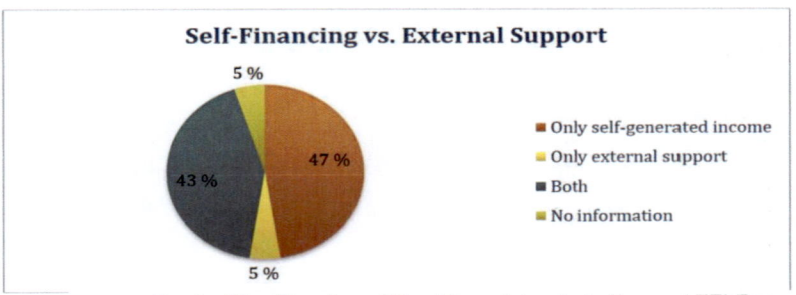

Self-Financing vs. External Support

- 47 % Only self-generated income
- 5 % Only external support
- 43 % Both
- 5 % No information

Quelle: The Finacing of jihadi terrorist cells in Europe/ FFI Report

Konkret bedeutet dies, dass die gesamte aktuelle Praxis der Terrorbekämpfung bezüglich der Finanzierung auf den Prüfstand gestellt werden muss: Denn 80 Prozent der Maßnahmen gegen die Finanzierung von Terror zielen heute auf das Bankensystem.[227] Das geht aber an der Realität vorbei. Das Geld der meisten

---

[225] Bei der Auswertung der Biografien von knapp hundert europäischen Dschihadisten wurde festgestellt, dass rund 60 Prozent schon im Gefängnis waren. Ein Drittel hat sich dort radikalisiert. Der IS rekrutiert bewusst im kriminellen Milieu, weil die Leute dort wissen, wie man an Waffen kommt oder sich schnell Geld besorgt. Einer der *Charlie Hebdo*-Attentäter handelte vor seiner Dschihadisten-Karriere mit gefälschten Nike-Schuhen aus China und verkaufte Drogen. Vgl. Die Zeit vom 23.2.2017: IS-Kämpfer haben kein Konto bei Goldman Sachs.
[226] Vgl. Oftedal, Emilie: The financing of jihadi terrorist cells in Europe, 2015, S. 3, S.26
[227] Vgl. Sieber, Ulrich/Vogel, Benjamin: Terrorismusfinanzierung, Berlin 2015

Dschihadisten wird nie im internationalen Bankensystem auftauchen. IS-Terroristen haben kein Konto bei Goldmann Sachs. Daher muss der Westen im Kampf mit dem IS seine Strategien ändern. Auch wir in Deutschland müssen uns stärker mit Kleinkriminellen beschäftigen und anders mit Daten umgehen.[228] Bislang ist es so, dass die Polizei Kleinkriminelle und Islamisten getrennt behandelt. Auch bei *Anis Amri*, dem Attentäter vom Berliner Weihnachtsmarkt, war das so. Als er dabei gefilmt wurde, wie er mit Drogen handelte, hörten die Ermittlungen wegen islamistischer Radikalisierung gegen ihn auf. Die Behörden gingen davon aus, dass ein Drogenhändler kein Islamist sein könne. Das Gegenteil ist der Fall. Wir müssen uns daran gewöhnen, dass ein Dschihadist ein Kleinkrimineller sein kann, der auf Partys geht und Alkohol trinkt.

Die Finanzstrukturen machen es schwierig, den IS wirtschaftlich zu bekämpfen, weil es wenig Ansatzpunkte gibt, um die Geldströme zu kappen. Andererseits macht die Terrorautarkie die Terroristen auch verletzlich. Steuern und Schutzgeld lassen sich nur erheben, solange dafür noch eine wirtschaftliche Basis besteht. In Mossul, einst blühendes Zentrum der irakischen Bauindustrie, ist die Wirtschaft seit der Eroberung durch den IS großteils zum Erliegen gekommen. Irgendwann ist nichts mehr da, was man besteuern kann. Wenn der IS immer mehr Geldprobleme hat, wird es ihm schwerer fallen, Kämpfer zu rekrutieren. Denn die Anziehungskraft des IS ist nicht nur theologisch begründet, sondern auch mit dem Versprechen: Wir sind machtvoll, wir sind stark, wir sind die Gewinner. Der IS hat immer damit geworben, eine Art perfekter islamischer Sozialstaat zu sein. Doch jetzt werden Gehälter gestrichen und es gibt Versorgungsengpässe bei Nahrung und Medizin. Das kann verhindern, dass sich Europäer radikalisieren. Zu den Losern wollen sie schließlich nicht gehören.

---

[228] Vgl. Sinn, Arndt: Organisierte Kriminalität 3.0, Berlin Heidelberg 2016, S. 62f

Kasten: Die Raubkunst-Behörde der Terroristen

Neben der durch den Bürgerkrieg in Syrien ausgelösten Flüchtlingskatastrophe und den grausamen Hinrichtungen unschuldiger Journalisten, Entwicklungshelfern sowie feindlicher Kämpfer durch islamistische Extremisten schockiert ein weiteres Verbrechen die Welt: fanatisierte Kämpfer, die jahrtausendealte Kulturgüter zerstören. Deren mutwillige Vernichtung dient nach dem Weltbild der Terrormiliz „Islamischer Staat" (IS) dazu, jegliche nichtislamische Identität auszulöschen. Wüste Zertrümmerungen werden von den Vandalen stolz selber zur Schau gestellt. Doch die Terrororganisation zerstört nicht nur antike Denkmäler, sondern verhökert sie hinter den Kulissen auch am Weltmarkt an die Meistbietenden.

Um die Aktivitäten unter eigener Kontrolle zu behalten, hat die Terrororganisation eine regelrechte Raubkunst-Behörde aufgebaut. An dem Raub sind allerdings nicht nur islamistische Extremisten beteiligt, sondern auch das syrische Regime, die syrischen Rebellen und auch kurdische Kämpfer. Bereits im Sommer 2015 veranstaltete das amerikanische State Department in Zusammenarbeit mit den Vereinten Nationen, dem Nachrichtendienst FBI, dem amerikanischen Justizministerium, dem Metropolitan Museum sowie Auktionshäusern ein Symposium in New York, das der Unterbindung dieses Treibens gewidmet war. Wie sehr das Thema der „Conflict Antiquities" und die Brutalität der Islamisten miteinander verknüpft sind, zeigt das tragische Los des Archäologen *Khaled Asaad* in der antiken Stadt Palmyra in Zentralsyrien. Er wollte die genaue Lage von Fundorten nicht preisgeben und wurde daher von den Terroristen geköpft.

Während schockierende Aktionen „kultureller Säuberungen" – also der mutwilligen Zerstörungen antiker Statuen und Bauwerke – mittlerweile allgemein bekannt sind, gab es bisher außer Verdachtsmomenten keine handfesten Beweise dafür, dass kleinere, trag- und transportierbare Objekte unter der Führung des IS ihren Weg in den Westen finden, wo sie auf dem Schwarzmarkt Interessenten angeboten werden. An der Veranstaltung im *Metropolitan Museum* präsentierte ein Stellvertretender Staatssekretär des amerikanischen Außenministeriums zum ersten Mal konkrete Belege für die Beteiligung der Terrormiliz IS an derartigen Machenschaften.

Im Mai 2014 hatten amerikanische Spezialtruppen bei einem Kommandounternehmen auf das Quartier eines IS-Führers mit dem Decknamen *Abu Sayyaf* einen aufsehenerregenden Fund gemacht: Der Mann, der bei dem

Überfall getötet wurde, hatte dem IS als hoher Finanzbeamter gedient.[229] Neben zahlreichen Artefakten, vor allem antiken Münzen, fanden die Soldaten in seinem Quartier Dokumente, die nun publik gemacht wurden. Ein Memorandum aus diesem Fund besagt, dass nur „Ausgrabungen" durchgeführt werden dürfen, die von einer entsprechenden Behörde des IS gutgeheißen sind. Ein weiteres Dekret verordnet, dass niemand mit Metalldetektoren nach antiken Münzen suchen dürfe. Auf anderen Dokumenten werden Personen namentlich genannt, die für die Plünderung von Fundstellen „berechtigt" waren. Besonders aufschlussreich ist ein Büchlein, welches beweist, dass der IS den Schwarzhandel akribisch kontrolliert und besteuert. Der Steuersatz beträgt angeblich zwanzig Prozent, und die Organisation führt genau Buch über Einnahmen und Ausgaben. Besagte Auflistung enthält Quittungen, die den Erhalt von Steuern in Höhe von 265.000 US-Dollar bescheinigen, die auf geschmuggelte Antiquitäten im Wert von 1,25 Millionen US-Dollar erhoben wurden.

Mit der Resolution 2199 riefen die Vereinten Nationen im Februar 2015 ihre Mitgliedstaaten auf, den Handel der Terrorgruppen in Syrien und im Irak mit Erdöl und Geiseln, aber auch mit antiken Objekten zu unterbinden.[230] Die Resolution, die im Rahmen von Kapitel 7 der UNO-Charta („Maßnahmen bei Bedrohung oder Bruch des Friedens und bei Angriffshandlungen") verabschiedet wurde, räumt der UNO darüber hinaus auch die Möglichkeit zur Anwendung von Zwangsmaßnahmen ein.

An der Veranstaltung wurde darauf hingewiesen, dass die Plünderer und Vermittler zunehmend das Internet benützen, um ihre Waren feilzubieten, und dabei aber digitale Spuren hinterließen. Vizeaußenminister *Anthony Blinken* kündete an, dass das State Department Belohnungen in Höhe von bis zu fünf Millionen US-Dollar für Hinweise ausgesetzt habe, die zu einer signifikanten Reduzierung des Schmuggels und des illegalen Handels mit Kulturgütern führen.

Die Teilnehmer des Symposiums waren sich einig, dass nicht nur das Angebot unterbunden, sondern vor allem auch die Nachfrage gedrosselt werden müsse. Auch der private Sektor – Sammler, Museen, Antiquitätenhändler, Auktionshäuser – müsse seinen Teil dazu beitragen.

---

[229] Vgl. Howard, Russel D./Prohov, Jonathan/Elliot, Marc: Opinion – How ISIS funds terror through black market antiquities trade, USNI News vom 27.10.2014
[230] Unanimously Adopting Resolution 2199 (2015), Security Council Condemns Trade with Al-Qaida Associated Groups, Threatens Further Targeted Sanctions vom 12. 02 2015

Frauen im IS - Salafismus und Radikalisierung von Frauen[231]

Etwa 10 % der Prozent-Anhänger in Bayern sind Frauen. Ihre Bedeutung und Funktion hat sich in den letzten Jahren stark gewandelt. Die meisten traditionellen Bräuche, wie die Trennung von Männern und Frauen in Moscheen, sind nach wie vor dieselben. Frauen übernehmen jedoch vermehrt organisatorische Aufgaben, innerhalb salafistischer Gruppen und unterstützen sie bei verschiedenen Aktivitäten. Eine Ausreise nach Syrien kam noch vor einiger Zeit nicht ohne eine Verbindung zu einem männlichen Dschihadisten in Frage. Zunehmend reisen Frauen jedoch selbstständig in das Kriegsgebiet, um den IS zu unterstützen. Zuletzt waren ca. 15 Prozent der Ausreisenden weiblich.[232]

Frauen haben vor der Ausreise häufig Kontakt zu anderen Frauen, die sich in dem vom IS beherrschten Gebiet befinden und Interessentinnen bei der Organisation der Ausreise helfen. Eine männliche Kontaktperson im Kriegsgebiet ist nicht mehr zwangsläufig erforderlich.[233]

Viele traditionelle Familien und islamisch Gemeinschaften prägen das Bild einer „unreinen" Frau, die das Paradies nur durch die Befolgung strenger Regeln erreichen kann. Dazu gehören die Vollverschleierung und der Verzicht auf Sex vor der Ehe. Auch im Salafismus gilt diese Auffassung, jedoch gelten für Männer ebenso strenge Regeln. Einige Frauen sehen ihre Rolle dadurch aufgewertet. Die Gleichstellung der Frau in salafistischen Gruppen könnte eine Erklärung für deren weiblichen Anteil von 30 Prozent sein.[234]

Radikalisierung von Frauen

Der Terrorismusexperte *Peter Neumann* hingegen behauptet, dass der Eintritt in das extremistische Milieu sowie die Ausreise nach Syrien immer noch häufig

---

[231] Vgl., Maul, Thomas: Sex, Djihad und Despotie. Ur Kritik des Phallozentrismus, Freiburg 2010; El Feki, Shereen: Sex und die Zitadelle. Liebesleben in der sich wandelnden arabischen Welt, Berlin 2013; Frauen für den Dschihad. Das Manifest der IS-Kämpferinnen. Kommentiert von Hamideh Mohagheghi, Freiburg 2015
[232] Vgl. Bayerisches Staatsministerium des Inneren, für Bau und Verkehr (Hrsg.): Verfassungsschutzbericht. April 2017. S. 48.
[233] Vgl. Frindte, Wolfgang/ Ben Slama, Brahim et. al.: Wege in die Gewalt. Motivationen und Karrieren salafistischen Jihadisten. HSFK-Report Nr. 3/2016. HSFK-Reportreihe „Salafismus in Deutschland". Biene, Janusz/ Daase, Christopher et. al. (Hrsg.). Frankfurt am Main 2016. S. 24
[234] Vgl. Mansour, Ahmad: Generation Allah. Warum wir im Kampf gegen religiösen Extremismus umdenken müssen. Frankfurt am Main 2015. S. 130 f.

über einen männlichen Kontakt, z.B. ein Familienmitglied, zustande kommt. Im Internet haben Frauen die Möglichkeit, sich umfassend über das Leben im IS und die Ausreise zu informieren. Das Internet wird unter anderem aus dem Grund stark von islamistischen Frauen genutzt, da sie sich in Sozialen Netzwerken anonym an Diskussionen beteiligen können. Häufig ist es ihre einzige Möglichkeit, sich mit anderen islamistischen Frauen auszutauschen und diese von den radikalen Sichtweisen zu überzeugen. Auffallend ist außerdem, dass ihre Äußerungen häufig enorm aggressiv sind. Da sie den Dschihad selbst nicht im bewaffneten Kampf unterstützen können, sehen sie es vielleicht als ihre Aufgabe, mit den ihnen zur Verfügung stehenden Mitteln in den Krieg gegen die Ungläubigen zu ziehen. Das würde die extrem brutalen Beiträge der Frauen im Internet erklären. Zusätzlich stellt die Rekrutierung neuer Mitglieder eine Möglichkeit dar, den Dschihad zu unterstützen.[235]

Ausreise westlicher Frauen in den IS

<u>Zahlen und Fakten</u>

Bis Februar 2015 konnten ca. 550 Frauen aus westlichen Staaten registriert werden, die ins Kalifat ausgereist sind. Hinzu kommen noch etwa 200 Fälle, die unbemerkt blieben. Seit dem Beginn des Jahres 2015 hat die Ausreise junger Mädchen in das Krisengebiet extrem zugenommen. Nach Angaben des Verfassungsschutzes hat sich die Zahl der Dschihadistinnen von Februar bis Juni 2015, auf etwa 1.100 verdoppelt. Die Lebensläufe der ausgereisten Frauen sind sehr verschieden, auffällig ist jedoch, dass sie häufig sehr jung und Konvertitinnen sind.[236]

---

[235] Vgl. Neumann, Peter: Die neuen Dschihadisten. ISIS, Europa und die nächste Welle des Terrorismus. Berlin 2015. S. 146ff.
[236] Vgl. Ramsauer, Petra: Die Dschihad Generation. Wie der apokalyptische Kult des Islamischen Staats Europa bedroht. Wien/ Graz/ Klagenfurt 2015. S. 114 ff.

Gender-Aspekte/Vergleich Mann - Frau [237]

Merkmal	Frauen	Männer
Sozio-demographische Daten		
Geschlecht	21%	79%
Durchschnittsalter zum Zeitpunkt der Ausreise	23,5 Jahre	26,5 Jahre
Anteil der Minderjährigen	11%	4%
Personen ohne Migrationshintergrund	24%	15%
Verfügung über die deutsche Staatsbürgerschaft	70%	60%
Anteil der Mütter/Väter	62%	45%
Personen mit hochschulqualifizierenden Abschlüssen	40%	27%
Anteil der Personen, die einer Beschäftigung nachgehen	57%	69%
Anteil der Personen, die einer Beschäftigung nachgehen und keine Elternrolle einnehmen	68%	70%
Anteil der Konvertiten	35%	18%
Radikalisierungsprozess und Einflüsse		
Mutmaßliches Alter zu Beginn der Radikalisierung	21,8 Jahre	22,6 Jahre
Personen bei denen zwischen Radikalisierungsbeginn und erster Ausreise weniger als 12 Monate liegen	60%	44%
Engagement in der salafistischen Szene	41%	77%
Verbindungen zu Koran-Verteilaktionen	3%	22%
Beteiligung an Islamseminaren	5%	22%
Radikalisierung durch Freunde und Familie	72%	58%
Ausreise mit Familienmitgliedern	53%	21%
Kriminologische Befunde		
Personen, zu denen polizeiliche Erkenntnisse vorliegen	38%	73%
Durchschnittliche Anzahl polizeilich registrierter Delikte	2,8	8,3
Personen mit anhängigen Strafverfahren	39%	59%
Gewaltaffinität		
Interesse an Kampfhandlungen teilzunehmen	19%	55%
Tatsächliche Teilnahme an Kampfhandlungen in Syrien/Irak	2%	38%
Personen mit hoher Gewaltaffinität	1%	16%
Beteiligung an dschihadistischen Aktivitäten in Syrien/Irak	12%	52%
Ausreisemotive		
Ausreise aufgrund des Ehemannes/ der Ehefrau	16%	1%
Dschihadistisch motivierte Ausreise	29%	63%
Personen, die den Wunsch hegten in einer anderen/neuen Gesellschaftsordnung zu leben	34%	16%
Ausreise aufgrund eines Heiratsmotivs	19%	1%
Rückkehrer		
Geschlecht der Rückkehrer	19%	39%

---

[237] Bundeskriminalamt/ Bundesamt für Verfassungsschutz / Hessisches Informations- und Kompetenzzentrum gegen Extremismus (Hrsg.): Analyse der Radikalisierungshintergründe und -verläufe der Personen, die aus islamistischer Motivation aus Deutschland in Richtung Syrien oder Irak ausgereist sind. 2015.

Rückkehr von Frauen

39 Prozent der Männer, aber nur 19 Prozent der Frauen sind wieder nach Deutschland zurückgekehrt. Möglicherweise erweist sich die Rückreise für Männer leichter. Es könnte auch sein, dass der Wunsch zur Rückreise beispielsweise. aufgrund traumatischer Kriegserlebnissen, bei Männern größer war als bei Frauen. Familiäre Bindungen der Frauen, die z .B. durch Heirat entstanden sind, könnten außerdem ein Grund dafür sein, dass sie weniger oft zurückkehren.[238]

Torsten Voß, Leiter des Verfassungsschutzes in Hamburg, betont, dass man nicht damit rechnet, dass nach Syrien ausgereiste Frauen nach Deutschland zurückkehren. Die Realität im „Islamischen Staat" ist, dass die Frauen nach dem Tod des Ehemanns zeitnah wiederverheiratet werden.[239] Einige Ausländerinnen äußern den Wunsch wieder in ihre Heimat zurückzukehren, da sie mit den Lebensumständen nicht zufrieden sind. Um die Flucht der Frauen zu verhindern, hat der IS eine Eheberatungsstelle in Raqqa eröffnet, an die sich Frauen mit ehelichen Problemen wenden können. Der IS hat die Beratungsstelle in Sozialen Netzwerken vorgestellt und vermittelt in diesem Zusammenhang das Bild eines sich sorgenden und verständnisvollen Staates, dem das Wohlergehen der Frauen wichtig ist.[240]

IS Propaganda/ Das Frauenbild des IS

„Nur nachdem Du die Frau eines Mudschahed (Dschihad-Kämpfer) geworden bist, wird Dir bewusst, warum der Lohn dafür so hoch ist" – so lautet ein Tweet von *Aqsa Mahmood*. Dass dies tatsächlich ihr Name ist, dass sie aus dem schottischen Glasgow stammt, dort Medizin studierte und sich wahrscheinlich 2013 dem IS anschloss – all das wurde erst bekannt nachdem sie über mehrere Jahre unter dem Namen *Umm Layth* Propaganda für die Terrororganisation gemacht hatte. Es gilt als sehr wahrscheinlich, dass sie drei weitere Mädchen aus London nach Syrien gelockt hat. Wie viele es tatsächlich sind, lässt sich kaum

---

[238] Bundeskriminalamt/ Bundesamt für Verfassungsschutz / Hessisches Informations- und Kompetenzzentrum gegen Extremismus (Hrsg.): Analyse der Radikalisierungshintergründe und -verläufe der Personen, die aus islamistischer Motivation aus Deutschland in Richtung Syrien oder Irak ausgereist sind. 2015.
[239] Woldin, Philipp: Frauen kommen aus Syrien nicht mehr zurück. In: welt.de vom 29.06.2016.
[240] (o.V.): Westliche Dschihad-Bräute wollen fliehen. Diese Frau sitzt beim IS-Eheberater. In: blick.ch vom 26.04.2016

nachprüfen. Insgesamt gehen Untersuchungen von mehr als 200 Frauen aus, die aus westlichen Ländern in die Gebiete des IS gekommen sind.

Doch eines scheint klar: *Aqsa Mahmood* war Teil eines Systems, dessen Ziel es war und ist, junge Frauen aus dem Westen in den Islamischen Staat zu bringen. Eine US-amerikanische Frau namens *Huda Muthawny* schien für Mädchen aus den USA zuständig zu sein. Eine, von der wir nur den Vornamen *Bushra* kennen, konzentrierte sich offenbar auf Italienerinnen, von Saudi-Arabien aus macht sie Propaganda auf Italienisch. Die berühmteste Anwerberin war die ehemalige britische Punk-Rockerin *Sally Jones*. 2013 heiratete *Jones* den IS-Hacker *Junaid Hussain* und lockte fortan Mädchen über soziale Medien in die syrische Terrorhochburg Raqqa. Zudem ließ sie sich unter den Namen *Umm Hussain al-Britani* in Nonnentracht und mit Pistole fotografieren und soll eine Truppe von IS-Kämpferinnen ausgebildet haben, wie der britische *Telegraph* berichtete.

Das Londoner *Institut für strategischen Dialog* (ICSR) hat die Online-Aktivitäten mehrerer Frauen überprüft und ausgewertet und daraus mehrere Dossiers zusammengestellt.[241] Die Forscherinnen *Erin Marie Saltman* und *Melanie Smith* zeigen darin auf, dass die IS-Frauen komplexe Netzwerke über die verschiedenen Online-Plattformen etabliert haben. Wurde ein Konto geschlossen oder gesperrt, tauchte kurz darauf ein neues auf. Die Werberinnen wie *Aqsa Mahmood* oder *Huda Muthawny* nutzten verschiedene Propagandamittel. Dazu gehören Fotos von Sandstürmen oder gefährlichen Episoden bei der Einreise, die wohl die Abenteuerlust wecken sollten; verklärende Gedichte, da die Poesie in arabischen Ländern einen hohen Stellenwert hat *(„Nein! Sagt nicht: Wir brauchen keinen Dschihad. Denn es gibt kein gutes Leben, ohne dass wir unser Blut opfern"*, schreibt eine Syrerin, die sich *Ahlam al-Nasr* nennt, *„Träumerin des Sieges");* und Alltagstipps, etwa wie man im „Kalifat" leckere Mahlzeiten zubereiten kann und wie sich die komplizierte Einreise nach Syrien bewerkstelligen lässt.

Das alles wurde in einer Sprache vermittelt, die auf die Teenager abgestimmt ist. Eine Mischung aus Slang, der einen oder anderen islamischen Weisheit und vor allem jeder Menge Emoticons. Das hauptsächliche Lockmittel war aber die Ideologie. Wer sich als Frau den IS-Kämpfern anschloss, der wird ein sicherer

---

[241] Vgl. Institute for Strategic Dialogue, https://www.isdglobal.org/

Platz im Paradies und die Teilhabe an der Konstruktion einer utopischen Gesellschaft versprochen. Ein frommes Leben, frei von den Zwängen der westlichen Konsumgesellschaft und sogar eine verquirlte Form der Selbstverwirklichung als Frau.

All das sollte vor allem durch die Heirat eines IS-Kämpfers erreicht werden. Zwar gab es für einige Frauen die Möglichkeit, aktiv an dem Heiligen Krieg teilzunehmen, indem sie Mitglied der weiblichen *Khansaa*-Brigade wurden. Deren Aufgabe war es, in den Straßen der nun von einer internationalen Allianz zurückeroberten einstigen IS-Hochburgen wie Raqqa und Mossul die religiöse Tugendhaftigkeit der Frauen zu bewachen. Vor allem aber ging es darum, dass die Frauen möglichst schnell heirateten und die ihnen zugedachte „fundamentale Rolle" als Ehefrau und Mutter erfüllten. Auch wenn sie sich zum Teil gar nicht mit ihrem Mann verständigen konnten. Solche weltlichen Hindernisse seien zu vernachlässigen, wenn es Allahs Wille zu folgen gelte, schrieben die Werberinnen.

Tatsächlich scheint die Verkupplung einem streng geregelten Selektionsprozess gefolgt zu haben. Einige Frauen konnten, im Gegensatz zur Scharia-Auslegung, ohne männlichen Begleiter in das IS-Gebiet einreisen. Dort wurden sie zuerst in einer Art Wohngemeinschaft, der Makar, untergebracht. In der Makar warteten sie dann auf die IS-Kämpfer, die kamen, um sich ihre Frauen auszusuchen. Einige Frauen behaupten, dass sie frei entscheiden konnten, ob sie einem Antrag annehmen oder nicht.

Aber ob das der Realität entsprach, ist zweifelhaft. Vielmehr scheint es, als wären die Frauen den Kämpfern strikt nach deren Status zugeteilt worden. Das erste Zugriffsrecht hatten die Emirs, dann folgten ausländische Kämpfer. Die örtlichen, einfachen Kämpfer waren am Ende der Kette. Umso wichtiger der Ehemann ist, umso größer ist sein Haus und umso mehr besitzt auch seine Frau.

Auch verschwiegen wurde, was passiert, wenn der Ehemann stirbt. Zwar gilt es als höchst ehrenhaft und erstrebenswert, Witwe eines Märtyrers zu sein. Aber trat dieser Fall tatsächlich ein, ging es für die Frauen zurück in den Makar zwecks Wiederheirat. Nur diesmal sind sie keine Jungfrauen mehr und nicht annähernd so wertvoll als Ehefrau. Kein Wunder, dass bei vielen Frauen genau an diesem Punkt die Desillusion einsetzte.

Davon berichtete eine deutsche Dschihad-Braut dem *Telegraph* schon vor einigen Monaten. Die 28-Jährige, die sich *Umm Aisha* nennt, schrieb der Zeitung über Whatsapp: *"Wenn dein Ehemann tot ist, oder die Situation gefährlich geworden ist, wirst du zu Häusern gebracht, wo viele Frauen zusammenwohnen. Man lebt wie ein Huhn im Käfig. Die Frauen werden sehr schlecht behandelt, sie sind wie Sklaven ohne Freiheit, nicht einmal das Haus dürfen sie verlassen."* Und: Umso mehr das vermeintliche Kalifat zusammenfalle, desto brutaler würden die Frauen behandelt.

Der IS richtet also seine Propaganda teilweise direkt an Frauen. Diese Ansprachen vermittelt er auch durch seine Online-Magazine „Dabiq" und „Rumiyah", sowie durch den Online-Newsletter „al-Naba". In einigen Artikeln beschreiben die Propagandisten des IS genau, welche Rolle die Frau im IS einzunehmen hat. Ob die Handlungsanweisungen für die Frauen tatsächlich der Alltagspraxis im IS Gebiet entsprechen, kann nur schwer nachgeprüft werden. Es gibt zwar eine Vielzahl an Frauen, die im Internet aktiv sind und von ihrem Leben vor Ort berichten: nachgeprüft werden können die Schilderungen jedoch nicht. Den Frauen, die sich für eine Ausreise in den IS interessieren, bleibt nichts Anderes übrig, als sich auf die Aussagen des IS zu verlassen. Ungeachtet, ob die Darstellungen des IS der Wahrheit entsprechen oder nicht, sollten sie untersucht werden, da sie immerhin großen Einfluss auf die Ausreise vieler Frauen haben.[242]

Die Hijra als Pflicht

Neben der Rollenzuteilung spielt die regionale Verortung der Frau eine wichtige Rolle. Der IS betont, dass die Hijra[243] für Männer sowie für Frauen Pflicht sei und dass deshalb alle Muslime im IS leben müssen. In Onlinepublikationen berichtet der IS von Frauen, die aus Europa für den Dschihad nach Syrien oder in den Irak gereist sind. Die Geschichten sollen andere Frauen dazu ermutigen, sich ebenso auf den Weg nach Syrien zu machen. Muslime, die die Hijra verweigern, wird mit der Hölle gedroht.[244]

---

[242] Vgl. Ziolkowski Dr., Britt: Die Muhajirat. Warum reisen Frauen ins Herrschaftsgebiet des IS? In: Zeitschrift der Gewerkschaft der Polizei. Ausgabe: März 2017.
[243] Hijra bezeichnet die Pflicht der Muslime in ein islamisches Herrschaftsgebiet auszuwandern. Zurückzuführen ist diese Praxis auf die Auswanderung des Propheten Mohammeds von Mekka nach Medina.
[244] Vgl. Ziolkowski Dr., Britt: Die Muhajirat. Warum reisen Frauen ins Herrschaftsgebiet des IS? In: Zeitschrift der Gewerkschaft der Polizei. Ausgabe: März 2017.

Die Opferrolle

Der IS drängt die Frauen in seinen Veröffentlichungen oft in die Opferrolle. Häufig ist zu lesen, dass die Frauen den „Ungläubigen" zum Opfer gefallen sind. Die Opferrolle der Muslime dient ohnehin häufig als Legitimation für den Kampf gegen die „Ungläubigen". Der IS fordert Muslime weltweit auf, für ihre Religion zu kämpfen und rät den Soldaten:

„*Erinnere dich daran, dass der Feind deine Mutter und deine Schwester vergewaltigt hat.*"[245]

Die Beziehung zwischen Mann und Frau

Auch die Beziehung zwischen Mann und Frau unterliegt Regeln, an die sich die Bewohner des IS-Gebiets halten müssen. Im Allgemeinen trägt der Mann die Verantwortung für seine Frau und ihr Handeln. Er ist befugt, die Frau zurechtzuweisen und Handlungen zu verbieten, falls diese mit den Regeln der Scharia nicht verträglich sind. Gleichzeitig wird das Bild eines Ehemannes geschaffen, der sich um seine Frau sorgt, ihr Aufmerksamkeit und ausreichend Zeit schenkt. Ein Verhalten das der vorangegangenen Beschreibung widerspricht wird vom IS abgelehnt. In der Geschlechterideologie des IS werden der ideale Mann und die ideale Frau portraitiert und mit verschiedenen Merkmalen belegt. Ein guter Mann wird vom IS einerseits als mannhaft und kämpferisch dargestellt. Auf der anderen Seite sollte er jedoch einfühlsam und seiner Frau zugewandt sein.

Die Frau wird dazu angehalten, eine unterstützende Rolle einzunehmen. Sie soll ihre männlichen Familienmitglieder (Ehemann, Bruder, Vater, Sohn) beraten und ihnen beistehen. Die Aufgabe der Frau sei es, den Männern das Leben soweit es geht zu erleichtern, anstatt es zu erschweren. Dieses Paradigma soll vor allem bezüglich der dschihadistischen Tätigkeiten des Mannes Anwendung finden.

Andere Artikel, ebenfalls an Frauen adressiert, thematisieren das Verhalten nach dem Tod der Ehemänner. Sie werden auf die islamischen Regeln hingewiesen, welche im Falle des Todes zu berücksichtigen sind. Die Themenwahl resultiert höchstwahrscheinlich aus der zunehmenden Tötung der IS Kämpfer im Krieg.[246]

---

[245] Vgl. Ziolkowski Dr., Britt: Die Muhajirat. Warum reisen Frauen ins Herrschaftsgebiet des IS? In: Zeitschrift der Gewerkschaft der Polizei. Ausgabe: März 2017.
[246] Vgl. Ziolkowski Dr., Britt: Die Muhajirat. Warum reisen Frauen ins Herrschaftsgebiet des IS? In: Zeitschrift der Gewerkschaft der Polizei. Ausgabe: März 2017.

Al-Khansaa als Vorbild für die Frauen im IS

Al-Khansaa ist eine Frau, die im 7. Jahrhundert lebte und häufig als Leitbild des weiblichen Rollenbildes genutzt wird, da sie den Dschihad in besonderer Weise unterstütze. Der IS greift die Figur häufig auf, um auf die Wirkungsweisen der Frau als Unterstützerin des Dschihads aufzuzeigen. Die überlieferte Geschichte besagt, dass *al-Khansaa* ihre vier Söhne dazu ermutigt haben soll, in den Dschihad zu ziehen. Als Antwort auf den Tod all ihrer Söhne soll sie gesagt haben: *„Gelobt sei Gott, der mich mit ihrem Tod geehrt hat."*[247]

Frauen und Dschihad

In mehreren Publikationen betont der IS, dass Frauen nicht dafür vorgesehen sind, an Kampfhandlungen teilzunehmen. Die Frauen werden jedoch ausdrücklich darauf hingewiesen, dass das Spenden von Geld erwünscht ist und sie dadurch den Dschihad enorm unterstützen können. Von dem Geld könnte beispielsweise die Ausrüstung der Kämpfer bezahlt werden. Zusätzlich sollen Frauen den Dschihad mit dem Bittgebet unterstützen, wodurch den IS Kämpfern Gottes Beistand zu teil wird.

Obwohl der IS eine Kampfbeteiligung von Frauen ausschließt, hebt er in öffentlichen Publikationen dennoch dschihadistische Anschläge von Frauen hervor, die im Sinne der Organisation handelten. Ihre Taten werden gelobt und als Unterstützungsakt im Kampf gegen die „Ungläubigen" gedeutet. Weibliche Attentäterinnen werden besonders gerne dazu benutzt, die Männer zu diffamieren, die sich bislang noch nicht am Dschihad beteiligt haben. Der IS verweist insbesondere auf die zu geringe Zahl der Männer hin, die sich zum Kampf bereit erklären. Denn würden mehr Männer ihre Pflicht erfüllen, müssten an deren Stelle, keine Frauen in den Kampf ziehen.[248]

Allgemeine Gründe für die Ausreise zum IS

Die Motive der Frauen die sich für eine Ausreise entscheiden, ähneln stark denen der Männer. Auch sie suchen das Zugehörigkeitsgefühl in der

---

[247] Vgl. Ziolkowski Dr., Britt: Die Muhajirat. Warum reisen Frauen ins Herrschaftsgebiet des IS? In: Zeitschrift der Gewerkschaft der Polizei. Ausgabe: März 2017.
[248] Vgl. Ziolkowski Dr., Britt: Die Muhajirat. Warum reisen Frauen ins Herrschaftsgebiet des IS? In: Zeitschrift der Gewerkschaft der Polizei. Ausgabe: März 2017.

Gemeinschaft der Muslime und möchten der Entfremdungserfahrung, die sie in der westlichen Gesellschaft erfahren haben, entfliehen. Mit der Ausreise verbinden sie außerdem die Möglichkeit, ihre Pflicht als Muslima zu erfüllen und einen eigenen Beitrag zum Aufbau eines islamischen Staates zu leisten. Die tiefe Verbundenheit mit anderen Frauen, mit denen sie in einer Art Schwesternschaft leben, ziehen sie den oberflächlichen Kontakten aus ihrem bisherigen Leben vor. Auch das schlichte Verlangen nach Abenteuern, spielt eine Rolle.[249]

Die romantische Vorstellung, im Kalifat Ehefrau eines verehrten Kämpfers zu werden, kann ein weiterer Grund sein. *Petra Ramsauer* argumentiert aber, dass sozialromantische Vorstellungen, welche häufig mit dem Begriff der „Dschihad-Braut" verknüpft werden, für junge Frauen nicht nur der Grund für die Ausreise ist. Auch sie hätten, wie die männlichen Kämpfer, ein politisches Interesse und hegen den Wunsch, sich am Großprojekt des Islamischen Kalifats zu beteiligen.[250]

Westliche Dschihadistinnen träumen von einem Leben im Islamischen Staat, weil es für sie ein Leben ohne Diskriminierung bedeutet, in dem sie ihre Religion frei ausleben können. Beispielsweise ist die Vollverschleierung in westlichen Gesellschaften meistens mit Schwierigkeiten verbunden. Die IS-Propaganda im Internet, welche Frauen in den IS locken soll, zeigt selten die Realität. Es ist weder etwas von den kriegsähnlichen Zuständen noch von den dürftigen Lebensumständen im IS-Gebiet zu sehen. Auch Perspektivlosigkeit in der Heimat veranlasst junge Frauen in den IS zu ziehen, wo eine Aufgabe, nämlich die Erfüllung der Pflichten als Mutter und Ehefrau auf sie wartet.[251]

Der Anschluss an den radikalen Islam scheint für einige Frauen eine Befreiung aus dem System der westlichen „Frauenunterdrückung" darzustellen und kann als eine Art „verdrehter Feminismus"[252] verstanden werden. In der islamischen Gesellschaft ist das Bild der Frau losgelöst vom Sexualobjekt und ihnen wird als Mutter zukünftiger Kämpfer und ideologischer Verfechterinnen des Glaubens,

---

[249] Vgl. Frindte, Wolfgang/ Ben Slama, Brahim et. al.: Wege in die Gewalt. Motivationen und Karrieren salafistischer Jihadisten. HSFK-Report Nr. 3/2016. HSFK-Reportreihe „Salafismus in Deutschland". Biene, Janusz/ Daase, Christopher et. al. (Hrsg.). Frankfurt am Main 2016. S. 24
[250] Vgl. Ramsauer, Petra: Die Dschihad Generation. Wie der apokalyptische Kult des Islamischen Staats Europa bedroht. Wien/ Graz/ Klagenfurt 2015. S. 114 ff.
[251] Vgl. Ramsauer, Petra: Die Dschihad Generation. Wie der apokalyptische Kult des Islamischen Staats Europa bedroht. Wien/ Graz/ Klagenfurt 2015. S. 128 ff.
[252] Der Begriff wurde von Melanie Smith und Erin Saltman geprägt

Respekt und Würde entgegengebracht. Aus ihrer Sichtweise bedeutet das Leben in einer streng islamischen Gesellschaft folglich die Emanzipation der Frau.[253]

Unterstützung im Dschihad

Die Aufgaben der westlichen Frauen im IS bestehen häufig darin, über das Internet männliche sowie weibliche DschihadistInnen anzuwerben. Sie konstruieren eine Utopie, zu welcher sich Frauen zunehmend hingezogen fühlen, die auf der Suche nach Gemeinschaft und Zugehörigkeit sind.[254]

Die Rolle der Frau im IS als Ehefrau und Mutter hat sich gewandelt. Frauen übernehmen vermehrt organisatorische und logistische Aufgaben, betreiben Missionierungsarbeit und sammeln Spenden. Dschihadistisch motivierte Gewalttaten, die von Frauen durchgeführt werden, treten ebenfalls in Erscheinung. Ein Beispiel dafür ist die Messerattacke der 15-Jährigen Safia S. auf einen Beamten der Bundespolizei in Hannover.[255] Dieses Beispiel verstärkt die Annahme, dass von zuhause gebliebenen Frauen, die mit dem IS sympathisieren, eine Gefahr ausgeht. Da Frauen weniger überwacht werden, können sie in ihrem Land beinahe ungehindert an der Planung von Terroranschlägen mitwirken. Auch als Selbstmordattentäter sind Frauen sehr gefragt, vor allem wenn keine ausreichende Zahl männlicher Selbstmordattentäter zur Verfügung steht. Zum anderen, ist die Durchführung einer solchen Tat von einer Frau sehr medienwirksam.[256]

Laut der *New York Times*, spielen Frauen außerdem eine wichtige Rolle um eine verschlüsselte Kommunikation innerhalb der Terrororganisation zu gewährleisten. Anscheinend geben Frauen verschiedene Informationen von Männern an andere Männer weiter, sodass keine Kommunikation über das Internet oder Mobilfunknetze nötig ist. Die Rolle als Informantin bedeutet für die Frauen Macht, da sie die Informationsübertragung beeinflussen können.[257]

---

[253] Vgl. Neumann, Peter: Die neuen Dschihadisten. ISIS, Europa und die nächste Welle des Terrorismus. Berlin 2015. S. 146ff.
[254] Vgl. Ramsauer, Petra: Die Dschihad Generation. Wie der apokalyptische Kult des Islamischen Staats Europa bedroht. Wien/ Graz/ Klagenfurt 2015. S. 126 f.
[255] Vgl. Bayerisches Staatsministerium des Inneren, für Bau und Verkehr (Hrsg.): Verfassungsschutzbericht. April 2017. S. 48.
[256] Ramsauer, Petra: Die Dschihad Generation. Wie der apokalyptische Kult des Islamischen Staats Europa bedroht. Styria premium. Wien/ Graz/ Klagenfurt 2015. S. 128 ff.
[257] (o.V.): Terrormiliz Islamischer Staat. Frauen im IS: Rechtlose Sklavin, unverzichtbare Informantin. In: pr-online.de vom 09.06.2015.

Studie: Becoming Mulan?

Laut einer Studie des renommierten Londoner *Institute for Strategic Dialogue* ist nicht nur das Ausmaß der Ausreisewelle von westlichen Personen bemerkenswert, sondern auch ihr großer Frauenanteil. Anhand der Onlineaktivitäten von westlichen Dschihadistinnen, untersucht die Studie die Gründe für die Auswanderung nach Syrien, die Lebensumstände im IS Kalifat und ob ein Gefährdungsrisiko von diesen Frauen ausgeht. Im Mittelpunkt der Untersuchung für die Ausreise stehen die Äußerungen der Frauen selbst und die von ihnen definierten Gründe. Es ist jedoch nicht möglich, die Gesamtheit der Bedingungen, die zur Ausreise geführt haben, tatsächlich aufzuzeigen. Es können keine Aussagen über weitere Faktoren, die zur Radikalisierung geführt haben, getroffen werden. Auch persönliche Informationen der Frauen, wie z. B. die soziokulturelle Herkunft, sind den Wissenschaftlern mit dieser Herangehensweise nicht zugänglich. Die Autoren unterscheiden bei der Untersuchung Frauen, die mit ihrem Ehemann oder einem anderen männlichen Begleiter nach Syrien ausgereist sind und jene Frauen, die die Ausreise selbstständig und alleine durchführten.[258]

<u>Ausreise mit einem männlichen Begleiter</u>

Eine Vielzahl von westlichen IS Kämpfern haben ihre ganze Familie, darunter ihre Kinder und Frauen, mit in das IS Territorium gebracht. Folglich gibt es einigen Frauen, die aufgrund ihrer Ehemänner in das Kriegsgebiet gereist sind. Das sind jedoch selten die Frauen, welche via Twitter etc. über ihr Leben vor Ort berichten.[259]

<u>Alleinreisende Frauen</u>

Der Fokus der Untersuchung liegt auf den Frauen, welche eigenständig und ohne eine Verbindung zu einem Lebenspartner, in das IS-Gebiet gereist sind. Bei diesen Fällen ist es besonders interessant zu erfahren, wie es zu der Ausreise kommen konnte und welche Erwartungen die Frauen an das neue Leben im IS hatten. Zusätzlich ist diese Gruppe einfacher zu untersuchen, da sich die Frauen der Öffentlichkeit, in Sozialen Netzwerken und Foren, mitteilen. Die Wissenschaftler haben Zugang zu persönlichen Aussagen der Frauen, welche u.

---

[258] Vgl. Hoyle, Carolyn et. al.: Becoming Mulan? Female Western Migrants to ISIS. In: Institute for Strategic Dialogue. 2015.
[259] Vgl. Hoyle, Carolyn et. al.: Becoming Mulan? Female Western Migrants to ISIS. In: Institute for Strategic Dialogue. 2015.

a. Aufschluss über die Gründe und Umstände der Ausreise geben können. Zusammenfassend erklären die Wissenschaftler, dass die Gründe, weshalb die Frauen, sich für die Ausreise entschieden, so unterschiedlich sind, wie die Frauen selbst. Trotz dessen konnten drei Hauptgründe identifiziert werden, aufgrund deren sich die Frauen zur Ausreise entschlossen.[260]

Hauptsächliche Gründe der Ausreise

<u>Angriff auf die Glaubensgemeinschaft</u>

Viele Aussagen der Frauen, welche in sozialen Netzwerken kursieren beziehen sich auf die Attacken, welche die Gemeinschaft der Muslime ausgesetzt sind. Dargestellt wird eine Welt, in der die Ungläubigen es darauf abgesehen haben, Muslime und ihren Glauben zu bekämpfen. Untermauert werden diese Vorwürfe mit den Bildern verletzter oder toter muslimischen Kindern. Die Aufnahmen stammen zumeist aus verschiedenen Krisengebieten, sei es Bosnien, Syrien oder Mali, in denen Muslime, u.a. durch westliche Kampftruppen, zu Schaden gekommen sind. Da es sich um einen Krieg gegen den Islam handelt, sind alle Muslime dazu aufgerufen für den Islam, z. B. an der Seite des IS, zu kämpfen. Das Mitgefühl gegenüber den muslimischen Opfern, ist der Grund dafür, die westliche Gesellschaft zu verlassen und einen besseren Lebensraum für sich zu finden.

Eine Frau (Umm Khattab) erklärt ihre Ausreise folgendermaßen:

> *"How can you live amongst who desire to get rid of islam …. Wallahi [I swear to God] these Kuffar and Munafiqeen [hypocrites] will do anything to cause the Muslimeen [Muslims] harm."*[261]

<u>Aufbau des Kalifates</u>

Die migrierten Frauen lehnen das westliche Gesellschaftssystem nicht nur ab, sondern befürworten auch eine neue Vorstellung der Gesellschaft. Sie haben den Wunsch einen Beitrag zum Aufbau der neuen Gesellschaft zu leisten, welche nach den Regeln der Scharia lebt. Entscheidend ist also, dass der IS über Territorium verfügt und dieses erweitert. Er muss weiterhin versuchen, staatliche Strukturen herzustellen, um weibliche Unterstützer anzuziehen. Bei

---

[260] Vgl. Hoyle, Carolyn et. al.: Becoming Mulan? Female Western Migrants to ISIS. In: Institute for Strategic Dialogue. 2015.
[261] Vgl. Hoyle, Carolyn et. al.: Becoming Mulan? Female Western Migrants to ISIS. In: Institute for Strategic Dialogue. 2015.

den Frauen entsteht so das Gefühl, dass sie eine wichtige Rolle beim Aufbau des neuen Staates einnehmen können. Die Frauen sehen im Gebiet des IS die Utopie eines islamischen Staates, in dem es möglich ist, allen Regeln des Islams zu folgen und dadurch ein ehrenhaftes Leben zu führen.

Umm Ibrahim schreibt:

"The most important reasons the muhajireen came here was to reestablish the khilafah & be part of bringing back the honor to this ummah."[262]

Die territorialen Gewinne sind daher sehr wichtig und die damit einhergehenden Gewalttaten werden mit dem Zuspruch Gottes, einen ideologisch reinen Staat aufzubauen, entschuldigt. Die Frauen sehen die Möglichkeit den Aufbau des Kalifats tatkräftig als Mütter, Lehrerinnen und Krankenschwestern zu unterstützen.[263]

Individuelle Pflicht und Identität

Die Errichtung eines islamischen Kalifats ist nicht nur mit persönlichen Wünschen der Frauen verbunden, sondern vielmehr ist es die Pflicht jedes Muslims, sich an dem Aufbau eines Staates im Sinne Allahs zu beteiligen. Hinzu kommt der starke Glaube an das Leben nach dem Tod. Sie sind davon überzeugt, dass die religiöse Pflichterfüllung im Diesseits notwendig ist, um nach dem Tod in den Genuss des Paradieses zu kommen.

In Sozialen Medien sind häufig Sätze zu lesen, wie die von *Umm Khattab*, welche verlauten lässt, dass sie kein Verlangen hat in dieser Welt zu leben, da ihre Sehnsucht das Jenseits ist.

Umm Khattab schreibt außerdem:

„[w]e love death as you love life".[264]

---

[262] Vgl. Hoyle, Carolyn et. al.: Becoming Mulan? Female Western Migrants to ISIS. In: Institute for Strategic Dialogue. 2015.
[263] Vgl. Hoyle, Carolyn et. al.: Becoming Mulan? Female Western Migrants to ISIS. In: Institute for Strategic Dialogue. 2015.
[264] Vgl. Hoyle, Carolyn et. al.: Becoming Mulan? Female Western Migrants to ISIS. In: Institute for Strategic Dialogue. 2015.

Zusätzlich wird die Migration al eine Prüfung verstanden, um festzustellen ob man es Wert ist, den Eintritt in das Paradies zu erhalten. Manche Frauen haben für den Dschihad sogar ihre Kinder und Familien verlassen. Neben dem Eintritt ins Paradies, gehen die Dschihadisten davon aus, dass eine Ausreise auch schon im jetzigen Leben honoriert wird. Weit verbreitet ist unter westlichen Frauen die Vorstellung, im IS Gebiet einen edlen und mutigen Ehemann zu finden. Frauen, die tatsächlich denken, dass sie nach Syrien oder in den Irak ziehen können, ohne Heiraten zu müssen, irren sich. Wie ihre männlichen Pendants schwärmen auch sie von dem Zusammenhalt in der Gemeinschaft und der Schwesternschaft, nach der sie sich sehnen. Diese Bindungen stehen im Gegensatz zu den oberflächlichen und bedeutungslosen Beziehungen in der westlichen Gesellschaft. Die Suche nach Sinn, Zugehörigkeit und Identität sind somit die wichtigsten Gründe für die Ausreise von Frauen. [265]

Einblick in das Leben der Frauen im IS

Die Benutzung des Internets zu Propagandazwecken ist nicht nur für den IS nützlich. Die offene Kommunikation westlicher Frauen, welche über ihren Alltag berichten, gibt uns die Möglichkeit einen Einblick, in das Leben der Menschen vor Ort zu bekommen.[266]

Vor dem Leben im Kalifat

Der Verlust der Familie

Die Untersuchung zeigt, dass der Einfluss der Familie bei jungen Frauen eine besonders wichtige Rolle bei der Ausreise spielt. Die Familien kann emotionale sowie praktische Hindernisse errichten, um Frauen von der Migration abzuhalten. Die ausgereisten Frauen berichten, dass sie unter dem Verlust der Familie sehr leiden und dass der Schritt, das familiäre Umfeld zu verlassen, ihnen sehr schwer gefallen ist. Vor allem der Verlust der Mutter scheint für die Frauen besonders belastend zu sein. Die enge emotionale Bindung zur Familie und besonders zur Mutter hält Viele davon ab, in das IS-Gebiet zu reisen. Durch das Einwirken der Familien könnten durchaus Migrationen von jungen Frauen in

---

[265] Vgl. Hoyle, Carolyn et. al.: Becoming Mulan? Female Western Migrants to ISIS. In: Institute for Strategic Dialogue. 2015.
[266] Vgl. Hoyle, Carolyn et. al.: Becoming Mulan? Female Western Migrants to ISIS. In: Institute for Strategic Dialogue. 2015.

das IS Gebiet verhindert oder zumindest verschoben werden. Die Familie hat zusätzlich die Möglichkeit, die Frauen durch praktische Hindernisse von ihren Vorhaben abzuhalten. Dies geschieht häufig durch die Verweigerung größerer Geldbeträge oder durch den Einzug des Reisepasses.[267]

Die Reise zum IS

In den Sozialen Netzwerken sind einige Reiseberichte von weiblichen Dschihadistinnen zu finden. Um genauere Informationen über die Einreise in den IS zu erhalten, müssen Interessenten die zuständigen Personen über sichere Messenger-Dienste kontaktieren.

Viele Frauen schließen sich einer Gruppe an, um über die Türkei in das IS-Territorium zu gelangen. Auf dem Weg passiert es häufig, dass sie von der türkischen Polizei festgenommen werden. Bei Verdacht auf Verbindungen zum IS werden sie häufig wieder in ihre Heimatländer zurückgeschickt. Auch wenn die syrische Grenze überschritten wurde, besteht die Gefahr, von einer Miliz aufgegriffen zu werden. Auch nach mehreren Inhaftierungen und Abweisungen, zeigen sich viele Frauen entschlossen und versuchen oft mehrfach in das IS-Gebiet zu gelangen. Die Migrationsgeschichten der Frauen zeigen, dass das Risiko inhaftiert oder von einer rivalisierenden Gruppierung gefangen genommen zu werden, sehr hoch ist.[268]

Das Leben der Frauen im IS

Der Alltag der Frauen

Nach der Einreise in das IS Gebiet müssen sich die Frauen in das Alltagsleben vor Ort einfinden. Eine nicht verheiratete Frau lebt gemeinsam mit anderen Frauen in einem Gemeinschaftshaus, das *maqqar* genannt. Die Frauen müssen keine Miete zahlen, werden monatlich mit Nahrungsmitteln versorgt und bekommen einen finanziellen Zuschuss. Ein verheiratetes Paar bekommt ein Haus zur Verfügung gestellt und manche frisch verheiratete Paare bekommen zusätzlich eine finanzielle Zuwendung. Außerdem berichten die Ausländerinnen

---

[267] Vgl. Hoyle, Carolyn et. al.: Becoming Mulan? Female Western Migrants to ISIS. In: Institute for Strategic Dialogue. 2015.
[268] Vgl. Hoyle, Carolyn et. al.: Becoming Mulan? Female Western Migrants to ISIS. In: Institute for Strategic Dialogue. 2015.

von der Verteilung der Kriegsbeute. Die Frauen wissen, dass die Gegenstände Nichtgläubigen entwendet wurden und werden daher als Geschenk Gottes angesehen. So kommen die Frauen an Haushaltsgeräte aller Art.

Das Leben im IS birgt jedoch auch Herausforderungen. Strom und Internet sind nicht überall zu jeder Zeit verfügbar. Je nachdem wo man sich befindet kann die Stromversorgung gut sein oder eben nicht oder nur teilweise vorhanden. Die Frauen geben auch Einblicke in das Leben außerhalb des Hauses. Besonders euphorisch berichten sie von der Schließung der Geschäfte, während der Gebetszeiten und von den IS-Kriegern, die ihre Waffen stets bei sich tragen.[269]

Eine Frau beschreibt das Leben im IS wie folgt:

"SubhānaAllāh [Glorious is God] it's amazing, they establish the shariah wherever they go, they set up Islamic court houses, and also set up houses for families, the apartment I'm living in is provided by ISIS. They provide electricity alhamdullillāh [thanks be to God], and also they give food and clothes (mostly Ghanima [spoils of war]) to families, today for example we received fresh bread. It's almost like a normal town but the shops all close for salah and you see mujahideen everywhere."[270]

Das häusliche Leben

Die Frauen im IS führen in erster Linie ein häusliches Leben. Die Aufgabe der Frau ist es, eine rechtschaffende Ehefrau zu sein und rechtschaffende Kinder großzuziehen. Ihre Tage bestehen hauptsächlich aus banalen häuslichen Pflichten. Trotzdem sehen viele Frauen eine Erfüllung in diesem Leben, da sie ihre religiösen Pflichten erfüllt sehen und auf den Zuspruch Gottes hoffen können. Vor allem Kochen scheint eine wichtige Rolle in den Leben der Frauen zu spielen, da es sie besonders zufrieden stellt, das Essen für einen IS Kämpfer zuzubereiten.

Eine Frau schreibt:

Dinner.

---

[269] Vgl. Hoyle, Carolyn et. al.: Becoming Mulan? Female Western Migrants to ISIS. In: Institute for Strategic Dialogue. 2015.
[270] Vgl. Hoyle, Carolyn et. al.: Becoming Mulan? Female Western Migrants to ISIS. In: Institute for Strategic Dialogue. 2015.

Simple. Delicious.
Alhamdulillah [thanks be to God]
To top it off, kids asleep + we have electricity!
#SimplePleasures in #IS[271]

Neben den häuslichen Pflichten verbringen die Frauen ihre Zeit damit zu lesen, die Religion zu studieren und arabisch zu lernen. Der Bewegungsfreiraum außerhalb des Hauses ist sehr begrenzt, vor allem wenn man nicht verheiratet ist und in einer Frauen-Unterkunft lebt. In einigen davon ist es den Frauen nicht erlaubt das Gebäude zu verlassen, außer sie haben einen sehr guten Grund. Wenn z. B. etwas von einem Geschäft benötigt wird, muss die Hauseigentümerin benachrichtigt werden, um die Besorgung zu übernehmen.

Eine Frau kann das Haus nur in Begleitung einer männlichen Person verlassen oder als Teil einer Frauengruppe. Diese Verhaltensregeln können, besonders für nicht verheiratete Frauen, zu Schwierigkeiten führen. Einige Frauen äußern die belastenden Umstände, unter den Single-Frauen leben müssen und warnen potentielle Migrantinnen vor, damit sie sich auf die Situation einstellen können.[272]

Umm Layth gibt zu:

"The reality is that to stay without a man here is really difficult."[273]

Die gleiche Frau warnt junge Ausreiserinnen davor, mit der Vorstellung in den IS zu kommen, ohne Ehemann leben zu könne. Sie betont, dass das Leben im IS für westliche Frauen beschwerlich sein kann, da sie sich von ihrer gewohnten Bewegungsfreiheit verabschieden müssen. Sie weist außerdem darauf hin, dass Frauen sehr stark auf die Unterstützung von „Brüdern" angewiesen sind und, dass sie zum Schutz ihrer eigenen Sicherheit, nur in Begleitung eines Mannes auf die Straße gehen dürfen.[274]

<u>Zuhause und fremd im Islamischen Staat</u>

Die Berichterstattung aus dem IS handelt nicht ausschließlich von Hass und Krieg. Die Geschichten der Migranten drehen sich auch um Liebe und um die

---

[271] Vgl. Hoyle, Carolyn et. al.: Becoming Mulan? Female Western Migrants to ISIS. In: Institute for Strategic Dialogue. 2015.
[272] Vgl. Hoyle, Carolyn et. al.: Becoming Mulan? Female Western Migrants to ISIS. In: Institute for Strategic Dialogue. 2015.
[273] Vgl. Hoyle, Carolyn et. al.: Becoming Mulan? Female Western Migrants to ISIS. In: Institute for Strategic Dialogue. 2015.
[274] Vgl. Hoyle, Carolyn et. al.: Becoming Mulan? Female Western Migrants to ISIS. In: Institute for Strategic Dialogue. 2015.

tiefe Bruder- und Schwesternschaft, welche sie in der neuen Heimat gefunden haben.

Eine Frau schreibt über die Schwestern:

"MashaALLAH [Bless the Lord] the sisterhood in Dawla is amazing,the bonding immediate and no fake relationship, based on love fillah only"[275]

Aus den Darstellungen geht hervor, dass westliche Frauen enge Beziehungen zueinander aufgebaut haben, Kontakte zu Einheimischen kommen hingegen nur selten vor. Obwohl sie das Zusammengehörigkeitsgefühl betonen wird auch klar, dass sie sich fremd in der Region fühlen. Die eigene Andersartigkeit wird dann besonders deutlich, wenn die Frauen vor Hürden gestellt werden, wie sie zum Beispiel bei dem Erlernen der Arabischen Sprache auftreten.

Die weiblichen Migranten äußern sich im Allgemeinen positiv über die einheimische Bevölkerung. Es sind jedoch auch weniger schöne Kommentare zu lesen. Einige Frauen sehen nicht nur positive Aspekte darin mit Menschen zu leben, die eine fremde Sprache sprechen, einen anderen kulturellen Hintergrund aufweisen und deren Lebensstil sich stark von dem eigenen unterscheidet. Zudem werden die Migranten von den Einheimischen teilweise verachtet, was nicht verwunderlich ist, da nicht alle lokalen Bewohner IS-Anhänger sind. Diese wird es wenig freuen, dass Ausländer in großem Maße in die Region einreisen. Die Diskriminierung könnte so weit gehen, dass Ausländern der Zugang zu bestimmten Gütern und Dienstleistungen verwehrt wird.[276]

<u>Leben im Kriegsgebiet</u>

Hin und wieder kommt es vor, dass Frauen die Bombenangriffe banalisieren und sie als ineffektiv oder unwichtig abtun. Andere Frauen wiederum geben einen Einblick in die grausamen Zustände im Kriegsgebiet. Sie berichten von den vielen Zivilisten und IS-Kämpfern, die den Bombenangriffen zum Opfer gefallen sind. Zudem werden von chaotischen Zuständen in den Städten und in Krankenhäusern berichtet. Die Frauen wenden sich in Sozialen Netzwerken mit drohenden Äußerungen an die gegnerische Kriegspartei. Der Hass gegen den Westen könnte durch die Erfahrung von Gewalt und Brutalität noch gesteigert

---

[275] Vgl. Hoyle, Carolyn et. al.: Becoming Mulan? Female Western Migrants to ISIS. In: Institute for Strategic Dialogue. 2015.
[276] Vgl. Hoyle, Carolyn et. al.: Becoming Mulan? Female Western Migrants to ISIS. In: Institute for Strategic Dialogue. 2015.

werden, was diese Frauen auch zunehmend zu einer Gefahr für die westliche Welt machen könnte.[277]

Der Verlust des Ehemannes

Häufig müssen die Frauen ertragen, dass ihre Ehemänner an der Front sterben.

Eine Frau klagt über den Verlust ihres Ehemannes:

"[r]eality hits you when u celebrate a walimah [marriage banquet] and console a widow on the same day. Life in Dar ul-Jihad!" [278]

Die gefallenen Männer werden als Märtyrer gefeiert und erhalten einen Platz im Paradies.

Umm Khattab trauert um ihren Mann:

"My hearts joy, my husband my bestfriend shaheed inshallah [martyred, God willing], some days I miss u more but in jannah [heaven] is everlasting joy"[279]

Nicht alle Frauen gehen so gefasst mit dem Tod ihrer Männer um.

Umm Ibrahim postet:

'#Nobodycaresaboutthewidow'[280]

Aussagen wie diese deuten darauf hin, dass der Tod des Mannes einige praktische Schwierigkeiten mit sich bringt. Es gibt Anzeichen dafür, dass einige weibliche Migranten das IS-Gebiet nach dem Tod des Mannes verlassen haben. Ereignisse dieser Art können zum einen dazu führen, dass die Überzeugung vom Leben im IS noch verstärkt wird. Zum anderen könnten sie der Auslöser dafür sein, dass die Frauen ihre Situation neu überdenken und sich entschließen in ihre Heimatländer zurückzukehren. Die Behörden der Heimatländer könnten an diesem Punkt ansetzen und die Frauen zu einer Rückreise bzw. zur Reintegration in die westliche Gesellschaft bewegen.[281]

---

[277] Vgl. Hoyle, Carolyn et. al.: Becoming Mulan? Female Western Migrants to ISIS. In: Institute for Strategic Dialogue. 2015.
[278] Vgl. Hoyle, Carolyn et. al.: Becoming Mulan? Female Western Migrants to ISIS. In: Institute for Strategic Dialogue. 2015.
[279] Vgl. Hoyle, Carolyn et. al.: Becoming Mulan? Female Western Migrants to ISIS. In: Institute for Strategic Dialogue. 2015.
[280] Vgl. Hoyle, Carolyn et. al.: Becoming Mulan? Female Western Migrants to ISIS. In: Institute for Strategic Dialogue. 2015.
[281] Vgl. Hoyle, Carolyn et. al.: Becoming Mulan? Female Western Migrants to ISIS. In: Institute for Strategic Dialogue. 2015.

Welche Gefahr geht von den Frauen des IS aus?

Einstellung zur Gewalt

Viele Frauen sprechen sich in den Sozialen Netzwerken eindeutig für die Gewalttaten aus, die der IS begeht. Als Antwort auf die Hinrichtungsvideos des IS folgen in den Sozialen Netzwerken zahlreiche Posts und Tweets, in den die Unterstützung dieser Taten zum Ausdruck kommt.

Die Reaktion einer Frau aus ein Hinrichtungsvideo:

"So many beheadings at the same time, Allahu Akbar [God is the greatest], this video is beautiful #DawlaMediaTeamDoingItRight".

Es gibt keinen Zweifel daran, dass die Frauen, welche in das IS-Gebiet ausgewandert sind, die Gräueltaten der Organisation feiern. Es zeigt sich, dass bei ihnen eine Desensibilisierung gegenüber den Gewalttaten des IS eingesetzt hat. Die Frauen befürworten die Gewalt des IS nicht nur, sie rechtfertigen sie mit ihrer Lesart des Islamischen Rechts. Argumente anderer Muslime, die sich gegen die Gewalttaten der Organisation aussprechen, werden von den Frauen öffentlich abgewertet. Hinzu kommen verbale Angriffe auf die Muslime, die die Taten des IS kritisieren.

Um Irhab antwortet auf die Kritik anderer Muslime:

"Uff! Some muslims are condeming [sic] the slaughtering of a dirty US kaafir [non-believer]. Saying don't associate us with them. Pathetic! What pathetic muslims!" [282]

Die Zielscheibe der Wut

Um das Gefährdungspotential der Frauen einschätzen zu können ist es hilfreich zu untersuchen, gegen wen sich ihre Wut richtet. Die Frauen richten ihre Anfeindungen in den Sozialen Medien gegen mehrere Akteure. Darunter fallen das *Assad* Regime und seine Anhängerschaft[283], schiitische Muslime, Israel und

---

[282] Vgl. Hoyle, Carolyn et. al.: Becoming Mulan? Female Western Migrants to ISIS. In: Institute for Strategic Dialogue. 2015.
[283] Laut dem französischen Geologen und Syrien-Experten Fabrice Balanche leben von einst 22 Millionen Syrern noch 16 Millionen im Land, 2 Millionen von ihnen in den Kurdengebieten, 3,5 Millionen in den Regionen der bewaffneten Aufständischen und 10,5 Millionen in den vom Regime kontrollierten Gebieten. Im Land geblieben sind demnach im Wesentlichen die Anhänger der großen Lager – dasjenige der salafistischen Rebellen und das

die westlichen Staaten. Die Äußerungen der Frauen sind zumeist sehr brutal und bergen oft den Wunsch nach Blutvergießen.

Umm Ubaydah drückt ihre Wut über den Westen folgendermaßen aus:

"my best friend is my grenade ... It's an American one too Lool. May Allah allow me to kill their Kanzeer [pig] soldiers with their own weapons." [284]

Die Verherrlichung der Gewalt, die sie über Soziale Netzwerke verbreiten, ist Teil der IS-Propaganda. Die Menge der im Internet kursierenden Beiträge wird dadurch aufgeblasen.[285]

<u>Frauen im Kampf</u>

Der Wunsch, selbst am Krieg teilzunehmen, wird von nur wenigen Frauen in den Sozialen Netzwerken geäußert.

Eine Frau schreibt:

"I completely understand your desires and craving to participate in the battlefield." [286]

Die meisten befürworten zwar das gewaltsame Vorgehen des IS gegenüber ihren Feinden, äußern jedoch kein Interesse daran, selbst am Kampf teilzunehmen. Sie betonen vielmehr die häuslichen Pflichten der Frauen. Ihre Rolle im IS ist nach

---

der säkularen Nationalisten – und die Mehrheit unterstützt das Regime. Genauer: Sie ist für den Mann an dessen Spitze, Bashar al-Assad, der hierzulande nur als mordender Diktator wahrgenommen wird, gilt seinen Anhängern als einziger Bürge für ihr eigenes Leben und den Schutz dessen, was von ihrem Land übrig geblieben ist. Das wundert nicht: Der Name Assad steht für den säkularen Panarabismus und damit für jenes Versprechen, nach dem das Gros der kriegsgebeutelten Bevölkerung mehr denn ja dürstet: friedliche Koexistenz. In solcher Lage besinnt man sich gern auf den Nationalstolz, der unter Hafez al-Assad heranwuchs und den sein Sohn Bashar in einer Weise elaborierte, die vor allen Facebook-Seiten heutiger Loyalisten widerhallt. Syriens Geschichte, Syriens Zivilisation. Bashar al-Assad hat das 1998 bei der Lancierung der staatlichen Syrian Computer Society auf deren Website wie folgt beschreiben: „Das Land Syrien trug unter anderem zur Einführung des ersten Alphabets, der ersten musikalischen Komposition, der ersten landwirtschaftlichen Revolution bei (…) Syrien verhielt sich, seit die ersten Menschen hier lebten niemals aggressiv gegen ein anderes Land. Sondern (…) es trug zu jeder Zivilisation bei, der es begegnete: So schenkte es etwa dem römischen Imperium fünf Kaiser und einen der größten Architekten aller Zeiten: Apollodoros, den Damaszener." Vgl. Balanche, Fabrice: Atlas du Proche-Orient arabe, Paris 2012; Abboud, Dona: Out of Syria, inside Facebook, Leipzig 2016
[284] Vgl. Hoyle, Carolyn et. al.: Becoming Mulan? Female Western Migrants to ISIS. In: Institute for Strategic Dialogue. 2015.
[285] Vgl. Hoyle, Carolyn et. al.: Becoming Mulan? Female Western Migrants to ISIS. In: Institute for Strategic Dialogue. 2015.
[286] Vgl. Hoyle, Carolyn et. al.: Becoming Mulan? Female Western Migrants to ISIS. In: Institute for Strategic Dialogue. 2015.

wie vor die der guten Mutter und Ehefrau. Keinesfalls jedoch auf dem Schlachtfeld.[287]

Frauen und Propaganda

Eine deutliche Bedrohung geht von den Online-Aktivitäten der Frauen aus. Durch die Social-Media-Kanäle haben sie die Möglichkeit eine breite Masse zu erreichen. Hierbei versuchen sie Kontakte zu anderen herzustellen und Männer, sowie Frauen zur Ausreise in den IS zu bewegen. Außerdem ermutigen sie andere User zu Terroranschlägen in ihren Heimatländern. Die Frauen geben nicht nur den Anstoß zur Ausreise, sondern versorgen Interessenten auch mit Praxis-Tipps. Die Anwerberinnen sind der entscheidende Faktor um zu gewährleisten, dass sich fortwährend neue Frauen dem IS anschließen.

Umm Layth rät einem jungen Muslim:

"cannot make it to the battlefield then bring the battlefield to yourself. Be sincere and be a Mujahid wherever you may be."[288]

Anschläge in Europa haben gezeigt, dass tatsächlich eine große Gefahr von einsamen Wölfen[289] ausgeht. Die Frauen verbreiten die IS Ideologie und können Muslime, die in westlichen Ländern leben, dazu ermutigen Gewalttaten in der Heimat zu begehen.[290]

Das Leben im IS am Beispiel Elif Ö.

Die Realität im IS stimmt häufig nicht mit den Vorstellungen der jungen Islamistinnen übereinstimmen. *Elif Ö.*, eine Deutsch-Türkin, die mit 16 Jahren nach Syrien ausgereist ist, berichtet von ihrem Leben vor Ort und versucht weitere Frauen zu rekrutieren. Es scheint sich um eine sehr realistische Darstellung ihres Lebens zu handeln. Sie macht den jungen Frauen im Internet

---

[287] Vgl. Hoyle, Carolyn et. al.: Becoming Mulan? Female Western Migrants to ISIS. In: Institute for Strategic Dialogue. 2015.
[288] Vgl. Hoyle, Carolyn et. al.: Becoming Mulan? Female Western Migrants to ISIS. In: Institute for Strategic Dialogue. 2015.
[289] Der Begriff „einsamer Wolf" (engl. „lone wolf") bezeichnet Terroristen, die meist in ihren Heimatländern Terroranschläge verüben ohne sich vor der Tat im Ausland aufgehalten zu haben. Sie radikalisieren sich im Heimatland und meist im Stillen.
[290] Vgl. Hoyle, Carolyn et. al.: Becoming Mulan? Female Western Migrants to ISIS. In: Institute for Strategic Dialogue. 2015.

klar, dass das Leben im IS bedeutet, die meiste Zeit alleine Zuhause zu sein. Freunde kommen nicht häufig zu Besuch und der Ehemann kommt manchmal tagelang nicht nach Hause. Internet und Strom gibt es nur begrenzt und auch die Lebensmittelauswahl ist sehr bescheiden. Sie lässt durchblicken, dass die Frauen dafür da sind, den Kämpfern eine Freude zu bereiten und ihren Pflichten im Haushalt nachzukommen.[291]

Die al-Khansaa Brigade

Auch wenn der Großteil der Frauen weder an Kampfhandlungen teilnimmt noch den Wunsch danach hegt, gibt es mehrere Ausnahmen. So laufen beispielsweise die Mitglieder der berüchtigte Frauen-Brigade *al Khansaa* bewaffnet durch die Straßen und nehmen jene Frauen fest, die gegen die Vorschriften des IS verstoßen. Häufig werden diese aufgrund unzulässiger Kleidung bestraft und nicht selten hat das Peitschenhiebe zur Folge. Die Frauen üben massive Gewalt auf anderen Frauen aus und genießen genauso, wie die männlichen Dschihadisten das Gefühl von Macht und Autorität.[292]

<u>Das Manifest der al-Khansaa Brigarde</u>

Die *al-Khansaa* Brigade[293] hat ein Manifest mit dem Titel *„Die Frau im Islamischen Staat. Eine Botschaft und Erklärung der Brigade Al-Khansaa"* verfasst, welches Einblicke in die Rolle der Frau im IS gibt. Im Dokument heißt es: *„das Frauenmodell des ungläubigen Westens, das die Frauen aus dem Band des Heims entfesselte, zeigt sein Scheitern.[...] Aus dem Märchen der 'Gleichberechtigung' zwischen Mann und Frau ernteten die Frauen letztlich nur Dornen."*

Der Ganzkörperschleier und die Unterwerfung der Frau gehören laut der Veröffentlichung der *al-Khansaa* Brigade genauso zu den Vorschriften des IS wie das Recht ein erst neunjähriges Kind zu vermählen. Die ideale Frau verfügt über wenig oder zumindest ausgewähltes Wissen in bestimmten Bereichen, unterwirft sich dem Mann, kümmert sich um Haus und Kinder und verlässt so wenig wie möglich das eigene Zuhause.[294]

---

[291] Vgl. Heil, Georg et. al.: Beruf: „Ehefrau bei Islamischer Staat". In: süddeutsche.de vom 28.04.2015
[292] (o.V.): CNN Interview. Ex-IS-Kämpferin schildert ihr Leben in der Terrormiliz. In: stern.de vom 09.10.2014.
[293] Die al Khansaa Brigade ist die Sittenpolizei des IS, die ausschließlich aus Frauen besteht.
[294] (o.V.): Ihr seid Bettfutter und Kanonenfutter. In: sueddeutsche.de vom 23.07.2015

Das Erlangen von Wissen wird den Frauen teilweise zugesprochen. Sie sollen Wissen über islamisches Recht, islamische Geschichte und über naturwissenschaftliche Grundlagen erlangen. Zusätzlich sollen sie häusliche Fähigkeiten erwerben. Ein herkömmliches Studium sollen Frauen nicht absolvieren, da es nutzlos wäre. Zudem ist es nicht gerne gesehen, wenn Frauen sich damit brüsten, über mehr Wissen zu verfügen als ein Mann. Die Ausübung eines Berufes ist ebenso den Männern vorbehalten, Ausnahmen gibt es für Lehrerinnen und Ärztinnen.[295]

Das Manifest richtet sich klar gegen das westliche Modell der weiblichen Emanzipation und lehnt die Lebensweise westlicher Frauen von Grund auf ab. Frauen, die das Rollenbild im IS unterstützen wenden sich einer idealisierten islamischen Welt zu, welche die Zeit nachzuahmen versucht, in der der Prophet gelebt hat. In dieser Welt sind sie versorgt und in einer Gemeinschaft aufgehoben, in der die eigene Identität und Rolle festgelegt ist. Die Vorgaben dafür, wie das Leben einer Frau auszusehen hat, klingen für einige Frauen ansprechend. Diese Vorstellung ist jedoch eine Utopie, die weder zu den Anfangszeiten des Islam gab, noch mit der Wirklichkeit des IS übereinstimmt.[296]

Quelle: Der Screenshot eines Propagandavideos der IS-Miliz zeigt voll verschleierte Frauen mit Gewehren, die angeblich der Al-Khansaa-Brigade angehören. (Foto: dpa)

---

[295] Vgl. Drewello, Marc: Das erwartet Frauen im Islamischen Staat. In: stern.de
[296] (o.V.): Ihr seid Bettfutter und Kanonenfutter. In: sueddeutsche.de vom 23.07.2015

Quelle: Screenshot IS Video, Frauen-Brigade al Khansaa

Alltag im IS

Der IS versucht nicht nur das Denken seiner Bürger stark zu beeinflussen, sondern auch das Leben im Allgemeinen. Dazu gibt er regelmäßig Richtlinien an seine Bewohner heraus. Diese werden unter dem Namen *maktabat al-himma*[297] publiziert. Sie werden häufig als Flyer unter die Leute gebracht, können jedoch auch online abgerufen werden. Die Doktrin des IS gründet auf verschiedenen Grundsätzen, nach denen sie die Glaubenslehre umsetzen. Eine davon besagt, dass der Glaube buchstabengetreu gelebt werden muss. Daher beziehen sich viele Richtlinien und Maßnahmen des IS auf die wörtliche Auslegung des Korans.

Das Freitagsgebet

Eine Regel bezieht sich beispielsweise darauf, dass das Freitagsgebet in der Gemeinschaft praktiziert werden muss. Der IS hat es zur Vorschrift gemacht, zu Gunsten des Freitagsgebets alle anderen Tätigkeiten niederzulegen. Im Zuge dessen kontrollieren IS-Mitglieder die Straßen und Märkte und befehlen den Anwesenden, sich zum Freitagsgebet einzufinden. Die Märkte sind im IS-Gebiet nun zur Gebetszeit leer. Dies ist jedoch vermutlich nicht mit Freundlichkeit erreicht worden, wie es der IS behauptet, sondern durch die Ausübung von Zwang.

---

[297] arabisch für „Die Literatur hoher Bestrebungen"

Das Rauchverbot

Im IS ist das Rauchen strengstens verboten. Die Gesundheitsbehörde des IS beschlagnahmt Zigaretten und vernichtet sie. Auch hierzu gibt der IS einen Flyer in der Publikationsreihe *maktabat al-himma* heraus. Das Verbot wird durch religiöse Argumente gerechtfertigt, wozu passende Stellen aus dem Koran zitiert werden. Zusätzlich wird auch an das rationale Wissen der Bürger appelliert. Die Aufforderung des IS lautet abschließend, dass ein echter Mann seinen Gelüsten zu widerstehen habe.

Die Almosenabgabe (zakat)

In einem Propagandavideo wird gezeigt, dass für die Errichtung des IS nicht nur der militärische Kampf wichtig ist, sondern auch die Einrichtung von Ämtern für die *hisba*[298] und die *zakat*[299]. Die Wohltätigkeit im IS steht damit in enger Verbindung mit dem bewaffneten Kampf. Bei der Berechnung der *zakat* gibt es ein genaues Vorgehen, das in Videos des IS gezeigt wird. Die Darstellungen gibt es auch in englischer Sprache, damit die nicht Arabisch sprechenden IS-Anhänger verstehen können, wie viel Geld sie an den IS abgeben müssen. Die *zakat* ist laut dem IS einer der wichtigsten Säulen des Glaubens. Diejenigen, die sich um die Abgabe drücken, müssen sich auf Strafen vom IS und von Gott gefasst machen. Um die Wichtigkeit der *zakat* hervorzuheben, werden vom IS mehrere religiöse Schriften herangezogen. Ebenso werden Koranstellen zitiert, aus denen hervorgeht, welche Strafen bei Verweigerung der Abgabe drohen.

---

[298] Eine Institution des Staates, welche für die Einhaltung der Gesetze Allahs überwacht. Die hisba als Amt bezieht sich häufig auf die Marktaufsicht.
[299] Die für Muslime verpflichtende Abgabe eines bestimmten Anteils ihres Besitzes an Bedürftige und andere festgelegte Personengruppen. Sie bildet eine der fünf Säulen des Islams.

Hierbei wird u. a. das Höllenfeuer genannt. Muslime sind dazu verpflichtet die *zakat* an den Imam zu entrichten, welcher für den IS ihr selbsternannter Kalif darstellt. Folglich müssen alle Abgaben an die Steuereintreiber des IS gezahlt werden. Die Verweigerung der Abgabe wird nach der IS-Logik als Handlung gegen Gott gewertet und kann daher vom IS bestraft werden.[300]

Die Verhüllung der Frau

Der IS fordert die Verhüllung der Frauen, da diese ihre Keuschheit wiederspiegelt. Die Pflicht zur Verhüllung wird seitens des IS mit verschiedenen Koranstellen und einem Hadith belegt. Die Verhüllung soll die Frauen vor Belästigung schützen und die Reinheit der Muslime bewahren, da der Anblick einer unverhüllten Frau ein unerwünschtes Verlangen bei den Muslimen auslösen könnte. Durch die Verhüllung drückt die Frau außerdem die Entschlossenheit im Glauben aus, da einige Staaten die Vollverschleierung verboten haben. Sie werden damit zu Kämpferinnen, die an der Seite des IS ihre Religion verteidigen.

Neben der Pflicht zur Verhüllung gibt es weitere Vorschriften an die sich Frauen halten müssen. Es ist ihnen beispielsweise nicht gestattet Parfum aufzulegen, wenn sie das Haus verlassen.[301] Ein besonders markantes Merkmal der Frauen im IS ist ihr Gesichtsschleier. Obwohl es sich bei dieser Art der Verschleierung um eine regionale Abweichung handelt, suggeriert der IS, dass die Gesichtsverschleierung unvermeidlich für die rechtmäßige Ausübung der Religion ist. Der IS ist regelrecht davon besessen, die Erscheinung der Frau zu kontrollieren. Dabei spielt die Abgrenzung von den „Ungläubigen" und die eindeutige Festlegung der Geschlechterrollen eine wichtige Rolle.[302]

Reueversammlungen und Bürokratie

Das Bildungsministerium veranstaltet sogenannte „Reueversammlungen" für vom richtigen Glauben abgefallene (z.B. Schiiten). In einer Moschee können sich die Teilnehmer zu früheren Untaten bekennen. Bei den Teilnehmern

---

[300] Vgl. Lohlker, Rüdiger: Theologie der Gewalt. Das Beispiel IS. Wien 2016. S. 53f.
[301] De IS greift dabei auf entsprechende Hadithe zurück. Dort heißt es z.B.: „Der Gesandte Gottes, Gott segne ihn und schenke ihm Heil, sprach: ‚Jede Frau, die sich parfümiert und an den Leuten vorbeigeht, damit sie ihren Wohlgeruch wahrnehmen, ist eine Hure'". Vgl. Ibn al-Djauzi: Das Buch der Weisungen für FrauenKapitel 29, S. 55, Frankfurt am Main 2009
[302] Vgl. Lohlker, Rüdiger: Theologie der Gewalt. Das Beispiel IS. Wien 2016. S. 74ff.

handelt es sich z. B. um ehemalige Mitglieder einer irakischen Sicherheitsbehörde. Im Anschluss werden ihnen Bescheinigungen ausgestellt, die belegen, dass sie frühere Handlungen bereuen keine Ungläubigen sind. Häufig werden Karteikarten ausgestellt auf denen sich das Foto des Teilnehmers befindet. Mittels Flugblättern werden die Bürger über diese Veranstaltungen informiert. Ähnlich bürokratische Verfahren finden sich bei der Verteilung der *zakat* und der Ausstellung von Ausweispapieren. Es sind bereits IS-Pässe im Umlauf und es wurden Identitätskarten für die Einwohner in al-Raqqa erstellt.[303]

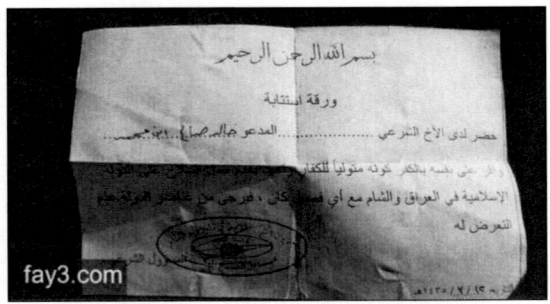

Bescheinigung für die Teilnahme an einer „Reueversammlung"

Schmähung des Propheten wird mit dem Tode bestraft

„Kein Ungläubiger"

---

[303] Vgl. Lohlker, Rüdiger: Theologie der Gewalt. Das Beispiel IS. Wien 2016. S. 88ff.

Das alltägliche Leben im IS

Da der IS versucht, die gesellschaftlichen Verhältnisse zu Zeiten des Propheten herzustellen, wird auch die alte Zeitrechnung verwendet. Seitdem das Kalifat ausgerufen wurde, verwenden die Terroristen den Mondkalender der islamischen Zeitrechnung[304]. Der IS hat in Mossul viele städtische Einrichtungen, wie das Rathaus und das Gerichtsgebäude übernommen. In einem Propagandavideo geben die befragten Bürger an, dass sich ihr Leben seit der Übernahme der Stadt durch den IS sehr verbessert hat, da es nun weniger Straßensperren, Durchsuchungen und Festnahmen gibt. Journalisten aus dem Gebiet berichten von schrecklichen Bestrafungen, geben aber zu, dass mehr Recht und Ordnung in die Stadt eingekehrt ist. Auch die städtische Infrastruktur habe sich verbessert.[305]

Um tiefere Einblicke in das Leben im IS zubekommen hat *Abdel Bari Atwan* versucht über Soziale Netzwerke Kontakt zu Menschen in der Region herzustellen, u. a. zu Dschihadisten. Hierbei hat er erfahren, dass unverheiratete Frauen in einem Wohnheim für „Schwestern" leben. Es gibt Personen, die sich um Heiratsangelegenheiten kümmern und für Heiratswillige eine Ehe arrangieren. Das potentielle Paar darf wenige Minuten miteinander sprechen und bei Interesse dürfen sie sich unverhüllt gegenübertreten. Erst danach müssen sie sich für oder gegen die Hochzeit entscheiden. Eine Kontaktperson gibt an, dass Frauen Auto fahren dürfen. Verheiratete Paare bekommen ein leerstehendes Haus zur Verfügung gestellt oder Unterstützung bei der Wohnungssuche. Die Kämpfer und deren Familien bekommen von IS Nahrungsmittel und finanzielle Unterstützung.

Eine andere Kontaktperson, die in Aleppo lebt erzählt, dass aufgrund der strengen Vorgehensweise des IS fast keine Straftaten mehr begangen werden.

---

[304] Die Zeitrechnung beginnt mit der Hijra, also der Auswanderung Muhammad nach Medina
[305] Vgl. Atwan, Abdel Bari: Das digitale Kalifat. Die geheime Macht des Islamischen Staates. München 2016. S. 182f.

Zudem sammelt der IS die *zakat* ein und verteilt sie unter den Armen und Bedürftigen. Zusätzlich schätzt es die Bevölkerung, dass die Bildung durch den IS gefördert wird, auch wenn meist ein starker Bezug zum Islam erkennbar ist. Laut der Berichte ist der IS im Stande Lehrer wieder regelmäßig zu bezahlen.

Die Besetzung der Stadt durch andere konkurrierende Rebellengruppen lehnt der Großteil der Bevölkerung stark ab, denn für viele würde das eine weitere Flucht bedeuten. Die meisten Bürger, die unter der Herrschaft des IS leben, glauben nicht an ein ewiges Fortbestehen des IS. Zum einen wird es in Zukunft zu viel Widerstand gegen die strengen Gebote des IS geben. Zum anderen schadet der Organisation die symbiotische Beziehung zum *Assad*-Regime: Obwohl sich im Kampf gegen *Assad* viele Sunniten dem IS angeschlossen haben, bekämpft *Assad* den IS nicht. Denn dieser kämpft gegen die moderate Opposition, welche für Assad die wirkliche politische Bedrohung darstellt.

Bericht aus dem IS

Durch den IS haben etwa 21 Millionen Menschen ihr Zuhause verloren. Sie leben als Flüchtlinge meist unter sehr schlechten Bedingungen. Um dem zu entgehen, sind viele Syrer, trotz der Einnahme durch den IS, in ihren Heimatländern geblieben. Da der IS eine unerlaubte Berichterstattung aus seinen Gebieten schwer bestraft ist es für die Außenwelt kaum möglich einen Einblick in das Leben vor Ort zu bekommen.[306]

Diejenigen, die in Aleppo geblieben sind, müssen einen der Berufe ausüben, die in einem Kriegsgebiet noch zu haben sind. Viele haben ihre alten Jobs verloren und müssen nun auf eine andere Weise ihr Überleben sichern. Sie fahren Taxi, reparieren Autos, betreiben winzige Internet Cafés oder verkaufen jegliche Schmuggelware, die sie ergattern können. Gute Jobs gibt es nur beim IS, die meisten Bewohner der Region möchten aber nicht für die Terrororganisation arbeiten. Laut einem UN Bericht sind 60 Prozent der in Syrien lebenden Bevölkerung arbeitslos und ungefähr derselbe Anteil lebt in extremer Armut. In manchen vom IS kontrollierten Gebieten sind Lebensmittel sehr knapp oder aber sehr teuer. Teilweise sind die Menschen in Syrien auf die Lebensmittelspenden von NGOs angewiesen. Die Stromversorgung ist unterschiedlich gut. An einem schlechten Tag kann es in Aleppo beispielsweise zu 5 Stunden Stromausfall am Tag kommen. Einige Bürger haben sich daher ein Solar panel zugelegt, mit dem

---

[306] Vgl. Asokan, Shyamantha: This Is What Life In Syria Is Like After Four Years Of War. Vom 16.03.2015

sie ihre Autobatterien, Laptops, Handys, usw. aufladen. Eine durchschnittliche Familie kann sich so ein Gerät jedoch nicht leisten. Doch auch wenn man sein Handy aufgeladen hat, heißt das noch nicht, dass man es auch benutzen kann. Da viele Telefonmasten zerstört wurden hat man häufig kein Handynetz. Daher wird vor allem das Internet, insbesondere WhatsApp, als Kommunikationsmittel benutzt, da hier die Übertragung über einen Satelliten stattfindet.[307]

Die Regeln des IS (Auszug):

In der vom IS beherrschten Stadt Fallujah (Irak) wurden die Regeln des IS anfangs täglich öffentlich verkündet. Später hat der IS die Kundgebungen nur noch dreimal wöchentlich abgehalten.

- Frauen dürfen keine Jeans und Make-up tragen und müssen eine islamische Kleidung anziehen.
- Das Rauchen von Zigaretten und Wasserpfeifen ist verboten. Die Strafe sind 80 Peitschenhiebe und bei mehrfachem Vergehen sogar Hinrichtung.
- Es ist verboten das Wort *Daesh* zu benutzen, welches ein arabisches Akronym für den IS darstellt. Die Strafe beträgt 70 Peitschenhiebe.
- Nähereien für Frauen müssen geschlossen werden, falls ein Mann den Laden betritt.
- Friseursalons für Frauen müssen ebenfalls geschlossen werden, wenn ein Mann hereinkommt.
- Gynäkologen müssen weiblich sein.
- Frauen dürfen weder in Geschäften noch auf dem Markt auf Stühlen sitzen.
- Die Läden müssen zu den Gebetszeiten geschlossen werden.
- Taxifahrern, die ihre Kunden an einen falschen Ort bringen und dann Geld von ihnen für den Rücktransport verlangen, wird vorgeworfen nicht im Interesse des Menschen zu handeln (dieses Vorgehen das Taxifahrer ist ein weit verbreitetes Delikt in Fallujah). Die Strafe ist Amputation oder Köpfung.[308]

---

[307] Vgl. Asokan, Shyamantha: This Is What Life In Syria Is Like After Four Years Of War. Vom 16.03.2015
[308] Vgl. Cockburn, Patrick: Isis, a year of the caliphate: Day-to-day life in the 'Islamic State' – where any breach of restrictive, divinely inspired rules is savagely punished. Vom 26.06.2015

Radikalisierung - Aktuelle Zahlen und Fakten zu den Reisebewegungen

Laut dem Bayerischen Verfassungsschutz befanden sich bis Ende 2015 ca. 20.000 ausländische Kämpfer in Syrien und dem Nordirak, um sich dem IS anzuschließen und die Errichtung des Kalifats zu unterstützen.[309] Man nimmt an, dass bis April 2017 insgesamt 930 Personen aus Deutschland in Richtung Syrien und Irak ausgereist sind, um an der Seite des IS zu kämpfen oder auf andere Art das Gefecht gegen die syrische Regierung zu unterstützen. Ferner wird davon ausgegangen, dass bereits 145 Personen aus Deutschland im Kriegsgebiet gestorben sind.[310]

Während 85 Prozent der Ausreisenden gebürtige Muslime sind, handelt es sich bei 15 Prozent um konvertierte Muslime. Erklärt werden kann die vergleichsweise hohe Zahl der Konvertiten damit, dass sie wahrscheinlich ein erhöhtes Verlangen haben, den Anforderungen an einen guten Muslim gerecht zu werden. Dies macht sie anfällig für die Radikalisierung.[311]

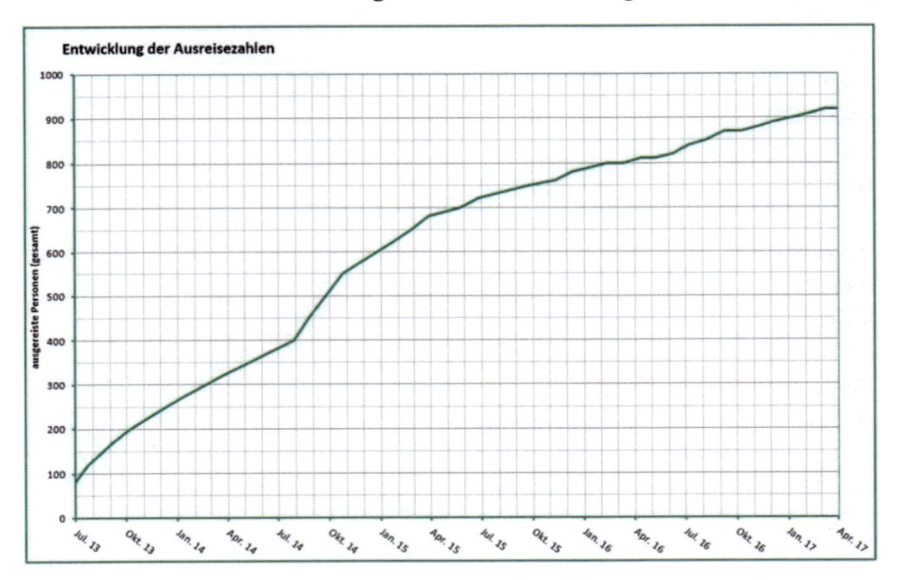

---

[309] Vgl. Bayerisches Staatsministerium des Inneren, für Bau und Verkehr (Hrsg.): Verfassungsschutzbericht. April 2017. S. 45f.
[310] Vgl. Bundesamt für Verfassungsschutz: Reisebewegungen von Jihadisten Syrien/Irak. Stand: April 2017.
[311] Vgl. Bayerisches Staatsministerium des Inneren, für Bau und Verkehr (Hrsg.): Verfassungsschutzbericht. April 2017. S. 49f.

Wer reist nach Syrien aus und welche Merkmale weisen Dschihadisten auf?

Obwohl man in einigen Fällen von jungen Ausreisenden gemeinsame Merkmale in den Lebenswegen finden kann, ist es nicht möglich, allgemeingültige Aussagen über ein typisches Profil zu treffen, welches darauf hinweisen könnte, welche besonders leicht von radikalen Strömungen erfasst werden. Es handelt sich um eine heterogene Gruppe, da sie aus unterschiedlichen Milieus und Gesellschaftsschichten stammen und verschiedene kulturelle und religiöse Hintergründe aufweisen.[312]

Die Untersuchung von europäischen Dschihadisten, die ab dem Jahr 2012 nach Syrien ausgereist sind, hat gezeigt, dass es sich hauptsächlich um männliche Ausreisende handelte. Die meisten verfügen über eine niedrige oder mittlere Schulbildung und hatten häufig schon im Jugendalter eine kriminelle Karriere begonnen. Häufig handelte es sich um junge Menschen, die aus sozial schlechter gestellten Milieus stammten und wenig Perspektiven in ihrem Herkunftsland haben.[313] Eine Studie über die deutschen Kämpfer in Syrien bestätigte diese Annahmen. Demnach war ein Viertel der ausgereisten Männer und Frauen arbeitslos, zwei Drittel hatten einen kriminellen Hintergrund und ein Drittel hatte bereits eine Vorstrafe verbüßt. Man kann bei vielen der Ausgereisten über eine kriminelle Karriere sprechen. Lediglich 12 Prozent haben an einer Hochschule studiert.[314]

Junge Leute aus einem kriminellen Milieu sind besonders anfällig für die Propaganda des IS, da sie auf diese Zielgruppe zugeschnitten ist. Es geht dem IS nicht darum, sich mit Themen auf einem hohen intellektuellen Niveau auseinanderzusetzen, wie das beispielsweise noch bei den Gruppierungen der al-Qaida der Fall war. Die Botschaften des IS sind vielmehr leicht verständlich, anschaulich und häufig brutal.

Der IS gibt diesen Menschen die Möglichkeit, die Fähigkeiten, die sie im kriminellen Umfeld erlernt haben, für eine „gute" Sache einzusetzen und bietet

---
[312] Vgl. Benslama, Fethi: Der Übermuslim. Was junge Menschen zur Radikalisierung treibt. Berlin 2017. S. 32.
[313] Vgl. Neumann, R. Peter: Der Terrorismus ist unter uns. Dschihadismus und Radikalisierung in Europa, Berlin 2016, S. 222ff
[314] Vgl. Neumann, R. Peter: Der Terrorismus ist unter uns. Dschihadismus und Radikalisierung in Europa, Berlin 2016, S. 222ff

ihnen damit nicht nur eine Aufgabe, sondern auch eine gewisse Erlösung von den schlechten Taten.[315]

Aus Einreisedokumenten aus den Jahren 2012 bis 2014, die vom IS erstellt wurden, geht hervor, dass zwei Drittel der ausländischen Dschihadisten ledig sind. Der Großteil von ihnen ist zwischen 20 und 30 Jahre alt. Viele haben nur ein geringes Wissen über die Scharia und jeder Zehnte hat den Wunsch, Selbstmordattentäter zu werden. Selbstmordattentäter sind im IS besonders gefragt, da sie als zerstörerische Waffe im syrischen Bürgerkrieg sowie bei Anschlägen in Europa eingesetzt werden. Die meisten registrierten ausländischen Kämpfer stammen aus Saudi-Arabien, Marokko, Libyen und Ägypten.[316]

Bedeutung der Ausreise in den Dschihad

Ausländische Kämpfer, die nach Syrien ausreisen, um den Dschihad zu unterstützen, werden „muhajirun"[317] genannt. Das Wort kann zurückgeführt werden auf die Auswanderung des Propheten *Mohammad* aus Mekka, welches er und seine Gefolgschaft verlassen mussten, weil sie unter den Angriffen ihrer Gegner litten. In Medina warteten seine Unterstützer, die man „ansar" nennt, bereits auf die Gruppe. Diese Geschichte aus der Uhrzeit des Islams wird von Dschihadisten gerne mit der Ausreise von ausländischen Kämpfern nach Syrien verglichen.[318] Einen solchen Vergleich konnte man zum Beispiel einem Twitter-Post des Führungsmitgliedes der al-Nusra-Front entnehmen. In diesem heißt es:

„Der Jihad ist wie ein Vogel. Dieser hat zwei Flügel, die ihn in die Höhe steigen lassen. Ein Flügel sind die Unterstützer und einer sind die Auswanderer." [319]

Dschihadisten fordern die Ausreise, da es die Pflicht der Muslime sei, in einem Land zu leben, in dem der Islam praktiziert wird. Doch auch politische Gründe sowie die Verbesserung der Lebensumstände werden häufig genannt, um

---
[315] Vgl. Neumann, R. Peter: Der Terrorismus ist unter uns. Dschihadismus und Radikalisierung in Europa. Berlin, 2016. S. 222ff.
[316] Vgl. Amjahid, Mohamed/ Mondial, Sebastian: Hast du Dschihad-Erfahrung? In: Die Zeit, Nr. 16 vom 07.04.2016.
[317] muhajirun bedeutet so viel wie Auswanderer.
[318] Vgl. Said, T. Behnam: Islamischer Staat. IS-Milizen, al-Qaida und die deutschen Brigaden. München 2014. S. 137f.
[319] Vgl. Said, T. Behnam: Islamischer Staat. IS-Milizen, al-Qaida und die deutschen Brigaden. München 2014. S. 138.

Muslime von einer Ausreise nach Syrien zu überzeugen. Zusätzlich gilt der Tod im Dschihad als Märtyrertod und verschafft dem Verstorbenen den sicheren Eintritt ins Paradies und 72 auf ihn wartende Jungfrauen. Das bedeutet, dass die Ausreise im schlimmsten Fall zum Tod und damit ins Paradies führt. Dies scheint für einige junge Europäer eine Perspektive zu sein, die sie ihrem bisherigen Leben vorziehen.[320]

Ausreisende Europäer erhoffen sich außerdem von den eingefleischten Kämpfern vor Ort Respekt und Anerkennung. Aufgrund ihrer fehlenden Kampferfahrung werden sie von den Soldaten vor Ort jedoch eher belächelt. Eine Untersuchung hat gezeigt, dass zwischen der Ausreise und dem Tod der Europäer oft nicht mehr als eine Woche liegt. Dies verdeutlicht, dass sie primär als Selbstmordattentäter und Kanonenfutter missbraucht werden.[321]

Radikalisierung

Bevor der Begriff der Radikalisierung an Bedeutung gewonnen hat, lag der Untersuchungsschwerpunkt der Soziologie in erster Linie auf den Gruppen, die aus ideologischen Gründen Gewalttaten ausüben und deren politischer und gesellschaftlicher Bedeutung. Die Hinzunahme der Radikalisierung als Forschungsfeld ermöglicht es, nun auch die Biographien von Individuen und ihre Beziehungen zu extremistischen Gruppen zu untersuchen. Die individuelle Entwicklung, die jemanden zum Gewalttäter werden lässt, muss als Prozess wahrgenommen werden und nicht etwa als ein plötzliches Ereignis.[322]

Die französische Soziologieprofessorin *Isabelle Sommier* zeigt drei Indikatoren auf, welche den Prozess der Radikalisierung antreiben. Das Zusammenspiel der sozialen und ideologischen Umgebung, der individuelle Lebensweg und die Zugehörigkeit zu einer extremistischen Gruppe sind maßgeblich für den Radikalisierungsverlauf verantwortlich.[323]

---

[320] Vgl. Said, T. Behnam: Islamischer Staat. IS-Milizen, al-Qaida und die deutschen Brigaden. München 2014. S. 161ff.
[321] Vgl. Kaddor, Lamya: Zum Töten bereit. Warum deutsche Jugendliche in den Dschihad ziehen. München, Berlin 2015. S. 95f.
[322] Vgl. Benslama, Fethi: Der Übermuslim. Was junge Menschen zur Radikalisierung treibt. Mathes & Seitz Berlin. Berlin 2017. S. 24f.
[323] Vgl. Benslama, Fethi: Der Übermuslim. Was junge Menschen zur Radikalisierung treibt. Berlin 2017, S. 24ff

Typen der europäischen Kämpfer

Bei der Untersuchung der meist männlichen jungen Ausreisenden, die an der Seite des IS kämpfen, kann kein herausstechender gemeinsamer Indikator ausgemacht werden. Die einzige Gemeinsamkeit ist die Ablehnung der westlichen Gesellschaft und ihrer Werte sowie der islamische Glaube.[324]

Peter Neumann[325] hat drei Typen von Kämpfern identifiziert:

- **Die Verteidiger**: Sie gehören zur ersten Welle der Ausreisenden (2012 – 2013). Das vorrangige Ziel war es, die sunnitische Bevölkerung in Syrien vor der Brutalität des *Assad*-Regimes zu beschützen. Hier spielte weniger der Hass gegen den Westen eine Rolle, als vielmehr die Rettung der Glaubensbrüder, die unter *Assad* viel Leid ertragen mussten.[326]

- **Die Sinnsucher**: Sie sind die Vertreter einer islamistischen Protestbewegung, die ihr Verlangen nach „Identität, Gemeinschaft, Macht und Männlichkeit" befriedigen möchten. Sie kommen häufig aus prekären Verhältnissen ohne echte Zukunftschancen. Der Kampf ums Kalifat verleiht nach deren Verständnis ihrem Leben einen Sinn und macht sie zu wertvollen Menschen. Politische und religiöse Motive spielen bei ihnen eine untergeordnete Rolle.

- **Die Mitläufer**: Ihre Herkunft und Motive sind häufig ähnlich wie die der Sinnsucher. Ausschlaggebend ist bei diesem Typus jedoch die enge soziale Bindung zur Gruppe und deren Führungspersonen. Der Wunsch, in der Gruppe Anerkennung und Wertschätzung zu finden, ist für sie der eigentliche Grund, weshalb sie alles tun, was von ihnen verlangt wird - auch wenn das bedeutet, in den Krieg zu ziehen.[327]

---

[324] Vgl. Neumann, Peter: Die neuen Dschihadisten. ISIS, Europa und die nächste Welle des Terrorismus. Berlin 2015. S. 113.
[325] Peter R. Neumann ist Professor für Sicherheitsstudien am King's College London und leitet das International Centre for the Study of Radicalisation (ICSR), das weltweit bekannteste Forschungsinstitut zum Thema Radikalisierung und Terrorismus.
[326] „Caesar" ist der Deckname jenes Fotografen der syrischen Militärpolizei, der 2013 aus seinem Land floh - mit Zehntausenden von Fotos. Sie zeigen die Leichen von Regierungsgegner, die in Assads Gefängnissen starben, teils verhungert, teils grausam zu Tode gefoltert. Vgl. Caisne, Garance Le: Codename Caesar. Im Herzen der syrischen Todesmaschinerie, München 2016
[327] Vgl. Neumann, Peter: Die neuen Dschihadisten. ISIS, Europa und die nächste Welle des Terrorismus. Berlin 2015. S. 113ff.

Die zunehmende Bedeutung von Religion in der Jugendkultur

Ahmad Mansour, ein israelisch-arabischer Psychologe und Autor, der seit 2004 in Deutschland lebt, unterscheidet im Hinblick auf die „Generation Allah" zwei verschiedene Formen der Jugendkultur..

Die wachsende Bedeutung der Religion unter Jugendlichen fasst er unter dem Begriff der „kulturellen Strömung unter Jugendlichen" zusammen. Demgegenüber stellt er die Gruppe der tatsächlich radikalen Jugendlichen, deren Überzeugungen sich durch ihre Sprache und Gestalt ausdrückt. Hierbei verwendet er den Begriff der „radikalen" oder „salafistischen Jugendkultur".[328]

Die Identitätssuchenden:
Es gibt eine Vielzahl junger Menschen, denen die neugefundene religiöse Hinwendung vor allem als „elementarer Baustein" ihrer Identität dient. Über vertieftes religiöses Wissen verfügen die Jugendlichen selten und auch die Ausübung der Religion hat nicht den höchsten Stellenwert. Es geht vielmehr um die Zugehörigkeit zur Religion und ihre identitätsstiftende Wirkung - nicht zuletzt, weil sie die Jugendlichen im kulturellen Raum Deutschland zu etwas Besonderem macht.[329]

Die in Deutschland lebenden Muslime, deren Familien teilweise schon in der dritten oder vierten Generation hier sind, leiden verstärkt unter einem Identitätsverlust. Während sie sich von ihren Herkunftsländern entfernt haben, wird ihre Zugehörigkeit zur deutschen Gesellschaft ebenso in Frage gestellt. Viele junge Menschen finden daher in der Gruppe der Muslime, in der weniger die Nationalität als die Religion ausschlaggebend ist, eine neue Identität als Muslim sowie Zusammenhalt in einer Gemeinschaft.[330]

Die Suche nach Identität ist bei der jungen Generation von Muslimen, deren Familien schon in der zweiten oder dritten Generation in

---

[328] Vgl. Mansour, Ahmad: Generation Allah. Warum wir im Kampf gegen religiösen Extremismus umdenken müssen. Frankfurt am Main 2015. S. 27f
[329] Vgl. Mansour, Ahmad: Generation Allah. Warum wir im Kampf gegen religiösen Extremismus umdenken müssen. S. Fischer Verlag. Frankfurt am Main 2015. S. 26f.
[330] Vgl. Kaddor, Lamya: Zum Töten bereit. Warum deutsche Jugendliche in den Dschihad ziehen. München, Berlin 2015. S. 65ff.

Deutschland leben, verstärkt ausgeprägt, da sie häufig in Deutschland aufgewachsen sind, sich jedoch nicht mit der Gesellschaft identifizieren können. Sie bieten sie den Radikalen ein Fundament für ihre Propaganda.[331]

Die radikale Jugendkultur:
Jugendliche, deren Radikalisierung sich bereits manifestiert hat, benutzen häufig Symbole und Erkennungszeichen, die in der Kleidung oder in der Sprache wiederzufinden sind. Dadurch wird die Zugehörigkeit zur Gruppe verstärkt. Beispiele wären der erhobene Zeigefinger, die Verwendung arabischer Worte, das Tragen des Vollbarts und die einheitliche Kleidung.[332]

Mansour betont, dass die islamistische Radikalisierung von Jugendlichen keineswegs als vorübergehende Jugendkultur zu sehen ist, die lediglich durch den Drang nach Protest und Abgrenzung entsteht. Vielmehr sei sie als eine totale Ablehnung des demokratischen Wertesystems zu verstehen.[333]

Lamyar Kaddar[334] hingegen verstärkt das Bild, dass die Anlehnung an eine Jugendkultur treffender für die salafistische Szene ist als sie mit einer religiösen Bewegung gleichzusetzen. Jugendliche mit Migrationshintergrund empfinden häufig eine Perspektivlosigkeit, da ein sozialer Aufstieg für sie nicht in Sicht ist. Salafistische Gruppen eignen sich hervorragend, um gegen die vorherrschenden Gesellschaftsstrukturen sowie gegen das eigene Elternhaus zu rebellieren. Durch die Anknüpfungen an bereits bestehende Jugendkulturen bekommen die Salafisten Zugang zu jungen Leuten. So wird beispielsweise eine Verbindung zur Hip Hop – Szene hergestellt, wenn radikalisierende Texte mit Beats unterlegt und so wirkungsvoll inszeniert werden (Dschihad-Pop).[335]

---

[331] Vgl. Mansour, Ahmad: Generation Allah. Warum wir im Kampf gegen religiösen Extremismus umdenken müssen. Frankfurt am Main 2015. S. 27f.
[332] Vgl. Mansour, Ahmad: Generation Allah. Warum wir im Kampf gegen religiösen Extremismus umdenken müssen. Frankfurt am Main 2015. S. 28f.
[333] Vgl. Mansour, Ahmad: Generation Allah. Warum wir im Kampf gegen religiösen Extremismus umdenken müssen. Frankfurt am Main 2015. S. 93
[334] Lamya Kaddor ist eine deutsche Lehrerin, muslimische Religionspädagogin, Islamwissenschaftlerin und Publizistin. Kaddor war Gründungsvorsitzende des Liberal-Islamischen Bundes.
[335] Vgl. Kaddor, Lamya: Zum Töten bereit. Warum deutsche Jugendliche in den Dschihad ziehen. München, Berlin 2015. S. 42ff.

Ursachen der Radikalisierung

Ahmad Mansour macht klar, dass es sich bei der Radikalisierung von Jugendlichen um multikausale Ursachen handelt. Er unterscheidet dabei psychische, soziologische und allgemeine Ursachen, die für Fundamentalismus anfällig machen.[336]

Psychische Ursachen:
Ahmad Mansour hat psychische Ursachen für eine Radikalisierung festgestellt, die aus der eigenen Biographie und Kindheit eines Menschen resultieren. In diesem Zusammenhang nennt er das fehlende Urvertrauen infolge unzureichender Hinwendung einer Bezugsperson in den ersten Lebensjahren. Zusätzlich kann ein erhöhtes Schamgefühl, ausgelöst durch einen autoritären Erziehungsstil, zur Radikalisierung führen. Auch die Hinwendung an eine göttliche Leitfigur kann als Kompensation eines abwesenden oder autoritären Vaters verstanden werden.[337]

Exklusivität und Ungleichheit:
Das Fundament vieler Religionen ist die Exklusivität des Glaubens und die Gewissheit, dass nur ihnen göttliche Anerkennung gewährt wird. Dies vermittelt den Gläubigen Macht und Überlegenheit gegenüber Nichtgläubigen oder Anhängern anderer Religionen. Daher fühlen sie sich im Stande, über andere zu bestimmen, sogar über deren Leben und Tod. Jugendlichen mit dieser Auffassung fehlen häufig Toleranz, der Bezug zur spirituellen und philosophischen Vielfältigkeit und die Erkundung neuer Sichtweisen. Häufig haben Jugendliche solcher kulturellen Herkunft Ablehnung in der Gesellschaft empfunden. Mithilfe des Glaubens können sie nun andere ausschließen und herabsetzen, da sie zu den "Guten" vor den Augen Gottes zählen.[338]

Opferrolle und Feindbilder:
Muslime verfallen häufig in eine erlernte Opferrolle. Sie fühlen sich oft benachteiligt und aus der Gesellschaft ausgeschlossen.[339] Es gibt zahlreiche

---

[336] Vgl. Mansour, Ahmad: Generation Allah. Warum wir im Kampf gegen religiösen Extremismus umdenken müssen. Frankfurt am Main 2015. S. 93
[337] Vgl. Mansour, Ahmad: Generation Allah. Warum wir im Kampf gegen religiösen Extremismus umdenken müssen. Frankfurt am Main 2015. S. 93ff.
[338] Vgl. Mansour, Ahmad: Generation Allah. Warum wir im Kampf gegen religiösen Extremismus umdenken müssen. Frankfurt am Main 2015. S. 109f.
[339] Vgl. Mansour, Ahmad: Generation Allah. Warum wir im Kampf gegen religiösen Extremismus umdenken müssen. Frankfurt am Main 2015. S. 111ff.

Untersuchungen, welche leider die „gesellschaftlichen Ausgrenzungstendenzen"[340] belegen. Hinzu kommt die Vertiefung des Feindbildes „der Westen" mit der Führungsmacht USA, die für das Leiden ihrer Glaubensbrüder in Krisenländern verantwortlich gemacht wird. Auch dieses Argument ist von der Wirklichkeit nicht weit entfernt, da es unzählige Kriegsverbrechen und politische Fehlentscheidungen europäischer und amerikanischer Truppen und Regierungen gab, unter denen die Menschen in der islamischen Welt zu leiden hatten.[341] Neben muslimischen Vereinen sind es vor allem im Internet verbreitete Clips und Musikvideos, die dieses Bild verstärken. Sie rufen zu einem internationalen Zusammenschluss aller Muslime und zum Kampf gegen den leidverursachenden Westen auf. In der Gruppe der muslimischen „Opfer", in der nicht mehr die Nationalität, sondern die Religion ausschlaggebend ist, finden sie Zusammenhalt und Stärke. Den Anschluss an den IS und den damit verbundene Kampf gegen den Westen können einige als Möglichkeit verstehen, ihrer Opferrolle zu entkommen. Zudem bieten salafistische Gruppen jungen Menschen eine Sichtweise der Aufteilung der Welt in Gut und Böse, bzw. Gläubige und Ungläubige und knüpfen damit an die Empfindungen der Jugendlichen an, auf der richtigen Seite zustehen.[342]

Entwurzelung:
Der Psychoanalytiker *Fethi Benslama*[343] hat bei seiner Arbeit mit radikalen Islamisten festgestellt, dass ihr Lebensweg häufig durch eine „Entwurzelung"[344] gezeichnet ist. Diese kann durch zerrüttete Familienverhältnisse, eine prekäre Wohnsituation oder die Perspektivlosigkeit der eigenen Zukunft gekennzeichnet sein. Deutlich wird bei den strengen Muslimen, dass sie nach einer Art himmlischer Verwurzelung suchen, da ihnen soziale Verwurzelung auf dieser Welt nicht zuteil geworden ist. Hierbei ist es nicht relevant, ob die Personen tatsächlich den Verlust ihrer Wurzeln erlitten haben oder ob sie dies nur so empfinden. Die extreme Religiosität verspricht dem Individuum, dessen Existenz zu zerbrechen droht, einen Aufstieg hin zu einem erhabenen, übergeordneten Wesen. Der idealistischen Hinwendung zu einer Religion gehen meist extreme Selbstzweifel und Minderwertigkeitsgefühle voraus.

---

[340] Vgl. Kaddor, Lamya: Zum Töten bereit. Warum deutsche Jugendliche in den Dschihad ziehen. München, Berlin 2015. S. 65
[341] Vgl. Kaddor, Lamya: Zum Töten bereit. Warum deutsche Jugendliche in den Dschihad ziehen. München, Berlin 2015. S. 70.
[342] Vgl. Mansour, Ahmad: Generation Allah. Warum wir im Kampf gegen religiösen Extremismus umdenken müssen. Frankfurt am Main 2015. S. 111ff.
[343] Fethi Benslama ist Psychoanalytiker und Professor für Psychoanalyse an der Universität Paris Diderot
[344] Vgl. Benslama, Fethi: Der Übermuslim. Was junge Menschen zur Radikalisierung treibt. Berlin 2017. S. 35.

Radikalisierung von jungen Menschen durch den Salafismus

Es gibt in Deutschland eine Hand voll islamistischer Gruppierungen und Netzwerke mit terroristischem Gefahrenpotential. Hierzu gehören z.b. der Kalifat-Staat, Tablighi Jamaat (TJ) und verschiedene Organisationen in Deutschland, die unter der Einflussnahme der Muslimbruderschaft stehen. Gemeinsam ist ihnen die strenge Auslegung des Korans, eine Abwendung von westlichen Werten und zum Teil die Zustimmung zu einer gewalttätigen Durchsetzung einer islamisch geprägten Weltordnung.[345]

Salafismus[346]
Neben den oben genannten Gruppierungen spielt der Salafismus mit bis zu 9.700 Anhängern deutschlandweit eine Schlüsselrolle bei der Radikalisierung. Fast alle identifizierten terroristischen Gruppen oder Personen mit Gefährdungspotential weisen eine Verbindung zur salafistischen Szene auf. Man geht davon aus, dass 20 Prozent der Anhänger gewaltbereit sind.[347]

Rekrutierungsstrategien der Salafisten
Salafisten schaffen es häufig, sich den Zugang zu labilen Jugendlichen zu verschaffen. Sie haben ein leichtes Spiel bei jungen Menschen, die unzufrieden mit sich und ihrer Stellung in der Gesellschaft sind. Häufig stammen diese Jugendlichen aus sozial schwachen Familien, haben wenig schulische und berufliche Perspektiven und fühlen sich in der Gesellschaft in der sie leben benachteiligt. Es gibt kein vorgegebenes Schema dem die Salafisten folgen, wenn sie einen Jugendlichen für ihre Sache begeistern wollen. Erfahrene Rekrutierer stellen sich auf ihre individuellen Bedürfnisse ein und stellen den ersten Kontakt z. B. durch ein Gespräch, welches den Interessen des Jugendlichen entspricht (z. B. Thema Fußball) her. Auch das Angebot, einem

---

[345] Vgl. Bayerisches Staatsministerium des Inneren, für Bau und Verkehr (Hrsg.): Verfassungsschutzbericht. April 2017. S. 29ff.

[346] Salafismus gilt als eine ultrakonservative Strömung innerhalb des Islams, die eine sogenannte geistige Rückbesinnung auf die „Altvorderen" (Vorfahre; Vorgänger') anstrebt. Der Ausdruck bezeichnet auch bestimmte Lehren des sunnitischen Islams. Diese orientieren sich nach ihrem Selbstverständnis an der Zeit der „Altvorderen". Unter den zeitgenössischen Strömungen zählen einerseits die Schülerschaft Muhammad Abduhs dazu, die eine Vereinbarkeit von Islam und Moderne vertritt, andererseits konservative Richtungen, welche sich auf Ibn Taimīya beziehen und nicht nur die Moderne, sondern auch Entwicklungen der islamischen Theologie und der religiösen Praxis wie etwa Traditionen bestimmter Rechtsschulen oder den Sufismus ablehnen. Zu den Salafisten zählen auch die Wahhabiten; speziell wird die Bezeichnung für nicht-saudische Wahhabiten gebraucht.

[347] Vgl. Bayerisches Staatsministerium des Inneren, für Bau und Verkehr (Hrsg.): Verfassungsschutzbericht. April 2017. S. 46f.

schwachen Schüler Nachhilfe zu geben, nutzen sie, um eine Beziehung zu einem Jugendlichen aufzubauen. Nicht selten sind Salafisten in Sport- und Fußballvereinen auf der Suche nach potentiellen Anwärtern. Zusätzlich werden die Freundeskreise eines interessierten Jugendlichen eingeladen, um die Zahl der Mitglieder zu erhöhen. Nicht zu unterschätzen sind außerdem die Auftritte populärer Salafistenprediger, bei denen interessierte Jugendliche noch tiefer in die Kreise der salafistischen Szene eingeführt werden.[348]

Warum schließen sich Jugendliche dem Salafismus an?
Zunächst werden Jugendliche in einer salafistischen Gruppe sehr herzlich aufgenommen und erfahren dadurch Wertschätzung und den Halt, die eine Gruppe vermittelt. Der Zusammenhalt der Gruppe wird durch gemeinsames Beten, Essen und anderen Aktivitäten gestärkt. Der Salafismus ist für Jugendliche auf Identitätssuche häufig interessant, da er sich von den Werten der eigenen Eltern und der Gesellschaft stark abwendet. Hinzu kommt das Gefühl der Zugehörigkeit zur salafistischen Solidargemeinschaft, die einfache aber strenge Regeln vorgibt. Die Aufteilung der Welt in Gut und Böse bietet jungen Menschen eine Orientierungshilfe in einer zunehmend komplexen Welt.[349]

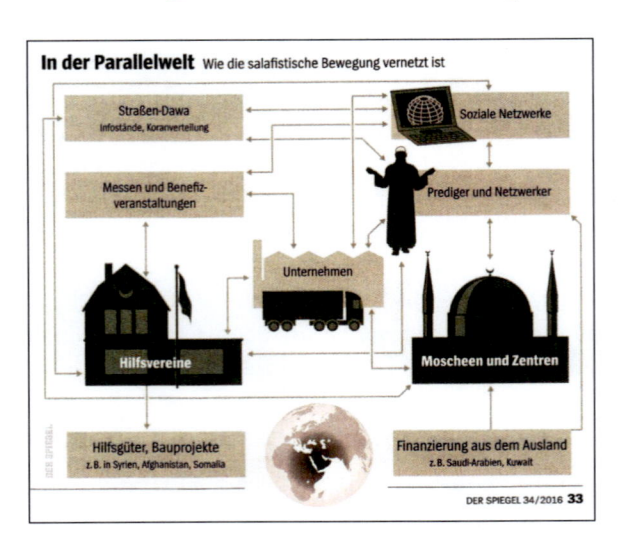

---

[348] Vgl. Kaddor, Lamya: Zum Töten bereit. Warum deutsche Jugendliche in den Dschihad ziehen. München, Berlin 2015. S. 58ff.
[349] Vgl. Bayerisches Staatsministerium des Inneren, für Bau und Verkehr (Hrsg.): Verfassungsschutzbericht. April 2017. S. 47.

Wie wird ein Jugendlicher in einer salafistischen Gruppe radikal?

Gruppenidentität:
Die Salafisten verfestigen mit verschiedenen Mitteln die Gruppenidentität und konstruieren eine Mini-umma[350], zu der sich die Jugendlichen zugehörig fühlen können. Die öffentliche Kritik an salafistischen Gruppen wird dazu benutzt, den Zusammenhalt in der Gruppe zu stärken (Märtyrerrolle).[351]

Das Leid der Muslime:
Salafisten nutzen Propagandavideos, die auf das Leid der Muslime in der Welt aufmerksam machen. Sie beinhalten Schilderungen der Gräueltaten in Kriegen, wie Massenvergewaltigungen muslimischer Frauen und Massenmorde, die an Muslimen begangen werden. Sie zeigen unschuldige Opfer, welche die Gewalt von ausländischen Mächten ertragen müssen. Nachgeschoben wird der Aufruf an Muslime, den Glaubensbrüdern zu helfen und beizustehen. Die weltweite Solidarität der Muslime spielt hierbei eine wichtige Rolle, wobei der geteilte Opferstatus hierbei ausschlaggebend ist.[352] Die Bilder aus der Realität der Verbrechen der Westmächte an Muslimen trägt dazu bei den *„Zorn junger, benachteiligter und diskriminierter Muslime im Westen anzufachen".*[353]

Norbert Laygraf[354] betont, dass die meisten europäischen Terroristen keine psychische Störung aufweisen. Politische und soziale Einflussfaktoren spielen bei der Entstehung des Terrorismus häufig eine größere Rolle. Die Fähigkeit tatsächlich Gewalt anzuwenden, kann jedoch durchaus psychologisch erklärt werden.[355]

---

[350] der Begriff Umma umfasst die Weltgemeinschaft der Muslime
[351] Vgl. Kaddor, Lamya: Zum Töten bereit. Warum deutsche Jugendliche in den Dschihad ziehen. Piper. München, Berlin 2015. S. 62.
[352] Vgl. Kaddor, Lamya: Zum Töten bereit. Warum deutsche Jugendliche in den Dschihad ziehen. München, Berlin 2015. S. 68ff.
[353] Vgl. Kaddor, Lamya: Zum Töten bereit. Warum deutsche Jugendliche in den Dschihad ziehen. München, Berlin 2015. S. 70. zitat
[354] Norbert Leygraf ist ein deutscher Mediziner und forensischer Psychiater. Er ist Direktor des Instituts für forensische Psychiatrie des LVR-Klinikum Essen, Kliniken und Institut der Universität Duisburg-Essen und zudem als Gutachter tätig.
[355] Vgl. Brendler, Michael: Die tödliche Jugendbewegung. Terroristenfrüherkennung – geht das? Ein Gespräch mit dem Psychiater Norbert Leygraf. In: Frankfurter Allgemeine. 06.12.2015.

Isolation:
Salafisten selbst behaupten von sich, dass nur ihre Art der Religionspraxis die richtige sei und schaffen es Jugendliche von dieser Meinung zu überzeugen. Von Seiten der muslimischen Gemeinde kann man kaum Widerspruch vernehmen, da diese befürchten von den Salafisten öffentlich als Ungläubige diffamiert zu werden. Diese Vormachtstellung als einzig wahre und rechtsgläubige Muslime zu gelten, nutzen sie aus, um Jugendliche von ihren Verbindungen zu „falschen Muslimen" und Ungläubigen loszueisen, selbst Familie und Freunde sind davon betroffen. Innerhalb der Salafistischen Gruppe wird unter den Jugendlichen häufig ein Wettbewerb darüber ausgetragen, wer der „beste Muslim" ist. Sie tun alles, um die Regeln des Gruppenanführers einzuhalten und um sich noch stärker an die Gruppe zu binden und ihrem Glauben Ausdruck zu verleihen. Sie stehen beispielsweise im Wettstreit darüber, wer die meisten Verse des Korans auswendig kann oder wer am häufigsten betet. Sie wenden sich nach und nach von der nicht-salafistischen Welt ab.[356]

Das eigenständige Denken der Jugendlichen wird unterdrückt und die einzige Wahrheit, an die sie von nun an glauben sollen, ist die des Gruppenanführers. Stimmen aus der nicht-salafistischen Welt, wie z. B. die Medien haben keine Bedeutung mehr. Wenn sie das salafistische Weltbild ganz und ohne Zweifel angenommen haben, ist die Isolation von der Welt vollendet.[357]

Radikalisierung von Jugendlichen durch das Internet

Homegrown-Terroristen werden radikale Muslime genannt, die in einem europäischen Land und Wertesystem aufgewachsen sind, dieses jedoch ablehnen. Sie sind häufig konvertiert und mit den Strukturen ihres westlichen Herkunftslandes vertraut. Zusätzlich können sie aufgrund ihrer Staatsbürgerschaft ungehindert reisen.[358]

Es gibt Fälle, in denen Menschen zu terroristischen Attentätern wurden, ohne zu einer extremistischen Gruppe zu gehören. Die Sozialisierung in der Gruppe, die häufig zu Gewalttaten führt, bleibt dabei aus. Diese junge Menschen

---

[356] Vgl. Kaddor, Lamya: Zum Töten bereit. Warum deutsche Jugendliche in den Dschihad ziehen. München, Berlin 2015. S. 71ff.
[357] Vgl. Kaddor, Lamya: Zum Töten bereit. Warum deutsche Jugendliche in den Dschihad ziehen. München, Berlin 2015. S. 76f.
[358] Vgl. Bayerisches Staatsministerium des Inneren, für Bau und Verkehr (Hrsg.): Verfassungsschutzbericht. April 2017. S. 47.

radikalisieren sich meist innerhalb kürzester Zeit durch das Internet. Es gibt zahlreiche Plattformen, in denen extremistische Prediger ihre Botschaften veröffentlichen. Häufig handelt es sich hierbei um Videos, in denen die Prediger über den Islam aufklären und nicht selten zur Gewalt aufrufen. Die Fälle, in denen junge Menschen sich ausschließlich über das Internet radikalisieren, sind zwar selten, jedoch sollte man die Wirkung solcher Indoktrination nicht unterschätzen. Für Extremisten ist das Internet eine hervorragende Plattform um potentielle Interessenten zu erreichen. Die Nutzer können anonym agieren, dies macht es für viele einfacher mit Extremisten in Kontakt zu treten und zusätzlich wird eine Vielzahl an Menschen erreicht. [359]

Eine wichtige Rolle spielt die Konstruktion virtueller Gruppen, in denen sich die Nutzer miteinander austauschen können. Fatal ist dabei, dass extreme Ansichten in diesen Foren als „normal" empfunden werden. Ausschlaggebend für die Radikalisierung ist die Kombination aus Online-Propaganda und die Zugehörigkeit zu einer extremistischen Gruppe, in der die Jugendlichen sozialisiert wurden und welche sie beeinflusst. [360]

Abb. 5 »Gehirnwäsche« © Gerhard Mester, 11.2.2016

---

[359] Vgl. Neumann, R. Peter: Der Terrorismus ist unter uns. Dschihadismus und Radikalisierung in Europa. Berlin, 2016. S. 163.
[360] Vgl. Neumann, R. Peter: Der Terrorismus ist unter uns. Dschihadismus und Radikalisierung in Europa. Berlin, 2016. S. 164.

Endstufe der Radikalisierung: Gewalt

Wenn Jugendliche die salafistischen Auffassungen internalisiert haben und ihnen die Welt nur mehr durch die Kategorien „gut" und „böse" erklärt wird, versuchen die Salafisten, das Gewaltpotential der Gruppenmitglieder zu mobilisieren. Haben Jugendlichen schon in der Vergangenheit gewalttätige Tendenzen gezeigt, haben Salafisten großes Interesse an ihnen und daher nicht selten leichtes „Spiel".[361]

Die Salafisten rechtfertigen die Gewalttaten durch Texte im Koran, die als Erlaubnis hierfür gedeutet werden können. Betont werden muss hierbei jedoch, dass es in anderen religiösen Schriften, wie der Bibel, ebenso Texte gibt, die als Gewaltaufforderung verstanden werden können. Gewalt ist und bleibt eine menschliche Handlung, die in den religiösen Büchern einbezogen und auch eingegrenzt wird. Die Problematik ergibt sich vor allem daraus, dass die Salafisten die Gewalt im Koran weder unter Berücksichtigung historischer Gesichtspunkte betrachten noch anderweitig hinterfragen.[362]

Ein gerechter Krieg, wie die Salafisten es nennen, ermöglicht allen Benachteiligten die Möglichkeit, die Gerechtigkeit durch den Dschihad wieder herzustellen. Gerade Jugendliche, die Aggressionen und Frust loswerden müssen, finden hier einen Weg, dies nicht nur ungehindert zu tun, sondern auch noch als gute Tat für Allah rechtfertigen zu können. Die Unzufriedenheit über das eigene Leben wird mit gezielter Gewalt kompensiert. Manche Jugendliche fühlen sich vom Dschihad angesprochen, da sie ihre brutalen Gewaltphantasien ausleben können ohne Konsequenzen erwarten zu müssen. Im Grunde geht es darum, statt immer nur der Verlierer in der Gesellschaft zu sein, die Position des Starken und Mächtigen einzunehmen. Vor allem Jugendliche, die über wenige psychische und soziale Ressourcen verfügen, um mit der gefühlten Ungerechtigkeit in der Gesellschaft umzugehen, wählen den Weg der Gewalt. Hinzu kommt, dass im Salafismus Ungläubige zutiefst verachtet und entmenschlicht werden. Sie werden als seelenlose Objekte angesehen, die das personifizierte Böse darstellen. Diese Sichtweise trägt zur Legitimation der Gewalttaten gegen derartige Gruppen bei.

---

[361] Vgl. Kaddor, Lamya: Zum Töten bereit. Warum deutsche Jugendliche in den Dschihad ziehen. München, Berlin 2015. S. 78ff.
[362] Vgl. Kaddor, Lamya: Zum Töten bereit. Warum deutsche Jugendliche in den Dschihad ziehen. München, Berlin 2015. S. 78ff.

Fethi Benslama prägt in diesem Zusammenhang den Begriff „Übermuslim". Damit versucht er eine zwanghafte Vorstellung zu beschreiben, die einen Muslim dazu drängt, andere frömmere Muslime noch zu übertreffen. Diese Art von Muslim leidet unter Selbstvorwürfen, die durch die Angst, nicht ausreichend muslimisch zu leben, erzeugt wird. Zudem drohen populäre Prediger den Gläubigen mit der Strafe Gottes bei moralischen Verfehlungen, die dem Muslim jeden Tag und überall auflauern. Verlangt wird, das Leben des Propheten nachzuleben, denn das Gute und das Wahre liegt in der Vergangenheit und in den Leben der Vorfahren der Muslime. Nun sollte man nur noch auf das Ende der Welt warten oder es im Idealfall herbeiführen.

Ein Übermuslim überschreitet die Grenzen des traditionellen Islams, der im Kern auf der Tugend der Demut gegründet ist. Vielmehr lebt er die Religion im Sinne des „islam pride"[363] aus. Er bringt seine Religiosität öffentlich zum Ausdruck, trägt Erkennungszeichen und verfällt in ein Übermaß an religiösen Riten, um die permanente Verbindung zu *Allah* zu bekunden. Er gibt vor, dass Allah selbst durch seine Taten handelt und würdigt die herab, die ihrem Gott nicht in der gleichen Weise huldigen. Der Ausdruck *Allah akbar*[364] berechtigt sie, so glauben sie, ihre Macht gegenüber anderen skrupellos auszunutzen, da diese rechtmäßig und von Gott gewollt sei. Diese unermessliche Machtimagination stellt für Jugendliche eine große Verlockung dar. Der Glaube ist für sie ein Mittel, um ihre Gelüste nach Zerstörung und Gewalt auszuleben. Sie glauben, dass sie gleichzeitig für ihre Gewalttaten noch belohnt werden, da sie Legitimation von Allah genössen.[365]

Benslama drückt das verkehrte Verhältnis zwischen Gott und Gläubigern sehr treffend aus, wenn er sagt: *„Sie ordnen sich Gott nur unter, um ihn sich zu unterwerfen."*[366]

Noch dazu kommt die Angst der Muslime, die Verbindung zum Ursprung des Islams und die damit verbundene heutige Rechtfertigung zu verlieren, da sie unter einer Verwestlichung des Lebensstils leiden. Um ihre eigene Echtheit als Muslim zu bewahren, versuchen sie, die verehrungsvollen Urahnen in ihrem

---

[363] Vgl. Benslama, Fethi: Der Übermuslim. Was junge Menschen zur Radikalisierung treibt. Berlin 2017. S. 83
[364] „allah akbar" bedeutet so viel wie: Allah ist groß bzw. Allah ist am größten. Es handelt sich um einen zentralen Ausdruck im Islam und er hat eine starke religiöse Bedeutung. Im Westen hat der Ausdruck Bekanntheit erlangt, da ihn einige Terroristen während Attentaten in Europa riefen.
[365] Vgl. Benslama, Fethi: Der Übermuslim. Was junge Menschen zur Radikalisierung treibt. Berlin 2017. S. 83ff.
[366] Vgl. Benslama, Fethi: Der Übermuslim. Was junge Menschen zur Radikalisierung treibt. Berlin 2017. S. 85

eigenen Sein wiederzubeleben. Der Islamismus prägt die Vorstellung, dass das fiktive uranfängliche Über-Ich, im Übermuslim Gestalt annimmt und wirksam wird. In der Realität findet man vom Modell des Übermuslims unterschiedliche Ausprägungen. Eine Variante kann sein, dass sich eine Person von der Welt distanziert. Die verheerendste Ausprägung ist die, bei der eine Person die Zerstörung dieser bösen Welt anstrebt und aufgrund dessen in den Dschihad zieht.[367]

Die Rolle und Merkmale radikaler Konvertiten

Im Allgemeinen kann man sagen, dass es sich bei den Neulingen unter den Salafisten mit muslimischem Background immer um Konvertiten handelt, da sie vom „falschen Islam" zum „wahren Islam" übergetreten sind.

Konvertierte Jugendliche ohne muslimischen Hintergrund sind für die Salafisten jedoch eine besondere Errungenschaft, da sie ihren Einfluss und ihre Anziehungskraft repräsentieren, mit der sie in der Öffentlichkeit prahlen können. Zudem sind viele Jugendlichen beeindruckt von Konvertiten und verstärken den Wunsch zur Nachahmung. Zusätzlich kann man beobachten, dass Konvertiten die neue Religion mit besonderem Eifer ausführen, um sich in der Religionsgemeinschaft zu behaupten. Das heißt jedoch nicht, dass es sich bei jedem Konvertiten zwangsläufig um einen vermeintlichen Dschihadisten handelt.[368]

Eine Untersuchung des Verfassungsschutzes in Düsseldorf hat sich mit den Ursachen der Radikalisierung von deutschstämmigen Konvertiten beschäftigt und 140 Lebensläufe von radikalen Personen untersucht. Dreiviertel der radikalisierten Gläubigen sind zwischen 20 und 30 Jahre alt. Die meisten von ihnen haben einen Hauptschulabschluss und nur wenige ein Abitur oder sogar eine universitäre Ausbildung. Die Hälfte ist im Laufe ihrer Jugend durch mittelschwere kriminelle Delikte auffällig geworden, wie Drogenhandel oder Körperverletzung im Zuge einer Massenschlägerei. Es handelt sich dabei häufig um gemeinschaftliche Straftaten.[369]

---

[367] Vgl. Benslama, Fethi: Der Übermuslim. Was junge Menschen zur Radikalisierung treibt. Berlin 2017. S. 85f.
[368] Vgl. Kaddor, Lamya: Zum Töten bereit. Warum deutsche Jugendliche in den Dschihad ziehen. München, Berlin 2015. S. 95ff.
[369] Vgl. Wehner, Markus: Warum wird einer Islamist? In: FAZ, 21.02.2010

Die Untersuchung hat gezeigt, dass die Konversion zum Islam in jedem siebten Fall in Zusammenhang von Straftaten oder deren Folge entstanden ist, wie z. B. während eines Gefängnisaufenthalts. Auch nach dem Eintritt in die Religionsgemeinschaft sind die Konvertiten weiterhin kriminell. Die Vermutung, dass die Scheidung der Eltern und das Fehlen einer Vaterfigur bei der Radikalisierung im islamistischen Milieu eine Rolle spielt, kann die Studie verstärken, da es sich bei über einem Viertel der Personen um Trennungs- bzw. Scheidungskinder handelt. Häufige Merkmale sind außerdem schulische Probleme, ein fehlendes soziales Umfeld und eine gewisse Orientierungslosigkeit. Wenn Jugendliche den ersten Kontakt zum Islam gehabt haben, braucht es meist nur noch eine Gruppe oder eine Person, die dem Jugendlichen einen Sinn im Leben aufzeigen kann. Hierbei ist weniger die Ideologie ausschlaggebend, als die Defizite der Persönlichkeit der Jugendlichen. Das Internet spielt bei der Radikalisierung nicht immer eine große Rolle, jedoch können mediale Inhalte die Radikalisierung enorm vorantreiben.[370]

Junge Salafisten in Deutschland wissen wenig vom Islam

Sie berufen sich auf Allah, haben von heiligen Schriften und Ritualen aber wenig Ahnung: Eine Studie von der Universität Osnabrück zeigt, wie sich radikale salafistischeh Jugendliche unbeholfen ihren eigenen Islam zusammenschustern.[371] 5757 Nachrichten in einer WhatsApp-Gruppe haben die Forscher ausgewertet. Rund ein Dutzend Salafisten zwischen 15 und 35 Jahren tauschten sich in dem Chat aus. Was sie dort schrieben, zeigt: Junge Menschen, die sich gewaltbereiten radikal-islamischen Gruppen anschließen, wissen tatsächlich aber oft nur sehr wenig über den Islam.

„Man kann sagen, sie bauen sich ihren eigenen 'Lego-Islam'", sagt Islamwissenschaftler *Michael Kiefer* von der Universität Osnabrück. Er untersuchte zusammen mit Wissenschaftlern der Uni Bielefeld die WhatsApp-Posts der salafistischen Jugendgruppe. *„Man kann nicht von einer Radikalisierung des Islam sprechen, sondern eher von einer Islamisierung der*

---

[370] Vgl. Wehner, Markus: Warum wird einer Islamist? In: FAZ, 21.2.2010
[371] An der Universität Osnabrück, Institut für Islamische Theologie (IIT), hat das neugegründete Forschungsnetzwerk Radikalisierung und Prävention (FNPR) der Universitäten Osnabrück und Bielefeld eine erste empirische Untersuchungen zur gewalttätigen salafistischen Jugendszene in Deutschland vorgelegt. Vgl.www.qantara.de

Radikalität", so *Kiefer*. Sprich: Der Islam wird als Kanal benutzt, um die eigene Gewaltbereitschaft auszuleben.

Journalisten des ARD-Fernsehmagazins „Report München" hatten den Chat erhalten und den Forschern zur Auswertung überlassen. Die Posts stammen von Anfang 2016, kurz vor einem geplanten Anschlag auf einen Sikh-Tempel in Essen im Frühjahr 2016, bei dem drei Menschen verletzt wurden. Wegen der Tat waren drei 17-Jährige zu mehrjährigen Jugendstrafen verurteilt worden.

Die zeitweise bis zu zwölf Mitglieder der WhatsApp-Gruppe hätten so gut wie keine Bindung an Moscheegemeinden oder traditionelle Formen des Glaubens gehabt, fanden die Forscher heraus. Die Gruppe betrachte die Mehrheit der Muslime, die nicht ihren radikalen Ansichten folge, als Feinde.

„Selbst die Gestaltung einfachster ritueller Alltagshandlungen - wie zum Beispiel die Verrichtung des Pflichtgebets - ist Teilen der Gruppenmitglieder nicht bekannt", schreiben die Forscher.

In dem WhatsApp-Chat werde über ganz normale Dinge diskutiert, die für Heranwachsende wichtig seien, etwa über Beziehungen, Freundschaften oder Sex, sagte der Direktor des Instituts für interdisziplinäre Konflikt- und Gewaltforschung der Uni Bielefeld, *Andreas Zick*. Die Vorstellungen der Gruppe seien „naiv und romantisierend": Die Jugendlichen träumten davon, auf den Schlachtfeldern des Dschihad zu stehen und dabei zum Mann zu werden.

Die Forscher analysierten detailliert, woran sich das mangelnde Wissen über den Islam äußerte. An zwei Stellen werde behauptet, es gäbe Stellen in den Hadithen - den Überlieferungen Mohammeds -, aus denen man eine bestimmte Rechtsposition ableiten könne. Das zeuge *„von massiver Unkenntnis",* heißt es in der Studie.

Bemerkenswert sei auch, dass bei der Nennung des Propheten die obligatorische Segenssprechung (taliyya) ausgelassen werde, ohne dass dies in der Runde irgendeinen Anstoß findet – *„ein Umstand, der in einer Diskussion unter tatsächlichen Rechtsgelehrten unvorstellbar wäre".*

Die Forscher mahnen zum Thema Prävention: Da die Jugendlichen nicht mit den Moscheegemeinden verbunden seien, könnten Präventionsangebote über die Gemeinden sie auch nicht erreichen. Lehrer sollten aufmerksam sein und auch auf Mitschüler hören, die ein sehr feines Gespür dafür hätten, wenn sich ein Jugendlicher zurückziehe.

Prävention und Deradikalisierung

Offensichtlich kann man kein allgemeingültiges Täterprofil erstellen, was auch hinsichtlich der Präventionsarbeit berücksichtigt werden muss. Als Grundlage für eine erfolgreiche Präventionsarbeit ist außerdem die gesellschaftliche Auseinandersetzung mit den sozialen Problemen zu berücksichtigen, mit denen junge Muslime in europäischen Ländern zu kämpfen haben. Diese Gruppe ist besonders gefährdet, wenn es um salafistische Einflussnahme geht.[372]

Vielen Fällen ist gemeinsam, dass die jungen Menschen Entfremdungserfahrungen gemacht haben, an welche radikale Gruppen anknüpfen können. Der Erfolg von Präventions- und Deradikalisierungsarbeit kann nicht genau gemessen werden, da man nicht feststellen kann, ob bestimmte Maßnahmen eine vermeintliche Ausreise verhindert haben. *Thomas Schmidinger* [373]betont jedoch, dass bei der Betrachtung von Einzelfällen die Vermutung naheliegt, dass eine Intervention wirkungsvoll war.[374]

Prävention und Deradikalisierung stellen sich als Querschnittsaufgabe dar, da ganz unterschiedliche Politikbereiche- und -ebenen berührt werden. Die Relevanz des Themas bezieht sich auf alle politischen Ebenen (Europa-, Bundes-, Landes-, Kommunalpolitik) sowie auf unterschiedliche politische Felder (Innen- und Sicherheitspolitik, Außen- und Europapolitik, Gesellschafts- und Bildungspolitik).

Gefordert ist die Auseinandersetzung mit theologischen Diskursen und religiösen Handlungsmustern, politischer Bildung, individuellen Hilfen (bei familiären, schulischen, biografischen Krisen) sowie die Thematisierung und Bekämpfung sozialer Problemlagen (strukturelle Benachteiligung und Diskriminierung, Umgang mit Islamfeindlichkeit).

Die Konzeption von Gegenstrategien wird erschwert durch die noch unklaren Ursachen und Zusammenhänge und die mehrdimensionalen Mechanismen von Radikalisierungsprozessen. Notwendig seien eine Vielzahl von Ansätzen und Maßnahmen, ansetzend auf unterschiedlichen Ebenen und Handlungsfeldern.

---

[372] Vgl. Neumann, R. Peter: Der Terrorismus ist unter uns. Dschihadismus und Radikalisierung in Europa. Berlin, 2016. S. 235f.
[373] Thomas Schmidinger ist ein österreichischer Politikwissenschaftler und Sozial- und Kulturanthropologe mit den Schwerpunkten Kurdistan, Dschihadismus, Naher Osten und Internationale Politik.
[374] Vgl. Schmidinger, Thomas: Jihadismus. Ideologie, Prävention und Deradikalisierung. Wien 2015. S. 111f.

Prävention

Die Prävention richtet sich zunächst an alle Jugendlichen und jungen Erwachsenen, die durch jugendtypische Krisen, Diskriminierungs- und Entfremdungserfahrungen, familiäre Konflikte, berufliche Suchbewegungen etc., für rigide Gemeinschaftsvorstellungen und manichäische Weltbilder anfällig sind. Es gibt Überschneidungen mit allgemeinen Ansätzen der Demokratie-, Antigewalt- und Antidiskriminierungspädagogik. Salafismusprävention ist Teil einer emanzipatorischen Erziehung im Kontext kultureller und religiöser Vielfalt. Dabei erfordert die Unzufriedenheit über gesellschaftliche und politische Missstände („grievances"), als Ausgangspunkt für Radikalisierungsprozesse, eine gesamtgesellschaftliche Antwort: z. B. eine Veränderung gesellschaftlicher Diskurse und Rahmenbedingungen, gesellschaftliche Öffnung mit Ermöglichung realer Chancen für Partizipation und Mitgestaltung, unabhängig von Herkunft und Religion.[375]

Prozess der Prävention

Nach *David Aufsess*, Sozialarbeiter aus Bremen, sind die Prozesse der Prävention sehr vielschichtig, nicht eindimensional nach dem Muster von Erfolg/Misserfolg zu bewerten. Für die Politik sieht er die Aufgabe der Schaffung von kultureller Vielfalt in Schulen und in der Jugendarbeit. In der Arbeit mit Eltern sollten diese erkennen, welche Entwicklung und welche biografischen Brüche das Kind durchgemacht habe. Das System der Familie müsse gestärkt werden, um das Kind wieder einzubinden in das soziale Netz. Weitere Aspekte: Religion als Teil der Identität der Jugendlichen wertschätzen, kontinuierlichen Kontakt zu ihnen aufbauen auf der Basis von Beziehungsarbeit, Ressourcenstärkung statt Defizitorientierung, Schaffung alternativer attraktiver Angebote, Vermittlung demokratischer Grundwerte und Erarbeitung einer Gegenposition zum Islamismus.[376]

---

[375] Vgl. El-Mafaalani/ Aladin, Fathi/ Alma et. al.: Ansätze und Erfahrungen der Präventions- und Deradikalisierungsarbeit. HSFK-Report Nr.6/2016 (HSFK-Reportreihe „Salafismus in Deutschland", hrsg. Von Janusz Biene, Christopher Daase, Svenja Gerheiss, Julian Junk, Harald Müller).
[376] Vgl. David Aufsess, in „Ein Jugendphänomen-schichtübergreifend", gekürztes und nachgedrucktes Interview von Dirk-Oliver Heckmann, Deutschlandfunk, in "E&W- Erziehung & Wissenschaft - Zeitschrift der Bildungsgewerkschaft GEW", 02/2016

Prävention als Aufgabe der Gesellschaft

Thomas Schmidinger appelliert an die Pflicht der Gesellschaft und der Politik ein soziales Gefüge zu schaffen, in dem Jugendliche sich zugehörig fühlen können, um auf der Ebene der allgemeinen Prävention ansetzen zu können. Es geht zum einen darum, Perspektiven zu schaffen und Diskriminierung zu verhindern und zum andern um das Gefühl der Zugehörigkeit, Solidarität und Identität, das viele jungen Menschen vermissen und sich daher auch in radikale Gruppen hineingeraten. Er stellt das Gesellschaftssystem als Ganzes in Frage und macht die tiefverwurzelten Strukturen (z.B. die Benachteiligung von Migranten, Diskriminierung und das fehlende Zugehörigkeitsgefühl) für die Radikalisierung von Jugendlichen mitverantwortlich.[377]

Spezifische Prävention

Hiermit können gefährdete Jugendliche erreicht werden, bei denen sich noch keine religiöse Radikalisierung durch eine dschihadistische Gruppe vollzogen hat. Auf dieser Ebene sollten ambitionierte Lehrer, Pädagogen und Sozialarbeiter individuell auf Jugendliche eingehen. In dieser Phase kann es hilfreich sein, den muslimischen Jugendlichen eine Sichtweise nahezubringen, die den Islam als Teil einer pluralistischen, europäischen Gesellschaft sieht und die Religion in Bezug auf Menschenrechte und Demokratie behandelt. Die gesellschaftliche Ebene muss hier mit einbezogen werden. Denn falls Jugendliche weder schulische noch berufliche Perspektiven in dem Land, in dem sie leben, für sich sehen, kann die Entfremdung von der Gesellschaft kaum aufgehalten werden.[378]

Primäre Prävention als Persönlichkeitsentwicklung:

Hierbei sollen Radikalisierungsprozesse grundlegend verhindert werden. Durch die Stärkung der Resilienz (psychische Widerstandsfähigkeit) von Kindern und Jugendlichen, soll deren Persönlichkeit unspezifisch gestärkt werden um das Anfälligkeitsrisiko zu minimieren. Angebote sind thematisch offen und nicht zielgruppenspezifisch. Ziele sind Persönlichkeits- und Kompetenzentwicklung, Wissensvermittlung, Empowerment.

---

[377] Vgl. Schmidinger, Thomas: Jihadismus. Ideologie, Prävention und Deradikalisierung. Wien 2015. S. 113f.
[378] Vgl. Schmidinger, Thomas: Jihadismus. Ideologie, Prävention und Deradikalisierung. Wien 2015. S. 114f.

Beispiele:

- Förderung von sozialen, kognitiven und handlungsorientierten Kompetenzen
- Kritisch reflektierende Auseinandersetzung mit der eigenen Identität
- Soziale Einbindung und politische Teilhabe als „gesellschaftspolitische AkteurInnen"
- Reflektiertes Werte- und Normenverständnis
- Eigenverantwortliches Handeln
- Selbstverständlichkeiten hinterfragen
- Selbstbewusstes Eintreten für ein friedliches und respektvolles Miteinander
- Stärkung von Kompetenzen und Nutzung von Potentialen, um sich mit Muslimfeindlichkeit, Islamismus im Sinne von Extremismus und Antisemitismus auseinanderzusetzen.[379]

Folgende Handlungsfelder bieten sich an:

- Schulen (z. B. Religionsunterricht, Workshops „Wie wollen wir leben", Projekt „Dialog macht Schule")
- Jugend- und Sozialarbeit (teilweise auch in Kooperation mit Schulen), z. B. Dialoggruppenprojekt „Ibrahim trifft Abraham". Ziele sind die Stärkung von sozialen Bindungen, des Empowerments, Zugehörigkeit zu heterogenen Gruppen, Selbstwirksamkeit, Mitgestaltung, aktive Antidiskriminierungsarbeit. Angebote sind z. B. Freizeitgestaltung, Erlebnispädagogik, Theater-, Film- und musikpädagogische Projekte. Genderspezifische und mädchenorientierte Ansätze in der Jugendarbeit sind ebenso wichtig: Empowerment von Mädchen im familiären Kontext, Elternarbeit, Kritik an patriarchaler und religiös begründeter Tradition.
- Gemeindearbeit: islamische Organisationen spielen als AkteurInnen in der Prävention eine bedeutende Rolle, z. B. in der direkten Arbeit mit gefährdeten Jugendlichen und Einbindung in eine religiöse Gemeinschaft, in der Sichtbarmachung von alternativen Angeboten und reflektierten Religionsverständnissen (z. B. „Muslimische Jugendcommunity Osnabrück").

---

[379] Vgl. El-Mafaalani/ Aladin, Fathi/ Alma et. al.: Ansätze und Erfahrungen der Präventions- und Deradikalisierungsarbeit. HSFK-Report Nr.6/2016 (HSFK-Reportreihe „Salafismus in Deutschland", hrsg. Von Janusz Biene, Christopher Daase, Svenja Gerheiss, Julian Junk, Harald Müller).

- Internet mit Ansätzen von Gegennarrativen und Counter-Speech, als inhaltliche Erwiderung und Kommentierung von extremistischen Positionen, mit Ansätzen der „aufsuchenden" politischen Bildung online. Z. B. „Was postest Du? Politische Bildung mit jungen Muslim_innen online" (ufuq.de).
- Jugend- und Familienhilfe: Fokus auf den besonderen Bedarf von Jugendlichen mit Migrationshintergrund z. B. „Muslimisches Seelsorgetelefon"

Sekundäre Prävention:

Erkennen und Bearbeiten erster Radikalisierungsprozesse in einem frühen Stadium sowie zielgruppenspezifische Arbeit mit Jugendlichen, die einer Risikogruppe zugeordnet werden.

Tertiäre Prävention:

Distanzierung und Deradikalisierung: Vermeidung einer weiteren Eskalation (insbesondere Gewalt) in einem bereits weit fortgeschrittenen Radikalisierungsprozess: Distanzierung, d. h. Schadensbegrenzung mit Intervention zur Vermeidung von Gewalt, (Demobilisierung) sowie ideologische Deradikalisierung (Exit-Programme, Rehabilitations- und Resozialisierungsprogramme). Distanzierung meint das Lossagen einer Person von gewaltbereiten Handlungen oder einer extremistischen Gruppe. Das bedeutet aber noch nicht, dass eine kritische ideologische Auseinandersetzung stattgefunden hat.[380]

De-Radikalisierung

Bei einer Radikalisierung handelt es sich stets um einen Prozess, in dem verschiedene Phasen durchlaufen werden. Daher ist auch die De-Radikalisierung als Prozess anzusehen, der keine Verwandlung des Jugendlichen innerhalb kürzester Zeit hervorbringt. Wenn eine Radikalisierung eines Jugendlichen festgestellt wurde, sollte man herausfinden in welchem Stadium er sich befindet und in welche Ideologie bzw. Gruppe er abgetaucht ist. Häufig sind es die

---

[380] Vgl. El-Mafaalani/ Aladin, Fathi/ Alma et. al.: Ansätze und Erfahrungen der Präventions- und Deradikalisierungsarbeit. HSFK-Report Nr.6/2016 (HSFK-Reportreihe „Salafismus in Deutschland", hrsg. Von Janusz Biene, Christopher Daase, Svenja Gerheiss, Julian Junk, Harald Müller).

Mütter, die sich an Beratungsstellen wenden. Mit ihnen wird der Lebenslauf des Jugendlichen analysiert um herauszufinden, wo mit der De-Radikalisierungsarbeit angeknüpft werden kann. Falls z. B. familiäre Probleme zur Radikalisierung des Jugendlichen beigetragen haben, kann eine Familientherapie sinnvoll sein.[381]

Bei der Arbeit mit den jungen Menschen wird versucht, an die sozialen Kontakte, die vor der Radikalisierung bestanden, anzuknüpfen. Dies sind meist enge Freunde und Familienmitglieder. Dieser Personenkreis kann dem Betroffenen eine Alternative zur Zugehörigkeit zur salafistischen Gruppe bieten. Wenn das soziale Netz nicht vorhanden ist und der Jugendliche im vorherigen Leben, außerhalb der ideologischen Gruppe, viele schlechte Erfahrungen gemacht hat, ist der Zugang zu ihm sehr schwierig.[382]

Arbeit auf zwei Ebenen

Götz Nordbruch, Islamwissenschaftler und Mitbegründer des Präventionsprojektes ufuq.de meint, die Präventionsarbeit beginne bereits bei demokratie- oder und freiheitsfeindlichen Positionen. Die Ansätze müssten religiös und auch nicht-religiös sein. Notwendig sei das Aufzeigen von Alternativen zu salafistischen Ideologien und Angeboten, so z. B. die Auseinandersetzung mit innerislamischer Diversität, um den Dogmen der salafistischen Koranauslegung den Boden zu entziehen. Ein islamischer Religionsunterricht sei ebenso notwendig. Jugendliche wollen mit ihren Erfahrungen und Meinungen anerkannt werden. Bei Terror-Ereignissen wie in Paris, Syrien und Palästina sei es wichtig, auch die Emotionalität z. B. der SchülerInnen aufzugreifen und anzusprechen. Würden sie sich ernst genommen fühlen, seien sie auch bereit, über Inhalte zu sprechen und andere Meinungen zu akzeptieren. Die Sichtweisen der Jugendlichen, ihre Lebenswelt und ihre Themen müssten Teil des Unterrichts werden.[383]

Schmidinger hält die Arbeit mit den Jugendlichen auf zwei Ebenen für besonders wichtig. Zum einen muss man im religiösen Kontext mit den Jugendlichen arbeiten und sie dazu bringen, sich kritisch mit der Religion

---

[381] Vgl. Schmidinger, Thomas: Jihadismus. Ideologie, Prävention und Deradikalisierung. Wien 2015. S. 115ff.
[382] Vgl. Schmidinger, Thomas: Jihadismus. Ideologie, Prävention und Deradikalisierung. Wien 2015. S. 117f.
[383] Vgl. Nordbruch, Götz, in „Oft geht es um Provokation", Text von Michaela Ludwig in "E&W- Erziehung & Wissenschaft - Zeitschrift der Bildungsgewerkschaft GEW" 02/2016

auseinanderzusetzen. Ausgebildete Personen mit theologischem Wissen sollten mit den Betroffenen religiöse Originaltexte bearbeiten und ihnen verschiedene Lesarten des Korans näherbringen. Ziel ist hierbei, dass der Jugendliche die sehr selektive Auslegung der Religion durch die Salafisten erkennt und diese hinterfragt. Die intensive Auseinandersetzung mit der Religion soll dem Jugendlichen dabei helfen, eine eigene Sichtweise zu entwickeln.

Zusätzlich ist es sehr wichtig, dem Jugendlichen Zugang zu einem sozialen Umfeld zu ermöglichen. Hierfür bietet sich die Arbeit mit muslimischen Jugendorganisationen an, welche zur Verfügung stehen, um diese Jugendlichen bei sich aufzunehmen ohne extremistisch auf sie einzuwirken. Zusätzlich sollten die Jugendlichen weitere Angebote annehmen können, um individuelle Probleme, die zum Dschihadismus geführt haben, bearbeiten zu können.

Arbeit mit dschihadistischen Straftätern

De-Radikalisierungsarbeit wird ausschließlich auf Wunsch engagierter Leitungen von Strafvollzuganstalten oder aufgrund der Nachfrage von Bewährungshilfe-Organisationen geleistet bzw. angeboten. Obwohl man weiß, dass die Radikalisierung im Gefängnis noch verstärkt werden kann und die Gefährdung anderer Häftlinge auftreten kann, findet die De-Radikalisierungsarbeit in Gefängnissen nur selten statt. Hier ist der Staat gefragt, Mechanismen einzuführen, welche in den Fällen inhaftierter Dschihadisten greifen, um weitere Auswirkungen der Radikalisierung vorzubeugen.[384]

Petra Ramsauer [385] rät stark davon ab, Syrien-Rückkehrer in Gefängnissen wegzusperren, da dort die persönlichen Ursachen der Radikalisierung nicht bearbeitet werden können. Die Täter terroristischer Attacken in Europa haben sich häufig im Gefängnis noch stärker radikalisiert. Einige haben nach der Haft Anschläge verübt, ohne sich je in Syrien aufgehalten zu haben.

---

[384] Vgl. Schmidinger, Thomas: Jihadismus. Ideologie, Prävention und Deradikalisierung. Wien 2015. S. 120ff.
[385] Petra Ramsauer ist eine österreichische Politikwissenschaftlerin, Journalistin und Autorin

Rückkehrer

57 Prozent der Anschläge in einem westlichen Land wurden ohne die Beteiligung eines „Dschihad-Veteranen"[386] durchgeführt. Ihre Beteiligung bedeutet jedoch häufig eine effektivere Durchführung des Angriffs. Rückkehrer aus Kampfregionen werden in Deutschland streng überwacht. Die meisten Rückkehrer leben jedoch nach ihrem Einsatz in der Regel ein scheinbar normales Leben und fallen wenig auf.[387] Ungefähr ein Drittel der ausgereisten Europäer sind wieder in ihre Heimatländer zurückgekehrt. *Petra Ramsauer* vertritt die Meinung, dass von Rückkehrern eine besondere Gefahr ausgeht, weil sie militärische Erfahrungen sammeln konnten. Zudem können sie als Rekrutierer von neuen Kämpfern agieren.[388]

Da lohnt vielleicht ein Blick über die Grenze nach Frankreich. Dort ist im Dezember 2017 ein Buch über die ersten Syrien-Rückkehrer aus dem IS-Gebiet erschienen. Der französische Journalist *David Thomson*, der zu Beginn des Arabischen Frühlings als Korrespondent des Senders RFI nach Tunesien ging, kam dort 2011 in Kontakt mit einer Dschihadisten-Zelle und konnte deren Mitglieder zu Langzeit-Interviews überreden.[389] Mittlerweile lebt er in Paris und hat mit über 100 Dschihadisten und Salafisten gesprochen, einige von ihnen trifft er seit sechs Jahren regelmäßig.[390] Sein Buch porträtiert sieben Rückkehrer und lässt rund zwanzig weitere von ihnen zu Wort kommen. All diese Stimmen ergeben ein beeindruckendes Bild vom „Dschihadismus der Generation Syrien".

Viele der Kämpfer in seinem Buch sagen, Frankreich habe ihnen nichts angeboten, keine Perspektive – außer der, im Sommer als Vertretung an der Kasse eines Supermarktes zu arbeiten. Was sie alle eint, ist die Suche nach etwa Größerem. In Frankreich würde alles drauf hinauslaufen, immer mehr zu konsumieren. Aber das könne doch nicht der Sinn des Lebens sein. Das ist ein

---

[386] Vgl. Said, T. Behnam: Islamischer Staat. IS-Milizen, al-Qaida und die deutschen Brigaden. München 2014. S. 168.
[387] Vgl. Said, T. Behnam: Islamischer Staat. IS-Milizen, al-Qaida und die deutschen Brigaden. München 2014. S. 167ff.
[388] Vgl. Ramsauer, Petra: Die Dschihad Generation. Wie der Apokalyptische Kult des Islamischen Staats Europa bedroht. Wien / Graz / Klagenfurt 2015. S. 174
[389] Vgl. Thomson, David: Les revenants: Ils étaient partis faire le jihad, ils sout de retour en France, Paris 2016
[390] Die ersten Rückkehrer kamen Anfang 2014, weil einzelne Dschihadistengruppen total zerstritten waren. Es gab Kämpfer, die aus demselben Viertel in Frankreich nach Syrien gezogen waren und sich dann dort in verfeindeten Brigaden gegenüber standen. Andere fliehen vor dem IS aus praktischen Erwägungen. Thomson hat mit einer Frau gesprochen, die in einem Krankenhaus in Raqqa gesehen hatte, wie Frauen dort ohne Periduralanästhesie entbunden haben. Sie war selbst schwanger und wollte auf keinen Fall so eine Geburt erleben. Deshalb ist sie mit ihrem Mann nach Frankreich zurückgegangen und hat dann dort ihr Kind bekommen. Aber sie ist bis heute eine Verfechterin der Ideologie des „Islamischen Staates". Vgl. Der Spiegel 6/2017, S. 87 f: Das Paradies als zentraler Punkt

entscheidender, oft vernachlässigter Punkt: das Fehler der großen Ideologien. Nach dem Zusammenbruch des Kommunismus, dem Ende vieler linker Bewegungen, ist da eine große Leere entstanden. Die Jungen haben nichts, was ihnen Hoffnung gibt, das nutzen die salafistischen Gruppen gezielt aus. Der Dschihad pulverisiert alle Frustrationen.

Thomsons Gesprächspartner klingen oft wie bizarre Spaßtouristen: Ja, es gab da ein verlockendes hedonistisches Versprechen, Frauen, Waffen und Gewalt. Anscheinend war es für viele von ihnen gerade der Mix aus wildem Kriegsabenteuer und einem radikalen, *„einzig wahren"* Islam, der sie so reizte. Einer spricht vom einem *„Disneyland für Mudschaheddin"*, das durch das Versprechen auf ein Paradies im Jenseits noch prickelnde wird. Ein anderer sagt einmal: *„Das Ganze hatte eher was von Ferienkolonie, das war ein Dschihad, bei dem man auf Leute schießen und dabei gleichzeitig ein Eis essen kann".*

Nur einer im gesamten Buch scheint seine Syrienreise und seine Sympathie für den IS zu bereuen. Zoubeir, heute 20 Jahre alt, fuhr nach Syrien und stellt dort nach anfänglicher Euphorie fest, dass die Realität eine andere war als die, die man ihm in Frankreich verkauft hatte. Es war nicht der ideale Ort der Welt für alle Muslime. Er hat sich dann schon in Syrien vom IS abgesetzt und wollte nur noch seine Haut retten. Abtrünnige führen ein gefährliches Leben im „Islamischen Staat". Heute, nachdem er ein Jahr im Gefängnis verbracht hat, erzählt er jungen Franzosen von seinen Erfahrungen in Syrien, um ihnen einen Gegendiskurs zu all den salafistischen Sirenengesängen auf Facebook zu liefern, die oftmals die Einstiegsdroge sind.[391]

Alle anderen Gesprächspartner von *Thomson* sind – wie offiziellen Schätzungen zufolge etwa ein Viertel der 1.200 Franzosen, die nach Syrien gingen – zwar zurückgekehrt, bleiben aber ihren islamistischen Überzeugungen treu. Die 22-jährige *Lena* sagt bis heute, der Anschlag auf *Charlie Hebdo* am 7. Januar 2015 sei der glücklichste Moment in ihrem bisherigen Leben gewesen. Sie hoffe

---

[391] Zoubeir kommt zwar aus einem Vorort von Paris, doch eher aus wohlhabenden Verhältnissen, er bereitete sich auf sein Abitur vor, war ein guter Schüler. Aber er langweilte sich auch zu Tode, hatte nie eine Freundin, las Mangas (japanischer Begriff für Comics) und vertrieb sich die Zeit mit Computerspielen. Zoubeir ist der klassische Beleg für die These des Extremismusforschers Olivier Roy. Roy geht davon aus, dass die radikale Bewegung der Dschihadisten gezielt „islamisiert" wird – und nicht, dass der Islam diese Radikalität in sich birgt. Zoubeir hatte eine muslimische Erziehung, seine Eltern schickten ihn in eine Koranschule, er war aber nicht besonders religiös. Erst in einer salafistischen Moschee in Paris wurde er „reislamisiert". Und wie bei vielen anderen ging das sehr schnell: Sieben Monate nach seinem ersten Kontakt mit einem anderen Kämpfer fuhr er nach Syrien. Die Gruppe, mit der er reiste, hat er über Facebook kennengelernt.

inständig, dass bald wieder solch ein Attentat geschehen möge und dass es dann eine Frau ist, die es ausführt.

Oder *Safiya*, 23, die sich mittlerweile wieder an ihrer alten Universität eingeschrieben hat und in der Öffentlichkeit raucht, womit sie sich in Syrien 40 Peitschenhiebe einhandeln würde. Sie will unbedingt wieder los, diesmal nicht nach Syrien sondern in den Jemen Sie hasst Frankreich und verachtet alle gemäßigten Imame. *„Hier in eine Moschee gehen? Nur damit der mir erzählt dass ich brave Bürgerin werde? Niemals!"*

Der IS zieht erstaunlich viele Frauen an. Das ist etwas Neues in der Geschichte des zeitgenössischen Dschihad. Niemand hätte die Idee gehabt, als al-Qaida-Kämpfer seine Frau mit nach Afghanistan zu nehmen. Beim IS aber geht das, weil er die entsprechenden Strukturen anbietet. In Syrien wurden den Kämpfer und ihren Familien Wohnungen und Häuser zur Verfügung gestellt. Außerdem kam man lange Zeit, bis zur Schließung der türkischen Grenze, einfach hin, in zwei Tagen war man da. Und der IS sieht es als seine Aufgabe, eine neue Generation heranzuziehen. Die Frauen sollen Kinder bekommen, die dann später wiederum in den Dschihad ziehen. Es gibt ferner in jeder Stadt des „Islamischen Staates" sogenannte Frauenhäuser. Dort wohnen ledige, geschiedene oder verwitwete Frauen. Die Kämpfer können dort anklopfen und nach einer Frau fragen. Der sexuelle Faktor ist ein zentrales Element für die Männer. Viele von ihnen haben das Gefühl, zum ersten Mal in ihrem Leben anziehend und attraktiv zu sein, viele Frauen finden die Kämpfer sexy. Andere wiederum werden zur Heirat mit ihnen vom IS gezwungen.

Der Journalist *Philippe Lancon*, der beim Anschlag auf *Charlie Hebdo* verletzt wurde, schrieb nach den Attentaten auf das Bataclan, das Stadion von Saint-Denis und mehrere Restaurants: *„Unser Vorstellungsvermögen hinkt der Erfahrung hinterher wie ein alter Köter, der außer Atem ist"*. Beim Lesen des Buches geht es einem ähnlich, die Widersprüche in den Monologen sind grotesk, die Einzelheiten, die die Rückkehrer aus dem Leben unter dem IS erzählen, haarsträubend und bizarr. Da die Frauen zur Untätigkeit verdammt sind, gehen sie shoppen und besuchen einander zum Tee. Statt dann aber über Seitensprünge oder Handtaschen zu plaudern, malen sie sich schwelgerisch Attentate aus oder brechen in Freudengesänge aus, wenn sie erfahren, dass ihre Männer bei einem Selbstmordattentat gestorben sind: *„Viele von ihnen tragen* *auch bei diesen Zusammenkünften eine Kalaschnikow und einen Sprengstoffgürtel"*, erläutert *Lena* ganz nüchtern.

Einige Rückkehrer kommen aus großbürgerlichen, alteingesessenen Familien, so wie *Kevin*, der früher im Kirchenchor war und in der Bretagne lebt. Die meisten aber kommen aus maghrebinischstämmigen Familien und sind in den Vorstädten zu Hause. Die Worte, die am häufigsten genannt werden, wenn *Thomson* fragt, warum sie sich dem IS angeschlossen haben, sind Stolz, Erniedrigung und Hass auf die Konsumgesellschaft. *Thomson* hat mit ungefähr 30 Rückkehrern gesprochen, unter denen gab es nur vier, die sich wirklich vom Terror distanziert haben. Die Rückkehrer sind enttäuscht von ihrer Zeit in Syrien, sie hatten sich das Leben dort oft anders vorgestellt. Viele sind im Übrigen sehr naiv und glauben, sie könnten nach ihrer Rückkehr in Frankreich ihr normales Leben fortsetzen, auch wenn es Videos von ihnen gibt, in denen sie zu Attentaten in Europa aufrufen. Einer sagte ernsthaft, er habe die Zeit in Syrien wie ein Erasmus-Studium empfunden. Andere sagten, sie hätten dort Spaß gehabt. Sie hatten schöne Wohnungen, waren unter Freunden, teilten dieselben Überzeugungen. Schon bevor sie loszogen, hatte man ihnen diese hedonistische Seite des Dschihad verkauft. Letztendlich haben sie dort nicht viel anders gelebt als in Frankreich aber sie mussten kein schlechtes Gewissen mehr haben. Der „Islamische Staat" gab ihren ein Projekt, einen Auftrag und eine religiöse Legitimation, all das hatten sie in Frankreich nicht. Und dann, ganz wichtig, war ihnen der Weg ins Paradies sicher.

Das Paradies ist ein zentraler Punkt bei allen, die *Thomson* interviewte, sie sind geradezu besessen davon. Es geht hier nicht um Nihilismus, im Gegenteil. Es geht, erstens, um die Freuden eines Lebens als Dschihadist und, zweitens, um den versprochenen Weg ins Paradies und die 70 Menschen, die man angeblich dorthin mitnehmen dürfe. Es gibt diese Geschichte eines französischen Kämpfers, der kurz davor war, ein Selbstmordattentat im rak zu begehen. Die letzten Worte seiner Frau zu ihm waren: *„Wenn du da oben bist, dann interveniere bitte zu meinem Gunsten, damit ich nachkommen kann"*. Sie war fest davon überzeugt, dass es so kommen würde.

Nach der Lektüre des Buches wird man nicht mehr viel auf staatliche Entradikalisierungsprogramme hoffen können. Alle Gesprächspartner machen sich darüber lustig, *„die reden mit uns wie bei den Anonymen Alkoholikern"*, sagt einer. Und *Thomson* ergänzt: *„Es funktioniert nicht, diesen Rückkehr* einen normativen, republikanischen Islam vorzusetzen. *Sie sehen sich in direkter Nachfolge des Propheten und sind mit iPhone und Air Max auf halbem Weg zwischen Konsumkapitalismus und einem imaginären Mittelalter. Ich kenne niemanden, der durch ein staatliches Programm deradikalisiert wurde. Aber ich kenne Leute, die solche Programme durchlaufen haben und dann nach Syrien gegangen sind. Die einzige erfolgreiche Deradikalisierung ist die, die am Ende eines persönlichen Weges, einer Läuterung, steht. Diese staatlichen Programme dienen nur dem Zweck, dass das Innenministerium sagen kann: Wir tun etwas, wir bekämpfen das Phänomen.*"[392]

Der französische Innenminister *Gérald Collomb* hat Ende Juli 2017 ein kollektives Umerziehungsprogramm zu De-Radikalisierung für gescheitert erklärt. Nach den schweren Terroranschlägen der Jahre 2015 und 2016 mit insgesamt etwa 240 Toten und Hunderten Verletzten hatte der damalige Premierminister *Manuell Valls* verkündet, in allenzwölf Regionen Frankreichs (außer Korsika und Übersee) je eine Anstalt zur Umerziehung radikalisierter Franzosen zwischen 18 und 30 Jahren zu eröffnen. Er stellte finanzielle Mittel in Höhe von 2,5 Millionen Euro für ein Pilotprojekt in Pontourny zu Verfügung. Zuvor waren 1.600 junge Islamisten von Betreuungsgruppen der Präfekturen „begleitet" worden. Die Einrichtungen sollten sich prioritär an labile junge Leute richten, die eventuelle planen, nach Syrien in den Dschihad zuziehen.

Man entwickelte zusammen mit Psychologen und Islam-Experten ein von Militärcamps inspiriertes Programm, das den Betreuten feste Regeln und Bezugspunkte geben sollte. So mussten sie Uniform tragen, morgens zum Fahnenappell strammstehen und zu festen Zeiten essen, arbeiten und schlafen gehen. Den Bewohnern wurde eine Ausbildung in Lehrberufen wie Koch, Schreiner oder Kfz-Mechaniker angeboten. An den Wochenenden durften sie in ihre Familien zurückkehren. Doch schon bei der Auswahl geeigneter Kandidaten stieß das Experiment an seine Grenzen. 25 Freiwillige hatte man sich erhofft – stattdessen mangelte es seit der Eröffnung der Anlage im September 2016 an Kandidaten.

Das Fiasko des Pilotprojekts wirkt rückblickend wie vorhersehbar. Vor einem kollektiven Ansatz der Resozialisierung hatten deutsche Radikalisierungsfachleute wie *Claudia Dantschke* von der Beratungsstelle

---

[392] Vgl. Der Spiegel 6/2017, S. 87 ff: Das Paradies als zentraler Punkt

„Hayat" schon früh gewarnt.[393] *Dantschke* bezeichnete das französische Projekt als „gruselig". Sie fürchte, dass die forcierte Umerziehung die radikalisierten Jugendlichen erst recht in deren Hass auf die Gesellschaft bestärken werde. In Deutschland habe sich ein individueller Ansatz bewährt, der auf einer starken Einbindung der Familien beruhe.[394]

Schon vor der Beendigung des Pilotprojekts hatte die Regierung ein weiteres Vorgehen gegen den Einfluss radikaler Islamisten für gescheitert erklärt, diesmal in den Haftanstalten. Radikalisierte Häftlinge waren in einem Pilotprojekt in vier Haftanstalten seit September 2015 in „Spezialeinheiten" isoliert worden. Damit verband sich die Hoffnung, die Verbreitung islamistischen Gedankenguts unter gewöhnlichen Kriminellen zu verhindern. Insgesamt 72 radikalisierte Häftlinge wurden auf diese Weise isoliert. Doch das Konzept erwies sich als wenig tauglich. Am 4. September 2016 griff ein radikalisierter Gefangener in seiner Haftanstalt zwei Wärter mit einem Locheisen tätlich an und verletzte sie schwer. Die gesamte Belegschaft der Haftanstalt trat daraufhin in Streik, um bessere Arbeitsbedingungen zu verlangen. Im November 2016 erklärte der damalige Justizminister *Jean-Jacques Urvoas* das Experiment für beendet. Ein neues Konzept fehlt indessen.

Programme zur De-Radikalisierung

Programm für Syrien-Rückkehrer der Stadt Aahrus

Das Programm der Polizei der Stadt Aahrus gilt als Vorzeigeprojekt, da junge Syrien-Rückkehrer besonders erfolgreich wieder in die Gesellschaft eingegliedert werden. Zudem gab es keine weiteren Ausreisen aus der Stadt seit dem Start des Programms. Man kann den europäischen Kämpfern in Syrien nur selten Straftaten nachweisen und die Ausreise an sich, kann nicht als Straftatbestand gesehen werden. Die Anleitung nach der Rückkehr ist notwendig, damit die Jugendlichen sich resozialisieren und nicht zu potentiellen Terroristen in ihrem eigenen Land werden.

Wenn die Beamten von einem Rückkehrer erfahren, bieten sie der Person zunächst ein persönliches ungezwungenes Gespräch an, das bisher alle Rückkehrer annahmen. Die Teilnahme an dem Programm haben sechs der sechzehn Jugendlichen abgelehnt. Das Programm beinhaltet einen Mentor, der

---
[393] Vgl. info@hayat-deutschland.de
[394] Vgl. FAZ vom 01.08.2017: Planlos gegen Islamisten

die Person unterstützt, wieder in der Gesellschaft Fuß zu fassen, sowie Gespräche mit Psychologen und Sozialarbeitern. Die Hilfeleistung ist hierbei sehr individuell und hängt von den Bedürfnissen der Jugendlichen ab. Der ehemalige Polizeichef der Stadt macht deutlich, dass viele der Jugendlichen sehr jung sind, wenn sie sich für den Kampf in Syrien entscheiden und eigentlich noch nicht einschätzen können, für wen oder was sie diesen tatsächlich austragen. Die aktuellen Rückkehrer sind meist von den Zuständen in Syrien schockiert und lehnen den IS sowie seine Ideologie ab. Diejenigen, die sich bis zum jetzigen Zeitpunkt freiwillig im Krisengebiet aufhalten, sind fester Bestandteil des IS und eine Hilfestellung zur Rückkehr wird bei diesen Personen wahrscheinlich keine Wirkung zeigen.[395]

Violence Prevention Network
Thomas Mücke[396] erklärt den Ansatz von „Violence Prevention Network" in Berlin: Ziel sei es, Jugendliche aus dem Radikalisierungsprozess zu lösen. Neben präventiven Ansätzen gebe es Intervention und Deradikalisierungsarbeit: diese beinhalte niederschwellige Bildungsarbeit mit Dialogen zu schwierigen Fragestellungen sowie eine sozialarbeiterisch-pädagogische Perspektive mit Blick auf die Problemlagen der Jugendlichen. Der Arbeitsansatz basiere auf folgenden Schwerpunkten:

- **Aufbau einer professionellen Arbeitsbeziehung**: Hierbei ist es wichtig eine Vertrauensbasis herzustellen.
- **Vermeidung von Selbst- und Fremdgefährdung**: die extremistische Szene agiere auf hoch aggressivem Niveau und fordere immer wieder zum Kampf gegen „Ungläubige" auf. Kooperation mit dem sozialen Umfeld und emotionalen Schlüsselpersonen sei daher notwendig, ebenso die Arbeit mit Gegennarrativen, u. a. um ideologische Rechtfertigungsmuster zu irritieren.
- **Entwicklung und Zunahme der Dialogfähigkeit**: die jungen Menschen sollen dabei die Möglichkeit erhalten, wieder eigenständiges Denken zu entwickeln und andere Sichtweisen angstfrei anzunehmen in einer Atmosphäre des respektvollen Umgangs. Theologische Auseinandersetzung solle dialogischen Charakter haben, nicht

---

[395] Vgl. Ramsauer, Petra: Die Dschihad Generation. Wie der Apokalyptische Kult des Islamischen Staats Europa bedroht. Wien / Graz / Klagenfurt 2015. S. 176ff.
[396] Thomas Mücke, geboren 1958, ist Diplom-Pädagoge und Diplom-Politologe, Mitbegründer und Geschäftsführer von Violence Prevention Network in Berlin

missionarischen. Ziel sei die Öffnung der Person für den Prozess des Hinterfragens.
- **Zulassen von Zweifeln** an der eigenen extremistischen Weltanschauung und stabile (Neu-) Definition der Glaubensrichtung, z. B. im Rahmen der Integration in Gemeinden.
- **Entwicklung von Ambiguitätstoleranz**: Eröffnung und Annahme unterschiedlicher Sichtweisen, z. B. durch den etappenweisen Einsatz von unterschiedlichen Teams mit unterschiedlichen Weltanschauungen sowie dem Aufbau neuer sozialer Beziehungen.
- **Aufbau neuer privater Netzwerke**: Herstellung neuer sozialer Kontakten, jenseits der extremistischen Szene.
- **Orientierung auf einen persönlichen Zukunftsplan:** schulische und berufliche Integrationsmaßnahmen sollen einer sozialen Desintegration entgegenwirken, Verantwortungsübernahme für eigene Lebensführung sollte gefördert werden.
- **Biografisches Verstehen**: junge Menschen sollen die Möglichkeit erhalten, die wirksamen Faktoren in ihrem Leben zu identifizieren und zu verstehen (biografische Schlüsselkompetenz). Durch erhöhte Dialogkompetenz sollen Selbsterkenntnisprozesse initiiert werden: Biografisches Verstehen der Gewalt-, Militanz- und Extremismuskarriere unter besonderer Berücksichtigung des Feindbilddenkens.
- **Die BeraterInnen:** Sie brauchen hierbei politikwissenschaftliche, pädagogisch-psychologische als auch theologische Kenntnisse. Ein interdisziplinäres Team sowie enge Kooperation mit muslimischen Gemeinden sei notwendig.[397]

---

[397] Vgl. Thomas Mücke, „Deradikalisierungsstrategien im Phänomenbereich des religiös begründeten Extremismus", in „Handlungsempfehlungen zur Auseinandersetzung mit islamistischem Extremismus und Islamfeindlichkeit – Arbeitsergebnisse eines Expertengremiums der Friedrich-Ebert-Stiftung", 2015

Gesamtkonzept: Vorgehen gegen den Terrorismus

Der Kampf gegen den gewaltbereiten islamistischen Terrorismus wird eine lange, lange Auseinandersetzung werden. Und deshalb wird man auch keinen schnellen „Sieg" ausrufen können. Es sind nämlich vor allem staatliche Unterdrückung, Staatsterrorismus und gescheiterte säkulare politische Systeme, welche zu Brutstätten für das Entstehen der Gewalt sogenannte nichtstaatlicher Akteure werden und islamistischen Extremismus begünstigen.[398] So ist der Bürgerkrieg in Syrien nicht in erster Linie ein Kampf zwischen der Regierung und dem „Islamischen Staat", sondern ein Kampf zwischen einem repressiven, autoritären, staatsterroristischen Regime auf der einen Seite und einem Mix arabisch-sunnitischer Rebellen auf der andren; deren Spannweite reicht von relativ gemäßigten Gruppen bis zu Untergliederungen von al-Qaida und dem IS.[399]

Die rücksichtslose Kriegsführung des *Assad*-Regimes hat unter Einsatz von Chemiewaffen und von Fassbomben gegen die Zivilbevölkerung vergleichsweise moderate Rebellen in die Arme der radikalsten islamistischen Milizen getrieben, die das Regime indes selbst kaum bekämpft hat. Daher ist es mehr als dreist, wenn sich Präsident *Assad* als Partner im Antiterrorkampf anpreist und wenn seine Mentoren ihn als solchen darstellen. Die brutale Niederschlagung gemäßigter, gewaltloser Proteste im Jahr 2011 hat den Flüchtlingsstrom in Gang gesetzt.

Zur Erinnerung: Die Hauptleidtragenden des islamischen Extremismus sind Muslime! Hunderttausende sind ihm schon zum Opfer gefallen, das wirtschaftliche Leben ist in vielen muslimischen Ländern zum Erliegen gekommen, Millionen Menschen sind vertrieben und auf der Flucht. Die westlichen Staaten stellen nur untergeordnete Ziele dar in einem Kampf, in dem es in erster Linie um die Zukunft der „islamischen Zivilisation" geht. In diesem Kampf spielt die Religion eine prominente Rolle. Aber der islamistische

---

[398] Vgl. Perthes, Volker: Das Ende des Nahen Ostens, wie wir ihn kennen, Berlin 2015; ders.: Der Aufstand. Die arabische Revolution und ihre Folgen, München 2011; Lynch, Marc: Die Neuen Kriege in der arabischen Welt. Wie aus Aufständen Anarchie wurde, Hamburg 2016; Edlinger, Fritz (Hrsg.): Der Nahe Osten brennt. Zwischen syrische Bürgerkrieg und Weltkrieg, Wien 2016; Lüders, Michael: Tage des Zorns. Die arabische Revolution verändert die Welt, München 2011

[399] Vgl. Edlinger, Fritz/Kraitt, Tyma (Hrsg.): Syrien. Ein Land im Krieg. Hintergründe, Analysen, Berichte, Wien 2015; Bender, Larissa (Hrsg.): Innenansichten aus Syrien, Frankfurt am Main 2014;diess.: Syrien. Der schwierige Weg in die Freiheit, Bonn 2012; Helberg, Kristin: Brennpunkt Syrien. Einblick in ein verschlossenes Land, Freiburg 2012; Gehrcke, Wolfgang/Reymann, Christiane (Hrsg.): Syrien. Wie man einen säkularen Staat zerstört und eine Gesellschaft islamisiert, Köln 2013; Gerlach, Daniel: Herrschaft über Syrien. Macht und Manipulation unter Assad, Hamburg 2015; Littell, Jonathan: Notizen aus Homs. Berlin 2012; Yazbek, Samar: Schrei nach Freiheit. Bericht aus dem Inneren der syrischen Revolution, München2011

Extremismus lebt auch vom starken Bevölkerungswachstum in der islamischen Welt. Die Zahl der Muslime in der Welt wird bis 2050 von 1,6 Milliarden auf 2,8 Milliarden steigen. In einem repressiven Umfeld ist der Nachschub für die radikalen Kräfte sozusagen dauerhaft gesichert. Deshalb werden auch die besten Anstrengungen gegen den Terrorismus allenfalls die Symptome der Gewalt und des Extremismus bekämpfen. Jeder Sieg gegen eine radikale Bewegung wird eine neue Bewegung und neue Gewalt nach sich ziehen. Es kann einen echten Sieg nur geben nach vielen Jahren der Reform in der islamischen Welt – mit Regierungen, deren Herrschaftsmittel nicht mehr Repression und Brutalität sind.

Zweifellos kann der Westen die letztlich gegen die gesamte westliche Zivilisation gerichteten Terrorakte nicht einfach hinnehmen - schon weil dies zu weiteren Terroranschlägen einladen würde. Der Westen hat das Recht und muss sich gegen die Angriffe verteidigen. Doch wenn man einen *„clash of civilizations"* mit allen - auch innenpolitischen - Folgen nicht will, muss die Reaktion so sein, dass man nicht in die gestellte Falle tappt. Denn das langfristige Ziel terroristischer Anschläge ist ja gerade ein Kampf zwischen den „westlichen Ländern" und der „islamischen Welt". Aber jeder Muslim, der sich nicht den fundamentalistischen Kreisen zugehörig fühlt - und dies ist die weitaus überwiegende Mehrheit - würde erleichtert sein, wenn es dem Westen gelänge, in gezielten Aktionen den IS und andere terroristische Organisationen handlungsunfähig zu machen. Gegen den Terrorismus vorzugehen, muss daher explizit bedeuten, einzelne Akteure und Organisationen von verbrecherischen Handlungen abzuhalten und nicht einen Krieg gegen ganze Gesellschaften, Länder oder gar den Islam zu führen.

Um die terroristische Gefahr durch islamistische militante Gruppen zu bannen, genügt es aber nicht, die Sicherheitsvorkehrungen immer weiter zu erhöhen und nach den Drahtziehern von Terrorakten zu fahnden. Vielmehr gilt es, langfristig die gesamte Nahostpolitik zu revidieren, sie vor allem glaubwürdiger zu gestalten, Konzepte zu entwickeln, um die kriegerischen Konflikte im Nahen und Mittleren Osten zu beenden. Dazu muss auch der sogenannte „Islamische Staat" als militärische und terroristische Organisation zur Auflösung gebracht werden. Einzelne religiös oder ideologisch Verblendete, die auch vor Terror nicht zurückschrecken, hat es in allen Gesellschaften gegeben und wird es immer geben. In großem Maße gefährlich werden sie aber erst, wenn sich ein genügend großes Potential von Menschen findet, die sich aus einer gesellschaftlichen, wirtschaftlichen oder psychologischen Ausweglosigkeit heraus leicht zu einem radikalen Fanatismus aufstacheln lassen, der bis zur

Selbstvernichtung führen kann. Derlei Ursachen zu beseitigen, muss daher das langfristige Ziel beim Vorgehen gegen den Terrorismus sein.

Bisher aber hat der Westen mit seiner Politik der Intervention den Terrorismus eher gefördert: So waren es die USA, die zusammen mit Saudi-Arabien und Pakistan den Taliban die materielle und waffentechnische Unterstützung gewährt haben, weil sie Erdölpipelines quer durch Afghanistan verlegen wollten.[400] Auch im Israel-Palästina-Konflikt haben die USA ebenso wie Europa völlig versagt. Der Einmarsch der USA 2003 im Irak hat das Land in einem Zustand des Chaos hinterlassen, der einen idealen Nährboden für den IS bot. Und auch daran, dass Libyen und Syrien im Bürgerkrieg versanken, trägt der Westen Mitschuld.[401] In all diesen Ländern sind die Lebensbedingungen heute so widrig, dass religiöse Fanatiker leichtes Spiel bei der Akquirierung von Anhängern haben.

Dennoch wäre es falsch, den Terrorismus nur auf die vom Westen mitverschuldeten innenpolitischen Probleme des Nahen und Mittleren Ostens zurückzuführen. Selbst wenn alle Konflikte der Region gelöst oder geregelt wären, würde dies nichts an der Tatsache ändern, dass die arabisch-islamischen Länder der ökonomischen und kulturellen Dynamik des Westens wenig entgegenzusetzen haben. Auch die unterschiedlichen Vorstellungen darüber, wie der Mensch zu leben und seine Gesellschaft zu gestalten habe, werden davon nicht berührt. Es ist übrigens ein Antagonismus, der sich auch quer durch die islamischen Gesellschaften zieht. Dass dem Westen widerstanden werden müsse, lehrten manche Muslime schon zu einer Zeit, da es den Staat Israel noch gar nicht gab, ja selbst als England noch keine Protektorate im Orient hatte und Amerika noch nicht einmal Weltmacht war. Der Graben zwischen dem Westen und der islamischen Welt ist daher tief und dementsprechend weit ist der Weg zu einem ökonomischen und kulturellen Ausgleich.

Die Ursachen von islamistischem Terror sind komplex und reichen weit in die Vergangenheit zurück. Die Konsequenzen wirtschaftlicher, politischer und auch

---

[400] Das amerikanische Projekt einer Erschließung der zentralasiatischen Erdgas- und Erdölfelder mit Pipelines quer durch Afghanistan an die Küste Pakistans zielte darauf ab, „unsichere" Regionalmächte wie den Iran zu umgehen. Dazu musste Afghanistan befriedet werden und ein Mindestmaß an politischer Stabilität entstehen. Als daher seit 1994 die „Studenten" aus den Koranschulen (Medressen) Belutschistans und Nordpakistans auftauchten, um „mit dem Schwert des Islam" der Willkür in ihrer Heimat ein Ende zu bereiten, machten sich die USA Hoffnungen und kollaborierten mit der pakistanischen Regierung, die Talibankämpfer rekrutierte und sie von ihrem Geheimdienst über die Grenze nach Afghanistan bringen ließ. Auch wenn die von den Ölkonzernen geplante Pipeline letztendlich nie gebaut wurde, erhielten die Taliban von den amerikanischen Konzernen dadurch insgesamt ca. 15 Millionen Dollar.
[401] Vgl. Lüders, Michael: Die den Sturm ernten. Wie der Westen Syrien ins Chaos stürzte, München 2017

gesellschaftlicher Art werden auch in Europa immer sichtbarer und bergen ohne Zweifel ein großes Gefahrenpotential. Um der Komplexität des Problems gerecht zu werden, muss die Bekämpfung von Terror daher auf unterschiedlichen Ebenen und mit großer Sensibilität erfolgen. Entmilitarisierung, Konfliktprävention und Krisenmanagement sowie Versorgung der humanitären Krisen sind notwendiger denn je. Dabei muss auch klar sein, dass die Terrorbekämpfung leicht zur Verfolgung sekundärer Ziele benützt werden kann. Innenpolitisch kann das passieren, wenn rechtspopulistische Parteien das Thema instrumentalisieren, um mehr Wähler für sich zu gewinnen. Außenpolitisch kann es leicht als Rechtfertigung für militärische Maßnahmen verwendet werden, die hintergründig anderen Zielen dienen. Denn Sicherung der Staatsgrenzen – wobei Freizügigkeit und Grenzsicherung keineswegs unvereinbare Prinzipien sind - darf nicht zur Abschottung und Verhinderung von Migration führen.[402]

Ein Sieg über den weltweiten Terrorismus kann nur dann langfristig für Stabilität sorgen, wenn er auf der Grundlage der Achtung der Menschenrechte und der Einhaltung demokratischer Prinzipien errungen wird. Dies sind gleichsam Konstanten der Anti-Terror-Gleichung, die nicht „differenziert" werden dürfen. Wenn aus Angst und Unüberlegtheit als erstes die Freiheitsrechte der Bürger eingeschränkt werden und außenpolitisch Allianzen mit Staaten geschlossen werden, die selbst die Menschenrechte mit Füßen treten, ist der Kampf gegen den Terror schon verloren.[403] Schon der Gründungsvater der USA, *Benjamin Franklin,* war sich des gemeinschaftszerstörerischen Potentials von Angst bewusst und warnte: *„Wer bereit ist, grundlegende Freiheiten aufzugeben, um sich kurzfristige Sicherheit zu verschaffen, der hat weder Freiheit noch Sicherheit verdient".*

Um sich nicht in einem Sicherheitsfanatismus zu erschöpfen, muss ein in sich schlüssiges und komplexes Gesamtkonzept folgende Handlungsebenen berücksichtigen:

---

[402] Vgl. Barth, Peter: Migration – Flucht – Asyl: Eine deutsch-europäische Betrachtung, Verlag Studiengesellschaft für Friedensforschung, München 2015 sowie ders.: Flüchtlingskrise und "Wir schaffen das!", Verlag Studiengesellschaft für Friedensforschung, München 2016; Schwarz, Hans-Peter: Die neue Völkerwanderung nach Europa, Stuttgart 2017; Betts, Alexander/Collier, Paul: Gestrandet. Warum unsere Flüchtlingspolitik allen schadet – und was zu tun ist, Berlin 2017; Asserate, Asfa-Wossen: Die neue Völkerwanderung. Wer Europa bewahren will, muss Afrika retten, Berlin 2016; Nida-Rümelin, Julian: Über Grenzen denken. Eine Ethik der Migration, Hamburg 2017; Klingl, Livia: Lauter Fremde. Wie der gesellschaftliche Zusammenhalt zerbricht, Wien 2017
[403] Vgl. Terrorismus im Zeitalter der Globalisierung, Denkanstoß Nr. 46 der Studiengesellschaft für Friedensforschung, München 2001

- **Politisch:** Unumgänglich ist die Schließung von stabilen internationalen Bündnissen. Der Terrorismus als internationales Phänomen kann unmöglich von einzelnen Ländern bekämpft werden, sondern nur von einer Allianzstruktur. Wenn allerdings Großmächte auf unterschiedlichen Seiten agieren, ist das für Terrororganisationen höchst vorteilhaft, wie sich am Beispiel des Eingreifens der USA und Russlands in Syrien gezeigt hat. Eine sensible und differenzierte Diplomatie ist daher unentbehrlich für die Einigung auf eine gemeinsame Strategie zwischen westlichen Staaten. Dazu gehört auch eine effektive Isolierung und Ächtung von Staaten, die Terroristen unterstützen, wobei dennoch im Sinne eines Wandels auf sie eingewirkt werden muss.[404]

Bisher wurden von der UNO zwar immer wieder Konventionen gegen den Terrorismus verabschiedet, aber sie blieben weitgehend uneffektiv, da es dabei keine verbindliche Definition des Begriffs „Terrorismus" gab[405]. So auch die Anti-Terror-Resolution, die im September 2014 angesichts des rasanten Aufstrebens des IS vom UNO–Sicherheitsrat beschlossen wurde. Die Resolution verpflichtet die Mitgliedstaaten der Vereinten Nationen, also auch Deutschland, zu einem ganzes Maßnahmenpaket gegen Terror-Tourismus: Es geht um Grenzkontrollen, das Passwesen, den Datenaustausch (etwa von Fluggesellschaften), Rechtshilfe und auch umfassende Strafvorschriften, die vor allem Reisen in terroristischer Absicht unter Strafe stellen sollen. Innerstaatliche Rechtsvorgaben zu machen ist aber eigentlich nicht Aufgabe des Sicherheitsrates. Vielmehr ist er nach der UNO–Charta eine Art „Weltpolizei", die situativ konkrete Maßnahmen beschließen soll. Der Völkerrechtler *Claus Kreß* bemängelt, dass der Rat gar nicht darauf zugeschnitten sei, Gesetze zu erlassen und dass diese entsprechend untauglich seien und daher nicht umgesetzt werden. Stattdessen hätte der Sicherheitsrat konkrete Maßnahmen wie ein Mandat gegen die Terroristen des IS beschließen müssen.[406]

Nach den Anschlägen in Paris im November 2015 erließ der UN-Sicherheitsrat eine neue Resolution, in der alle Mitglieder der Vereinten Nationen zu mehr Anstrengungen bei der Bekämpfung des IS

---

[404] Vgl. Weigelt, Katja: Die Auswirkung der Bekämpfung des internationalen Terrorismus auf die staatliche Souveränität, Berlin 2016
[405] Vgl. Zumach, Andreas: Globales Chaos. Machtlose UNO. Ist die Weltorganisation überflüssig geworden? Zürich 2015.
[406] http://www.spiegel.de/politik/deutschland/gesetze-gegen-terrorismus-voelkerrechtler-kress-zur-uno-resolution-a-994885.html

aufgefordert wurden. In einer einstimmig in New York verabschiedeten Resolution heißt es, dass *„alle Staaten, die die Möglichkeiten dazu haben, in Übereinstimmung mit den Völker- und den Menschenrechten ihre Maßnahmen verstärken und koordinieren sollen, um Terrorakte des IS zu unterbinden".* Konkrete Maßnahmen finden sich aber auch in dieser Resolution nicht.

Auch der Schutz von religiösen und ethnischen Gruppen im Kriegsgebiet Syrien/Irak wie z.b. der Jesiden oder auch der Christen und anderen verfolgten Minderheiten müsste oberste Priorität haben. Nach einem Report des Hochkommissars der Vereinten Nationen vom 13.03.2015, hat die Verfolgung der Jesiden durch den IS den Charakter eines Völkermordes –aber nichts geschieht.

Und auch der Internationale Strafgerichtshof in Den Haag, der unter anderem „Verbrechen gegen die Menschlichkeit" untersuchen und wirksam sanktionieren soll, bleibt im Bezug auf den „Islamischen Staat" weitgehend untätig. Das liegt laut der Chefanklägerin *Bensouda* vor allem daran, dass weder Syrien noch der Irak das Statut des Gerichtshofs ratifiziert haben.[407] Allerding gäbe es dennoch eine Möglichkeit, den Internationalen Strafgerichtshof bei der Bekämpfung des IS einzuschalten. Der UN-Sicherheitsrat könnte die Sache an den Strafgerichtshof zur Prüfung übergeben. Ein daraus resultierender Beschluss des Gerichtshofes wäre dann für die gesamte Staatengemeinschaft bindend. Das setzt allerdings voraus, dass kein ständiges Mitglied des UN-Sicherheitsrats sein Veto einlegt. Hier würde sich zeigen, ob wirklich alle im Kampf gegen den IS zusammenstehen. Generell stellt sich die Frage, ob es politische Alternativen zu militärischen Scheinlösungen gibt – muss man eines Tages eventuell bereit sein, mit unbequemen Verhandlungspartnern – wie der Terrormiliz und Mörderbande IS - zu sprechen, wie Teile der Friedensbewegung fordern?[408]

Die staatenübergreifende Zusammenarbeit und Loyalität ist für wirksame Strategien gegen den Terrorismus unerlässlich. In einer derart vernetzten Welt braucht es eine Infrastruktur an Institutionen und „Think Tanks", um internationale Spannungen frühzeitig zu erkennen und dann rechtzeitig

---

[407] http://www.faz.net/aktuell/politik/kampf-gegen-den-terror/bleiben-is-verbrechen-nach-anschlaegen-in-bruessel-straflos-14140503.html
[408] Vgl. Schwoerer, Thomas Carl: Mit dem IS verhandeln? Neue Lösungen für Syrien und den Terrorismus, München 2016

politisch und wirtschaftlich an deren Entschärfung zu arbeiten. Konfliktprävention und Krisenmanagement sind überlebensnotwendig. In Zeiten der Globalisierung kann es sich kein reiches Land mehr leisten, die kleinen „dreckigen Kriege" am anderen Ende der Welt zu übersehen.

- **Militärisch:** Hier stellen sich eine Reihe von Fragen: Wann ist ein Terrorakt ein bewaffneter Angriff im Sinne der Charta der Vereinten Nationen, der das Recht auf militärische Selbstverteidigung auslöst? Geht es bei ausländischen Terroristen um den Feind im Sinne des Kriegsrechts oder um Verbrecher, mit dem sich Strafrecht und Polizei befassen? Führt der Akt des Terrors generell dazu, dass „Krieg" herrscht und damit das umfassende Instrumentarium des Kriegsrechts Anwendung findet? Bezieht sich die zulässige Reaktion auf den persönlichen Urheber der Tat oder auf die Gemeinschaft, in der er lebt? Liegt das Recht der Sanktionen nur beim einzelnen unmittelbar betroffenen Staat oder verletzt der terroristische Akt auch das Recht aller anderen Staaten?

Allerdings kommt es bei der Frage der Zulässigkeit militärischer Gegenmaßnahmen letztlich nicht auf den Begriff der Gewalt, sondern auf den des „bewaffneten Angriffs" an, bei dem das Recht auf Selbstverteidigung entsteht. Der Internationale Gerichtshof hat bereits 1984 festgestellt, dass dieser Fall dann gegeben ist, wenn ein Staat bewaffnete Banden ausschickt, die kriegsähnliche Gewaltakte durchführen. Für das Recht der Selbstverteidigung wird es aber darauf nicht ankommen. Nach einer Resolution der Generalversammlung aus dem Jahre 1970 ist nämlich jeder Staat auch dazu verpflichtet, *„...nicht untätig Aktivitäten auf dem eigenen Gebiet zuzulassen..."*, die auf die Begehung terroristischer Akte zielen. Außerdem verpflichtet der Sicherheitsrat der Vereinten Nationen mit der Resolution 1373 vom 28. September 2001 alle Staaten, die Netze des Terrorismus zu zerschlagen. Und sie bekräftigte das *„Recht zur individuellen und kollektiven Selbstverteidigung"* und die *„Notwendigkeit, die Bedrohung des Weltfriedens und der internationalen Sicherheit mit allen Mitteln, im Einklang mit der Charta, zu bekämpfen"*. Somit waren die USA mit ihrer Reaktion auf die Anschläge am 11. September 2001 zumindest formal im Recht, als sie in Afghanistan eingriffen. Betrachtet man aber die vielfältigen Folgen ihres militärischen Vorgehens und der ihm zugrunde liegenden Haltungen, so sind große Zweifel angebracht. Die Entscheidung für die Form der Gegenaktionen hätte den USA nicht alleine überlassen werden dürfen, da deren Folgen nicht nur die USA, sondern die ganze Welt betrafen. Auch stellt sich die Frage, ob sich die USA auch heute noch, 16 Jahre später, mit ihrem „war on terroris" auf diese UN-Resolution abstützen können. Hier wird einmal mehr deutlich, wie wichtig eine „neutrale", der UNO unterstellte „Fremdenlegion für den Frieden" wäre, wenn man meint, auf Gewaltanwendung nicht verzichten zu können. Eine konsequente Umsetzung der Zerschlagung der Netze des Terrorismus beinhaltet logischerweise auch die Einstellung von Waffen- und Rüstungsexporten an Verbündete und Regionen, aus denen sich Terrorgruppen bedien können.

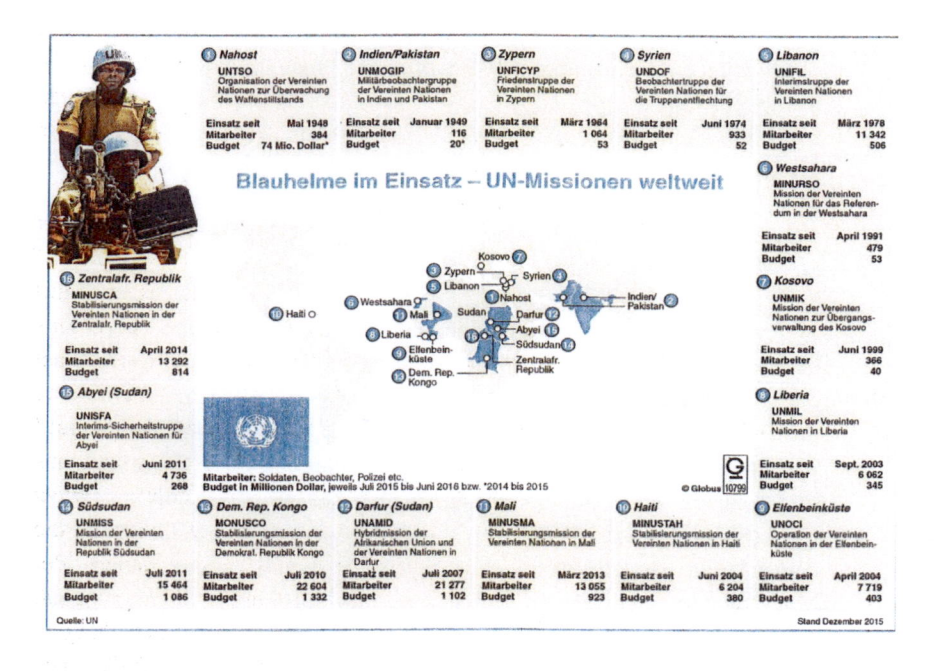

Der Terrorismus des IS zeigt bereits, dass die Kriege des 21. Jahrhunderts ganz anders aussehen werden als die des 20. Jahrhunderts.[409] Es werden Hybrid-Kriege sein, bei denen unterschiedliche Waffen kombiniert werden und sie werden nicht mehr mit hoher Ausschließlichkeit auf Staaten als Akteure konzentriert bleiben. Gegen internationale Organisationen wie den IS kann eine nationale Armee daher alleine nicht

---

[409] Vgl. Wassermnn, Felix: Asymetrische Kriege. Eine politiktheoretische Untersuchung zur Kriegführung im 21. Jahrhundert, Frankfurt am Main 2015

ankommen. Es ist deswegen nicht nur mehr politische, sondern auch mehr militärische Kooperation notwendig - ob in einer der UNO unterstellten Armee oder zumindest durch konkretere und effektivere internationale Zusammenarbeit als bisher.[410]

Allerdings zieht Gewalt immer Gegengewalt nach sich und es muss daher in jedem einzelnen Fall sehr gut abgewogen werden, wann militärisches Eingreifen wirklich sinnvoll ist. Ein begrenzter Einsatz militärischer Mittel kann bei der Bekämpfung des IS nur dann wirklich gerechtfertigt werden, wenn er als erweiterter Polizeieinsatz erkennbar ist und wenn man weder unschuldige Opfer trifft noch neuen Terror produziert. *Carl Friedrich von Weizsäcker* hat dazu schon sehr früh folgendes ausgeführt: *„Man kann zwar Gewalt durch Gewalt eindämmen, man wird aber immer die Folgen zu tragen haben, dass man sich dem Prinzip, das man bekämpfte, unterworfen hat. Die Meinung, man könne gewissermaßen zum letzen Mal Gewalt anwenden und – weil die Gewalt für das Gute ausgeübt wird – danach werde dann das Gute herrschen und nicht die Gewalt, ist einer der gefährlichsten Irrtümer und eine der Hauptquellen mörderischer Kriege".*[411]

- **Wirtschaftlich:** Das Problem einer gerechten, solidarischen und nachhaltigen Weltwirtschaftsordnung muss endlich angepackt werden und dafür müssen die Folgen der Globalisierung – vor allem für die Staaten der Dritten Welt - ernsthaft diskutiert werden. Denn der Schlüssel für eine nachhaltige Eindämmung des Terrorismus liegt in der wirtschaftlichen und sozialen Entwicklung der Krisenregionen. Dazu gehört auch, die Märkte der Industrieländer für die Produkte der Schwellenländer zu öffnen und die Subventionen aufzuheben, die immer noch den Marktzugang erschweren. Denn Armut und Hoffnungslosigkeit sind der ideale Nährboden für die Rekrutierung von Mitgliedern für terroristische Organisationen.
- **Finanziell:** Auch wenn Terroranschläge oft mit sehr wenig Geld realisiert werden, sind die Organisationen für ihre Aufrechterhaltung auf finanzielle Einnahmen angewiesen. Zur Bekämpfung des Terrorismus gehört daher auch die Unterbindung der Finanzierung und der logistischen Unterstützung der Terroristen. Deshalb sind beispielsweise Maßnahmen

---

[410] Vgl. Krishnan, Armin: Gezielte Tötung. Die Zukunft des Krieges, Berlin 2015
[411] Vgl. von Weizsäcker, Carl Friedrich (Hrsg.): Kriegsfolgen und Kriegsverhütung, München 1971

zur Bekämpfung der Geldwäsche auch für den Kampf gegen den Terrorismus wichtig. Aber auch wirtschaftliche Sanktionen gegen vom IS kontrollierte Gebiete können ein effektives Mittel sein.

- **Kulturell:** Ohne einen fruchtbaren Dialog mit der islamischen Welt lässt sich islamistischem Terror nicht beikommen, dabei ist Kulturpolitik dabei die beste Krisenprävention. Es geht dabei um eine geistig-philosophische Auseinandersetzung mit dem Islam.[412] Zu sagen, der Dschihadismus habe mit dem Islam nicht zu tun, reicht nicht aus. Eine glaubwürdige Reform, die aus dem Innern dieser Weltreligion kommt, ist nötiger denn je. Der gegenwärtige Islam, wie er etwa von der Al-Azhar-Universität in Kairo vertreten wird, ist theologisch erstarrt und geistig eingeengt. Nötig ist daher eine Kulturpolitik, welche Institutionen des kulturellen Austauschs im Ausland als auch den Dialog mit den in Deutschland lebenden Muslimen fördert. Es ist klar, dass der Islam eine in Grenzen tolerante Religion ist, die im Rahmen eines religiösen Pluralismus in Europa einen gleichberechtigten Platz haben soll. Dazu ist eine Entpolitisierung der Religion notwendig, sie muss in die Privatsphäre zurückkehren .Der Islam ist eine nicht verfasste Religion, ein Glaube ohne Sakramente und folglich ohne Priesterschaft. Der Islamismus dagegen ist eine politische und rechtsradikale Ideologie, die weder Toleranz noch Säkularität anerkennt und die Religion instrumentalisiert

- **Religiös:** Um ein Klima der Toleranz zwischen den Religionen in Deutschland aufzubauen, geht es darum, den Islam als gleichberechtigte Religion in Deutschland anzuerkennen, Muslimen den Status einer Körperschaft des öffentlichen Rechts (z .B. für den Islamrat oder auch den Zentralrat) zu ermöglichen, islamischen Religionsunterricht an deutschen Schulen einzuführen, Ausbildung von Imamen an deutschen Universitäten vorzunehmen, die Erlaubnis zum Schächten, dem Schlachten nach muslimischen Regeln, zu gestatten. Kurz: Alles zu tun, um einen „europäischen" Islam zu stärken.

Es gibt bereits in verschiedenen Bundesländern muslimischen Religionsunterricht, allerdings sind es immer noch sehr wenige Muslime, die den Religionsunterricht besuchen. Der Unterricht fördert nicht nur die Integration, sondern beugt auch Extremismus vor. Jugendliche Muslime, die etwas über ihre Religion erfahren möchten, greifen oft auf das Internet

---

[412] Vgl. Barth, Peter: Islam und Islamismus. Eine Herausforderung für Deutschland, Verlag Studiengesellschaft für Friedensforschung, München 2003

zurück und finden dort einen radikalen Islam.[413] Ein Problem in Bezug auf den muslimischen Religionsunterricht ist der Lehrermangel. In einigen Bundesländern, darunter auch Bayern, dürfen Lehrerinnen in der Schule kein Kopftuch tragen. Das macht die Suche nach Lehrern für muslimischen Religionsunterricht umso schwerer.[414] Religiöse (Sunniten, Schiiten, Aleviten etc.) wie ethnische Unterscheidungen (Türken, Iraner, Pakistani, Albaner etc.) sollten ebenfalls im Religionsunterricht berücksichtigt werden. Wichtiger als Religionsunterricht (insb. Islamunterricht) an Schulen ist Ethikunterricht, damit die Flüchtlinge etwa über die Vielfalt an Weltanschauungen und Glaubensrichtungen (Christen, Juden) lernen. Der Staat muss im Rahmen seiner Möglichkeiten ein Islamverständnis fördern, das dem Grundgesetz gerecht wird und die Deutungshoheit über den Islam nicht den Fundamentalisten überlässt. Von allen religiösen Gemeinden, die in Kooperation mit dem Staat sind oder stehen wollen, muss man erwarten, dass sie Religionsfreiheit, Meinungsfreiheit, Gleichberechtigung von Frauen und Männern sowie demokratische Willensbildungsprozesse anerkennen und achten. Wir müssen erwarten, dass sie Rassismus, Antisemitismus, Islamfeindlichkeit und Homophobie nirgends dulden. Die großen muslimischen Verbände müssen Partner und Teil der Lösung werden. Momentan sind sie jedoch eher Teil des Problems, wenn es um die „Einbürgerung" des Islams geht, auch wenn die Arbeit vor Ort in vielen Gemeinden positiv abläuft. Aber die Verbände erfüllen derzeit oft nicht die vom Grundgesetz geforderten Erwartungen an eine Religionsgemeinschaft. Außerdem betreiben sie zum Teil Agitation zu eindeutig bekenntnisfremden poltischen Themen und vermitteln in manchen Fällen auch ein Islamverständnis, das der Integration in die demokratische Wertegemeinschaft entgegensteht. Um diesen Prozess und einer möglichen Radikalisierung entgegenzuwirken, sowie den Respekt und die Integration zu stärken, ist es wichtig, die Ausbildung von Religionslehrern und Imamen in Deutschland zu institutionalisieren. Bisher werden an nur fünf Hochschulen in Deutschland Imame ausgebildet. Die türkisch-islamische Anstalt für Religion (DITIB) stellt heutzutage die meisten Imame in Deutschland. Die Geistlichen werden in der Türkei ausgebildet und von der türkischen Staatskasse bezahlt. Sie sprechen oft kein Deutsch und sind mit der

---

[413] Vgl. Herpell, Werner: Islam an Schulen: Kaum Religionsunterricht für Muslime, In: SpiegelOnline, 26.1.2015.
[414] Vgl. Schenk, Arnfried: Das darf nicht sein, In: Die Zeit, 27.3.2014. www.zeit.de/2014/14/islamischer-religionsunterricht-kopftuch

Lebenswelt deutscher Muslime nicht vertraut. Sind diese Imame tatsächlich in der Lage, an die Lebenswelt der Jugendlichen anzuknüpfen, Radikalisierungstendenzen frühzeitig zu erkennen und dagegen anzugehen? Daher ist es wichtig, dass die Imame sich mit dem deutschen Grundgesetz auskennen. Kurz gesagt, die Integration von Imamen ist genauso wichtig wie die der Gläubigen. Der Interreligiöse Dialog, ein wichtiger Bestandteil, der den Frieden zwischen den Religionen und daher die Religionsfreiheit fördert, kann nur durch einen weltoffenen und toleranten Islam und entsprechende Imame geschehen.[415] Zudem würde durch eine Öffnung der Hochschulen gegenüber der islamischen Theologie der wissenschaftliche Diskurs erweitert werden. Es handelt sich tatsächlich um eine Gratwanderung zwischen gegenseitigem Respekt und gezielte Förderung und Lenkung eines liberalen Islams in Deutschland.

Hier in Europa spielt der Islam eine religiöse und kulturelle Schlüsselrolle bei den Integrationsbemühungen von Muslimen. Damit sind Moscheen und deren Imame wichtige Elemente, die Integration fördern, aber auch scheitern lassen können. Viele Moscheen und deren Imame werden aber aus dem Ausland finanziert. In den meisten Fällen ist es praktisch unmöglich, die Geldflüsse genau zurück zu verfolgen. Die Spenden von „reichen Privatleuten", Zuwendungen religiöser Stiftungen und Religionsministerien von Golfstaaten wie Katar verfolgen eine strategisch angelegte Agenda der Missionierungsarbeit in Europa und versuchen den Anschein zu erwecken, als würden sie uns damit einen wertvollen Dienst erweisen. Das Gegenteil ist der Fall. Die Mäzene aus dem Golf exportieren ein intolerantes und rückwärtsgewandtes Wertebild nach Europa, das mit unseren westlichen Vorstellungen und Grundwerten nicht vereinbar ist. Europa muss dem Import fundamentalistischer Ideologien aus der Golfregion oder der Türkei entschieden entgegenwirken. Deshalb muss dieser negative Einfluss aus dem Ausland auf die Gemeinschaft der hier lebenden Muslime (auch und vor allem der Flüchtlinge) unterbunden werden.[416] Die Finanzierung radikaler Prediger oder Moscheen, in denen fundamentalistisches und rückwärtsgewandtes Ideengut gepredigt wird, muss beendet werden. Um das zu erreichen, muss die Finanzierung von Moscheen aus dem Ausland völliger Transparenz unterliegen. Nur so können wir das Entstehen radikaler und integrationsfeindlicher

---

[415] Vgl. Hür, Kemal: Berlin plant ein islamisches Institut, In: Deutschlandfunk, 28.7.2015.
[416] Vgl. Ul-Haq, Shams: Die Brutstätte des Terrors. Ein Journalist untercover im Flüchtlingsheim, Waiblingen 2017

muslimischer Parallelgesellschaften mit hohen Gefahren für die Sicherheit vermeiden.

- **Gesetzlich:** Im Juni 2015 hat der Bundestag ein neues Anti-Terror-Paket beschlossen. Der Verfassungsschutz kann künftig mit Partnerdiensten, insbesondere der EU und der Nato, gemeinsame Dateien anlegen, um Erkenntnisse über verdächtige Personen, Objekte oder Ereignisse zu teilen. Beim Kauf von Prepaid-Karten müssen Verkäufer und Telefonanbieter künftig anhand des Personalausweises die Identität eines Kunden überprüfen. Extremisten sollen so nicht mehr ohne weiteres anonym mobil telefonieren können. Außerdem können die deutschen Sicherheitsbehörden bei einem Terrorverdacht künftig auch Daten von Jugendlichen ab 14 Jahren speichern und nicht wie bisher erst ab 16. Dabei geht es vor allem um junge Islamisten, die nach Syrien oder den Irak reisen, um sich Extremistenmilizen wie dem IS anzuschließen. Die Opposition kritisierte das neue Gesetz scharf, da das Recht auf informationelle Selbstbestimmung verletzt werde. Es wurde als verfassungswidrig bezeichnet und als nicht zumutbare Einschränkung der Grundrechte. Union und SPD verteidigten das Gesetz. Wenn Terroristen sich weltweit vernetzten, dürfe die Arbeit von Polizei und Nachrichtendiensten nicht an Staatsgrenzen Halt machen.[417] Es stellt sich die Frage, warum es noch keine Datei gibt, in der die Namen aller Auslandskämpfer, die nach Syrien, in den Irak oder nach Afghanistan gegangen, sind, zusammengeführt werden. Das bedeutet konkret, dass Kämpfer aus dem „Islamischen Staat", die in Europa Anschläge planen, nach wie vor hier einreisen können mit der großen Wahrscheinlichkeit, dass die Sicherheitsbehörden nichts davon bemerken.

Theoretisch ist eine Vielzahl von weiteren gesetzlichen Maßnahmen möglich: Beispielsweise die Erstellung einer Zentraldatei für Fingerabdrücke, die Ausweitung der räumlichen Befugnisse der Bundespolizei, die Streichung des Religionsprivilegs aus dem Vereinsgesetz (damit können künftig auch Religionsgemeinschaften verboten werden, wenn sie verfassungsfeindliche Ziele verfolgen) oder eine schärfere Kontrolle des Handels mit Waffen und Sprengstoffen.

Unbestritten gilt es dabei aufzupassen, dass wir nicht in einem Überwachungsstaat enden. Es darf nicht sein, dass der Sicherheitsapparat

---

[417] http://www.spiegel.de/politik/deutschland/bundestag-beschliesst-neues-anti-terror-paket-a-1099675.html

die Gelegenheit nutzt, um sich alte Wünsche zu erfüllen. Es gibt derzeit einen schleichenden Verlust von Freiheitsrechten und nicht alles, was sicherheitspolitisch diskutiert wird, ist durch den Kampf gegen den Terrorismus motiviert.

- **Polizei/Verfassungsschutz/Geheimdienste:** Die Verhinderung von Terroranschlägen im eigenen Land ist vor allem Polizei-, Verfassungsschutz- und Geheimdienstarbeit. Die deutschen Geheimdienste stehen derzeit angesichts moderner Bedrohungen durch islamistischen Terrorismus und staatlich unterstützte Cyber-Attacken vor einem beispiellosen Aufrüst-Programm. Im Jahr 2017 sollen der Bundesnachrichtendienst (BND) und das Bundesamt für Verfassungsschutz (BfV) insgesamt mit Zusatz-Investitionen in dreistelliger Millionenhöhe für den Kampf gegen die neuen Herausforderungen fit gemacht werden.

  Mit dem Geld soll die „Strategische Initiative Technik" des BND finanziert werden. Darin enthalten sind Maßnahmenpakete zur Früherkennung von Cyber-Attacken und zum besseren Schutz von Spionen im Ausland. Zentrales Element ist ein Frühwarnsystem, das Deutschland erstmals in die Lage versetzen soll, Angriffe auf IT-Infrastruktur zu erkennen, bevor diese Schaden anrichten können. So sollen auch Betreiber kritischer Infrastruktur im Energie-, Wasserversorgungs- oder Telekommunikationsbereich frühzeitig gewarnt werden können.[418]

  Bereits 2001 wurde als Reaktion auf die Anschläge vom 11. September in New York von 30 europäischen Nachrichtendiensten die *Counter Terrorism Group* (CTG) gegründet, deren Ziel die Intensivierung der Kooperation von EU-Inlandsdiensten, den europäischen Institutionen und auch außereuropäischen Diensten ist. Im Jahr 2016 wurde eine operative Plattform zum Informationsaustausch über den islamischen Terrorismus eingerichtet, die in Verbindung mit einer Datenbank allen Mitgliedern der CTG zur Verfügung steht.[419] Auch wenn die Frage diskutiert werden muss, welche Daten ausgetauscht werde dürfen, steht fest, dass gegen

---

[418] http://www.sueddeutsche.de/news/politik/geheimdienste-geheimdienste-ruesten-auf-gegen-terror-und-cyber-attacken-dpa.urn-newsml-dpa-com-20090101-160908-99-374185
[419] http://www.esut.de/esut/archiv/news-detail-view/artikel/zusammenschluss-der-nachrichtendienste-in-der-counter-terrorism-group/

internationalen Terrorismus nur mit enger internationaler Zusammenarbeit vorgegangen werden kann.

Erschreckend ist, dass trotz der zahlreichen Verschärfungen seit 2001 es den Polizei- und Verfassungsschutzbehörden über zehn Jahre hinweg angeblich nicht möglich war, die Verbrechen und Morde des rechtsextremen Nationalsozialistischen Untergrundes (NSU) zu verhindern. Wenn also die Verschärfung sämtlicher Sicherheitsgesetze nicht dazu beiträgt, eine langjährige Mordserie und die rechtsextremen Gefahren wirksam zu bekämpfen, sind grundsätzliche strukturelle und personelle Konsequenzen zu ziehen. Behördenhandeln muss hier grundsätzlich hinterfragt, die Arbeitsweise z. B. der Verfassungsschutzämter überprüft, transparent und nachvollziehbar gestaltet werden.

Aber auch hier gilt: Polizeiliche Sicherheitslogik und Sicherheitspessimismus dürfen nicht dominieren, da zusätzliche Sicherheitsmaßnahmen immer auf Kosten der Freiheit gehen. So warnte *Jan Korte*, Vizevorsitzender der Linken: *„Die große Koalition marschiert ganz offensichtlich unbeirrt weiter in Richtung Überwachungsstaat."* Derselbe Kritikpunkt wird auch gegen den internationalen Austausch von Daten angeführt.

- **Prävention:** Die Gründe dafür, dass sich Menschen bereitfinden, im Namen einer menschenverachtenden Ideologie zu morden und das eigene Leben hinzugeben, sind vielfältig. Sicherheitspolitische Maßnahmen müssen daher einhergehen mit Programmen der sozialen und gesellschaftlichen Prävention. Ein Patentrezept, um das Nachwachsen „einsamer Wölfe" und die Bildung von Terrorzellen im Westen zu verhindern, aber gibt es nicht.

Letztendlich lassen sich all diese Maßnahmen in zwei Kategorien unterteilen: Auf der einen Seite die pragmatischen und verhältnismäßig schnell umsetzbaren Sicherheitsvorkehrungen. Die Wohlstandsinseln schotten sich als Festungen ab mit härteren Immigrationsgesetzen, Grenzsicherungen, Überwachung der Bürger, Einschränkung der Bürger- und Menschenrechte, mehr Polizei, mehr Staat.

Die deutschen Sicherheitsbehörden

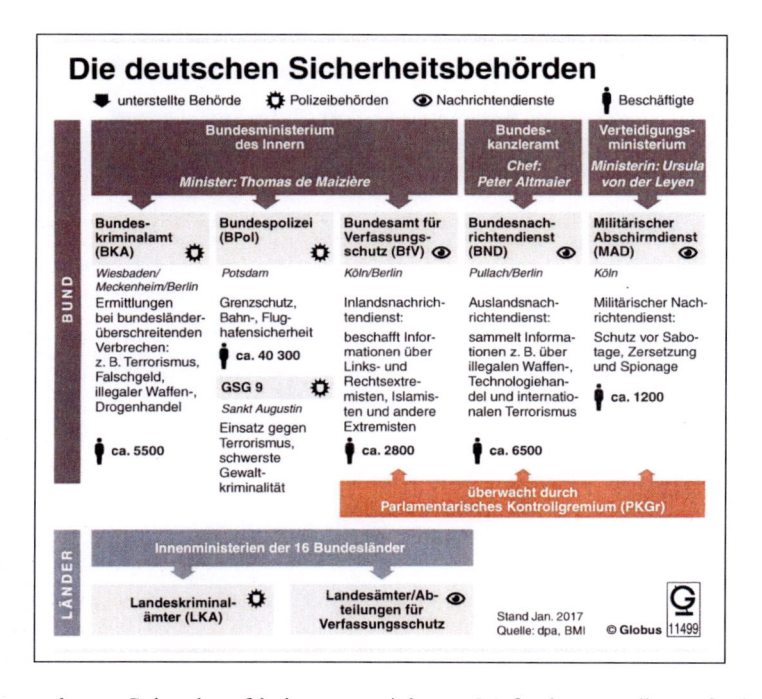

▼ unterstellte Behörde ☼ Polizeibehörden 👁 Nachrichtendienste 👤 Beschäftigte

BUND

Bundesministerium des Innern
Minister: Thomas de Maizière

- **Bundeskriminalamt (BKA)** ☼
  Wiesbaden/Meckenheim/Berlin
  Ermittlungen bei bundesländerüberschreitenden Verbrechen: z. B. Terrorismus, Falschgeld, illegaler Waffen-, Drogenhandel
  👤 ca. 5500

- **Bundespolizei (BPol)** ☼
  Potsdam
  Grenzschutz, Bahn-, Flughafensicherheit
  👤 ca. 40 300
  GSG 9 ☼
  Sankt Augustin
  Einsatz gegen Terrorismus, schwerste Gewaltkriminalität

- **Bundesamt für Verfassungsschutz (BfV)** 👁
  Köln/Berlin
  Inlandsnachrichtendienst: beschafft Informationen über Links- und Rechtsextremisten, Islamisten und andere Extremisten
  👤 ca. 2800

Bundeskanzleramt
Chef: Peter Altmaier

- **Bundesnachrichtendienst (BND)** 👁
  Pullach/Berlin
  Auslandsnachrichtendienst: sammelt Informationen z. B. über illegalen Waffen-, Technologiehandel und internationalen Terrorismus
  👤 ca. 6500

Verteidigungsministerium
Ministerin: Ursula von der Leyen

- **Militärischer Abschirmdienst (MAD)** 👁
  Köln
  Militärischer Nachrichtendienst: Schutz vor Sabotage, Zersetzung und Spionage
  👤 ca. 1200

überwacht durch Parlamentarisches Kontrollgremium (PKGr)

LÄNDER

Innenministerien der 16 Bundesländer

- **Landeskriminalämter (LKA)** ☼
- **Landesämter/Abteilungen für Verfassungsschutz** 👁

Stand Jan. 2017
Quelle: dpa, BMI
© Globus 11499

Auf der anderen Seite langfristig ausgerichtete Maßnahmen, die auf eine gerechtere Weltwirtschaftspolitik, die gleichberechtigte Anerkennung aller kulturell-religiöser Identitäten und eine ungeteilte Menschenrechtspolitik abzielen. Klar ist, dass die Bedrohung durch islamistischen Terrorismus pragmatische und schnell wirksame Maßnahmen erfordert. Allerdings können Sicherheitsvorkehrungen nicht einfach stetig erweitert werden, ohne dass sich ein Klima der Angst und Unsicherheit ausbreitet und demokratische Werte immer mehr verloren gehen.

Die langfristige Lösung, die auf die Befriedung durch Umverteilung von Wohlstand auf Chancen und kulturellen Austausch zielt, ist aber ein heikles Thema. Denn sie ist nicht zu haben ohne Macht- und Wohlstandsverlust im Westen. Fest steht aber, dass auf Dauer Frieden und Freiheit nur durch Rechtsstaatlichkeit, Gerechtigkeit, Toleranz, Menschenrechte und den Grundsatz der Verhältnismäßigkeit erreicht werden können. Wie der französische Dichter Victor Hugo schon sagte: *„Das Recht steht über der Macht"*.

STUDIENGESELLSCHAFT FÜR FRIEDENSFORSCHUNG

Gründung 1958

Die Studiengesellschaft wurde 1958 gegründet – zu einem Zeitpunkt heftiger politischer Auseinandersetzungen um die Eingliederung der Bundesrepublik in die atomaren Verteidigungsstrategien des Westens und der atomaren Bewaffnung der Bundeswehr. Es lagen erst bescheidene Ansätze zur wissenschaftlichen Erhellung der Ursachen des Krieges und der Bedingungen des Friedens vor. Eine deutsche Friedensforschung gab es noch nicht. Unter der Leitung ihrer Initiatorin und langjährigen Vorsitzenden, der Psychotherapeutin *Christel Küpper*, sah die Studiengesellschaft damals ihre erste Aufgabe darin, Krieg und Frieden als legitime Themen wissenschaftlicher Forschung bewusst zu machen, um der Entwicklung einer Friedensforschung den Weg bereiten zu helfen.

Schwerpunkte ab 1966

Das allgemeine Ziel der Arbeit der Studiengesellschaft:
In der Bevölkerung das kritische Denken und die eigene Urteilsbildung auf der Basis sachlicher Information zu fördern, um so zu ethisch-politischen Entscheidungen und verantwortlichem Handeln zu kommen.

Arbeitsgebiete:
- Friedenspädagogik (theoretische und praktische Grundlagen, didaktische Modelle)
- Sozialpsychologische Friedensforschung
- Umsetzung von Forschungsergebnissen in die pädagogische und publizistische Praxis
- Förderung der Zivilcourage zu verantwortlichem Handeln
- Förderung des Dialogs zwischen verschiedenen Gruppen in der Gesellschaft

Wichtige Aufgabenfelder der Forschung:
- Rechtliche und ethische Grundlagen politischen Handelns
- Psychologische und sozialpsychologische Zusammenhänge politischer, gesellschaftlicher und kultureller Prozesse
- Erkennen unbewusster, destruktiver Kräfte in Politik und Gesellschaft

Zielgruppen:
Interessierte Bürger, Lehrkräfte aller Schularten, Führungskräfte, Multiplikatoren aus den Bereichen Pädagogik, Erwachsenenbildung, außerschulische Jugendarbeit, Universität

Arbeitsmethoden:
Forschungsprojekte, Erarbeitung von Publikationen, Seminare, Tagungen, Vorträge, Beratung von Lehrkräften und Studenten

Veränderungen in den 1990er Jahren

Durch die Nachrüstungsdebatte und die Veränderung der politischen Zielsetzung wurden die Friedensforschung und Friedenserziehung erschwert. Der Arbeitsschwerpunkt lag deshalb von nun an in folgenden Bereichen:
- „Initiativkreis Neue Sicherheitspolitik" (Diskussion der damals aktuellen Sicherheitspolitik und Suche nach Alternativen)
- „Arbeitsausschuss sozialpsychologische Aspekte des Friedens"
- Fortführung der langjährigen „Arbeitsgruppe Friedenserziehung"
- Herausgabe der „Denkanstöße" seit 1984 (sachliche Kurzinformationen zu aktuellen Themen der Friedens- und Sicherheitspolitik, der Ökologie und der Dritten Welt, die zu kritischer Auseinandersetzung anregen sollen)

Rahmenbedingungen seit den 1990er Jahren

Die Auflösung des Warschauer Paktes, der Zerfall der Sowjetunion, die Öffnung der Grenzen nach Osteuropa, die deutsche Einheit und eine fortschreitende Globalisierung auf vielen Gebieten beeinflussten zunehmend die Friedensarbeit. In weiten Teilen der Bevölkerung schwand das Bewusstsein für die Dringlichkeit des Einsatzes für den Frie-den und das Interesse an der Friedensarbeit ging allgemein zurück. Während jedoch die wissenschaftlich-technische Entwicklung und die damit verbundene Ausweitung des instrumentellen Handlungsspielraumes explosionsartig fortschreitet, befindet sich das ethische und politische Verantwortungsbewusstsein weltweit noch auf geradezu archaischem Niveau. Das führt zu einem Dilemma, das überwunden werden muss.

Darüber hinaus verstärken sich weltweit viele Problemfelder

- Zunahme regionaler Konflikte und Auseinandersetzungen mit scheinbar zwangsweiser Gewaltanwendung (ethnische, religiöse Konflikte, Kampf um Ressourcen, soziale Spannungen)
- Attraktivität von Nationalismus und Chauvinismus (Fundamentalismus, Rechts-radikalismus, Gewaltbereitschaft)
- Wachsendes Nord-Süd-Gefälle
- Zuspitzung ökologischer Probleme mit machtpolitischer Dimension
- Rapides Anwachsen des Terrorismus als Form politischer Auseinandersetzung
- Zunehmende Bereitschaft zur Kriegsführung als legitimem Mittel der Politik

Die Studiengesellschaft sieht ihre Aufgabe heute darin

- objektiv über Sachzusammenhänge der friedenspolitischen Diskussion zu informieren und Argumente kritisch zu überprüfen
- rechtliche, ethische, psychologische, soziale und ökologische Hintergründe politischen Handelns aufzuzeigen
- unbewusste Kräfte in der Meinungsbildung und im politisch-sozialen Handeln bewusst zu machen und konstruktiv mit ihnen umzugehen
- Ergebnisse der Friedens- und Konfliktforschung bekannt zu machen und in die politische und pädagogische Praxis umzusetzen
- die Zivilcourage zu verantwortlichem Handeln zu fördern
- den gesellschaftlichen Dialog mit und zwischen Andersdenkenden anzuregen
- gewaltfreie Kommunikation und friedliche Konfliktlösungen zu unterstützen
- mitzuhelfen, kriegerische Auseinandersetzungen durch vorausschauende Präven-tion zu verhindern
- die Zusammenarbeit der Gruppen und Organisationen der Friedens-, Bürger- und Ökologiebewegung zu stärken
- die Veröffentlichung der „Denkanstöße" und der Studienergebnisse in Buchform fortzusetzen

Angesichts der politischen Situation und der Brisanz der Probleme ist die Arbeit der Studiengesellschaft umso dringender. Bitte helfen Sie dabei!

Die Studiengesellschaft für Friedensforschung

- ist unabhängig (parteipolitisch, sozial, wirtschaftlich, wissenschaftlich, konfessionell)
- ist als eingetragener Verein als gemeinnützig anerkannt (Spenden sind steuerlich absetzbar)
- leistet ihre Arbeit durch ehrenamtliche Mitarbeiterinnen und Mitarbeiter (Wissenschaftler, Experten aus unterschiedlichen Fachbereichen, engagierte Menschen aller gesellschaftlichen Kreise) in Vorstand, Beirat, Trägerkreis und Geschäftsstelle
- finanziert ihre Arbeit durch Mitgliedsbeiträge und Spenden

Gerade weil die Studiengesellschaft Unabhängigkeit genießt, aber auch braucht, ist sie auf die ideelle und materielle Förderung und die Mitarbeit von Menschen angewiesen, die ihre Anliegen und Ziele mittragen. Jede Form der Unterstützung ist deshalb wichtig und willkommen.

STUDIENGESELLSCHAFT FÜR FRIEDENSFORSCHUNG e.V. MÜNCHEN. Fritz-Baer-Straße 21, D-81476 München, Telefon und Fax 0 89 / 72 44 71 43. www.studiengesellschaft-friedensforschung.de, info@studiengesellschaft-friedensforschung.de. IBAN: DE02 7015 0000 1003 785621, BIC: SSKMDEMM